ABGEFAHREN

DIE SCHÖNSTEN BIKERTOUREN DEUTSCHLANDS

KUNTH

ABGEFAHREN

DIE SCHÖNSTEN BIKERTOUREN DEUTSCHLANDS

»ON THE ROAD« IN DEUTSCHEN LANDEN

Die schönsten Motorradtouren liegen im Ausland? Von wegen. Deutschland bietet eine Vielzahl von traumhaften Motorradstrecken, die jederzeit mit jenen in Italien, Frankreich oder in der Schweiz konkurrieren können. Ob Mittelgebirge wie Rhön, Bayerischer Wald, oder Eifel, ob Ostseeküste, Voralpenland oder der Nationalpark Kellerwald – Deutschland lässt das Bikerherz in allen Belangen höher schlagen, und das nicht nur, was die Dichte des Kurvengeschlängels betrifft. Zwischen Garmisch-Partenkirchen und Kiel erstreckt sich ein riesiges, bestens ausgebautes Straßennetz, das sowohl Autobahnen und Bundestraßen für ein schnelles Vorwärtskommen als auch kleine, Kurvenspaß versprechende Nebenstraßen umfasst. Auch viele Kneipen und Hotels sind auf die Bedürfnisse von Motorradfahrern eingestellt. Hinzu kommt ein landesweit dichtes Netz von Tankstellen und Motorradwerkstätten, das ein Fortkommen stets gewährleistet.

Dieses Buch vereint die 30 schönsten Bikertouren in Deutschland, bestückt mit GPS-Tracks, vielen Routeninfos, Ausflugstipps, Bikertreffs, motorradfreundlichen Übernachtungsmöglichkeiten sowie 30 detaillierten Routenkarten. Die ein- bis mehrtägigen Touren führen zu den schönsten, geschichtsträchtigen und entdeckenswerten Plätzen unserer Republik. Die Reise geht vom sonnenverwöhnten Süden zu weiten Ostseestränden, an Flussläufen entlang, über Höhenzüge wie die von Hunsrück, Taunus und Wiehengebirge, hinein in pittoreske Städte, in den wilden Bayerischen Wald bis hin an die Grenzen von Belgien, Tschechien und Österreich. Stets mit im Gepäck: spektakuläre Ausblicke, Applauskurven, Panoramastrecken sowie Schnellstraßen zum Austoben.

Also rauf auf den Sattel, Gashahn aufdrehen und los geht der Ritt. Wir wünschen viel Spaß dabei!

INHALT

NORD-
SEE
OST-
SEE
DÄNEMARK
Sylt
Nordfriesische Inseln
Föhr
Amrum
Halligen
Pellworm
Als
Ærø
Kieler Bucht
Fehmarn Bælt
Fehmarnbelt
Fehmarn
Lolland
Falster
Møn
Møns Klint
Bornholm (Dän.)
Kap Arkona
Rügen
Hiddensee
Ummanz
Darß
Deutsche Bucht
Helgoland
Helgoländer Bucht
Scharhörn
Neuwerk
Westfriesische Inseln
Ostfriesische Inseln
Juist
Norderney
Langeoog
Wangerooge
Spiekeroog
Borkum
Terschelling
Ameland
Schiermonnikoog
Wilhelms-
haven
Bremer-
haven
10
Seite 112
Hamburg
Kiel
Gr. Plöner See
Lübeck
Mecklenburger Bucht
Poel
Rostock
Kummerower See
Schweriner See
Schwerin
Warnow
Mecklenburgische Seenplatte
Müritz
Plauer See
Greifswalder Bodden
Pommersche Bucht
Usedom
13
Seite 144
Anklam
Stettin
Groningen
Leeuwarden
Oldenburg
Bremen
Lüneburg
Lüneburger Heide
Elbe
11
Seite 122
Uckermark
12
Seite 132
NIEDER-
LANDE
AMSTERDAM
Amers-
foort
Apeldoorn
Enschede
Arnhem
Nijmegen
Mittellandk.
07
Seite 78
Osnabrück
Minden
Bielefeld
Teutoburger Wald
Münster
Hannover
Laatzen
Hildesheim
09
Seite 100
Wolfsburg
Braunschweig
Altmark
Havelland
BERLIN
Potsdam
POLEN
Oderbruch
Magdeburg
Fläming
Spree
Kleve
Weserbergland
08
Seite 90
Goslar
Harz
14
Seite 156
Dessau
Niederlausitz
Cottbus
Eindhoven
Gelsen-
kirchen
Bottrop
Bochum
Hamm
Paderborn
Soest
Moers
Duisburg
Essen
Venlo
Krefeld
Düsseldorf
Dortmund
Hagen
01
Seite 10
Sauerland
Möhne
Kassel
Göttingen
Halle (S.)
Leipzig
Mönchen-
gladbach
Wuppertal
02
Seite 20
Köln
Maastricht
Aachen
Siegen
19
Seite 210
DEUTSCHLAND
Naumburg
Oberlausitz
Dresden
15
Seite 168
Chemnitz
BELGIEN
Bonn
Marburg
Eisenach
Erfurt
17
Seite 188
Thüringer Wald
Gera
Westerwald
Eifel
03
Seite 30
04
Seite 42
Koblenz
06
Seite 66
Wetzlar
05
Seite 54
Rhön
18
Seite 200
Zwickau
16
Seite 178
Erzgeb.
Frankenwald
LUXEM-
BURG
Trier
Hunsrück
Wiesbaden
Frankfurt (Main)
Aschaffenburg
Mainz
Darmstadt
25
Seite 282
Schweinfurt
Bamberg
22
Seite 242
Bayreuth
Fichtelgebirge
21
Seite 230
PRAG
LUXEMBURG
Wertheim
Würzburg
Worms
Kaiserslautern
Mannheim
20
Seite 220
Erlangen
Weiden
Oberpfälzer Wald
TSCHECHIEN
Thionville
Saarbrücken
Ludwigshfn.
Pfälzerwald
Neustadt
Bad Mergentheim
Heidelberg
27
Seite 306
Heilbronn
Rothenburg
Nürnberg
Pilsen
Metz
Karlsruhe
Enz
Nancy
FRANKREICH
Baden-
Baden
Stuttgart
Regens-
burg
Bayerischer Wald
Böhmerwald
24
Seite 268
Budweis
Strasbourg
29
Seite 326
Reutlingen
Schwäbische Alb
Donau
Passau
Mühlviertel
28
Seite 316
Ulm
Augsburg
München
23
Seite 254
Innviertel
Linz
Mulhouse
Freiburg
Tuttlingen
Belfort
30
Seite 336
Schaff-
hausen
Meersburg
26
Seite 292
Füssen
Chiemsee
Salzburg
Hausruck
Basel
Bodensee
Lindau
Bayerische Alpen
Berchtesgaden
ÖSTERREICH
JURA
Schweizer Jura
SCHWEIZ
Zürich
Allgäuer Alpen
Karwendelgebirge
0
N
50 km

ZEICHENERKLÄRUNG FÜR DIE ROUTENKARTEN IM INHALT

Verlauf der Motorradroute

Autobahn (Im Bau)

4- oder mehrspurige Schnellstraße (im Bau)

Fernstraße/Nationalstraße (im Bau)

Wichtige Hauptstraße (im Bau)

Hauptstraße (im Bau)

Nebenstraße mit Mautstelle

10,5 Fernkilometierung an Autobahnen

10 Kilometierung

Fernstraße im Tunnel

16 % Straße gesperrt/ Steigung

Ferienstraße

05 Sehenswerter/beschriebener Stopp auf der Motorradroute

45 Autobahn-Nr.

E54 Europastraßen-Nr.

471 Bundesstraßen-Nr.

24 Autobahn-Anschlussstelle

Sonstige Anschlussstelle

Pass

Für Wohnwagen ungeeignet

Für Wohnwagen gesperrt

Internationaler Flughafen

Nationaler Flughafen

Regionaler Flughafen

TOUR START Start der Motorradroute

LINDAU Sehenswerter Ort

Naturparkgrenze/ Biosphärenreservat

Nationalparkgrenze

Sonstige Bahnlinie

ICE/IC/EC Bahnlinie

Autofähre

Staatsgrenze

Regionalgrenze

Maßstab 1:300.000 und 1:375.000

BESONDERE SEHENSWÜRDIGKEITEN

- UNESCO-Weltnaturerbe
- Felslandschaft
- Gebirgslandschaft
- Felslandschaft
- Schlucht/Canyon
- Vulkan erloschen
- Höhle
- Wasserfall/Stromschnelle
- Seenlandschaft
- Flusslandschaft
- Dünenlandschaft
- Nationalpark (Landschaft)
- Nationalpark (Fauna)
- Nationalpark (Flora)
- Biosphärenreservat
- Naturpark
- Botanischer Garten
- Zoo/Safaripark
- Wildreservat
- Schutzgebiet Büffel
- Vogelschutzgebiet
- Küstenlandschaft
- UNESCO-Weltkulturerbe
- Vor- und Frühgeschichte
- Römische Antike
- Wikinger
- Keltische Geschichte
- Jüdische Kulturstätte
- Kirche allgemein
- Kirchenruine/Klosterruine
- Christliches Kloster
- Romanische Kirche
- Gotische Kirche
- Barocke Kirche
- Byzantinisch/orthodoxe Kirche
- Kulturlandschaft
- Historisches Stadtbild
- Burg/Festung/Wehranlage
- Burgruine
- Palast/Schloss
- Technisches/industr. Monument
- Staumauer
- Bergwerk geschlossen
- Sehenswerter Leuchtturm
- Windmühle
- Herausragende Brücke
- Kriegsschauplatz/Schlachtfelder
- Grabmal
- Denkmal
- Mahnmal
- Sehenswerter Turm
- Herausragendes Gebäude
- Freilichtmuseum
- Markt/Basar
- Feste und Festivals
- Museum
- Theater
- Winzerei/Weinbaugebiet
- Ferienstraße
- Bahnstrecke
- Insel
- Strand
- Quelle
- Arena/ Stadion
- Rennstrecke
- Golf
- Pferdesport
- Skigebiet
- Segeln
- Badeort
- Freizeitbad
- Mineralbad/Therme
- Freizeitpark
- Spielcasino
- Aussichtspunkt
- Wandern/Wandergebiet
- Campingplatz

Bilder auf den vorhergehenden Seiten:
S. 2/3: Glienicker Brücke über die Havel zwischen Berlin und Potsdam
S. 4/5: Fahrt über den Sylvensteinsee, Bayern
S. 6/7: Allee in Niedersachsen

SAUERLAND

All die rasanten Hänge rauf und runter, von See zu See, von lauschig gelegenen Biker-Treffs bis hinein in die Dörfer oder größeren Städte – das alles bietet sich dem Motorradfahrer im Sauerland. Da geht es auf vielfältig gewundenen Sträßchen durch schier endlose Wälder, da macht man von Zeit zu Zeit geruhsame Pausen irgendwo in der herrlichen Landschaft oder man erfreut sich am quirligen Treiben in verwinkelten Altstadtgässchen wie in Attendorn oder Schmallenberg. Aber auch die größeren Städte des Sauerlandes wie Hagen, Lüdenscheid, Arnsberg oder Iserlohn bieten dank ihrer markanten Charaktere ganz unterschiedliche Reize, die es aufzuspüren und zu entdecken gilt.

»Das Tor zum Sauerland« wird die Stadt Hagen auch genannt – vom hier ansässigen, seit Jahrzehnten bestehenden Biker-Treff »Imbiss Hohensyburg« am Hengsteysee startet die Rundtour, die über verwunschene Nebenstrecken vorbei an Burgen und Klosterkirchen wie die in Hohenlimburg führt. Weiter geht es durch das Nahmertal mit seinem rauen Industrie-Charme alter Backsteinrelikte, die Berge hinauf zu fantastischen Aussichtspunkten wie dem an der Nordhelle – durch den schwungvollen Routenverlauf ein Highlight für jedes Biker-Herz. Von hier aus führt die Strecke entlang beliebter Stauseen, die in den Sommermonaten eine große Anziehungskraft auch auf Badegäste und Fans von Dampferfahrten ausüben. Und sollte das Wetter einmal nicht mitspielen, gibt es in der Umgebung einige bemerkenswerte Museen wie das Dampfmaschinenmuseum in Eslohe zu entdecken oder solch beeindruckende Höhlen wie die Atta-Höhle in Attendorn.

Kurze Streckenabschnitte auf kleinen Sträßchen, idyllische Landschaften und eine abwechslungsreiche Straßenführung – all das findet der Motorradfreund im Sauerland.

Kurvenrausch im Sauerland

Das »Land der tausend Berge« samt seinen sanft schimmernden Stauseen ist schlichtweg ein Motorradfahrer-Paradies. »Land der tausend Kurven« nennt man es im Biker-Jargon daher auch gerne.

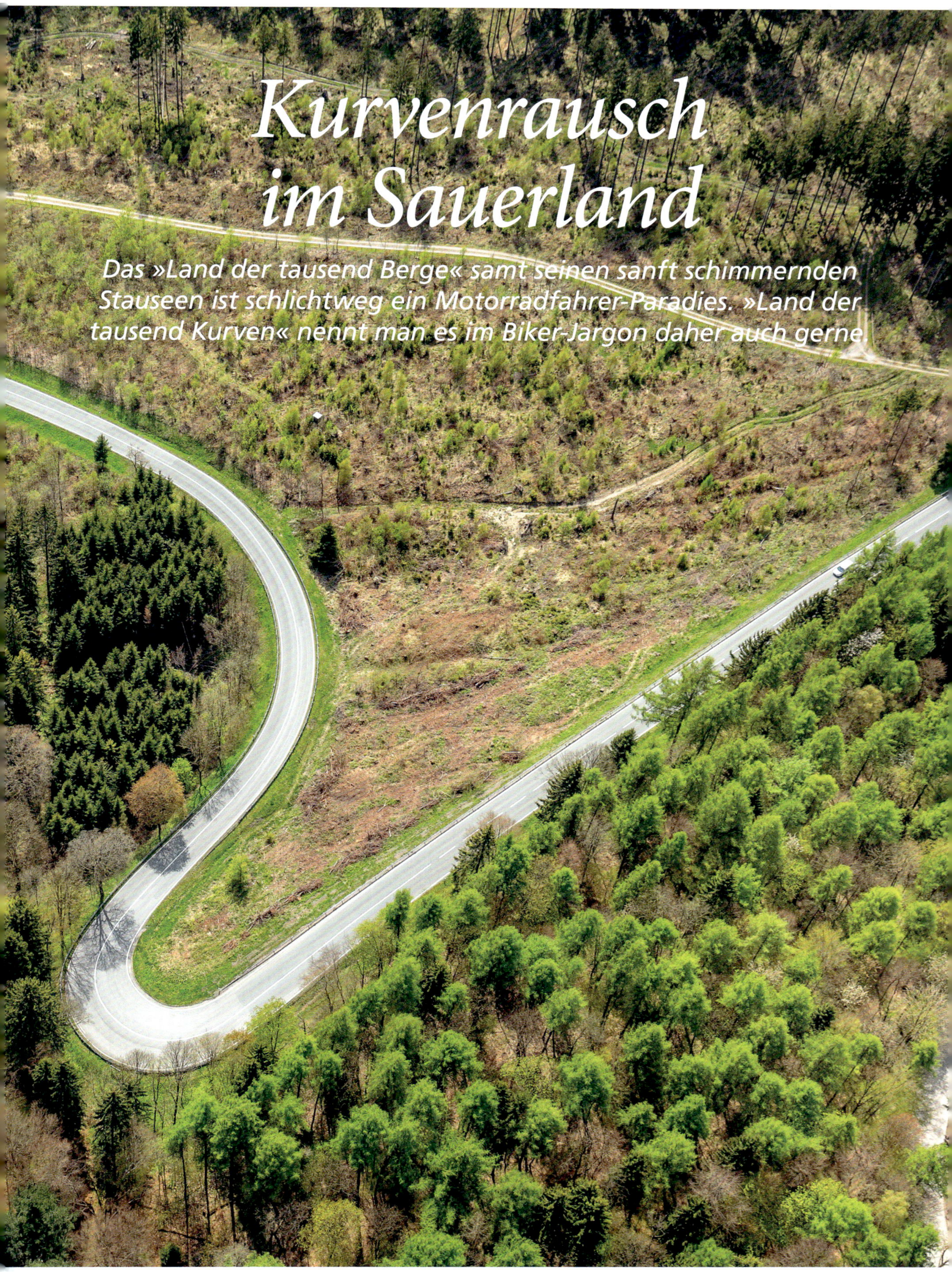

ROUTE 1

Routenlänge: 297 km, 359 km inkl. Abstecher
Zeitbedarf: Mindestens drei Tage
Charakteristik: abwechslungsreich, im Cruiser-Modus bzw. sportlich-zügig zu fahren
Start und Ziel: Biker-Treff »Imbiss Hohensyburg«, Hagen
Routenverlauf: Hagen, Hohenlimburg, Nahmertal, Wildgehege Mesekendahl in Schalksmühle, Altena, Werdohl, Herscheid, Nordhelle, Attendorn, Listersee, Biggesee, Kirchhundem, Erndtebrück, Schmallenberg, Eslohe, Sundern, Langscheid am Sorpesee, (mit Erweiterung: Arnsberg, Möhnesee), Menden, Iserlohn, Hagen am Hengsteysee

Informationen:
www.sauerland.com
www.mk-tourismus.info
www.moehnesee.de

Hier geht's zum GPS-Track

In den wunderschönen Fachwerkhäusern im Freilichtmuseum Hagen sind Ausstellungen und zahlreiche Werkstätten in Betrieb zu sehen.

01 Hagen

Ausgangspunkt der Route ist der Biker-Treff »Imbiss Hohensyburg« am Südufer des Hengsteysees, am nördlichen Rand von Hagen – nur einen Katzensprung entfernt von der Spielbank Hohensyburg, die hoch oben über dem Ruhrtal thront. Die steile und kurvenreiche Auffahrt zum Casino war in den 1980er-Jahren eine beliebte Rennstrecke und wurde auch gerne als Flaniermeile von Bikern und ihren Krädern genutzt. Heutzutage gilt speziell für Motorradfahrer ein Überholverbot. Oben angekommen und vor dem Abzweig zur »Hochburg des Glücksspiels«, die bereits auf Dortmunder Stadtgebiet liegt, bietet sich das »Roadstop« auf der linken Seite als Rastplatz mit fantastischer Aussicht über das Ruhrtal an.
Hagen wird wegen seiner Lage auch als »Tor zum Sauerland« bezeichnet: Der Wald befindet sich direkt vor der Haustür, bedeckt sogar fast die Hälfte des Stadtgebietes. Seine wichtigsten Baudenkmäler verdankt Hagen dem Jugendstil. Dazu gehört das von Henry van de Velde gestaltete Karl-Ernst-Osthaus-Museum mitten im Zentrum sowie der »Hohenhof«, etwas oberhalb des Stadtkerns. Das Westfälische Freilichtmuseum im Stadtteil Selbecke ist ebenfalls einen Besuch wert.

02 Hohenlimburg

Das hoch über der Ruhr gelegene Schloss Hohenlimburg, das der Stadt in der Grafschaft Limburg im 12. Jahrhundert ihren Namen gab, stellt die einzige mittelalterliche Höhenburg in Westfalen dar, die auch heute noch erhalten und in Betrieb ist. Ebenso hoch hinauf geht es am gegenüberliegenden Ufer der Ruhr zum ehemaligen Kloster Elsey, von dem heute aber nur noch die Kapelle des Damenstifts existiert. Von der kleinen Kirche ausgehend windet sich die »Himmelsleiter« als schmaler, romantischer Pfad zwischen alten Fachwerkhäuschen den Hügel hinunter und mündet auf weitläufigen, saftigen Wiesen, durch die sich wie ein silbrig glänzendes Band die Lenne schlängelt.

03 Nahmertal

Der Nahmerbach gab dem Tal einst seinen Namen. An ihm entlang führt die Route, an der sich in früherer Zeit eine Reihe von Wassermühlen und

Bereits 1912 richtete der Altenaer Lehrer Richard Schirrmann auf der Burg Altena die erste ständige Jugendherberge der Welt ein. Er war es auch, der das Deutsche Jugendherbergswerk gründete.

Hammerwerke ansiedelten. Während der Industrialisierung entstanden zudem Maschinenhallen für Drahtziehereien sowie eine Schlossbrauerei. Einige dieser architektonischen Zeitzeugen säumen noch heute den Weg durchs Tal bis hinauf zu den Orten Wiblingwerde, Mesekendahl und weiter nach Schalksmühle. Im Oberlauf des Nahmerbachs finden sich heute einige Fischteiche, die zur Forellenzucht genutzt werden.

04 Wildpark Mesekendahl

Verkehrsgünstig nahe der Autobahn A45, Abfahrt Lüdenscheid-Nord gelegen, ist das Wildgehege Mesekendahl seit mehr als 50 Jahren ein beliebtes Ausflugsziel für die ganze Familie. Ob Damwild, Frettchen oder Fasan – hier erwarten den Besucher in idyllischer Landschaft ca. 15 Tierarten und ca. 120 Tiere, und das zu jeder Jahreszeit. In den Sommermonaten finden hier zusätzlich beliebte und über die Landesgrenzen hinaus bekannte Oldtimertreffen (Autos und Motorräder) statt. Immer sonntags treffen sich regelmäßig Biker aus nah und fern.

05 Altena

Die älteste Jugendherberge der Welt liegt auf der Burg Altena. Im 12. Jahrhundert durch eine Seitenlinie der Grafen von Berg erbaut, diente sie im weiteren Verlauf der Jahrhunderte zunächst den Grafen von Altena und von Mark als feste Her-

AUSFLUGSZIELE

Deutsches Drahtmuseum

Altena bietet neben der Burganlage nebst ältester Jugendherberge der Welt das Drahtmuseum – das weltweit einzige seiner Art, mit themenspezifischen Veranstaltungen und Führungen im Erlebnismuseum. Bei der Dauerausstellung »Vom Kettenhemd zum Supraleiter« liegt der Schwerpunkt auf der damaligen wie neuzeitlichen Produktion von Draht. Weitere Wechselausstellungen erweitern das Repertoire rund um diesen uralten Industriezweig.

Burg Altena und Deutsches Drahtmuseum,
Fritz-Thomée-Str. 12, 58762 Altena,
Tel. 02352/9667034, www.sauerland.com

Panorama-Park Sauerland Wildpark

Hier ist der Name Programm, denn das Panorama ist einfach überwältigend. Bereits die Anfahrt zum Park über die Kreisstraße 22 (Rinsecker Straße) gestaltet sich als Highlight. Nach dem Besuch des Freizeitparks geht es munter weiter: vom Ortsteil Rinsecke aus zur L553 in Richtung Röspe. Im Verlauf nach Erndtbrück führt die Strecke durch ein weiteres für das Sauerland so typisches Kurvenparadies.

Panorama-Park Sauerland Wildpark,
Rinsecker Str. 100, 57399 Kirchhundem,
Tel. 02723/716220, www.panopark.de

Der Biggesee wurde in den 1950er- und 1960er-Jahren als Wasserspeicher für das Ruhrgebiet angelegt.

Der Skywalk über dem Biggesee garantiert einen spektakulären Blick auf den See und seine umliegende Landschaft.

berge. Die 1914 hier entstandene Jugendherberge ist bis heute in Betrieb. Jede Menge Veranstaltungen locken ganzjährig in die Festung, die hoch über dem Tal der Lenne thront. Den Namen »Touristischer Leuchtturm« erhielt die Burg, als auf Initiative des Tourismusverbandes 2010 ein 80 Meter hoher »Eventaufzug« entstand. Der Aufzug verbindet barrierefrei einen ausgebauten, ehemaligen Luftschutzbunker an der Lenne mit dem hoch oben gelegenen Burghof.

06 Werdohl

Nach nur wenigen Kilometern über einen aufregend gekrümmten Straßenverlauf gelangt man nach Werdohl, der Stadt, die – wie die gesamte Region – noch den Geist der industriellen Vergangenheit früherer Jahrhunderte im Dienste von Drahtziehereien atmet, als noch Eisenerze unter großer Mühsal verarbeitet und weitertransportiert wurden. Die »Alte Heerstraße« von Köln nach Soest entspricht in ihrem Verlauf in etwa der heutigen »Sauerlandlinie« genannten Autobahn A45. Damals galt sie als »Eisenstraße«, die vom Siegerland nach Meinerzhagen führte. Noch heute zeugt eine Reihe von immer noch produzierenden Drahtziehereien – mit riesigen Drahtrollen auf den Firmenhöfen – von der »eisernen Zeit«.

07 Herscheid

Das kleine Dörfchen auf der kurvenreichen Strecke die Berge hinauf Richtung Versetalsperre bietet als Highlight die kleine Eisdiele direkt auf der Dorfhauptstraße. Hier sitzt man draußen nebeneinander auf einer langen Holzbank – Tische in dem Lokal gibt es nicht – und schleckt ein sensationell leckeres Eis. Bei den zahlreichen Sorten hat man im wahrsten Sinne die Qual der Wahl.

08 Nordhelle

Die Einheimischen nennen sie auch »Die grüne Hölle« des Sauerlandes – in Anlehnung an die weltberühmte Rennstrecke, die »Nordschleife« des Nürburgrings in der Eifel. Hier am höchsten Punkt des Märkischen Kreises befindet man sich auf 663 Höhenmetern und gleichzeitig in einem ausgesuchten Kurvenparadies. Noch in den 1980er-Jahren wurden hier, zwischen den Ortschaften Reblin und Valbert, beinahe jeden Sonntagmorgen in den sich zuziehenden Kurven »harte Gefechte mit Knie am Boden« ausgetragen. Heute wird immer wieder diskutiert, ob die Strecke an den Wochenenden für Motorradfahrer gesperrt werden soll. Ungeachtet dessen bietet sich auch hier abseits der Strecke ein herrliches, nicht enden wollendes Wanderparadies, das über zahlreiche Parkplätze zu erreichen ist.

09 Attendorn

Eine der schönsten und größten Tropfsteinhöhlen Deutschlands, die Atta-Höhle, ist wohl die bedeutendste Sehenswürdigkeit, die das schöne Hansestädtchen Attendorn, das einst durch den Tuchhandel bekannt und wohlhabend wurde, zu bieten hat. Der Ort liegt malerisch direkt am Biggesee. Ein Bummel lohnt sich nicht nur durch die verwinkelten Altstadtgassen, auch das Südsauerlandmuseum und der Sauerländer Dom aus dem 14. Jahrhundert sollten besichtigt werden.

10 Listertalsperre

An der unweit des Biggesees liegenden Listertalsperre tummeln sich im Sommer ganze Heerscharen von Erholungssuchenden am begrünten, weitläufigen Ufer. Hier wird gebadet, gegrillt, Schifferl gefahren und die Sonne genossen. Die gesamte Strecke um diesen kleinen Stausee ist bei Motorrad- wie Radfahrern aufgrund ihrer unzähligen Kurven bekannt und beliebt.

11 Biggesee

Zwischen den Städten Attendorn und Olpe erstreckt sich der Biggesee – mit rund 8,76 Quadratkilometern einer der größten Stauseen Deutschlands. Im Herzen des Naturparks Ebbegebirge gelegen, wurde er in den Jahren 1956 bis 1965 vor allem als Wasserspeicher für das Ruhrgebiet angelegt. Damals mussten etwa 25 000 Einwohner aus dem direkten Umfeld in die extra neu erbauten Ortschaften Neu-Listernohl, Sondern-Hanemicke und Eichhagen umgesiedelt werden. Heutzutage ist von alledem nichts mehr zu spüren. Der Biggesee ist ein landschaftliches Highlight und eine touristische Attraktion, von der auch die Anrainer enorm profitieren.

Mit Ausflugsdampfern lässt sich die Vogelschutzinsel Gillberg ansteuern und dort wunderbare Stunden auf dem See, umgeben von herrlicher Natur, verbringen. Neu entstanden ist die Aussichtsplattform »Biggeblick« an der Waldenburger Bucht bei Attendorn, die den Besuchern einen atemberaubenden Ausblick beim »Skywalk« in 90 Meter Höhe auf die Bigge beschert und wie über dem See schwebend für eine völlig entrückte Atmosphäre sorgt. Bei Dämmerung bietet die Illumination unterhalb der Plattform und am Turm, der sogenannten Nadel, ein weiteres Faszinosum.

Anlaufpunkt Nummer eins für alle Durchreisenden ist der über die Landesgrenzen hinaus bekannte »Bigge-Grill« des ambitionierten Gastronomen Helmut – am großen Biker- und LKW-Parkplatz Hohen Hagen und mit direktem Blick auf den malerischen Biggesee. Der seit über zwanzig Jahren etablierte Imbiss bietet reichlich Kulinaria, die nicht nur bei Motorradfahrern beliebt sind. Ob Biker, Wanderer oder Radfahrer – sie alle legen hier mit Freuden eine kleinere oder auch mal ausgedehntere Pause ein.

12 Kirchhundem

Nicht nur von der Hohen Bracht aus bieten sich traumhafte Aussichten auf die weitläufige, üppig bewaldete

Region. Der Rhein-Weser-Turm auf 684 Meter Höhe ist das ganze Jahr über bei Wanderern beliebt, im Sommer lockt er auch Motorradfahrer den Berg hinauf – bereits die Anfahrt über die kurvenreiche Strecke ist ein Genuss für jeden Biker.

13 Erndtebrück

Die kleine Gemeinde liegt am Südhang des Rothaargebirges und kann auf eine über 750-jährige Geschichte zurückblicken. Nicht weit von hier liegt die Wisent-Wildnis Bad Berleburg – ein einmaliges Naturerlebnis und über eine für Motorradfahrer attraktive Strecke in Richtung Schmallenberg zu erreichen.

14 Schmallenberg

Auf dem Weg nach Schmallenberg durchfährt man Fleckenberg, ein pittoreskes Fachwerkdörfchen, romantisch an der Lenne gelegen. Hier bieten sich dem Motorradfahrer zahlreiche, eigens für sie eingerichtete Unterkünfte samt entsprechender Verpflegung an. Nur drei wunderschön zu fahrende Kilometer weiter und schon landet man im Ortskern von Schmallenberg, eine der flächenmäßig größten kreisangehörigen Städte in NRW. Wahrnehmbar ist das allerdings nicht, so idyllisch ist die Ortschaft, deren Zentrum eine Fülle an Einkehrmöglichkeiten bietet. Die Sitzplätze am Schützenplatz sind heiß umkämpft, seien es die von der sehr beliebten Eisdiele oder die des ebenso beliebten Cafés.

15 Eslohe

Auf der schwungvollen Weiterfahrt sollte man das Dampf- und Maschinenmuseum in Eslohe nicht auslassen. Seit 1981 präsentiert sich hier, von einigen Wasserläufen und saftig grünen Weideflächen umgeben, wahrhaftig gelebte Geschichte. Nicht nur am Dampfmaschinentag lohnt sich der Besuch der altehrwürdigen Hallen. Zur Techniksammlung zählen die alte Industrieschmiede, die Sammlung alter, aber funktionsfähiger Dampfmaschinen und Loks, Diesel- und Benzinmotoren sowie Elekrotechnik. In der Außenanlage dreht an Museumstagen eine alte Dampflok ihre Runden – Mitfahren ist nicht nur möglich, sondern ausdrücklich erwünscht.

16 Sundern

Malerisch im Naturpark Sauerland-Rothaargebirge liegt Sundern südöstlich von Eslohe. Durch das Stadtgebiet fließen unter anderem die Flüsse Röhr und Sorpe. Im Westen von Sundern bieten sich diverse Freizeitmöglichkeiten am Sorpesee an. Die Stadt wird von zahlreichen über 500 Meter hohen Bergen umrahmt – der höchste ist der 648 Meter hohe Schomberg.

17 Langscheid am Sorpesee

Mondänes Monaco-Flair versprüht an sommerlichen Tagen die Uferpromenade bei Langscheid, mit Sicht auf die sanft im Wind dahingleitenden Segelboote. Auch die Anlegestelle des Fährbootes befindet sich hier. Bereits die Anfahrt von südwestlicher Seite kommend gestaltet sich für Motorradfahrer als sanfter Kurvenrausch, anschließend schlängelt sich die Straße um den Sorpesee herum, immer dicht am Ufer des wunderschönen Gewässers entlang. Der Weg führt entlang von Badestränden, Campingplätzen und durch ruhige Waldpassagen bis nach Langscheid, das durch bunte Ferienhäuser und eine schöne, neu angelegte Uferpromenade besticht. Hier findet sich eine Reihe von unterschiedlichen Einkehrmöglichkeiten, allen voran der Motorradtreff »Stavros«. Die Kräder in Sichtweite geparkt, lässt es sich hier wunderbar schlemmen und »Benzin reden«. Wer mehr Luxus sucht, setzt sich ein Stückchen weiter entfernt oben auf die Hotelterrasse des »Seehofs«.

Die erweiterte Tour führt nun nach:

18 Arnsberg

Die Stadt an der Ruhr ist Sitz des Regierungsbezirks Arnsberg und bezeichnet sich selbst »als historisches Eingangstor in das Land der tausend Berge, das Sauerland«. Noch heute entdeckt man Spuren der über 770 Jahre währenden Stadtgeschichte, in der die Grafen und Kurfürsten von Hessen und Preußen eine Hauptrolle spielten. Arnsberg begeistert vor allem mit seiner mittelalterlichen Altstadt und zahlreichen Bürgerhäusern im Fachwerkstil. Wahrzeichen der Stadt ist der schöne Glockenturm mit barocker Haube. Über dem pittoresken Ensemble thront die Schlossruine von Arnsberg. Als eines der größten zusammenhängenden Waldgebiete Deutschlands bietet die Umgebung im Seendreieck Sorpe, Henne und Möhne unbegrenzten Fahrspaß, bei dem das Kurvengeschlängel gefühlt kein Ende nimmt.

19 Möhnesee

Das Talsperren-Schlaraffenland im Sauerland findet einen seiner Höhepunkte an der Möhne. Bei der Anfahrt vom Arnsberger Wald aus fällt bereits der Blick von dessen Höhenzügen auf den in der Sonne glitzernden Möhnesee. Über zwei Brücken geht es an das Nordufer, an dem bei Delecke eine der wohl beliebtesten Anlaufstellen für Motorradfahrer liegt: Das »Café Geronimo« lädt mit Blick von seinen großzügig angelegten Terrassen direkt auf den See zum geselligen Verweilen ein. Das wie ein Western-Saloon angelegte Gebäude ist aber nur einer von vielen Rast- und Aussichtspunkten rund um den Möhnesee.
Ein Muss ist auch die Besichtigung der uralten Sperrmauer: Die imposante Kanzelbrücke wurde bereits 1912 erbaut. Sie gilt als eine der beeindruckendsten Steinbrücken des Landes. Um die Möhne und Heve als Ausgleich bei Niedrigwasser und zur Stromerzeugung anzustauen, entstand die mächtige Sperrmauer, die im Zweiten Weltkrieg Ziel eines Bombenangriffs wurde – mit verheerenden Folgen: Die daraus entstandene Flutwelle reichte damals bis nach Essen-Steele im Ruhrgebiet. Der zehn Quadratkilometer große See ist heutzutage ein Paradies für Wassersportler und dank des 40 Kilometer

Blick auf Langscheid am Sorpesee. Zahlreiche Übernachtungs- und Freizeitmöglichkeiten laden dazu ein, hier etwas länger zu verweilen.

Das barocke Wasserschloss Adolfsburg bei Kirchhundem.

Diesen verschlungenen Bergpfad im Rothaargebirge kan man zwar nicht mit dem Motorrad befahren, aber auch eine Wanderung ist zwischendurch lohnenswert.

Die imposante Dechenhöhle in Iserlohn-Letmathe ist ein eindrucksvolles Naturdenkmal im Sauerland.

langen Seeufers auch ein reizvolles Ziel für alle Wanderer und Radfahrer.

Ohne Tour-Erweiterung geht es von Langscheid direkt nach

20 Menden

Der historische Altstadtbereich Mendens wird geprägt durch die St.-Vincenz-Kirche. Sie ist umgeben von liebevoll gepflegten Fachwerkhäusern und gut erhaltenen Gebäuden aus der Zeit des Jugendstils. Noch aus trutzigen Zeiten stammen zwei Wehrtürme, der noch erkennbare Wallring und Teile der mittelalterlichen Stadtmauer, die das Bild der Altstadt bis heute prägen. Ein Spaziergang durch die von Fachwerkhäusern gesäumten Straßen und Gassen, vorbei an der St.-Vincenz-Kirche oder dem Alten Rathaus im Jugendstil, gleicht einem Streifzug durch die Stadtgeschichte. Feste wie die Pfingstkirmes, die Mendener Kreuztracht oder »Menden à la carte« locken ebenfalls mehrmals im Jahr in die Stadt an der Hönne. Ebenso beliebt ist Menden bei den Radlern, denn die Stadt liegt idyllisch direkt am gut zu befahrenden Ruhrtal-Radweg.

21 Iserlohn

Mit rund 95 000 Einwohnern ist Iserlohn – auch bekannt für ihre Bierbrauerei und das beliebte Iserlohner Pils – die größte Stadt des Sauerlands. Wegen der großen Waldflächen im Stadtgebiet führt Iserlohn auch den Beinamen »Waldstadt«. Neben dem Stadtwald sind der Humpfert-Wald, der Balver Wald bis in die Iserlohner Heide sowie der Seilerwald nur einige Beispiele für die ausgedehnten Waldflächen. Wahrzeichen ist der Danzturm auf dem Fröndenberg im Stadtwald. Von dort aus eröffnet sich ein herrlicher Blick über die Stadt bis weit in das Sauerland hinein.

Neben Natur verspricht Iserlohn auch viel kulturelle Abwechslung mit zahlreichen Kunstgalerien, dem Stadtmuseum oder beim Eishockey im eigens angelegten Stadion für die Mannschaft der »Iserlohn Roosters«. Einen Besuch wert ist auch die Historische Fabrikanlage Maste-Barendorf, die aus dem 19. und 20. Jahrhundert stammt: Hier erlebt man im Rahmen von interessanten Führungen und Ausstellungen hautnah die wechselvolle Wirtschaftsgeschichte der Region. Zur weitläufigen Anlage gehören eine Haarnadelfabrik, eine Gelbgießerei und das bisher einzige Nadelmuseum Deutschlands.

AUSFLUGSZIELE

Kartbahn Raceland Karting

Motorrad gegen Kart ist eine nette Abwechslung, die auf der Kartbahn Raceland Karting in Arnsberg angeboten wird. Hier lässt sich auf legale Art ein Rennen mit Freunden austragen, ohne Repressalien der offiziellen Rennleitung erwarten zu müssen. Freilauf für die Speedgene heißt es daher hier, die Kartbahn ist aber auch für »Ersttäter« geeignet.

Raceland Karting, Raiffeisenstr. 10, 59757 Arnsberg, Tel. 02932/83335, www.raceland-karting.de

Dechenhöhle

Die Höhle in Iserlohn-Letmathe zählt als eindrucksvolles Naturdenkmal zu den schönsten Tropfsteinhöhlen Deutschlands. 1868 von Eisenbahnarbeitern zufällig entdeckt, dient sie seither hauptsächlich der Höhlenforschung. Die Gesamtlänge der Höhle beträgt knapp 900 Meter, von denen 400 Meter zu besichtigen sind.

Dechenhöhle, Dechenhöhle 5, 58644 Iserlohn, Tel. 02374/71421, www.dechenhoehle.de

Rund um den Möhnesee bietet sich eine ganze Reihe von beliebten Biker-Treffs mit tollen Aussichtspunkten und passender Verpflegung:

Wildgehege Mesekendahl *Mesekendahl 1, 58579 Schalksmühle, Tel. 02351/52091, www.wildgehege-mesekendahl.de*

Bikers In *Seeuferstr. 25, 59519 Möhnesee-Stockum, Tel. 0151/58144607, www.bikers-in.com*

Bigge-Grill *Parkplatz Hohen Hagen 11 (an der Landstraße zwischen Sondern und Attendorn, 57439 Attendorn, Tel. 02722/7180*

Bei Stavros *Zum Sorpedamm 11, 59846 Sundern-Langscheid, Tel. 02935/2802*

Lucas am See *Zum Sorpedamm 63, 59846 Sundern-Langscheid*

Easy-Rider *Niederbergheimer Hof, Möhnestr. 484, 59581 Warstein in Niederbergheim, Tel. 02925/971830, www.niederbergheimerhof.de/bikerstop/*

Bikerlust im Bergischen

Es ist nicht nur die einmalige Hügellandschaft, die den Reiz dieser Region ausmacht. Es faszinieren auch all die beschaulichen Täler dazwischen.

BERGISCHES LAND

Agiles Auf und Ab – mit immer neuen Perspektiven nach jeder Kurve – so lässt sich die Attraktivität des Bergischen Lands für Motorradfahrer in Kurzform beschreiben. Hinzu kommen schmucke Städtchen, sehenswerte Burgen, atemberaubende Panoramen – und nicht zuletzt nach jedem Zieleinlauf leckere landestypische Schlemmereien wie die Bergische Kaffeetafel.

Die Bandbreite der Motorradstrecken ist in dieser Region mit der weltweit höchsten Dichte an Talsperren enorm. Mal schwingen sich schmale Straßen durch dichte Wälder, mal sind sie großzügig ausgebaut und führen hinein in die Städte, z. B. nach Wuppertal – das von den Einheimischen als heimliche Hauptstadt des Bergischen Landes gehandelt wird. In den südlichen Landesteilen tendieren die Einwohner hingegen eher Richtung Köln – die dominierende Stadt der Region. Mit großen Flüssen kann das gesamte Gebiet aufwarten: Die Wupper und Agger ziehen Biker ebenso in ihren Bann wie die nach den Flüssen benannten Stauseen. Kein Wunder also, dass hier ein ganzer Reigen schönster Biker-Treffs zu finden ist – sei es der Treff »Zur Zornigen Ameise« an der schönen Bevertalsperre oder das über alle Landesgrenzen hinaus bekannte »Café Hubraum« in Solingen-Kohlfurt. Wen es mal höher hinaus zieht, der trifft sich mit seinesgleichen am Schloss Burg im Stadtteil Solingen-Burg, zur legendären Bergischen Waffel. Start und Ziel dieser faszinierenden Rundreise durch das Bergische Land ist die älteste Stadt der Region – das mittelalterliche Wipperfürth.

Anders als der Name vermuten lässt, ist das Bergische Land nicht von Gipfeln oder Schluchten geprägt. Vielmehr herrschen sanfte Höhenzüge vor, die bewaldet sind und in weichen Wogen die Landschaft durchziehen. Im Bild: Glörtalsperre in der Nähe von Dahlerbrück.

Seit über 100 Jahren rattert und knattert das weltberühmte Wahrzeichen Wuppertals, die Schwebebahn, quer durch die Stadt.

ROUTE 2

Routenlänge: 250 km
Zeitbedarf: Ein- bis Zwei-Tagestour.
Charakteristik: Gemütliches, aber mitunter auch flott zu fahrendes Kurvengeschlängel.
Start und Ziel: Wipperfürth
Routenverlauf: Wipperfürth, Bevertalsperre, Kleineichen, Hückeswagen, Großenscheidt, Scheideweg, Wickesberg, Boxberg, Wipperfeld, Schneppen, Halzenberg, Dhünn, Wickhausen, Wermelskirchen, Solingen-Burg, Abstecher Remscheid – Güldenwerth, (Müngstener Brücke), Solingen-Kohlfurt, Abstecher nach Wuppertal, Solingen, Hästen, Balkhausen, Witzhelden, Bechhausen, Dabringhausen, Bremen, Oedenthal (Altenberger Dom), Bechen, Kürten, Junkermühle, Wipperfeld, Jörgensmühle, Breun (Abstecher Schloss Gimborn, Marienheide), Hartegasse, Hermesberg, Agathaberg, Wipperfürth

Informationen:
www.die-bergischen-drei.de
www.wuppertal.de
www.naturpark-bergisches-land.de

Hier geht's zum GPS-Track

01 Wipperfürth

Die über 800 Jahre alte Hansestadt im Oberbergischen Kreis mit ihren »abwechslungsreichen Gesichtern«, wie sie sich selbst bezeichnet, ist die älteste Stadt im Bergischen Land. Sie wurde 1131 zum ersten Mal urkundlich erwähnt. Rund um den Marktplatz gruppieren sich zahlreiche Restaurants, Cafés, Bistros und heimelige Gaststätten, hübsch aneinandergereiht in giebelständiger oder traufseitiger Architektur aus den unterschiedlichsten Epochen. Direkt eingangs der rund um den Marktplatz geführten Straße dominiert eins der drei ältesten noch erhaltenen Gebäude den Stadtkern: das »Haus am Markt«, das sich seit 2018 nach jahrelangem Leerstand mittlerweile wieder standesgemäß als »Erstes Haus am Platz« aufwendig renoviert präsentiert. Das Restaurant mit seiner denkmalgeschützten, aus massiven Bruchsteinen bestehenden Fassade ist zur Straße ausgerichtet, ein Hotel befindet sich im hinteren Bereich.

02 Bevertalsperre

Von Wipperfürth einmal über die Wupper geschwungen und weiter geht's über einige schmale Sträßchen die Höhen hinauf. In nur wenigen Fahrminuten erreicht man die im Einzugsbereich des benachbarten Hückeswagen gelegene Bevertalsperre. Der Stausee und seine Mauer haben eine lange Historie, denn das seit 1898 aufgestaute Wasser der Bever als Nebenfluss der Wupper entstand als erste Nutz-Talsperre der Region. Heute dient sie dem Hochwasserschutz, aber ihre Bedeutung wird mehr der Naherholung zugeschrieben.

An ihrer Mauerkrone gibt es hüben wie drüben seit Jahrzehnten diverse Motorradtreffs: An der Gaststätte »Zur Zornigen Ameise« lässt es sich an überdachten Bierbänken und Tischen gemütlich am Ufer des Stausees speisen – gleich neben dem Campingplatz und hinter dem offiziellen Strandbad sowie der Anlegestelle für Segel- und Ruderboote. Familiär geht es hier schon immer zu, der Strand steht jedermann zum Baden oder »Tret-Bötchen fahren« offen.

03 Hückeswagen

»Schlossstadt« nennt sich seit 2012 die Oberbergische Stadt an der

Hübsche Schieferfassaden schmücken die Altstadt von Hückeswagen. Das kleine Städtchen im Bergischen Land ist auf jeden Fall einen Abstecher wert.

Wupper, die sich rund um ihr Schloss – erstmalig im Jahr 1189 erwähnt – in über 900 Jahren entwickelt hat. Unweit der Bevertalsperre gelegen, bietet sich die Besichtigung der pittoresken Altstadt an, geprägt von ihren Bergischen Schieferhäusern, die sich eng aneinandergeschmiegt an schmale, gewundene Gässchen vom Tal bis zum Schloss den Berg hinaufziehen. Über die steile Marktstraße lässt sich das Schloss mit seinem Schelmenturm auch mit dem Motorrad erreichen. Direkt neben dem Schloss befindet sich die Pauluskirche. Der Schlossgarten mit Rosengarten und historischem Pavillon lädt zum Verweilen ein. Ihren Namen hat die Stadt übrigens Graf Friedrich von Hückeswagen zu verdanken, der erste urkundlich erwähnte Graf der Geschichte. Der Tuchmacherindustrie verdankt die Stadt ihren einstigen Wohlstand, zahlreiche historische Industriellen-Villen im Stadtgebiet veranschaulichen noch heute den damaligen Reichtum.

04 Wipperfeld

Auf direktem Weg über die B506, aber auch über reichlich verschlungene Nebenstrecken, erreicht man das Örtchen Wipperfeld nahe Wipperfürth. Im wilden Rauf und Runter verläuft die Strecke über kleine Ansiedlungen wie Lamsfuß, Erlen, Grü-

AUSFLUGSZIELE

Schwebebahn Wuppertal

Die vom Kölner Ingenieur Eugen Langen entwickelte und 1901 offiziell in Betrieb genommene Schwebebahn ist noch heute so genial wie ausgeklügelt. Die Strecke verläuft vom Bahnhof in Oberbarmen über Barmen, Elberfeld und Elberfeld-West bis nach Vohwinkel. Das Zusteigen ist auf einer Strecke von 13,3 Kilometern an 20 Stationen möglich. Die Bahn fährt während der Hauptverkehrszeiten im Drei-Minuten-Takt.

Wuppertal Touristik City-Center, Schloßbleiche 40, 42103 Wuppertal, Tel. 0202/5632270, www.wuppertal.de, www.schwebebahn.de

Wuppertaler Zoo

Der Zoologische Garten in Wuppertal ist einer der ältesten Tierparks in Deutschland. Er ist geprägt von einer 24 Hektar großen Parkanlage mit altem Baumbestand in schöner Hanglage. Insgesamt sind hier 4200 Tiere aus allen Erdteilen untergebracht. Im März 2009 wurde hier die zweitgrößte Königspinguinanlage Europas mit einem 15 Meter langen Acrylglastunnel eröffnet.

Zoologischer Garten der Stadt Wuppertal, Hubertusallee 30, 42117 Wuppertal, Tel. 0202/5633600, www.zoo-wuppertal.de

Die Höhenburg im Solinger Stadtteil Burg wird heute für zahlreiche Veranstaltungen genutzt. Auch ein Museum ist hier untergebracht.

Idyllisch breitet sich die Große Dhünntalsperre in der Landschaft aus. Gespeist von den beiden Quellarmen des Flusses Dhünn, ist sie die drittgrößte Trinkwasser-talsperre Deutschlands.

terich, Überberg oder Oberholl – sie alle sind einen Blick wert, sollte man sich nicht nur auf die mit engen Kurven durch dichte Tannen- und Laubwälder hindurch gespickte Strecke konzentrieren wollen. Auch das kleine Wipperfeld wird bereits im 13. Jahrhundert erwähnt, liegt es doch im Einzugsbereich der alten Römerstadt Köln. Aus dem 12. Jahrhundert stammt das dem heiligen Clemens gewidmete romanische Gotteshaus des Ortes. Zahlreiche Getreidemühlen prägten einst die kleine Gemeinde, die sich auf der Überlandfahrt auch heute noch in Ortsschildern wie »Jörgensmühle« und »Junkermühle« wiederfinden.

05 Große Dhünntalsperre

Um die Trinkwasserversorgung der Einwohner des Bergischen Landes zu gewährleisten, wurde in den 1960er-Jahren die Dhünntalsperre errichtet. Aufgrund ihrer Erweiterung bis in die Mitte der 1980er-Jahre wird sie seitdem auch als »Große Dhünntalsperre« bezeichnet. Sie ist damit die größte Talsperre in Nordrhein-Westfalen und gilt als die drittgrößte in Deutschland. Sie wird gespeist durch den Fluss Dhünn und kann in Notzeiten sogar die Landeshauptstadt Düsseldorf mit Trinkwasser versorgen.

Die Dhünn und ihr Nebenfluss, der Eifgenbach, mäandern hier durch sehr schmale und stark bewaldete Mittelgebirgsbachtäler. Für die Tier- und Pflanzenwelt sind sie ein naturbelassenes Rückzugs- und Schutzgebiet, man selber nutzt die Landschaft für reizvolle, themenbezogene Wanderungen durch den »Naturpark Bergisches Land«.

06 Wermelskirchen

Einen Abstecher wert – anstatt nur durchzubrausen – ist Wermelskirchen, das nur knapp 35 Kilometer von Köln entfernt liegt, allemal: Die malerischen Gassen, gesäumt von romantischen Schiefer- und Fachwerkhäusern, die Fenster mit weißen Sprossen und grün gestrichenen Fensterläden, all das mutet an, als wäre die Zeit im mittlerweile fast 1000 Jahre alten Stadtkern stehen geblieben. Hier findet sich auch die sehenswerte Kirche St. Bartholomäus, die um 1200 im romanischen Stil errichtet wurde.

07 Solingen-Burg mit Schloss Burg

Schloss Burg und die Bergische Waffel sind der Inbegriff des Bergischen Landes. Beides lässt sich sogar gemeinsam genießen, denn auf der sehenswerten Burg wird auch das beliebte Süßgebäck in Sachen Verkostung angeboten. Bereits ab Anfang des 12. Jahrhunderts residierten die Grafen von Berg über der Wupper: Graf Adolf II. von Berg errichtete ab circa 1150 die Höhenburg – ein Aussichtspunkt erster Güte, den sich der Erbauer damals schon zunutze machte – und der sich auch heute noch ungebrochener Beliebtheit erfreut. Die Burganlage mit ihrem mächtigen Reiterdenkmal, das den Erzbischof Engelbert von Köln darstellt, ist umgeben von schmucken Fachwerkhäusern. Sowohl hier als auch in der Burg selbst wird die Tradition der bergischen Gastfreundschaft lebendig gehalten und ausgiebig gepflegt. Heute kann man hier nicht nur gut essen und feiern, auch das Museum des Bergischen Landes ist einen Besuch wert.

Im Außenbereich findet sich eine Reihe weiterer Attraktionen: »Verweilen Sie auf Deutschlands längster Naturstamm-Superbank mit Rückenlehne aus einem Stück von 22 220 mm Länge und einem Gewicht von 1 000 000 Gramm und genießen Sie den Tag auf Schloss Burg« – so steht es geschrieben auf der Bank, die bei herrlicher Aussicht zum Kopfrechnen auffordert.

Das einzigartige Panorama lässt sich auch bei einer Fahrt mit der Seilbahn auskosten: Wer sich traut, in einer der Gondeln Platz zu nehmen, schwebt von hoch oben dem tiefen Tal und der Wupper entgegen – und kann den Blick weit über das Bergische Land genießen. Unten angelangt, lässt es sich zu Füßen der Burg im gleichnamigen Stadtteil von Solingen munter flanieren – oder man tritt per Seilbahn direkt wieder die Fahrt zurück zur Burg an. Am besten absolviert man die himmlische Reise,

AUSFLUGSZIELE

Freizeitpark Ittertal

Solingen kann neben seinen bekannten Sehenswürdigkeiten im Stadtteil Wald mit dem historischen Freizeitpark aufwarten, dessen Wurzeln als Ittertaler Volksgarten bis in das 19. Jahrhundert zurückreichen. 1907 entstand das Wasserkarussell mit an einem Drehkreuz hängenden Gondeln. Noch heute wird hier Spaß und Erholung für die ganze Familie in der denkmalgeschützten Anlage mit Gaststätte, dem Karussell und einem Märchenwald großgeschrieben.

Freizeitpark Ittertal, Ittertalstr. 50, 42719 Solingen, Tel. 0212/3809691, www.ittertal.com

Solingen

Die »Stadt der Messer« präsentiert ihre jahrhundertealte Historie im Klingenmuseum – neben einer Reihe themenspezifischer Veranstaltungen wie die »Messer-Tage« oder das »Schwert-Festival« gibt eine Dauerausstellung Aufschluss über die Geschichte der Messerstadt im Bergischen Land.

Deutsches Klingenmuseum,
Klosterhof 4,
42653 Solingen,
Tel. 0212/258360,
www.klingenmuseum.de

noch bevor man sich all den Leckereien hoch oben an der Burg hingibt, die hier zahlreich auf einen warten. Für die Schleckermäuler bietet sich insbesondere die in diesem Landstrich erfundene Bergische Waffel an, die variantenreich dargeboten wird: Auf dem dampfenden und duftenden Gebäck wölben sich je nach Gusto Schlagsahne, Vanilleeis, heiße Kirschen oder auch mal Milchreis mit Zimt und Zucker. Aber auch Freunde deftiger Speisen finden hier ihre Erfüllung: Die Bergische Schinkenplatte wird gereicht mit herzhaftem Schwarz- und Graubrot, Butter, Käse, Blutwurst und Schinken. Dazu gibt es Kaffee aus der sogenannten »Dröppelminna«, einer Kranenkanne, die ihren Namen einst aufgrund ihres »dröppelnden«, also tropfenden Ausgusses verpasst bekam. Zum Abschluss der Bergischen Kaffeetafel gehört für diejenigen, die nicht weiterfahren, noch ein kräftiger Korn. Speziell für Motorradfahrer stehen vor dem mächtigen Burgtor sogar eigene Parkplätze zur Verfügung.

08 Remscheid

Mit Remscheid als viertgrößter Stadt im Bergischen Land verbindet man naturgemäß die Entdeckung der Röntgenstrahlen durch Conrad Wilhelm Röntgen. Ein Besuch des spannenden Deutschen Röntgen-Museums, das dem Leben und Wirken des Nobelpreisträgers gewidmet ist, lässt sich bestens in eine Tour einplanen. Der Wissenschaftler stammte aus Remscheid-Lennep. Er wurde 1845 als Sohn einer Tuchmacherfamilie geboren. Fünfzig Jahre später entdeckte Röntgen als Forscher an der Universität Würzburg die Strahlen, welche die Medizin revolutionieren sollten. Wer besonders wissensdurstig ist, plant auch gleich den Besuch weiterer interessanter Museen in Remscheid ein – etwa das Deutsche Werkzeugmuseum oder das Historische Zentrum, welches informative Einblicke in Leben und Kultur der Region gewährt.

Ein Rennen der besonderen Art findet einmal jährlich im Stadtteil Lüttringhausen statt: An die 50 Teilnehmer rasen mit selbst gebastelten Fahrzeugen eine abschüssige Straße hinab, wobei sie ordentlich Tempo aufnehmen. Längst hat das abenteuerliche Rennen überregionale Bedeutung erlangt.

09 Müngstener Brücke

Im Bereich Güldenwerth nahe der B229 überspannt bereits seit 1897 die stählerne Bogenbrücke die Wupper. Sie gilt mit ihren 107 Metern Höhe als die höchste ihrer Art in Deutschland. Ihre Konstruktion mit den immensen Spannweiten zwischen den sechs Gerüstpfeilern auf einer Gesamtlänge von insgesamt 465 Metern galt damals wie heute als Meisterwerk der Ingenieursbaukunst. Auch heute noch ist das Bauwerk ein echter Hingucker auf der Bahnstrecke zwischen Remscheid und Solingen.

10 Solingen-Kohlfurt

Die Wupper trennt den Ortsteil Kohlfurth in den Solinger und in den Wuppertaler Bereich. An beiden Ufern, und sich fast gegenüberliegend, befinden sich hübsche Restau-

rants und Gaststätten, viele von ihnen haben sogar einen kleinen Strandbereich. Auf der Solinger Seite hat sich das 1993 eröffnete »Café Hubraum« fest in der Motorradfahrer-Szene etabliert, wurde es doch eigens dafür unter uralten Kastanien in einem typischen Bergischen Schieferhaus mit Blick direkt auf die Wupper angelegt. Als Ausgangspunkt oder Ziel unzähliger Touren durch das Bergische Land bildet es einen Anziehungspunkt, an dem fast täglich, auch die Woche über, jede Menge Biker zusammenkommen. Aufgrund von überregionalen Veranstaltungen hat sich die urige Biker-Kneipe mit ihrem lauschigen Biergarten sogar international einen Ruf erworben.

11 Wuppertal

Die heimliche Hauptstadt des Bergischen Landes, wie die Wuppertaler ihre Heimat liebevoll bezeichnen, gilt als das Zuhause der berühmten über der Wupper verlaufenden Schwebebahn. 1901 eröffnet, ist sie bis heute das Wahrzeichen der Stadt. Die Bahn bedient auf einer Strecke von 13 Kilometern 20 Stationen. Mit der neuen Flotte änderte sich 2016 das farbliche Outfit der Waggons – von Orange zu Hellblau.Als idyllischster Stadtteil gilt Beyenburg hoch über dem Stausee. Inmitten bergischer Bürgerhäuser liegt die um 1500 errichtete Kreuzherrenklosterkirche Maria Magdalena, ein spätgotisches Gotteshaus.

12 Dabringhausen

Der Ort zählt mittlerweile neben Dhünn zu einem Ortsteil von Wermelskirchen und liegt ganz in der Nähe der Großen Dhünntalsperre. In seiner Frühzeit gehörte Dabringhausen zum St.-Andreas-Stift zu Köln, wo es im Jahr 1230 die erste Erwähnung fand. Im Mittelalter bekam der Ort als Gerichtsstandort im Bergischen Landgericht Bedeutsamkeit. Eine Pulvermühle machte im 18. Jahrhundert von sich reden.

13 Odenthal

Wunderbar in einem weiten Tal bei Odenthal gelegen, wählt der Motorradfahrer auf dem Weg zum Altenberger Dom nicht etwa den direkten Weg: Von Wipperfürth aus oder entlang der Dhünntalsperre bieten sich auf interessanten Nebenstrecken, die von Marienheide bis Gummersbach oder über Engelskirchen bis nach Lindlar führen, sehr viel mehr Perspektiven an. Die kleinen Straßen und Sträßchen, die von der L506 abzweigen, sind alle perfekt zum Kurvenschwingen und Schwelgen. Es geht bergauf und bergab, an putzigen Dörfern vorbei und durch Wälder und weite Wiesentäler. Kurven satt, die die Ausläufer der Dhünntalsperre für die Motorradfahrer bereithalten. Besonders attraktiv gestaltet sich in ihrem Verlauf die L409, die sich sogar bis nach Wer-

Altstadt von Remscheid, im Hintergrund die evangelische Stadtkirche.

Blick vom Diederichstempel in der Nähe der Müngstener Brücke auf das Tal der Wupper.

melskirchen durchschlängelt. Vor Erreichen des Bergischen Doms, wie die prächtige Klosterkirche von Altenberg auch genannt wird, folgt im Pfengsttal noch mal ein wahrer Kurvenreigen. Das bergische Städtchen Odenthal liegt etwa 20 Kilometer nordöstlich von Köln. Die gewaltige dreischiffige Klosterkirche gilt als eines der schönsten gotischen Sakralbauwerke Deutschlands und geht auf die Zisterzienserabtei Altenberge zurück, deren Grundstein 1259 gelegt wurde. Die mit einem Chorumgang und sieben Chorkapellen ausgestattete Basilika strahlt die strenge Schlichtheit der gotischen Epoche aus. So verfügte der in der Baukunst auf asketische Einfachheit ausgerichtete Zisterzienserorden, dass das Gotteshaus statt mit hohen Kirchtürmen nur mit Dachreitern ausgestattet wurde. Das Westfenster gilt als ein Meisterwerk der deutschen Gotik.

14 Bechen

Auf dem kurvenreichen Rückweg nach Wipperfürth führt die Route über das kleine Dorf Bechen, das zur Gemeinde Kürten zählt und in der Nähe von Bergisch Gladbach und Köln gelegen ist. Die Ortschaft ist wunderbar in die Landschaft eingebettet, in der das sanfte Kurvenschwingen besonderen Spaß bereitet. Besonders bekannt ist Bechen für sein jährliches »Eselsfest« im August. Dann heißt es wieder »Rund um den Bechener Esel« – eine Skulptur, die bereits seit über 30 Jahren den Dorfplatz ziert.

15 Kürten

Die Gemeinde Kürten, malerisch über den Hängen des Sülztals gelegen, verfügt über ein attraktives, gut ausgebautes und naturnahes Wanderwegenetz und bietet beste Möglichkeiten für spannende Mountainbike-Touren wie auch für gepflegte Golf-Partien. Zudem lädt Kürten in seinen Wohnmobilpark ein, der direkt an seinem Sauna- und Badeland in ruhiger Waldrandlage liegt.

16 Junkermühle

Der ehemalige Mühlenstandort bei Kürten gehört zu einer ganzen Reihe rund um die Gemeinden Kürten, Wipperfürth und Odenthal gelegenen Getreidemühl-Ortschaften, die im 14. Jahrhundert erstmalig Erwähnung fanden. Zwar hat die Mühle schon einige Jahrhunderte auf dem Buckel, Mühlenteich und die Hofschaft ohne Wasserrad sind jedoch noch heute hier vorzufinden.

17 Marienheide

Die Gemeinde im Kölner Einzugsbereich kann mit mehreren Sehenswürdigkeiten aufwarten. Allen voran ist das Schloss Gimborn einen Abstecher wert. Bereits im Jahr 1180 vom alteingesessenen Rittergeschlecht Ginburne errichtet, zählte es einst zum Stift St. Gereon in Köln. Landschaftlich wunderschön in einer sanften Talmulde gelegen, mutet es mit seiner Architektur wie ein Märchenschloss an. Es zählt zu einem der schönsten erhaltenen Schlösser des Oberbergischen und wird heute noch von seinem adligen Besitzer bewohnt.

Nicht nur, aber besonders für Motorradfahrer interessant ist der Biker-Treff am Aussichtsturm Unnenberg, einem reizvoll auf 506 Höhenmetern gelegenen, 22 Meter hohen Turm, von dem aus sich ein atemberaubender Panoramablick über den gesamten Oberbergischen Kreis eröffnet: Bei gutem Wetter reicht die Sicht sogar bis ins Siebengebirge. An manchen Tagen sind in weiter Ferne die Spitzen des Kölner Doms zu erkennen.

Wieder runter geklettert kann man sich im Ausflugslokal zu Füßen des stählernen Turmes noch stärken, bevor es auf dem Rückweg über kurvenreiches Geläuf durch die lieblichen Ortschaften Hartegasse, Hermesberg und Agathaberg zurückgeht nach Wipperfürth – dem lauschigen Ausgangspunkt der Tour.

AUSFLUGSZIELE

Gut Haarbecke

Das Gut bei Kierspe-Rönsahl nahe Wipperfürth liegt idyllisch mitten im Grünen, umsäumt von Feldern, Wiesen und Wäldern – und ist mit seiner völligen Alleinlage geradezu prädestiniert für zahlreiche Veranstaltungen, die während des Sommers auf dem weitläufigen Gelände der ehemaligen Hofanlage stattfinden. Das abwechslungsreiche Programm aus Mittelalter-Festivals, Rockkonzerten, dem »Markt der schönen Dinge« oder der »Mallorca Party« findet sogar wetterunabhängig statt – der Dreiseitenhof mit großer Party-Scheune liegt gut geschützt.

Gut Haarbecke,
Haarbecke 2, 58566 Kierspe-Rönsahl,
Tel. 02269/387, www.haarbecke.de

Wanderwege

Mit dem Bergischen Weg und dem Bergischen Panoramasteig gibt es gleich zwei vom Deutschen Wanderverband als »Qualitätsweg Wanderbares Deutschland« zertifizierte Fernwanderwege durch die abwechslungsreiche, offene Kulturlandschaft der Region. Zum Bergischen Wanderland gehören außerdem zahlreiche Themenwege, die Bergischen Streifzüge , die auf unterschiedlich langen Touren historische oder naturkundliche, technische oder literarische Themen erlebbar machen. Weitere tolle Wandertipps findet man hier:

www.bergisches-wanderland.de

Bevertalsperre am Staudamm
Reinshagensbever 42 – an der K5, 42499 Hückeswagen (mittlerweile ohne Imbiss!)

Zornige Ameise
(Bevertalsperre), Großberghausen 2, 42499 Hückeswagen, Tel. 02192/4286, www.zornige-ameise.com

Oldtimer-Treff am alten Hauptbahnhof Solingen *Bahnhofstr. 15, 42651 Solingen, Tel. 0212/2247071, www.steinhaus-bahnhof.de*

Schloss Burg an der Wupper
Schlossplatz 2, 42659 Solingen, Tel. 0212/2422626, www.schlossburg.de

Müngstener Brücke
Müngstener Brückenweg 92, 42659 Solingen (Schwebefähre und Haus Müngsten), Tel. 0212/23393220, www.haus-muengsten.de

Café Hubraum
Kohlfurther Str. 30-32, 42651 Solingen, Tel. 0212/530893, www.cafe-hubraum.de

Schinderhannes
Kreckersweg 1a, 42929 Wermelskirchen, Tel. 02193/533725

Kiosk am Altenberger Dom
Hauptstr. 2, 51519 Odenthal-Altenberg

Landhaus Orbach *Ahe 7, 51688 Wipperfürth, Tel. 02267/87811, www.landhaus-orbach.de*

Unnenbergtreff
Unnenberger Str. 100, 51709 Marienheide, Tel. 0157/82819825, www.unnenbergtreff.de

EIFEL

Sportlich geht's für Motorradfahrer rund um die legendäre Rennstrecke Nürburgring – aber auch beschaulich. Unterwegs lassen sich all die unzähligen Eifel-Kurven im nördlichen Teil von Rheinland-Pfalz genießen. Die Ansage »Wir sind hier nicht zum Blümchenpflücken unterwegs« kommt natürlich von den eher Heißspornigen unter den Motorradfahrern, sobald der Begriff »Nürburgring und Nordschleife« fällt. Doch die Routen durch die Eifel verheißen bereits beim Anblick all der feinen weißen Linien mit den vielen Kringeln auf der Karte schon so viel Kurvenvergnügen, dass auch dem letzten Racer klar wird: Hier werden alle Tourenteilnehmer bis aufs fahrerische i-Tüpfelchen vollends bedient. Und wer sich dafür noch »die Hörner abfahren muss«, kann dies ja noch vor dem Start der Tour direkt auf der Nordschleife des Nürburgrings tun. Denn hier darf im Sommer an sieben Tagen in der Woche gegen Gebühr ordentlich geheizt werden. Alle anderen schauen sich zunächst die gleichnamige Nürburg nur wenige Fahrminuten entfernt an, die dieser fast hundertjährigen Rennstrecke einst ihren Namen gab.

Doch ist dies nicht die einzige Sehenswürdigkeit, die diese Region der Eifel zu bieten hat. Auch die Manderscheider Burgen rechts und links des Liesertals sind mehr als einen Hingucker wert. Die Vulkaneifel mit ihren kreisrunden Maaren und riesigen Lavabrüchen gibt auch in geologischer Hinsicht heute noch spürbar tiefe Einblicke in längst vergangene Zeiten, ist ihr doch gewissermaßen die Entstehung all dieser engen und weiten Kehren auf den zahllosen Serpentinen zu verdanken. Lohnenswert auf der kurvenreichen Tour sind auch mittelalterliche Städte wie Monschau und Bad Münstereifel und allen voran natürlich die Römerstadt Trier.

Wer es gerne kurvig mag, ist in der Eifel mit ihren zahlreichen Haarnadelschleifen und Serpentinen richtig. Im Bild: Blick von der Nürburg, die der berühmten Rennstrecke ihren Namen gab.

Rund um die Nordschleife

Die Eifel ist Motorradland – was gibt es also Spannenderes als um die weltbekannte Rennstrecke Nürburgring mit seiner berüchtigten Nordschleife sportlich ambitionierte Runden zu drehen.

ROUTE 3

Streckenlänge: 437 km
Zeitbedarf: Mehr-Tagestour, auch auf eine Woche ausdehnbar
Charakteristik: Sportlich anspruchsvoll, aber auch gemütlich zu fahren
Start und Ziel: Nürburgring
Routenverlauf: Nürburgring, Nürburg, Adenau, Brücke Breidscheid, Hohe Acht, Kesseling, Ahrbrück, Altenahr, Bad Münstereifel, Nöthen, Marmagen, Kall, Gemünd, Heimbach, Nideggen, Schmidt, Vossenack, Simmerath, Monschau, Hellenthal, Reifferscheid, Blankenheim, Lissendorf, Prümer Kopf, Schwirzheim, Birresborn, Malberg, Bitburg, Mecklerhöhe, Welschbillig, Trier, Zemmer, Spangdahlem, Kyllburg, Kloster Himmerod, Manderscheid, Daun, Gerolstein, Dreis-Brück, Hillesheim, Üxheim, Barweiler, Nürburgring

Informationen:
www.nuerburgring.de, www.vulkanregion-laacher-see.de, www.altenahr-ahr.de, www.eifel-direkt.de

Hier geht's zum GPS-Track

Seinen Ruhm verdankt der Nürburgring den Triumphen und Tragödien, die sich hier abspielten.

Adenau, die »Perle der Nordeifel«, beeindruckt durch ihre prächtigen Fachwerkbauten am Marktplatz.

01 Nürburgring

Sagenumwoben und legendär ist die Rennstrecke, die 1927 eröffnet wurde und bis zum heutigen Tage als eine der schwierigsten Rennstrecken der Welt gilt. Ihr Ruhm ist ungebrochen und lockt Auto- wie Motorradfahrer aus der ganzen Welt an, die wenigstens einmal im Leben die waghalsige Strecke in der Eifel befahren wollen. Schließlich ist der 28,3 Kilometer lange Rundkurs mit seinen fast 180 abwechslungsreichen Kurven, Gefällestrecken und Sprunghügeln seit Beginn an auch für Privatpersonen gegen Gebühr freigegeben. »Hecke auf, Hecke zu«, so betitel es der Volksmund kurz und bündig, wenn mal wieder jemand mit dem Auto oder Motorrad die Strecke unfreiwillig verlassen hat. International bekannt ist auch ihr Beiname »Die Grüne Hölle«, ein Begriff, der in den1960er-Jahren vom britischen Formel-1-Rennfahrer Jackie Stewart begründet wurde. Nach zahlreichen schweren Unfällen endete schließlich 1976 nach über zwei Jahrzehnten die Formel-1-Rennserie auf der Nordschleife. Heute finden Formel-1-Rennen auf dem eigens für die Rennserie geschaffenen, 4,542 Kilometer langen Grand-Prix-Kurs statt. Dann aber nur in unregelmäßigen Abständen und in Konkurrenz zum Hockenheimring in Baden-Württemberg.Ein Publikumsmagnet ist auch das jährlich Ende Mai/Anfang Juni ausgetragene ADAC Zurich 24-Stunden-Rennen. Aus der ganzen Welt reisen Rennteams wie Zuschauer dann in großer Zahl an, schlagen Zelte auf den umliegenden Wiesen auf und sorgen für ein Volksfest der ganz eigenen Art. Ein weiteres, jedoch musikalisches Highlight ist die seit 1976 veranstaltete Konzertreihe »Rock am Ring«. Seit über 30 Jahren zieht das Musikevent jährlich an die 80 000 Zuschauer zum Nürburgring.

02 Nürburg

Was nur wenige wissen: Der Berg mit der Nürburg, die der Rennstrecke einst ihren Namen gab, ist schon seit der Römerzeit Siedlungsgebiet. Im 12. Jahrhundert errichteten die Grafen von Are auf dem »schwarzen Berg« die Burg, die sich bis heute als imposante Ruine in den Himmel erhebt. Führungen durch die Burg

lassen sich buchen. Ganz umsonst lässt sich von hier aus der atemberaubende Blick über die weite, einzigartig Eifellandschaft genießen.

03 Adenau

Eingebettet in ein waldreiches Seitental der oberen Ahr liegt das mehr als 1000 Jahre alte Städtchen Adenau. Der um die 3000 Einwohner zählende Ort mit seinen urigen Fachwerkhäusern aus dem 17. Jahrhundert stellt nicht nur zu touristischen Hochzeiten wie dem 24-Stunden-Rennen ein Ausflugs- und Urlaubsziel mit Magnetwirkung dar. Interessante Einblicke in die Stadtgeschichte bietet das Heimat-, Zunft- und Johannitermuseum mit Ausstellungen über die Adenauer Gerber-, Hammer- und Wollweberzunft. Das Bauernhausmuseum zeigt das bäuerliche Zuhause längst vergangener Zeiten. Hauptanziehungspunkt des Ortes ist die Brücke Breidscheid: Hier überquert die Rennstrecke der Nordschleife die Ortsausfallstraße von Adenau, und von hier aus kann man – neben der Döttinger Höhe – gegen Gebühr auf die Nordschleife einfahren. Am »Café Brücke Breidscheid« wird das Ticket gelöst, während die Zaungäste von den Tischen aus in Ruhe das versammelte Aufgebot an zumeist illustren Fahrzeugen diskutieren. Gesäumt ist die Straße hier von Imbissständen und Schnellrestaurants: Am besten greift man sich dort eine kleine Mahlzeit samt kühlem Getränk ab und klettert die Treppe neben der Brücke hinauf, um es sich auf dem Wiesenhang gemütlich zu machen und das bunte Treiben auf dem Streckenabschnitt mit anderen Gleichgesinnten zu beobachten.

04 Hohe Acht

Der Berg heißt Hohe Acht, liegt im Adenauer Stadtwald und ist mit 747 Höhenmetern das höchst gelegene Ausflugsziel der Eifel. Vom dortigen über 100-jährigen Kaiser-Wilhelm-Turm kann man bei schönem

AUSFLUGSZIELE

Nürburgring Fahrsicherheitszentrum

Vorbereitung ist alles: wertvolle Erfahrungswerte und Wissenswertes rund um die Fahrzeugbeherrschung von motorisierten Zweirädern erhält man hier im Rahmen von qualifizierten Motorradsicherheitstrainings – ein Garant, um nicht nur in der kurvenreichen Eifel jede noch so enge Kurve und Fahrsituation souverän beherrschen zu können.

Fahrsicherheitszentrum am Nürburgring, Müllenbacher Str. 2, 53520 Nürburg, Tel. 02691/30150, www.fszn.de/fahrtraining/motorrad-trainings, www.nuerburgring.de

Hocheifel-Nürburgring

Die Region bietet für Naturfreunde verschiedenste Themenwanderwege: Auf den Wanderwegen »AhrSteig« und »Eifelleiter« erhält man Einblicke in Geschichte und Entstehung der Vulkanregion. Mountainbiker und Rennradfahrer können sich in der »Radarena« ausprobieren. Auch Freizeitradler, Rennradfahrer und radbegeisterte Familien finden hier viel Spielraum. Besonders der »Ahr-Radweg« bietet traumhafte Tourenmöglichkeiten mit Anbindung an überregionale, weiterführende Strecken.

www.hocheifel-nuerburgring.de

Wetter bis weit in die Rheinebene hinein blicken und mit etwas Glück sogar die Spitzen des Kölner Doms erspähen. Der Turm, der 1908/09 errichtet wurde, war ein Geschenk zur Silberhochzeit von Kaiser Wilhelm II. und dessen Frau. Die Hohe Acht erreicht man vom Adenauer Markt aus zu Fuß in einer ein- bis anderthalbstündigen Wanderung. In der bequemeren Variante geht es nach zehn Minuten Fahrt mit dem Bike zum Wanderparkplatz an der L10 und von dort aus in einem Aufstieg von 20 Minuten hinauf auf den höchsten Punkt der Eifel. Übrigens: Kurz vor Erreichen der Hohen Acht hat man einen optimalen Blick auf den gleichnamigen Teilabschnitt der Nordschleife.

05 Kesseling

Über weit verzweigte Täler führt die kurvenreiche Strecke durch diese kleine Ortschaft, die mit der Quelle des Kesselingbaches mitten im Dorf aufwarten kann. Wasser- und waldreich, so lässt sich das Gebiet um den Kesselinger Wald charakterisieren, das seine höchste Erhebung mit dem 583 Meter hohen Hundsburgskopf vorweisen kann.

06 Ahrbrück

Nur wenige Fahrminuten von Kesseling aus sind es zum beliebten »Café-Bistro Ahrwind« in der kleinen Ortschaft Ahrbrück. Im speziell für Motorradfahrer ausgelegten Café und Bistro lässt es sich beim gemütlichen Schmökern in uralten Motorradzeitschriften lecker frühstücken oder zu Mittag speisen. Wer mag, stattet alternativ dem ebenso bekannten »Café FahrtWind« im nahe gelegenen Hönningen einen Besuch ab, das mit einem schönen Ausblick auf die Ahr aufwarten kann. Wer einmal da ist, sollte unbedingt einen der zahlreichen selbst gebackenen Kuchen probieren.

07 Altenahr

Auf der Strecke über Altenahr Richtung Bad Münstereifel geht es wahrlich enthusiastisch durch die hier verlockend engen Kehren. Wie Schleifen vollführt der Straßenverlauf unzählige Biegungen auf dem Weg ins nahe Altenahr. Der historische Stadtkern ist für einen Zwischenstopp bestens geeignet. Die romanische Pfarrkirche wurde im 12. Jahrhundert erbaut. Die geologisch interessanten Felsformationen im Langfigtal bilden ein nicht nur von Wissenschaftlern gerne besuchtes Forschungsgebiet. Bereits 1834 wurde die Ahrtalstraße zwischen Ahrweiler und Altenahr – inklusive Preußens erstem Straßentunnel – fertiggestellt.

08 Bad Münstereifel

Bevor die kleine Stadt im Tal der Erft erreicht wird, kringelt sich die Straße noch mal so reichhaltig, dass gerade auf den letzten Kilometern zwischen Scheuerheck und dem Ort Vorsicht geboten ist – was auch die erhöhten Unfallzahlen auf diesem Streckenabschnitt gebieten. Am Stadttor gibt es zahlreiche Motorradparkplätze. Hier kann man sein Bike abstellen und anschließend durch die wunderschöne mittelalterliche Stadt mit ihren Grundfesten aus dem Jahr 1299 spazieren. Die Stadtmauer mit ihren vier Stadttoren – eins für jede Himmelsrichtung – ist noch fast vollständig erhalten. Der historische Stadtkern mit seinen schön gepflegten Fachwerkhäusern, den Gässchen, dem herrschaftlichen Rathaus aus dem 13. Jahrhundert mit seiner weinroten Fassade, der mit ihren drei Türmen wehrhaft und trutzig wirkenden Stiftskirche St. Chrysanthus und Daria aus dem 12./13. Jahrhundert und der über all dem Geschehen erhabenen Burg Münstereifel – all das verleiht der Kurstadt ein einzigartiges Flair. Noch mehr Sehenswürdigkeiten historischen Ursprungs bietet die aus dem 17. Jahrhundert stammende Jesuitenschule St. Michael Gymnasium mit ihrer alten Bibliothek. Im Felsenkeller der Burg Münstereifel kann in der dortigen Senfmühle beobachtet werden, wie Senf von Hand produziert wird. Wer sich lieber der Zukunft anstatt der Vergangenheit widmen möchte, besichtigt etwa 10 Kilometer vom Stadtkern entfernt bei Effelsberg das größte vollbewegliche Radioteleskop der Welt mit einem Parabolreflektor von 100 Metern Durchmesser.

09 Nöthen

Die nach dem Bachlauf »notinna« benannte Gemeinde im Kreis Schleiden wurde bereits 856 in der Abtei Prüm schriftlich erwähnt und verfügt über einen Kirchenbau aus der Zeit des beginnenden 20. Jahrhunderts,

AUSFLUGSZIELE

Maria Laach

Das romanische Kloster gehört zu den bekanntesten Sehenswürdigkeiten des Vulkanparks Brohltal/Laacher See und ist das wohl berühmteste Bauwerk der Eifel überhaupt. Pfalzgraf Heinrich II. von Laach gründete 1093 das Kloster am See gegenüber seiner Pfalzgrafenburg. 1156 weihte Erzbischof Hillin von Trier die Kirche ein, um 1230 wurde der letzte Teil der Kirche, die Vorhalle, das sogenannte Paradies, vollendet. Die Abtei mit klostereigener Gärtnerei, Werkstätten, einer Buchhandlung und einem Laden für traditionelles Kunsthandwerk gehört zu den wertvollsten romanischen Bauten im Rheinland und zieht jährlich über eine Million Besucher aus aller Herren Länder an.

Benediktinerabtei Maria Laach,
Am Laacher See, 56653 Maria Laach,
Tel. 02652/590, www.maria-laach.de

Bibliophile Kostbarkeiten – die Klosterbibliothek von Maria Laach gehört zu den größten Privatbibliotheken Deutschlands.

Wer die 75 Stufen hinauf zur Kanzel des Kaiser-Wilhelm-Turms erklimmt, wird mit einem fantastischen Panoramablick belohnt.

Bad Münstereifel verdankt seinen Wohlstand dem Tuchgewerbe. Die schöne Altstadt besticht durch viele Einkehrmöglichkeiten.

der ursprünglich im Stil der Neuromanik errichtet wurde. Vom Eifelörtchen zu Füßen des Himbergs geht es weiter über sanfte Höhenzüge des Naturparks Nordeifel bis hin nach Marmagen.

10 Marmagen

Zwischen Marmagen und Gemünd erwartet den Biker eine besonders schöne Etappe. Der über 2000 Jahre alte Erholungsort mit heilklimatischen Bedingungen liegt in einer waldreichen Gegend, die sich durch ihr windreiches Reizklima auszeichnet – vergleichbar mit dem an Nord- und Ostsee.

11 Kall

Die Nationalpark-Gemeinde wirbt mit ihren gut ausgebauten Wander- und Radwegen, wie die »Eifel-Höhen-Route«, der »Eifelsteig« und der »Römerkanal-Wanderweg«. Eine ihrer Sehenswürdigkeiten ist das Kloster Steinfeld, eine ehemalige Prämonstratenserabtei mit bedeutender romanischer Basilika.

12 Heimbach

Auf verschlungenen Pfaden ab Gemünd geht es vorbei an der Abtei Mariawald nach Heimbach. Zu Füßen der Burg Hengebach liegt die Abtei Mariawald – das einzige Trappistenkloster Deutschlands. Während die Auflösung des Klosters 2018 beschlossen wurde, richtete sich die »Internationale Kunstakademie Heimbach« bereits 2008 in der Burg ein und machte sie zu ihrem Stammsitz.

13 Nideggen

Am Rande des Nationalparks Eifel liegt das Burgstädtchen Nideggen auf einer Bergkuppe. Mit seiner Lage oberhalb des mittleren Rurtales stellt es einen wunderbaren Aussichtspunkt dar. Von hier überschaut man das ganze Gebiet der Rurtalsperre. Herrlich zum Wandern und Klettern geeignet ist die Gegend auch aufgrund ihrer steil aus dem Rurtal aufragenden Buntsteinfelsen.

14 Vossenack

Als »Dorf mit Weitblick« bezeichnet sich Vossenack gerne, wurde es doch beim Wettbewerb »Unser Dorf hat Zukunft« 2017 mit einer Goldmedaille ausgezeichnet. Im Zuge dessen werden Motorradfahrer, die die Ortschaft aufgrund der attraktiven Routenführung gerne anpeilen, nicht immer willkommen geheißen. Die Stadtväter von Vossenack rufen nachdrücklich zu besonnenem und rücksichtsvollem Verhalten auf, weil die Stadt auf ihren Status als Erholungsort pocht. Offensichtlich verträgt sich das nicht immer mit allen Arten von Kradfahrern, an die der Appell zur angepassten Fahrweise hier besonders gerichtet ist.

15 Monschau

Fachwerkidylle pur erwartet die Besucher der historischen Stadt an der Rur – einem Bilderbuchort mit kopfsteingepflasterten Altstadtgässchen und vom hohen Alter gebeugten, windschiefen Fachwerkfassaden. Hier gibt es Cafés und Restaurants in Hülle und Fülle – was bleibt ist nur die Frage, welches der vielen Lokale nehmen. Sehenswert ist auch die hoch über der Altstadt aufragende Burg Monschau, eine der imposantesten Burganlagen des Rheinlands. Der zwar steile und teils mühsame Aufstieg wird mit einem fantastischen Blick auf die im Tal liegende Stadt und auf die umliegende Landschaft belohnt. Bequemer geht es mit der Stadtbahn zum Aussichtspunkt direkt vor dem Eselsturm. Ein romantischer Spaziergang entlang der Rur führt über den Waldlehrpfad vorbei an der historischen Sägemühle zur Sommerrodelbahn, einem rasanten Vergnügen. Zahlreiche Wander- und Radwege laden zu Erkundungstouren in die umliegende, von imposanten Hecken geprägte Landschaft und in das wildromantische Hochmoor Hohes Venn ein.

16 Blankenheim

Über verwunschene und verwinkelte Sträßchen, durch dichte Wälder hindurch und entlang sattgrüner Weiden und Wiesen, vorbei an Ortschaften wie Hellenthal oder Reifferscheid, geht es auf dieser traumhaft schönen Strecke Richtung Blankenheim. Mitten im Ort, im Keller eines historischen Fachwerkhauses aus dem Jahr 1726, entspringt hier die Ahr. Gleich nebenan gibt das Eifelmuseum Auskunft über die Region und die hier lebenden Menschen. Der Ort wird dominiert durch den wuchtigen Bau der Burg Blankenheim. Einst strategisch wichtig oberhalb des Ortes gelegen, dient sie heute als Jugendherberge. Im mittelalterlichen Ortskern finden sich noch weitere Sehenswürdigkeiten wie der Hirtenturm, die Römervilla Blankenheim oder das Georgstor aus dem 17. Jahrhundert.

17 Bitburg

Die Stadt des Bieres! Nahezu jedem fällt beim Namen der Kreisstadt das weltbekannte, goldene Hopfen-Gebräu ein, das dementsprechende Würdigung in der Stadt findet: Um eine Brauereibesichtigung und den Besuch der Bitburger Marken-Erlebniswelt kommt wohl kaum jemand herum, der die Bierstadt besucht. Bereits vor über 2000 Jahren wussten die Römer die Schönheit dieser Landschaft zu schätzen und legten mit dem »vicus beda« den Grundstein für das heutige Bitburg. Spuren der Römer sind noch heute bis in den Stadtkern hinein zu finden, z. B. auf dem Archäologischen Rundweg in Bitburg entlang der ehemaligen Stadtmauer.

18 Trier

An der »Metropole Treveris« und ihrer berühmten Porta Nigra – eine von gleich acht UNESCO-Welterbestätten, die die ehemalige römische Metropole zu bieten hat – kommt kein Mosel-Reisender vorbei. Trier ist die älteste Stadt Deutschlands – und allein die hohe Dichte an geschichtsträchtigen Sehenswürdigkeiten lädt zu einem längeren Aufenthalt ein. Die Universitätsstadt im Herzen Europas, in einmaliger Lage an der Mosel, fasziniert nicht allein aufgrund ihrer legendären Römerbauten. Sehenswert sind auch ihre Kirchen, Museen und Schlösser. Plätze wie der Hauptmarkt oder der Viehmarktplatz sollten ebenso besichtigt werden wie der St.-Georgsbrunnen am Kornmarkt oder die Karl-Marx-Statue auf dem Simeonstiftplatz. Wer Erholung von all dem Trubel sucht, findet am schönen Moselufer oder dem Palastgarten im Herzen der Stadt ein ruhiges Plätzchen. Rund um die Römerstadt wartet auch ein bestens angelegtes Netz an Wander- und Radwegen. Immer im Gepäck: herrliche Panoramen und Ausblicke über das Moseltal mit seinem in der Sonne glitzernden Flusslauf und der malerischen Uferlandschaft mit ihren üppigen Weinreben.

19 Kylltal

Vom Städtetrubel gut gesättigt, kradelt es sich entspannt weiter: In weiten Bögen und mitunter engen Kehren geht es durch das idyllische Tal der glasklaren Kyll. Sie hat viel von ihrem natürlichen Charme bewahrt. Rund 130 Kilometer fließt der Fluss

AUSFLUGSZIELE

Fachwerkdorf Monreal

Besucher erliegen sofort dem Reiz des mittelalterlichen Dörfchens an der Elz mit seinen romantischen Winkeln und seiner malerischen Lage im engen Elztal, das gut bewacht wird von den Ruinen der Löwen- und Philippsburg. Eine Besonderheit stellt das spätmittelalterliche Viergiebel-Haus im historischen Ortskern dar, datiert auf das Jahr 1452.
Fachwerkdorf Monreal,
Marktplatz, 56729 Monreal,
Tel. 02651/800995, www.vordereifel.eu

Strohner Lavabombe

Strohn liegt in der Vulkaneifel, südlich von Gillenfeld. Hier findet man eine gigantische Basaltkugel, die Strohner »Lavabombe«. Fast 120 Tonnen schwer, mit einem Durchmesser von etwa fünf Metern – eine geologische Besonderheit, die man anschauen sollte, wenn man in der Nähe ist.
Vulkanhaus Strohn,
Hauptstr. 38, 54558 Strohn,
Tel. 06573/953721,
www.vulkanhaus-strohn.de

durch die Eifel, von Kronenburg im Norden bis zur Deltamündung in die Mosel bei Trier-Ehrang. Im letzten Abschnitt hat sich der Strom so tief ins Gebirge eingeschnitten, dass zum Teil nur noch eine schmale Bahnstrecke neben dem Flusslauf Platz hat.
Zur Ertüchtigung der Beinmuskulatur bietet sich ein Abstecher per Rad in all die hübschen Seitentäler an. Dort gibt es Höhlen, in denen früher Mühlsteine abgebaut wurden, oder auch handwerkliche Betriebe, die bis heute die Kunst des Bronzegusses beherrschen. Hervorragend geeignet für die Herstellung der Mühlsteine war das harte und raue Vulkangestein, das hier ganz in der Nähe der Kyll – nach dem Ausbruch des Fischbach-Vulkans vor rund 600 000 Jahren – rund 2000 Jahre lang abgebaut wurde. Im Wald oberhalb von »Birresborn« liegen riesige Höhlen, die wegen ihrer niedrigen Lufttemperatur auch »Eishöhlen« genannt werden. Auf einer Führung können sie erkundet werden. Das unter Naturschutz stehende Hundsbachtal überrascht mit einer einmaligen Tier- und Pflanzenwelt. Im Tal der Kyll findet sich auch eine der wenigen Wassermühlen in Rheinland-Pfalz: Die sehenswerte Densborner Wassermühle treibt heute allerdings keine Mühlsteine an, sondern dient der Stromerzeugung.

20 Manderscheid

Nur wenige Kilometer vom Zisterzienserkloster Himmerod entfernt und nach vielen kleinen Kurven erreicht man im Liesertal das uralte Eifelstädtchen Manderscheid mit seinen sich gegenüberliegenden Burgen aus dem 12. Jahrhundert. In der Niederburg herrschten einst die Herzöge von Luxemburg, in der Oberburg die ihnen feindlich gesinnten Kurfürsten von Trier. Die Ruinen der mächtigen Anlagen wurden bereits ab 1920 durch die Gemeinde Manderscheid wieder zugänglich gemacht und können heute besichtigt werden. Über die Entstehungsgeschichte der vielen zumeist kreisrunden Maare in der Vulkaneifel lässt sich Interessantes im Maarmuseum in Manderscheid erfahren. Das Gebäude selbst wurde im Jahr 1927 ursprünglich als Tanz- und Festsaal errichtet und steht heute unter Denkmalschutz.

21 Daun

Natur, Gesundheit und Wellness wird in der über 1280-jährigen Stadt Daun großgeschrieben: Das staatlich anerkannte Heilbad verfügt über

wohltuende Mineralquellen und liegt in unmittelbarer Nachbarschaft zu den drei »Dauner Maaren«. Gemündener Maar, Weinfelder Maar und Schalkenmehrener Maar zählen zu den Naturdenkmälern der Region. Im Eifel-Vulkanmuseum lässt sich alles Wissenswerte dazu erfahren. Sehenswert ist ebenso das Dauner Viadukt, eine Eisenbahnbrücke aus dem Jahr 1909. Wanderungen oder Radtouren haben einen hohen Stellenwert, hier beginnt der Maare-Mosel-Radweg und der berühmte »Eifelsteig«, der entlang der Lieser über das benachbarte Manderscheid führt.

22 Gerolstein

Sprudelnde Quellen und glasklares Wasser, das ist wohl bei fast jedem der erste Gedanke, sobald der Name Gerolstein fällt. Im Quellpavillon des Luftkurortes kann der Besucher das berühmte Heilwasser, das hier aus der Erde sprudelt, probieren. Das Mineralwasser gilt aufgrund seiner wertvollen Spurenelemente als »Quelle der Reinheit und des Wohlbefindens«. Auf den »Geo-Themenwegen« lässt sich die Erdgeschichte, insbesondere die Urgewalten der Vulkane nach 400 000 000 Jahren, nacherleben – denn auf ihnen geht es über erstarrte Lavaströme, mitten durch einen Vulkankrater, und sogar ein Geysir kann beim Spucken seiner riesigen Fontänen beobachtet werden.

23 Hillesheim

Kurz bevor die Strecke wieder zum Nürburgring führt, geht es noch am Eifelörtchen Hillesheim vorbei, das u. a. auch durch die Eifelkrimis von Jacques Berndorf bekannt wurde. Daneben punktet das über 1000 Jahre alte Städtchen mit einer uralten Stadtmauer, erstklassigen Restaurants, einer quirligen Altstadt und wunderschönen Bürgerhäusern. Außerhalb des Ortes erstrecken sich endlose Wälder und idyllische Bachläufe. Sogar die ein oder andere Orchidee findet man hier – aber bitte nicht pflücken.

Die Porta Nigra ist nicht nur das unumstrittene Wahrzeichen Triers, sondern auch das besterhaltene römische Stadttor Deutschlands. Seit 1986 ist das imposante Bauwerk Teil des UNESCO-Welterbes.

Waldhaus in Dankerath
Trierscheiderstr. 2,
53520 Denkerath/Eifel,
Tel. 02696/1083,
www.waldhaustreff.de

Camping am Nürburgring
Kreisstr. 72, 53520 Müllenbach,
Tel. 02692/224,
www.camping-am-nuerburgring.de

Café Zur Nordschleife Trierer Str. 11, 53518 Adenau, Tel. 02691/302216

Bistro Eifelrast am Nürburgring Hauptstr. 2b, 53539 Kelberg, Tel. 02692/9324858

Café-Bistro Ahrwind Hauptstr. 45, 53506 Ahrbrück, Tel. 02643/903403, www.cafe-bistro-ahrwind.com

Café Fahrtwind In den Weidenhecken 34, 53506 Hönningen, Tel. 02643/6006, www.cafe-fahrtwind.de

Haus Waldfrieden Münstereifeler Str. 1, 53520 Schuld, Tel. 02695/386, www.bikertreff-schuld.de

Nohner Mühle Nohner Mühle 2, 54578 Nohn, Tel. 02696/1314, www.nohnermuehle.de

Biker's Inn Einruhrerstr. 23, 53937 Schleiden-Morsbach, Tel. 02444/914015, www.bikers-inn.com

---

Biker Ranch Eifel Monschauer Str. 66, 52152 Simmerath, Tel. 02473/5176, www.biker-ranch-eifel.de

---

Imbiss am Damm/Rursee
Am Rurseezentrum 2, 52152 Simmerath-Rurberg, Tel. 02473/2476

Landgasthof & Bikertreff »Beim Holzschnitzer«, Dockweiler Str. 1, 54552 Dreis-Brück, Tel. 06595/248, www.beim-holzschnitzer.de

Spannungsbogen Hunsrück

Wo die beiden romantischen Ströme Rhein und Mosel den Hunsrück innig umarmen, da bieten sich für Motorradfahrer wunderbar schwungvolle Strecken in facettenreichen Landschaften.

HUNSRÜCK

Steil bergauf und bergab geht es über diesen Teil des Hunsrücks, der sich hier zwischen den beiden mächtigen Strömen Mosel und Rhein auftürmt. Immer im Gepäck: jede Menge Burgen und Kurven sowie fantastische Ausblicke auf die malerische Landschaft. Prickelnde Rheinromantik versprühen all die erhabenen Trutzburgen oberhalb des mächtigen Rheins. Da werden Erinnerungen an romantische Lieder über den mächtigen Strom wach sowie an die Sagen, die sich um den berühmten Loreleyfelsen bei St. Goarshausen ranken. Inmitten des UNESCO-Weltkulturerbes »Oberes Mittelrheintal« zieht das Naturmonument jährlich tausende Besucher in seinen Bann.

Auf den Straßen geht es bei dieser Tour oft durch enge Kehren – prickelnde Wohlfühlwonnen für alle Biker sind damit garantiert. Nicht nur die anregenden Straßenläufe wie bei Emmelshausen versprechen dabei Frohlocken im Kurvenparadies. Die Hunsrückhöhenstraße, die Koblenz mit Saarburg bis zur Grenze nach Luxemburg verbindet, wird jedoch nur an wenigen Stellen in dieser Route eine Rolle spielen. Vielmehr sind es die vielversprechenden Nebenstrecken mit ihren unzähligen Biegungen und Krümmungen, denen wir uns auf dieser Route widmen werden. Sie gipfeln zum Ende dieser Reise gen Cochem am Valwigerberg in einem wahren Kurvenrausch. Da ist die Mosel bereits wieder in Sichtweite und lockt aus luftiger Höhe mit stimmungsvollen Ausblicken auf den bildschönen Flusslauf, der hier gekrönt wird von der majestätischen Reichsburg zu Cochem. Ihr zu Füßen lockt die pittoreske gleichnamige Stadt, romantisch am Ufer der Mosel gelegen.

Fährt man auf Cochem zu, sieht man schon von Weitem die Burg, die hoch auf einem Gipfel thront. Spitzen und Türmchen lassen an ein Märchenschloss denken. Doch märchenhaft ging es in der größten Höhenburg an der Mosel sicher nicht immer zu.

ROUTE 4

Streckenlänge: 187 km
Zeitbedarf: Ganz-Tagestour, auf Wochenendtour ausdehnbar
Charakteristik: Verwinkelte Sträßchen mit Steigungen und Gefälle wechseln sich ab mit schnellen Geradeaus-Strecken
Routenverlauf:
Treis-Karden, Alken, Burg Thurant, Koblenz – Deutsches Eck, Udenhausen, Boppard, Burg Maus, St. Goarshausen, Loreleyfelsen, Emmelshausen, Kastellaun, Bell – Ruine Balduinseck, Maria Engelport, Valwigerberg, Cochem, Klotten, Treis-Karden

Informationen:
www.mosellandtouristik.de
www.hunsruecktouristik.de
www.romantischer-rhein.de
www.boppard-tourismus.de

Hier geht's zum GPS-Track

Strahlend weiß erhebt sich die mächtige St.-Castor-Kirche in Treis-Karden am Ufer der Mosel.

Eine Burg wie aus dem Bilderbuch: Die 800 Jahre alte Festung Eltz ist das Idealbild einer Ritterburg.

01 Treis-Karden

Die tief eingeschnittenen Mosel-Seitentäler werden wegen ihres reizvollen Landschaftsbildes im Volksmund auch »Siebengebirge der Mosel« genannt. Hier beginnt auf der vormittags sonnenbeschienenen linken Uferseite der Mosel die Tour im Ortsteil Karden – denn genauer betrachtet, liegt der andere Ortsteil, Treis, auf der rechten Moselseite. Damit gehört Treis bereits zum nordöstlichen Moselhunsrück, während Karden auf den Anhöhen des Kaiserescher Eifelrands liegt und somit noch zum Gebiet der Eifel zählt.

Treis-Karden im Landkreis Cochem-Zell liegt knapp 30 Kilometer von Koblenz entfernt im »Klotten-Treiser Moseltal« und – wichtig für Naturliebhaber – es gehört zum Landschaftsschutzgebiet »Moselgebiet von Schweich bis Koblenz«. Die Doppelgemeinde am Schnittpunkt alter Handelswege ist stolz auf ihre römische Vergangenheit. So kann Treis-Karden mit einer ganzen Reihe kulturhistorisch bedeutsamer Stätten aufwarten, deren Ursprünge bis auf die Kelten- und Römerzeit zurückreichen. St. Castor, der »Moseldom«, mit seinen mächtigen Türmen beherrscht noch heute das Ortsbild und erinnert an die Entstehungsgeschichte des Städtchens. Mit ihren romanischen, gotischen und barocken Stilelementen zählt die frühere Stiftskirche zu den kunsthistorisch bedeutendsten Sakralbauten an der Mosel. Sehenswert ist auch das Stiftsmuseum direkt neben der Kirche. Hier werden über 2000 Jahre Religionsgeschichte anhand von bedeutsamen Funden dokumentiert.

Nur einen Kilometer südlich von Treis liegt die gleichnamige Burgruine. Die Treisburg entstand um das 11. Jahrhundert als Höhenburg, sie erhebt sich gut 70 Meter über dem Zusammenfluss der Bäche Flaumbach und

Dünnbach auf einem Bergsporn. Unweit hiervon, nur getrennt durch eine Mulde, ¯indet sich auch die noch etwas höher gelegene Wildburg, die von den Herren von Wildenberg ab dem 13. Jahrhundert errichtet wurde. Während die Burg Treis gar nicht mehr besucht werden kann, ist die Wildburg in Privatbesitz und nur von außen zu bewundern. Wer aus luftiger Höhe einen wunderschönen Blick in das Tal der Mosel genießen möchte, sollte entlang des »Stationsweges« durch die Weinberge hindurch hinauf zur Zilleskapelle wandern. Erstmals erwähnt wurde der Bruchsteinbau mit vorgelagertem Chor um 1100.

02 Alken

Der Weinort Alken gilt als einer der reizvollsten Orte an der Untermosel. Er liegt moselaufwärts in einer faszinierenden Landschaft, die von Flusslauf und Berghängen geprägt ist. Hoch über dem Ort thront die doppeltürmige Burg Thurant auf einer Felsnase und spiegelt sich im ge-

AUSFLUGSZIELE

Loreley-Bob Sommerrodelbahn

Entlang des Premiumwanderweges Rheinsteig verläuft die Sommerrodelbahn Loreley-Bob, ein beliebtes Ausflugsziel inmitten des Weltkulturerbes »Oberes Mittelrheintal«. In Komfortschlitten sausen die Rodelgäste mit selbst bestimmbarer Geschwindigkeit bis max. 40 km/h in einer 700 Meter langen Edelstahlrinne zu Tal. Zuvor wird man mit einem Liftsystem bequem zur Bergstation befördert.

Loreley-Bob,
Auf dem Loreleyplateau,
56348 Bornich,
Tel. 06771/9594833,
www.loreleybob.de

Burg Eltz

Sie ist der Inbegriff einer Deutschen Ritterburg – die Burg Eltz. Während ihrer über 500 Jahre währenden Bauzeit entstand rund um den Innenhof ein verwinkeltes Ensemble aus sich eng aneinander schmiegenden Wohntürmen mit zahlreichen Erkern, Spitzen und Türmen. Führungen durch die Kammern, Säle und Gemächer werden zu einer Zeitreise durch die mittelalterliche Wohnkultur. Eine Sammlung mit über 500 Exponaten aus dieser Zeit (Schmiedekunst, Schmuck, Porzellan, Waffen) findet sich in der »Schatzkammer«.

Gräflich Eltz'sche Kastellanei, Burg Eltz 1,
56294 Wierschem, Tel. 02672/950500,
www.burg-eltz.de

mächlich dahinfließenden Strom der Mosel. Sie fußt auf mächtigen römischen Grundmauern und zählt zu den ältesten Bastionen des Mosellandes. Von hier lässt sich eine atemberaubende Weitsicht genießen. Auch im Ort selbst finden sich noch zahlreiche Zeugen längst vergangener Jahrhunderte: Die alte St.-Michels-Kirche beeindruckt durch Wandfresken, ein Gebeinhaus und einen sehr schönen Treppenaufgang. Ein massiver Wehr- und Zollturm, mehrere Stadttore wie das Fallertor als Haupttor der einstigen Stadtbefestigung sowie Türme und Reste der Ringmauer lassen ebenfalls auf eine weit zurückreichende Vergangenheit schließen. Die pittoresken Gässchen werden gesäumt von schmucken alten Fachwerkhäusern. Weiterhin laden das Wiltberger Schloss, der Laacher Hof, das Malteser Haus und der alte Friedhof mit all seinen verwitterten Basaltsteinkreuzen zur Besichtigung ein. Der Weinort Alken ist auch bekannt für seine Weinlagen »Bleidenberg«, »Burgberg« und »Hunnenstein«, in denen Reben für Riesling, Blauer Spätburgunder, Kerner und Dornfelder angebaut werden. Winzerwirtschaften laden zu stimmungsvollen Weinproben und herzhaften Gerichten ein. Selbstredend, dass der Ort mit unterschiedlichen Wein- und Heimatfesten aufwarten kann.

Nach all den kurvigen Passagen entlang der Mosel bietet sich für den Motorradfahrer hier auch mal ein Wechsel des Fahrzeuges an: Vom Schiffsanlegesteg in Alken sind Ausflugsfahrten Richtung Koblenz oder Cochem sowie gemütliche Rundfahrten möglich.

Zwischen Bingen und Koblenz erstreckt sich auf rund 70 Kilometern das Obere Mittelrheintal.

Ausblick von der Festung Ehrenbreitstein in Koblenz auf das Deutsche Eck, bei dem die Mosel in den Rhein mündet.

Seilbahn Koblenz
Traumhafte Aussichten beschert eine Fahrt mit der Seilbahn Koblenz, wenn es vom Deutschen Eck aus auf einer Strecke von 850 Metern hoch über den Rhein zum Plateau der altehrwürdigen Festung Ehrenbreitstein geht. Aus den Panoramakabinen inklusive Glasböden bietet sich ein fantastischer Ausblick auf die gesamte Stadt Koblenz und über das UNESCO-Weltkulturerbe »Oberes Mittelrheintal«. Die Bahn fährt täglich von 9.30 bis 19 Uhr. Sie wurde als Attraktion und umweltfreundliche Verkehrsverbindung zur Bundesgartenschau 2011 gebaut.
Seilbahn Koblenz, Rheinstr. 6,
56068 Koblenz,
Tel. 0261/20165850,
www.seilbahn-koblenz.de

03 Koblenz

Die »Kulturlandschaft Oberes Mittelrheintal« umfasst das ganze Spektrum aller Burgen entlang des Rheins von Koblenz bis hin nach Rüdesheim. Massive Mauern recken sich stolz gen Himmel, thronen auf schroffen Felsmassiven und beeindrucken auch heute noch die Reisenden. Dementsprechend findet auch der Zusammenfluss von »Vater Rhein« und »Mutter Mosel« keineswegs unbeobachtet statt: In der Umarmung beider Flüsse liegt Koblenz in einer der schönsten Landschaften Deutschlands und bildet noch vor Trier die größte Stadt an der Mosel.

Am Deutschen Eck in Koblenz entstand durch die Vereinigung dieser beiden Ströme eine Aussichtsplattform, die sich größter Beliebtheit bei Gästen aus aller Herren Länder erfreut. An schönen Tagen nimmt das Blitzlichtgewitter der unzähligen Touristen fast kein Ende. Zu Ehren von Kaiser Wilhelm I. – der seinen metallenen Federhelm in den Wind hält – ragt hier ein majestätisches Reiterdenkmal 37 Meter in die Höhe.

Die mächtige Feste Ehrenbreitstein thront indes nicht minder beachtet auf der gegenüberliegenden Rheinhöhe. Bestens mit einer kleinen Fähre und einer Seilbahn vom Deutschen Eck aus zu erreichen, endet die Überfahrt direkt vor den meterdicken Festungsmauern. Durch haushohe Festungsgräben, mächtige Tore und dunkle Gänge geht es weiter zum Festungsplateau. Beim Blick über die langgezogene Brüstung eröffnet sich ein faszinierendes Panorama über die Stadt, die umrahmt wird von den in der Sonne glitzernden Flussarmen. Während die Touristenströme durch die Stadt ziehen, lässt es sich gemütlich in einem der zahllosen Cafés, Kneipen und Restaurants abhängen. Ruhesuchende können in den weitläufigen Kaiserin-Augusta-Parkanlagen die Seele baumeln lassen oder sich an den gepflegten Moselpromenaden unter dem lauschigen Blätterdach uralter Bäume auf einer Bank niederlassen.
Besonders in den Sommermonaten wird die Altstadt von Koblenz zu einer einzigen Freilichtbühne mit ausschweifendem Kulturangebot. Richtig turbulent geht es vor allem im August zu, wenn der »Rhein in Flammen« steht und unzählige Feuerwerke Burgen, Schlösser und natürlich den Rhein selbst in ein buntes, zauberhaftes Farbenmeer tauchen – am besten natürlich zu beobachten von einem der zahlreichen Ausflugsschiffe. Auch über eine Vielzahl von Rad- und Wanderwegen – sogar bis zur nahegelegenen Lahn –lässt sich die Region rund um Koblenz ganz wunderbar entdecken. Wem diese Art der Ausflüge mitunter zu schweißtreibend wird, kann sich zwischendurch immer wieder in einem der ufernahen, schattigen Biergärten abkühlen.

04 Udenhausen

Weiter geht es stadtauswärts auf der B9 zunächst Richtung Boppard und von hier aus genussvoll auf der B237 über die sanft gewellte Hunsrückhochebene, die sich wie eine Patchworkdecke aus weiten Feldern und kleinen Wäldern ausdehnt. Auf dem Weg gen Rhein streift man hier das Sackgassendorf Udenhausen, das auf einer der Höhen des Vorderhunsrücks zwischen Rhein und Mosel, südlich von Koblenz, gelegen ist. Um aber nun nicht auf der relativ kurvenfreien Hunsrückhöhenstraße die besten Kehren der hügeligen Gegend zu verpassen, geht es bei Udenhausen auf reichlich gewundenen Sträßchen durch üppige grüne Laubwälder gen Mühltal – oder man nimmt geduldig noch ein paar Meter weiter die Bundesstraße in Kauf, um sich dann fast bei Buchholz an all den engen Windungen der Serpentinen direkt gen Boppard zu ergötzen.

05 Boppard

Malerisch umarmt von einer der größten Flussschleifen liegt Boppard wunderbar eingebettet in einer romantischen Landschaft. Bereits die Kelten und Römer fühlten sich von der bildschönen Rheinlage angezogen, siedelten zunächst am Eingang des Mühltales und errichteten um 360 ein steinernes Kastell in der Nähe, um sich gegen die Angriffe der Germanen zu schützen. Weite Teile dieses Römerkastells sind bis heute noch erhalten und können im Archäologischen Park der Stadt neben einer Reihe weiterer Relikte aus der Vergangenheit besichtigt werden. Das Heimatmuseum von Boppard befindet sich in der Kurfürstlichen Burg. Es widmet sich neben frühgeschichtlichen Funden auch mit über 100 Exponaten dem in dieser Rheinstadt geborenen Michael Thonet, der im 19. Jahrhundert im

Zuge der neuen Bugholztechnik die berühmten Wiener Kaffeehausstühle entwickelte.
Das historische Zentrum der Stadt und die Rheinpromenade werden dominiert von reich verzierten Fachwerkhäusern und klassischen Gründerzeitfassaden – hier lässt es sich nicht nur lustvoll flanieren, man kann auch Wein verkosten, schließlich gehören Bopparder Weine zu den Spitzenweinen Deutschlands. Auf den Weingütern der Umgebung informieren die Winzer gerne über ihre Arbeit und die Weinherstellung. Bereits im 7. Jahrhundert wurde hier nachweislich Wein angebaut, die Weinlagen gehören zu den steilsten Deutschlands. Viele seltene Tiere und Pflanzen fühlen sich in diesem warmen Weinanbauklima wohl, das dem des Mittelmeerraumes nicht unähnlich ist: Seltene Smaragdeidechsen huschen über die warmen Steine zwischen den Reben hin und her, verträumt wiegt sich die Schleifenblume, Iberis Boppardensis, im Wind. Boppard verfügt zudem über die steilste Eisenbahnstrecke Deutschlands: Die Gleise der 1908 eröffneten Hunsrückbahn von Boppard über Buchholz nach Emmelshausen, die ursprünglich von einer Zahnradbahn befahren wurden, führen durch fünf Tunnel und über zwei Brücken und überwinden dabei einen Höhenunterschied von 350 Metern. Brillante Aussichten auf die größte Rheinschleife, das sie umgebende Weinanbaugebiet Bopparder Hamm, den Taunus und die Stadt Boppard selbst offenbaren sich am Vierseenblick sowie am Gedeonseck oberhalb von Boppard. Am Gedeonseck holte sich im 19. Jahrhundert bereits der Heimatdichter Johann Baptist Berger (1806–1888) die Inspirationen zu seinen Gedichten, die unter dem Namen »Gedeon von der Heide« zahlreiche Anhänger fanden. Auf der Rheinpromenade in Boppard findet sich zudem eine Statue zu Ehren des Dichters. Die Aussichtspunkte sind zu Fuß, mit Auto und Motorrad, aber auch gemütlich per Sesselbahn zu erreichen.

06 St. Goar

Auf der linken Seit des Rheins geht es auf der schwungvoll kurvenreichen B9 weiter bis nach St. Goar – immer die vorbeiziehenden Lastkähne und Ausflugsschiffe im Blickfeld. Dazu gesellen sich sehenswerte Bauwerke wie Klöster und Festungen. In der Nähe des Loreley-Felsens liegt unterhalb der mächtigen Burg Rheinfels das Städtchen St. Goar. Früher war die Stadt von einer imposanten Wehrmauer umgeben, an die auch die Festung aus dem Jahr 1245 hoch über dem Rhein angeschlossen war. Im 15. Jahrhundert befand sich hier der kulturelle Mittelpunkt des Mittelrheintals, gekrönt von einem reichen Hofleben. Etwa 500 Jahre lang zählte Burg Rheinfels zu einer der größten, strategisch am besten bewehrten sowie kulturell bedeutsamsten Burgen am Rhein. Auch heute noch, über 200 Jahre nach ihrer Zerstörung, vermittelt die Ruine immer noch einen Eindruck ihrer einstigen Größe. Der Name der Stadt geht – ebenso wie die rechtsrheinisch gelegene Schwesterstadt St. Goarshausen – auf den heiligen Goar zurück. Der im 6. Jahrhundert aus Südwestfrankreich eingewanderte Prediger und Missionar soll hier

viele Wunder vollbracht haben und wurde deshalb zum Schutzpatron der Stadt ernannt. Vermutlich als eines der ersten Klöster Deutschlands wurde bereits im 7. Jahrhundert das Kloster von St. Goar gegründet. Im frühen Mittelalter war die Stadt ein bekannter Wallfahrtsort, den schon Karl der Große aufsuchte. Eine prächtige Aussicht von einer der höchsten Erhebungen über dem St. Goarer Stadtwald lässt sich auf dem Spitzenstein erleben. 412 Meter hoch liegt das vor 400 Millionen Jahren aus Ablagerungen entstandene Felsmassiv. Vom Aussichtsturm aus kann man bei gutem Wetter gleich 27 Orte beiderseits des Rheins erspähen, darunter auch Kaub mit den Burgen Gutenfels und Pfalzgrafenstein.

07 St. Goarshausen

Die Schwesterstadt von St. Goar liegt direkt gegenüber auf der rechten Seite des Rheins. Wer mal »Katz und Maus« spielen möchte, besucht die gleichnamigen Burgen in dieser von massiven Bauwerken gekrönten Rheinregion – die berühmte Burg Katz in St. Goarshausen und Burg Maus hoch über der Ortschaft Wellmich. Die kleinere Thurnburg bezeichneten die Herren der Burg Katz spöttisch als Burg Maus, was sich auch im Volksmund durchsetzte und bis zum heutigen Tag beibehalten wurde. Besonders Burg Katz, die eigentlich Burg Neu-Katzenelnbogen hieß, bietet mit ihren beiden mittelalterlichen Türmen hoch über der weltberühmten Loreley ein reizvolles Bild. Beide Burgen sind allerdings nur von außen zu bewundern.

Tief unten im engen Bereich zwischen Strom und Fels liegt die Altstadt von St. Goarshausen, die bereits 1324 ihre Stadtrechte erhielt. Das ehemalige Fischerdorf gelangte 1284 ebenfalls in den Besitz der Grafen von Katzenelnbogen. Die Stadt wurde ab 1324 zur Rheinseite hin 230 Meter lang und 11 Meter hoch bewehrt, zwei Stadttore zur Rheinseite mit eingebaut. Wegen der engen Berglage verfügte die Stadt zunächst nur über eine Straße, die bis hinauf zur Burg Katz führte und zu beiden Seiten von Häusern gesäumt war. Die Große Burggasse mit alten Fachwerkhäusern existiert noch heute.

08 Loreleyfelsen

Herzstück dieser Region ist er, der Loreleyfelsen. Südlich von St. Goarshausen gelegen, gehört ein Besuch des beliebten Ausflugszieles im Rahmen einer zünftigen Rheinfahrt quasi zum Pflichtprogramm. Rheinromantik pur vermittelt die Sage um die Schönheit Loreley, die singend auf dem 125 Meter hohen Schieferfelsen zahlreiche Rhein-Kapitäne in der wild tosenden Strömung zum Kentern gebracht haben soll. Schon im Mittelalter war die Loreley ein bekannter Ort. Von einer Frauengestalt war aber zu diesem Zeitpunkt noch nicht die Rede. Erst

Ein Blick, der schier atemberaubend ist – von den berühmten Weinlagen des Bopparder Hamm öffnet sich die spektakuläre Aussicht auf die größte Schleife des Rheins. Rechts Boppard, in der Mitte Filsen, das vom Rhein fast umschlungen wird.

der Dichter Clemens Brentano übertrug den Felsennamen auf eine Person und schuf damit die berühmte weibliche Sagenfigur. Doch Sage hin oder her, die Loreley-Passage bleibt gefährlich. Auch wenn die größten Felsen im Fahrwasser gesprengt wurden, ist die Fahrt durch die Loreley-Passage noch immer mit einem Risiko verbunden, vor allem bei außergewöhnlichen Wasserständen.

09 Emmelshausen

Die Ruine Rheinfels bei St. Goar hinter sich gelassen, führt die Strecke zunächst entspannt am Gründelbach entlang. Beim erneuten Anstieg auf den Hunsrück und Richtung Emmelshausen ist Motorleistung, gepaart mit dem geschickten Befahren enger Kurven, gefragt. Die Geschichte von Emmelshausen ist eng verknüpft mit dem Bau der steilsten Eisenbahnstrecke nördlich der Alpen, der Hunsrückbahn. Sie führt von Boppard durch fünf Tunnel und über zwei Viadukte hinweg nach Emmelshausen. Im Güterschuppen gleich neben dem Bahnhof richteten Eisenbahnfreunde das Hunsrückbahn-Museum ein. Für Wanderfreunde führt im Rahmen des Saar-Hunsrück-Steigs eine spannende Route durch die nahe Ehrbachklamm.

10 Kastellaun

In flotter Fahrt geht es auf der schwungvoll zu befahrenden B327 noch tiefer hinein in den Hunsrück gen Kastellaun. Die Ferienregion ist bekannt für ihr Wanderparadies mit hoch aufragenden Felsen und steilen Pfaden. Im Natur-Erlebnispark in Kastellaun finden Naturfreunde Abwechslung auf Barfußpfaden, in Irrgärten und im Hochseilgarten. Die Altstadt von Kastellaun ist ein Kleinod im Hunsrück. Mittendrin hält die Ruine der Burg Sponheim Wache über all die liebevoll restaurierten Fachwerkhäuser.

Auf einem Felssporn hoch über St. Goarshausen erhebt sich die Burg Katz, einst Burg Neu-Katzenelnbogen genannt.

Diese Stelle rund um den berühmten Loreley-Felsen zählt zu den gefährlichsten Abschnitten des gesamten Rheins.

Eine der spektakulärsten Bahnstrecken Deutschlands – das Hubertus-Viadukt der Hunsrückbahn.

11 Burg Balduinseck

Wir verlassen Kastellaun gen Süden und fahren weiter nach Bell, das nur etwa einen Kilometer von der Hunsrückhöhenstraße am Rande der Quellmulde des Mörsdorfer Baches liegt – jenes Gewässer, das an der Burg Balduinseck vorbei in den Flaumbach fließt und sich bei Treis in die Mosel ergießt. Die im Tal zwischen Buch und Mastershausen gelegene Burg, auch Baldeneck genannt, war eine von drei Burgen, die der Erzbischof von Trier, Balduin von Luxemburg, im 14. Jahrhundert hier als wehrhafte Anlage errichten ließ. Das markante Aussehen der Ruine wird stark geprägt vom 18 Meter hohen Wohnturm mit Brunnen für die Frischwasserversorgung sowie diversen Kaminen.

12 Kloster Maria Engelport

Nur wenige Kilometer von Balduinseck entfernt liegt eher weltabgeschieden das Kloster Maria Engelport. Seit fast 800 Jahren gilt es als Zentrum des geistlichen Lebens im Hunsrück und Moselland. Die idyllische und abgeschiedene Lage des Klosters lockt vor allem im Sommer viele Besucher zum Wandern in das schattige Flaumbachtal.

13 Valwigerberg

Für den Motorradfahrer kommt hier das Beste fast zum Schluss: Insider bezeichnen die kapriziöse Streckenführung gen Cochem mit ihren nahezu grotesk anmutenden Kehren und Kurven als »ans Stilfser Joch erinnernde Etappe«. Dazu offenbart die Fahrt über den Valwigerberg nebenbei auch noch traumhafte Aussichten auf die tief im Tal mäandernde Mosel und auf das Wahrzeichen von Cochem, die mächtige Reichsburg. Der Weinort Valwig liegt an den Steilhängen des Valwiger Herrenberges. Das milde Klima und die sonnige Südlage am Moselufer bilden beste Voraussetzungen für die hervorragenden Weine, die hier angebaut werden. Für die Moselregion typisch sind die parallel zum Fluss verlaufende Oberstraße (Herrenbergstraße) mit Rathaus und Kirche in der Mitte und die schmalen Gassen, die senkrecht zur Mosel hinunterführen.

14 Cochem

Die Felshänge im Bereich des Naturschutzgebietes Brauselay nennt man auch die »Loreley der Mosel«. Fährt man von hier aus und von Valwig kommend auf die Stadt zu, erscheint überraschend und tiefdunkel die mächtige Kulisse der majestätischen Reichsburg Cochem. Allgegenwärtig beherrscht dieses Wunderwerk der Baukunst die Kulisse der Stadt. Spitzen und Türmchen lassen an ein Märchenschloss denken. Wohl um das Jahr 1000 wurde eine erste Festung errichtet, immer wieder verändert und erweitert. Nach der Zerstörung durch die Franzosen blieb nur eine Ruine des spätgotischen Bauwerks übrig. Ein Berliner Geheimrat ließ sie im 19. Jahrhundert nach alten Plänen und romantischen Vorstellungen wiederaufbauen.

Von der Moselpromenade aus fällt der Blick jedoch nicht nur auf die mächtige Reichsburg – auch der Turm der Martinskirche, das zweite Wahrzeichen der Stadt, ragt aus der Stadt heraus. Im Stadtkern angekommen, befindet sich an der Nordseite des Alten Marktplatzes das zweigeschossige Rathaus. Das barocke Bauwerk mit Mansarddach wurde 1739 errichtet. In der Mitte des Marktes zieht der achtseitige Brunnen mit einer Bronzefigur des heiligen Martin die Blicke auf sich. Weitere gut erhaltene Fachwerkbauten stehen an der Mosel-Promenade. Sie stammen zum Teil aus dem 17. und 18. Jahrhundert. Ein besonders schönes Exemplar, das viele

Der Marktplatz ist Mittelpunkt der wunderschönen Altstadt von Cochem.

Urlauberfotos ziert, ist ein Fachwerkhaus in der Herrenstraße. Das sogenannte Schiefe Haus macht seinem Namen alle Ehre, denn der Giebel neigt sich bedrohlich nach vorne. Ebenfalls erwähnenswert ist die »Alte Thorschenke« am Enderttor, eine der ältesten Weinstuben der Stadt. Herrliche, blumengeschmückte Parkanlagen säumen die Mosel an ihren Ufern. Eine Sesselbahn führt hinauf zum Pinnerkreuz, von wo aus der Blick ins wildromantische Enderttal schweift, an dessen Ende man die Ruine Winneburg erkennen kann. Ein Besuch der Ruine mit Bergfried, Zwingermauern, Palas und Wirtschaftsgebäuden lohnt sich nicht nur anlässlich der regelmäßig stattfindenden mittelalterlichen Ritterfeste. Schon der Aufstieg über gewundene Pfade ist ein Erlebnis. Im 18. Jahrhundert soll es in Cochem zwei Senfmühlen gegeben haben. Nach einer Odyssee über Belgien und Holland gelangte eine davon Ende des 20. Jahrhunderts zurück an die Mosel. Im rechts der Mosel gelegenen Stadtteil Cond ist sie heute noch in Betrieb. Die Produkte können verkostet und natürlich auch gekauft werden. Wichtig für die Entwicklung von Cond war auch der Bau der »alten« Moselbrücke, die am 23. Januar 1927 nach zwei Jahren Bauzeit eingeweiht wurde. Wasser- und Freizeitsportler finden im schönen Jachthafen und dem großen Freizeitparadies »Moselbad Cochem« ihre Erfüllung.

15 Klotten

Der Weinort schmiegt sich malerisch an die Moselhänge. Das Dorf ist geprägt von schmucken Fachwerkhäusern. Ein Bummel vom Moselufer aus durch die malerischen Gassen zur spätgotischen Pfarrkirche St. Maximinus sowie ein Kulturpfad zu Füßen der Burgruine Coraidelstein bieten Einblicke in die Ortsgeschichte.

AUSFLUGSZIELE

Vulkaneifel-Therme

Wellness pur erleben – das gibt es in der Gesundheitswelt auf zwei Etagen und mit viel Platz zum Abtauchen auf 500 Quadratmetern Wasserfläche. Gespeist wird die Vulkaneifel Therme von der einzigen Glaubersalztherme Deutschlands – einer 32 Grad heißen heilenden Thermalquelle.

Vulkaneifel-Therme,
Clara-Viebig-Str. 3–7, 56864 Bad Bertrich,
Tel. 02674/913070,
www.vulkaneifeltherme.de

Hunsrück-Museum

Das Hunsrück-Museum im Neuen Schloss in Simmern bietet Natur- und Kulturgeschichte der Region. Mit dabei: Hut, Pistole und Pulverbeutel des »Schinderhannes«, Requisiten und Dokumente aus den »Heimat«-Filmen von Edgar Reitz, das nahezu komplette Lebenswerk des Malers Friedrich Karl Ströher sowie Handwerkserzeugnisse, Möbelstücke und Hausrat der ländlichen Wohnkultur seit dem 18. Jahrhundert.

Hunsrück-Museum Simmern,
Schlossplatz, 55469 Simmern/Hsr.,
Tel. 06761/7009,
www.hunsrueck-museum.de

Schieferstollen Recht

Wie entstand der Rechter Schiefer? Wo wurde dieser verwendet? Woher kommen die Wetzsteine? Bei Führungen durch das Rechter Besucherbergwerk im belgischen Sankt Vith werden in beeindruckend großen Abbauhallen die Gefahren bei Arbeiten im Schieferstollen anschaulich demonstriert. Im Blausteinmuseum erhält man Einblicke in die Epoche des Schieferabbaus.

Schieferstollen Recht,
Zum Schieferstollen 31,
4780 Recht/Sankt Vith, Belgien,
Tel. +32 80/570067,
www.schieferstollen-recht.be

Hotel zur Post *Klaus Berens, Bahnhofstr. 24, 56818 Klotten/Mosel, Tel. 02671/7116, www.hotelzurpost-klotten.de*

Burgstadt Hotel *Südstr. 34, 56288 Kastellaun, Tel. 06762/40800, www.burgstadt.de*

Mosel Islands-Camping *Am Laach, 56253 Treis-Karden, Tel. 02672/2613, www.mosel-islands.de*

Benno's Truck Stop *Rheinuferstr./ B 42, 56349 Kaub am Rhein, Tel. 06774/1711, www.bennos-truck-stop.de*

Bikertreff Osterpai *Rheinuferstr, 56340 Osterpai*

Bernies Blues Bar *Rheinstr. 60, 56346 Sankt Goarshausen, Tel. 06771/9599674, www.berniesbluesbar.de*

Parkplatz Moselufer/ Moselbrücke *56812 Cochem*

Imbiss-Hütte Pommern *Moselweinstr. 12, 56829 Pommern, Tel. 02672/910616*

VOGELSBERG

Für Motorradfahrer, die viel Wert auf kostbare und in Ehren gealterte Fahrmaschinen zurückliegender Generationen legen, ist es das Höchste, diese Krafträder nicht nur hinter Glas im Devotionalien-Schrein zu betrachten, sondern in voller Aktion erleben zu können. Allein die Akustik, die solch alte und anbetungswürdige Triebwerke erzeugen, lässt den wahren Enthusiasten vor Glück erschauern. Die Kräder samt ihren nicht minder interessanten Fahrerpersönlichkeiten dann auch noch im hehren Wettkampf ganz nah beobachten zu können, das ist in Deutschland die ganz große Ausnahme. Umso attraktiver ist eine Reise zum hessischen Vogelsberg und dessen Rennstadt Schotten. Die Ausnahmestadt präsentiert ihre historische Motorsport-Rennvergangenheit noch immer so aktuell wie im Gründerjahr 1925, als erstmalig zum Rennen »Rund um Schotten« aufgerufen wurde. So zieht es auch heute noch die Anhänger historischer Rennen nach Schotten, wenn jährlich im August mitten in der Stadt der »Classic Grand-Prix« am Schottenring veranstaltet wird.

Natürlich bietet auch die gesamte Umgebung faszinierende Kurven und einschlägig bekannte Motorradtreffs satt in dieser abwechslungsreichen Landschaft. Schließlich ist der Vogelsberg Deutschlands größter erloschener Vulkan, dessen Gebiet bei den Kraftradfahrern auch liebevoll »Hessisch Sibirien« genannt wird. Auf den steilen und mit Kurven nur so übersäten Gebirgsstrecken wie am Hoherodskopf kann der Mopedfahrer sich und seine Maschine mal so richtig fordern. Oben angekommen, bieten sich herrliche Aussichten auf die zu Füßen und Rädern liegende, malerisch bergige Landschaft im Herzen des erloschenen Vulkans.

Die idyllische Landschaft bei Schotten am Vogelsberg ist von sanften Hügeln und leichter Bewaldung geprägt.

Im Herzen des erloschenen Vulkans

Eine Herzensangelegenheit sind die historischen Motorradrennen mitten durch Schotten. All die famosen Strecken drumherum formten heiße Lavaströme vor Hunderttausenden von Jahren.

Schotten bezaubert mit seiner mittelalterlichen Fachwerkkulisse.

ROUTE 5

Streckenlänge: 242 km
Zeitbedarf: Zwei-Tages-Tour
Charakteristik: Kurvenintensiv und aussichtsreich
Start und Ziel: Schotten
Routenverlauf: Schotten, Hoherods-Kopf, Ilbeshausen, Grebenhain, Freiensteinau, Neuhof, Hosenfeld, Hainzell, Herbstein, Lautertal, Lauterbach, Romrod, Alsfeld, Kirtorf, Feldatal, Ulrichstein (Burg), Laubach, Nidda, Schotten

Informationen:
www.vogelsberg-touristik.de

Hier geht's zum GPS-Track

01 Schotten

Die Rennstadt Schotten sorgte bereits im Jahr 1925 für Furore, als eine Reihe technikbegeisterter Sportler den »Vogelsberger Automobil- und Motorradclub« gründeten und noch im selben Jahr zum ersten Rennen »Rund um Schotten« im hessischen Vogelsberg aufriefen. Damals führte die Strecke über einen 16 Kilometer langen Kurs, der höchst anspruchsvoll auch über Rudingshain und Götzen verlief, bis die Fahrer nach wilder Hatz wieder in Schotten eintrafen. Die Folgejahre waren aufsehenerregend, die Motorradrennen wurden legendär, Tausende Zuschauer säumten Jahr für Jahr die landschaftlich traumhaft gelegene Strecke im Herzen des erloschenen Vulkans Vogelsberg. Ab 1938 wurden auch Rennen für Sportwagen veranstaltet. Die Krönung der Motorradrennen stellte das Jahr 1953 dar, als hier der »Großer Preis von Deutschland« für Motorräder stattfand, als Weltmeisterschaftslauf ausgetragen und gewertet. 1955 endete vorerst die Geschichte des Schottenrings, nachdem beim 24-Stunden-Rennen von Le Mans 83 Zuschauer ums Leben gekommen waren. Zwischen 1968 und 1983 fanden nochmals Fahrten auf der alten Strecke statt. Danach mussten alle Motorsportfreunde erneut Geduld beweisen, denn es folgten nun wieder einige Jahre Pause und Umstrukturierung. Schwarzes Leder, blauer Qualm, röhrende Motoren: Seit 1989 laden erneut historische Motorräder und Gespanne beim »Classic Grand-Prix« am Schottenring zum Kräftevergleich zwischen Rennmaschinen aus vergangenen Zeiten ein. An jedem dritten Augustwochenende geht es auf einem auf 1,4 Kilometer stark verkürzten Kurs mitten durch den Ortskern von Schotten und rund um die Häuser, Gärten und die beschaulich durchs Dorf gluckernden Nidda. So dicht wie hier steht man nirgends sonst an einer Rennstrecke, die – nur geschützt von in Folie eingeschlagenen Strohballen – fast schon durch die Vorgärten der Einwohner führt.

Abgesehen von dem Renn-Event ist die schmucke Altstadt von Schotten, deren Grundfesten bereits über 1230 Jahre alt sind, einen Besuch wert: Das zwischen dem 14. und 18. Jahrhundert entstandene mittelalterliche

Zentrum lädt mit seinen liebevoll restaurierten Fachwerkbauten, kleinen Gässchen und Passagen und gepflegten Parkanlagen zum Verweilen ein. Darüberhinaus lässt sich die idyllische Landschaft rund um Schotten auf abwechslungsreiche Art nutzen, denn die Region eignet sich bestens für Wander-, Rad- und Mountainbiketouren gleichermaßen. Aber auch Motorradfahrern bieten sich von hier aus exquisite Traumrouten durch die Region Vogelsberg, die auch ganz ohne Renntempo und rein genussvoll zu befahren sind.

02 Hoherodskopf

Gen Süden geht es nun raus aus der Stadt und über die B276, die bekannt ist für ihre anspruchsvollen Kurvenkombinationen und atemberaubenden Aussichten, weiter Richtung Hoherodskopf. Mit 764 Metern ist er der zweithöchste Berg der Region »Mittelgebirge Vogelsberg« im hessischen Breungeshain. Und nicht nur das. Aufgrund der kurvenreichen Sträßchen, die ihn umrunden, der grandiosen An- und Auffahrten, ist die Anhöhe ein wahres Biker-Paradies. Schon von Weitem ist er zu erkennen, der eindrucksvolle, knapp 140 Meter hohe Fernmeldeturm, der auf dem Gipfel des Hoherodskopfs thront. Von hier belauschte einst sogar ein amerikanischer Horchposten die Vorkommnisse in der DDR. Der »Erlebnisberg Hoherodskopf«

Blick vom 764 Meter hohen Hoherodskopf.

bietet heutzutage ein abwechslungsreiches Freizeitangebot für die ganze Familie. Von der Sommerrodelbahn über einen Kletterwald bis hin zum Vogelpark finden sich hier eine ganze Reihe attraktiver Freizeitangebote. Nur ein paar Fußminuten entfernt trifft man auf ein Bauwerk mit einer weitaus ältereren Historie – und mit augenscheinlich noch besserer Aussicht: Der mächtige Bismarckturm auf dem gleichnamigen höchsten Gipfel des Vogelbergs (773 Meter) ragt um noch mal 28 Meter höher hinauf in den Himmel als der

AUSFLUGSZIELE

Rennveranstaltung Schottenring

Immer am dritten Augustwochenende, innerhalb des Stadtgebietes von Schotten. Wer hier auch übernachten will, kann direkt auf den angrenzenden Wiesen campen, Pensionen sollten rechtzeitig und lange im Voraus gebucht werden.

Veranstalter: Motorsportclub Rund um Schotten e.V. im ADAC und VFV, Seestr. 6, 63679 Schotten, Tel. 06044/2868, www.schottenring.de

Fernmeldeturm. Seit 1910 und damit bereits seit über 100 Jahren wacht er über die Region Vogelsberg und bietet nach anspruchsvollem Aufstieg über scheinbar unzählige Stufen zur Belohnung eine sensationelle Rundumsicht auf die ihn umgebende Landschaft. Von hier kann die weitere Route nur noch talwärts führen. Geschmückt mit Kurven verschiedenster Radien rauscht man umso geschmeidiger bergab. Danach geht es weiter in östlicher Richtung gen B275.

03 Ilbeshausen-Hochwaldhausen
Durch hügelige Landschaft geht es vorbei an kleinen Weilern und durch idyllische Dörfchen. Am Fuße des Oberwaldes mit seinen ausgedehnten Waldflächen erreicht man den hübschen Luftkurort Ilbeshausen-Hochwaldhausen. Das Postkartenmotiv des Ortes ist eine ehemalige Wassermühle. Die Teufels-

Schnurgerade führt eine Landstraße nach Freiensteinau.

Sonnenuntergang über dem Ober-Mooser Teich bei Grebenhain.

mühle, auch Hansenmühle genannt, ist ein reich gegliedertes und verziertes Fachwerkgebäude, das bereits 1691 errichtet wurde. Unüblich für die Region wurde das Gebäude asymmetrisch zweigeschossig erstellt. Allein die Giebelwand weist sieben Vorkragungen auf. Schon kurz nach der Verabschiedung des ersten hessischen Denkmalschutzgesetzes im Jahr 1902 wurde der aufsehenerregende, hoch aufragende Fachwerkbau in die Denkmalschutzliste des Großherzogtums Hessen aufgenommen.

Ebenfalls sehenswert ist die Evangelische Pfarrkirche, die im Barock-Stil 1756 erbaut wurde. Wer sich nach so viel Historie erfrischen mag, erreicht von hier aus über die B275 den Ober-Mooser und Nieder-Mooser See mit Schwimmbad und Campingplatz.

04 Grebenhain

Mehrere Höhenzüge wie die Herchenhainer Höhe (733 m) und der Grebenhainer Berg (729 m) liegen im Einzugsbereich des Luftkurortes Grebenhain – bei gutem Wetter ist von hier aus sogar die Rhön zu sehen. Gepflegte Wanderwege führen durch die Basaltformationen im Oberwald. Der Vulkanradweg verläuft sogar mitten durch das Gemeindegebiet und auch die Bonifatiusroute sowie der Vulkanring-Vogelsberg laden dazu ein, auf Schusters Rappen die idyllische Umgebung zu entdecken.

05 Freiensteinau

Nach einem erfrischenden Bad in einem der Seen in den Tallagen rund um Grebenhain verläuft die Route kurvenreich und erneut bergauf – vorbei an der Höhenburg Naxburg. Nach ihrer Zerstörung ging ihr Name auf die Anhöhe Naxberg (554 m) über. Die Burg entstand um 1290 und war ursprünglich zur Überwachung der Handelsstraße von Frankfurt nach Erfurt durch Berthold II. von Lißberg erbaut worden. Heute zeugt nur noch eine große Vertiefung im eher unwegsamen Laubwald auf dem Gipfel des Berges von ihrer Existenz.

Sehenswert ist dagegen die große spätbarocke Nieder-Mooser Saalkirche, in der jährlich der Nieder-Mooser Konzertsommer stattfindet. Gleich neben der Dorflinde ragt sie stolz empor, weshalb die Kirche auch »Vogelsberger Dom« genannt wird. Unter der Patronatsherrschaft der Freiherren von Riedesel wurde im Jahr 1784 mit dem Bau der spätbarocken Saalkirche begonnen. Die Orgel geht auf den deutschen Orgelbauer Johann-Markus Oestreich (1738–1833) zurück. Sie ist eine der bedeutendsten Denkmal-Orgeln Deutschlands. Noch nach über 200 Jahren ertönt sie noch immer in ihrem originalen barocken Klang. Freunde der Orgelmusik erwartet alljährlich ein anspruchsvolles, sommerliches Konzertprogramm, das weit über die Region hinaus bekannt ist. Die berühmte Kirche ist von sorgsam hergerichteten Fachwerkhäusern umgeben, die ebenso liebevoll gepflegt werden wie die idyllischen Bauerngärten drumherum. Lokale mit einer vorzüglichen regionalen Küche laden zum Verweilen und Schmausen ein.

Das Gebiet rund um Freiensteinau war bereits im 9. Jahrhundert besiedelt, während der Ortskern urkundlich 1059 erstmals Erwähnung fand. Jahrhundertelang gehörte die Region zum Herrschaftsgebiet der Freiherren Riedesel zu Eisenbach. Durch dieses Gebiet führte einst die unter dem Schutz der königlichen Zentralgewalt stehende mittelalterliche Handelsstraße Via Regia bis nach Fulda, die sich im weiteren Verlauf mit der weiteren Handelsroute Antsanvia (von Mainz nach Eisenach) bei Neuhof kreuzte.

06 Neuhof

Schon von Weitem sticht er ins Auge, der im Volksmund »Monte Kali« genannte, riesige und weiß leuchtende Berg, eine Abraumhalde der Kalisalzproduktion. Die gewaltige Halde aus rund 50 Millionen Tonnen Salz und Gips wird sogar von einem Gipfelkreuz gekrönt. 3,5 Millionen Tonnen Rohsalz werden hier

AUSFLUGSZIELE

Vogelpark Schotten

Auf über 40 000 Quadratmetern tummeln sich über 60 verschiedene exotische und heimische Tier- und Vogelarten. Viel Bewegungsraum für Groß und Klein bieten zahlreiche Spiel- und Aktivstationen. Im Sinnespark lockt ein Barfußweg, im Duftgarten verschiedene Kräuter und Pflanzen. Im Atelier »Tierisch Bunt« können kreative Künstler bei der Arbeit beobachtet werden.

Vogelpark Schotten,
Vogelsbergstr. 212, 63679 Schotten,
Tel. 06044/6009144,
www.vogelpark-schotten.de

Baumkronenpfad Hoherodskopf

Was im Nationalpark in Ghana mit dem Canopy Walk einst als legendär und einzigartig galt, hat der Naturpark Hoher Vogelsberg auf den Hoherodskopf in den Vogelsbergkreis geholt. Nun kann man auch hier über eine gesicherte Holz-/Stahlkonstruktion bis zu 15 Meter über dem Erdboden von Baumkrone zu Baumkrone spazieren.

Baumkronenpfad Hoherodskopf,
Am Hoherodskopf 9,
63679 Schotten-Hoherodskopf,
Tel. 06044/608945,
www.baumkronenpfad.de

jährlich zur Herstellung von Kalidünger gewonnen. Bei der technischen Verarbeitung der unter Tage gewonnenen Rohsalze sind rund 75 Prozent des Materials gegenwärtig jedoch wirtschaftlich nicht zu verwerten. Ein Teil davon wird zum Verfüllen von Hohlräumen in der Grube genutzt, aber mehr als die Hälfte des Abraums kommt auf die Halde. Täglich fällt ein Volumen von an die 7000 Tonnen Steinsalz an, das sind rund 2 Millionen Tonnen jährlich. Der Monte Kali darf sogar noch 20 Jahre länger wachsen. Nicht in die Höhe, aber in die Breite: Denn mit 500 Metern über Normalnull hat er laut berg-behördlicher Genehmigung seine maximale Höhe bereits erreicht. Für das Jahr 2035 rechnen Fachleute mit der endgültigen Ausschöpfung des Kalivorkommens in Neuhof-Ellers, der Rohstoff wird dann restlos ausgebeutet sein. Dann wird der Berg bei voller Flächennutzung aus 160 Millionen Tonnen Haldenmasse bestehen.

Natürlich hat Neuhof jedoch noch eine Menge mehr zu bieten als den Monte Kali. Die Gemeinde besteht aus den drei Dörfern Ellers, Neustadt und Opperz und liegt zwischen den Mittelgebirgen Rhön im Osten und Vogelsberg im Westen. Neuhof besitzt mit der katholischen, dreischiffigen Pfarrkirche St. Michael und den vier erhalten gebliebenen Türmen des ehemaligen Neuhofer Wasserschlosses gleich zwei Wahrzeichen. Von Neuhof aus führt die Strecke

Der bekannte Baumeister Johann Dientzenhofer war mitverantwortlich, dass in Fulda der prächtige Dom mit den Barockkuppeln in den Jahren 1704 bis 1712 entstand.

Das herrschaftliche Stadtschloss von Fulda, akzentuiert durch einen Garten mit Orangerie von 1730 und umgeben von barocken Adelspalästen sowie dem Wachengebäude.

Fulda

Eine Menge Sehenswürdigkeiten gibt es in der Bischofsstadt zu entdecken: Zum Beispiel die mittelalterliche Altstadt mit ihren Plätzen und gut erhaltenen Gebäuden, gekrönt vom bildschönen Rathaus. Sehenswert sind Hexenturm und Stadtmauer, gotische Severikirche, das Stadtschloss, Schlossgarten, Orangerie und Floravase, das Barockviertel und natürlich der imposante Dom zu Fulda. Im Stadtschloss können historische Räume besichtigt werden. Das Vonderau Museum aus dem Jahr 1875 ist das größtes Museum zwischen Kassel und Frankfurt und bietet drei Dauerausstellungen zu Kulturgeschichte, Naturkunde sowie Malerei und Skulptur. Ebenso beeindruckend ist auch das Planetarium, das in das Museum integriert ist. Hier erleben die Besucher virtuelle Reisen durch die Weiten des Universums. Planetariumsbesucher sitzen nicht vor einer Leinwand, sondern unter einer Kuppel - mitten im Geschehen.

www.tourismus-fulda.de

weiter durch bewaldetes Bergland über schmale und gewundene Nebenstrecken, durch enge Täler und entlang kleiner Flüsschen. Von hier aus bietet sich auch ein Abstecher ins nahe Fulda an, das mit einer wunderschönen Altstadt, dem historischen Rathaus, einem Adelspalais sowie Orangerie und Paulustor zu überzeugen weiß (s. Ausflugstipps).

07 Hosenfeld

Über den Himmelsberg im großen Gieseler Forst geht es durch das Naturschutzgebiet weiter gen Hosenfeld durch hügelige Landschaft und über ruhige und wenig befahrene Nebenstrecken. Das beschauliche Örtchen liegt umgeben von üppigen Laub- und Nadelwäldern und ist geprägt von seiner offenen Landschaft mit Aussichten bis in die Rhön und zum Vogelsberg. Geruhsame Spaziergänge, ausgiebige Wanderungen oder Ausflüge per Rad bieten sich von hier aus an. Eine ganze Reihe von Sehenswürdigkeiten können hier besichtigt werden: einige Pfarrkirchen, das Propsteigebäude und Heimatmuseum, die Schlingenkapelle, Backhäuser, das Plateau der zerstörten Hainburg mit herrlicher Aussicht sowie mehrere Mühlen, die sogar noch in Betrieb sind. Die Burg derer von Blankenwald auf dem Hügel des Blankenberges wird heutzutage als Hainburg bezeichnet. An der Stelle, an der heute das Hospital steht, ließ einst der Ritter Hermann von Blankenwald als Sühne ein Nonnenkloster errichten. Die altehrwürdige Kirche aus dem Jahr 1614 sowie die ehemalige Propstei im Stile eines barocken Schlosses aus dem Jahr 1700 zeugen von der früheren Bedeutung Hosenfelds.

08 Hainzell

Laut Überlieferungen war Hainzell, am Zusammenfluss von Schwarza und Jossa gelegen, schon lange vor der ersten urkundlichen Erwähnung im Jahr 1279 bewohnt. Dies bezeugen zum einen archäologische Funde, zum anderen die noch heute sichtbaren Hünengräber, die in unmittelbarer Nähe des Ortes zu finden sind.

09 Herbstein

Herbstein liegt eindrucksvoll, schon von Weitem sichtbar, auf dem Vulkankegel des Vogelsbergs. Das hübsche Städtchen mit einer begehbaren Stadtmauer ist in Ringbauweise angelegt. Weit über die Region hinaus bekannt ist der Ort für seine Herbsteiner Fastnacht, deren Ursprünge auf das 17. Jahrhundert zurückgehen. Für Naturliebhaber ist Herbstein ein idealer Ausgangspunkt zum Wandern und Radfahren. Erholung nach der Tour verspricht die Vulkantherme des Ortes.

10 Lautertal

Fachwerk und Natur sind die bestimmenden Elemente von Lautertal, denn der Ort bietet, umgeben von stiller Natur, jede Menge Möglichkeiten für Wanderungen, Reitausflüge und Radtouren durch die weitläufige und verträumte Landschaft. Im Gemeindegebiet befinden sich einige reizvolle historische Plätze: Der Totenköppel in der Nähe des Ortsteils Meiches ist der letzte noch bestehende Sippenfriedhof Deutschlands. Ein besonderer Platz ist auch der Galgen zwischen Hörgenau und Hopfmannsfeld. Schmucke Fachwerkhäuser im Ortskern und den Ortsteilen gehören ebenfalls zum sehenswerten Kulturgut. So ist die Kirche in Dirlammen ein Kleinod der oberhessischen Fachwerkkirchen. Pure Landidylle bietet das Naturschutzgebiet um die Schalksbachteiche mit seiner vielfältigen Flora und Fauna. Über die sanften grünen Hügel und durch die dichten Buchenwälder führen prämierte, schöne Wanderwege, wie der Vulkanring Vogelsberg oder die Felsentour.

11 Lauterbach

Beim Spaziergang durch die romantischen Gassen des 1200-jährigen Ortes entdeckt man prachtvolle Villen und herrschaftliche Bauten, umgeben von einer malerischen Fachwerkkulisse.

12 Romrod

Man könnte auch meinen, Romrod hätte das zentralste Schloss Deutschlands – denn das Bauwerk liegt mitten im Ortskern. Wie aus dem Märchen erscheint der Bau mit seinen hohen Türmen und Mauern. Einst eine staufische Wasserburg, dominiert das Schloss bis heute die Stadt. Das Kulturhaus besteht aus einer umfunktionierten ehemaligen Synagoge und bietet ein abwechslungsreiches Kulturprogramm mit Ausstellungen, Kleinkunstveranstaltungen und kulturellen Treffen. Die Umgebung von Romrod lädt zu ausgedehnten Wanderungen, Radtouren und Mountainbike-Ausflügen ein.

13 Alsfeld

Das historische Städtchen an der Schwalm ist mit seinem Fachwerkensemble und dem weltbekannten spätgotischen Rathaus ein architektonisches Kleinod. Ein beschaulicher Spaziergang führt durch die malerischen Gassen der Altstadt, die alle auf dem Marktplatz mit seinen vielfältigen historischen Bauten münden. Besonders reizvoll sind auch all die versteckten Winkel, mittelalterlichen Relikte und verwunschenen Brunnen. Ein breites Angebot an Rad- und Mountainbike-Routen, Wanderwege, Ausflugsziele in der näheren Umgebung sowie mehrere Bäder machen Alsfeld zum perfekten Urlaubsort.

14 Kirtorf

Die Stadt im Grünen: Am Nordrand des Vogelsbergs liegt Kirtorf eingebettet in die grüne, weitläufige Landschaft. Bekannt ist das Städtchen für sein imposantes Fachwerk-Rathaus. Ein kleines, aber feines Museum präsentiert all die Geschichten rund um den schmucken Ort. Weit zurück in die Vergangenheit führt zum Beispiel eine Ausstellung über die Vulkanregion Vogelsberg im renovierten Kellergewölbe des Museums.
In den umliegenden Wäldern und Fluren finden sich auch heute noch zahlreiche Spuren längst vergangener Zeiten: Schlagstätten der Steinzeitmenschen, Hügelgräber aus der Bronzezeit, Dorfwüstungen des Mittelalters und Ruinen romantischer Burgen.

15 Feldatal

Das Tal der Mühlen liegt am Nordrand des Naturparks Hoher Vogelsberg und zählt zu einem der schönsten Täler der Region. Früher gab es hier einen Eisenhammer und 20 Mühlen, von denen einige sogar heute noch in Betrieb sind. Die reizvolle, abwechslungsreiche Mittelgebirgslandschaft lädt zu Spaziergängen, Radausflügen oder Ausritten ein. Viele traditionelle Feste finden hier statt: Ostermarkt, Mühlenfest, Schmiedefest, Straßen- und Backhausfeste, Kirmes und – besonders für Motorradfahrer interessant – ein bekanntes Honda-Goldwing-Treffen. In klaren Nächten treffen sich hier auch Sternengucker zum Betrachten unzählbarer Sterne – es gibt nur wenige Orte in Deutschland, wo der Himmel bei Nacht so klar ist. Seit dem Bau einer Sternwarte kommt der Besucher dem Himmel nochmals ein Stück näher.

16 Ulrichstein

Hessens höchste Stadt liegt auf über 600 Metern fernab von jeglicher Hektik: Das historische Bergstädtchen Ulrichstein als staatlich anerkannter Erholungsort bildet die Nahtstelle der Regionen Ost- und Mittelhessen. Es wird seit dem 13. Jahrhundert spektakulär gekrönt von der Burganlage Ulrichstein, die Ulrich II. von Münzenberg errichten ließ. Mitsamt Burgruine und dem Vogelsberggarten ist die Festung auf einem Basaltkegel an ihrem höchstem Punkt 614 Meter hoch. Von ihren mächtigen Burgmauern aus, die einst die Herren von Eisenbach schufen, bietet sich eine fantastische Aussicht über einen großen Teil des Naturparks Hoher Vogelsberg mit seiner malerischen Landschaft, die geprägt ist von üppigen Streuobstwiesen, lichten Buchenhainen, sanften Hügeln und mit Hecken eingefriedeten Äckern. Der frei zugängliche schöne Vogelsberggarten am Schlossberg umfasst zahlreiche Beete, einen Bauern- sowie Kräutergarten. Das Museum im Vorwerk befindet sich in der ehemaligen Zehntscheune der Stadt. Das Renaissancegebäude wurde 1464 als Teil der Burganlage errichtet und bietet neben seiner Dauerausstellung ein vielfältig variierendes Ausstellungsprogramm.
Wer dem Freizeitsport frönen mag, dem stehen die zahlreichen Rad- und Wanderstrecken, wie der Ohmtalradweg, der Vulkanring Vogelsberg oder die sogenannte Weitblick-Tour zur Auswahl. Entspannung für Gäste und Einheimische bietet ein Naturbadebiotop, in dem Badevergnügen ganz ohne Chemie möglich ist. Aktiv-Urlauber finden außerdem ausgewiesene Nordic-Walking- und Mountainbike-Routen vor.

17 Laubach

Von Schotten aus geht es nach Laubach, das für seine prächtige Altstadt mit zahlreichen dekorativen Fachwerkhäusern bekannt ist. Doch zunächst fährt man entlang der in der Sonne glitzernden oder versteckt im Grünen leise vor sich hin murmelnden Bäche Ohm, Rauchel und Sausel und weiter auf der B276 auf den 450 Meter hohen Wintersberg. Von hier aus ein Muss für Motorradfahrer ist der Biker-Treff »Falltorhaus«, der direkt an der Bundesstraße gelegen ist. Dieser Routenabschnitt ist jedoch auch aufgrund seiner abwechslungsreichen Streckenführung legendär. Allerdings mahnt eine hohe Unfallzahl die Kradfahrer zu umsichtigem Verhalten, wenn es nun weiter gen Laubach geht, dem westlichsten Punkt des Naturparks Hoher Vogelsberg.

18 Nidda

Die hübsche Fachwerkstadt Nidda, gelegen am gleichnamigen Fluss, ist bekannt und beliebt wegen ihrer historischen Altstadt. Bei einem Rundgang durch die malerischen Gassen führen alle Wege zum Marktplatz mit seinem schönen Brunnen. Sehenswert sind ebenso der Johanniterturm und das Renaissanceschloss. Mitten durch die Stadt verläuft der »Hessische Radfernweg R4«. Damit bietet sich Nidda als idealer Ausgangsort für Radtouren sowohl in die flache Wetterau als auch in den Vogelsberg an. Bekanntheit erlangte Nidda vor allem durch seinen Stadtteil Bad Salzhausen. Gradierbau, Wasserrad, Barockhäuschen und der vor 185 Jahren angelegte Kurpark mit seinen über 300 Gehölzarten bieten Abwechslung und eine wohltuende Beschaulich-

Kleine Fachwerkhäuschen umrahmen die engen Gassen von Alsfeld.

Schloss Laubach – von den ehemals vier wehrhaften, später mit barocken Hauben versehenen Rundtürmen existieren noch drei.

keit. Das Heilwasser der salzhaltigen Quellen sprudelt in der Trinkkuranlage und in der Justus-von-Liebig-Therme mit Saunalandschaft und Salzgrotte hervor.
Wer nun zum guten Schluss auch einmal selber die historische Rennstrecke des Schottenrings befahren möchte, nimmt die Route über Rudingshain, die durch die wunderschöne Landschaft zurück zur Rennstadt Schotten führt.

In der gesamten Region gibt es zahlreiche schöne Landsträßchen, die der Motorradfahrer quasi für sich alleine hat.

Fachwerkromantik in Nidda. Ihren Namen erhielt die Stadt vom gleichnamigen Flüsschen, das zu Regenzeiten auch gerne mal über die Ufer tritt.

Moto Treff Falltorhaus
an der B 276, Außenliegend 22,
ehemals Kiliansherberge,
63679 Schotten,
Tel. 06044/2880,
www.falltorhaus.de

Landhotel Gärtner in Mücke-Flensungen
Landhotel Gärtner,
Bahnhofstr. 116,
35325 Mücke-Flensungen,
Tel. 06400/95990,
www.landhotel-gaertner.de

Landgasthaus »Zur Birke«
Niddergrund 7,
63679 Schotten-Burkhards,
Tel. 06045/4537, www.zur-birke.com

Die perfekte Kurve

Über eine kurvenreiche Route geht es durch den herrlichen Naturpark Taunus – atemberaubende Perspektiven inklusive. Auf dem Rückweg wartet die Lahn mit ihren mittelalterlichen Trutzburgen.

NATURPARK TAUNUS

Über 75 Kilometer weit dehnt sich der Taunus in westöstlicher Richtung bis zur Wetterau aus: Das hessische Mittelgebirge gehört wie der Hunsrück zum Rheinischen Schiefergebirge. Wie sanft schwingende Wellen erheben sich die Bergrücken in einer Linie nördlich des Mains, herrliche Höhenlagen und tief eingeschnittene Bachtäler wechseln sich ab mit prächtigen Obstwiesen. Dörfer mit hübschen Fachwerkhäusern und verwinkelten Gassen prägen das Bild ebenso wie zahlreiche alte Burgen und Schlösser auf den Höhen. Höchster Gipfel des Taunus ist mit 881 Metern der Große Feldberg. Schon zu Goethes Zeiten zog es Wanderer hier herauf. Sie alle schwärmten von der hiesigen Landschaft. So bezeichnete der Gelehrte Johann Isaak von Gerning, ein Freund Goethes, die Region als eine »Zierde der Landlust«. Der weitgereiste Naturforscher Alexander von Humboldt nannte den Taunus gar »das schönste Mittelgebirge der Welt«. Von vielen Standorten zwischen Main, Rhein und Lahn aus ist der Feldberg zu sehen, was vermutlich auch seine hohe Anziehungskraft ausmacht. Vor allem an den Wochenenden machen sich motorisierte Gipfelstürmer auf, die Erhebung zu erklimmen. Kein Wunder, der Weitblick von hier oben ist schier grenzenlos: Von hier sieht man bis zum Spessart, Oden- und Pfälzerwald.

Im Norden läuft der Taunus dann an der Lahn aus. Urige Fachwerkstädtchen wechseln sich ab mit traumhaften Kurvenverläufen durch idyllische Täler und über spektakuläre Bergpassagen. Die Luft ist so klar und rein, dass sich dieser nördliche Teil des großen Naturparks Taunus auch als »Heilklimapark« bezeichnen darf. Diese Route kann also durchaus als »Frischluft-Ausflug zu Krade« betrachtet werden, verquickt mit spannendem Kurvengeschlängel durch eine wundervolle Landschaft.

1348 Quadratkilometer groß – der Naturpark Taunus.

ROUTE 6

Streckenlänge: 225 km
Zeitbedarf: Tagestour, auf Wochenendtour ausdehnbar
Charakteristik: Reich an Nebenstrecken und Sehenswürdigkeiten
Start und Ziel:
Bad Camberg
Routenverlauf: Bad Camberg, Altweilnau, Finsternthal, Wüstems, Kleiner und Großer Feldberg, Schmitten, Neu-Anspach, Usingen, Grävenwiesbach, Weilmünster, Laubuseschbach, Aumenau, Weinbach, Schiffstunnel Lahn, Weilburg, Braunfels, Holzhausen, Mengerskirchen, Merenberg, Runkel, Bad Camberg

Informationen:
taunus.info
www.naturpark-hochtaunus.de

Hier geht's zum GPS-Track

Ein Schmuckstück von Bad Camberg ist das wunderschön restaurierte Fachwerk-Ensemble rund um den Marktplatz.

Der Feldberg bietet sich für Spaziergänge und Wanderungen an – am besten mit einem Picknick zwischendurch.

01 Bad Camberg

Die Tour durch den Naturpark Hochtaunus startet in Bad Camberg, dem Kreuzungspunkt von Deutscher Fachwerkstraße und Hochtaunusstraße. Die Stadt ist umgeben von fruchtbaren Feldern und Wiesen sowie herrlichen Mischwäldern. Bad Camberg ist nicht nur das älteste hessische, sondern auch das drittälteste deutsche Kneippheilbad, idyllisch am Fuße des Hochtaunus im »Goldenen Grund« gelegen. Mit dem Bau der Stadtmauer wurde erst 1365 begonnen, nachdem bereits 1281 die Stadtrechte erteilt worden waren. Bildhübsch ist die Stadt – insbesondere die beschauliche Altstadt mit ihren restaurierten Fachwerkhäusern. Sie säumen den stilvoll mit Kopfsteinpflaster ausgelegten Marktplatz. Der Amthof – in der Zeit von 1564 bis 1803 Sitz der kurtrierischen Amtmänner – besticht mit seiner 145 Meter langen Straßenschauseite – eine der längsten Fachwerkfronten Hessens. In den historischen Räumen des Stadt- und Turmmuseums finden sich sehenswerte heimatkundliche sowie naturgeschichtliche Objekte. Die Ausstellung umfasst unter anderem eine Nähstube sowie eine Schuster- und Wagner-Werkstatt. Die Hohenfeldkapelle von 1672 ist direkt in das historische Ensemble eingebunden. Im nahe gelegenen Kurpark mit seinem herrlichen Ambiente aus reizvollen Wasserspielen zwischen bunten Blumenrabatten und gepflegten Grünanlagen lassen sich entspannte Stunden verbringen.
Kaum hat man die Ortsgrenze von Bad Camberg hinter sich gelassen, geht es bereits auf die ersten kleinen Taunus-Nebenstrecken, die entlang dem Flüsschen Weil und durch verlockend enge Wendungen führen. Doch alsbald münden diese wieder in die Hochtaunusstraße ein. Von hier aus lassen sich bereits herrliche Ausblicke über die weite Landschaft genießen.

02 Altweilnau

Im Mittelalter diente die gute Fernsicht vom Taunuskamm auch dem Schutz der Handelsreisenden, die von der Messestadt Frankfurt aus nach Köln unterwegs waren. Die Menschen transportierten ihre Güter lieber über die steinigen Höhenzüge als durch aufgeweichte Talauen, die wie Kessel wirkten, in denen man schnell eingeschlossen werden konnte. Oberhalb des beschaulichen Weilrod-Altweilnau thront die zugehörige Ruine Burg Altweilnau, Überbleibsel der einstigen Trutzburg aus dem 13. Jahrhundert. Beim Aufstieg auf den einzig noch verbliebenen Burgturm ist jedoch Vorsicht geboten: Das steinerne Treppenhaus ist so eng, dass manch einer Angst hat, stecken zu bleiben. Einst sollte Angreifern in Rüstung so der Aufstieg zur rettenden Bastion verwehrt werden. Vis-à-vis liegt das Schloss Neuweilnau. Im Schlosshof wurde ein kleiner Garten angelegt. Wanderer können an hölzernen Tischen und Bänken eine Rast einlegen. Geöffnet ist der Schlosshof jedoch nur während der Woche.

03 Finsternthal

Im Jahr 1230 findet das Dorf mit dem dunkel klingenden Namen seine erste Erwähnung. Es gehörte zu jenen Besitztümern, die Heinrich II. von Nassau dem 1188 gegründeten Deutschen Ritterorden übertrug. Nach dem Dreißigjährigen Krieg und mehreren Besitzerwechseln fiel es letztendlich in die Hände der Grafen von Nassau. Das kleine Dorf, das sich in der engen Talsohle nur schwer ausbreiten konnte, zankte sich immer wieder mit den umliegenden Dörfern, vornehmlich wegen unberechtigter Weidegänge. Selbst militärische Auseinandersetzungen konnten daran nichts ändern. Tapfer kämpften die Finsternthaler für ihre Rechte weiter, sogar als das Dorf nach den verschiedenen Kriegen immer wieder zerstört und verwaist war. 1790 errichteten die

AUSFLUGSZIELE

Von Kronberg bis zum Altkönig

Wer den Taunus als Gebirgslandschaft in all seiner Pracht und Herrlichkeit erleben möchte, nimmt einen der abwechslungsreichen Wanderwege, die im Stadtpark des malerischen Städtchens Kronberg beginnen. Mit seiner gut erhaltenen Burg und der Altstadt am steilen Hang ist Kronberg aber auch selbst eine Besichtigung wert. Einer der markierten Wege führt von hier aus zum knapp 800 Meter hohen Gipfel des Altkönigs. Der Name leitet sich von »altkin« ab, was bei den Kelten »Große Höhe« bedeutete. Auf dem Weg zur Kuppe trifft man auf Überreste mächtiger Ringwälle keltischer Fürstensitze, die an die 2400 Jahre alt sind. Hinweistafeln geben geschichtliche Einblicke.

www.altkoenig.de

übrig gebliebenen Bewohner ihr Rathaus – heute das Schmuckstück des Ortes. An die alte Viehtränke vor dem Gebäude erinnert ein gusseiserner Brunnen. Eine weitere, aber wenig bekannte Sehenswürdigkeit in Finsternthal ist die Lehmscheune – ein unverändert gebliebener Piseebau aus Stampflehm. Über einem Bruchsteinsockel wurden die circa 50 cm starken, sich nach oben hin verjüngenden Außenwände in einem speziellen Stampflehmverfahren errichtet. Deutlich erkennbar ist noch heute an dem unverputzt gebliebenen Gebäude der arbeitstechnische Vorgang zur Erstellung des Bauwerks.
Schwungvoll geht es anschließend von Finsternthal aus über die reichlich gewundene B275 durch die kleinen Orte Wüstems und Niederreifen-

Der historische Aussichtsturm mit Sendemast auf dem Feldberg geht auf das 19. Jahrhundert zurück.

Der schöne Ort Kronberg wird überragt von seiner Burg.

berg und dann auf ein paar richtig schnellen Kurven flugs immer weiter bergan, den höchsten Erhebungen im Taunus entgegen.

04 Großer Feldberg

In wunderbar schwungvoll zu fahrenden Kurven schraubt sich die Straße immer weiter hinauf zum höchsten Gipfel des gesamten Rheinischen Schiefergebirges – dem Großen Feldberg. Eine Streckensperrung für Motorräder bezieht sich zum Glück nur auf die Nachtstunden, kann also während des Tages unbeachtet bleiben. Auf 881 Meter Höhe angekommen ist man erst mal von der einmaligen Rundumsicht schlichtweg beeindruckt – sie sucht ihresgleichen. Allein wird man hier wohl selten sein, viele Kraftradfahrer zieht es zum größten Motorradtreffpunkt der Region, der unterhalb des Aussichtsturms liegt. Noch besser sieht man, wenn man die 100 Stufen zur rundum verglasten Plattform des 40 Meter hohen Aussichtsturms hochsteigt. Im Turm selbst befindet sich das Jugend- und Wanderheim des Taunusklub-Stammklubs. Bis zu 20 Personen können sich hier nach Voranmeldung einquartieren. Eher versteckt hinter dem Parkplatz liegt hier auch die älteste Falknerei Hessens – der Falkenhof Großer Feldberg. Dort kann man an Flugvorführungen der stolzen Greifvögel teilnehmen und sich die Lebensräume und Jagdtechniken der majestätischen Tiere erklären lassen. Wer sich vor der Weiterfahrt noch stärken mag, kehrt im Gasthaus »Feldberghof« hoch auf dem Gipfel ein. Und für Leute, die den Rummel an Hessens höchstem Berg nicht so gerne mögen, bietet sich der benachbarte Kleine Feldberg mit einer Höhe von immerhin 825 Metern an. Wer sich für die römische Geschichte interessiert, die im Taunus allgegenwärtig ist, besucht das Kastell Kleiner Feldberg. Das römische Lager war einst Ausgangspunkt für militärische Operationen und zuständig für die Bewachung des an dieser Stelle verlaufenden »Obergermanischen Limes«. Das römische Lager wurde bereits um 150 n. Chr. erbaut. Reste der Grundmauern sind noch heute zu besichtigen. Beeindruckend: Ursprünglich waren alle vier Tore des Kastells von Doppeltürmen flankiert.

Über 2000 Jahre bildete der Obergermanisch-Rätische Limes auf 550 Kilometern zwischen Rhein und Donau die Grenzlinie des Römischen Reichs gen Norden. Auf dem Tauniskamm trennte er mit Holzpalisaden, Wällen und Wachtürmen germanisches Stammesland im Norden von den römischen Gebieten im Süden. Die römischen Grenzanlagen dienten vor allem der Kontrolle von Händlern und Reisenden, die den Limes passieren durften. Grenzübergänge wie bei der Saalburg im Taunus waren auch zumeist Marktplätze. An der Alteburg nahe Idstein hat sich der Markt bis heute gehalten. Viel Informatives gibt es auch bei Wanderungen über die Deutsche Limes-Straße zu erfahren. Besonders spannend ist der Limes-Erlebnispfad, der im Taunus bei Glashütten westlich des Großen Feldbergs startet, das römische Kastell Saalburg passiert und in Ober-Mörlen endet. Ein weiterer Weg durch das malerische Dattenbachtal im Taunus führt von Idstein nach Kröftel am Kleinkastell Maisel vorbei.

05 Schmitten

Einige schwungvoll gefahrene Windungen und Biegungen später liegt der Ort Schmitten – das höchstgelegene Städtchen im Taunus. Hier befindet man sich mitten in dem 20 Quadratkilometer großen Gebiet des Heilklimaparks Hochtaunus, beliebt wegen des reizarmen Mittelgebirgsklimas, das bekanntlich den Organismus stimuliert und die Gesundheit fördert. Wandern bei reinster Luft, verbunden mit den wunderbaren Aussichten über den Taunus, ist hier ein Genuss. Eine Sehenswürdigkeit der Region ist der hölzerne Aussichtsturm Pferdskopf auf 662 Meter Höhe. Ursprünglich war der Turm bereits 1885 als 18 Meter hohe Stahlkonstruktion errichtet worden. Die jetzige Holz-Fachwerk-Konstruktion stammt aus dem Jahr 1987. Der 34 Meter hohe Turm lässt sich erklimmen und beschert von hoch

AUSFLUGSZIELE

Kaffeeklatsch auf dem Fuchstanz

Der Fuchstanz gehört mit einer Höhe von 662 Meter zu einer der größten Erhebungen des Taunus und ist eines der beliebtesten Ausflugsziele der Region. Hier kreuzen sich gleich mehrere Wanderwege, die zum Großen Feldberg, dem Kleinen Feldberg und dem Altkönig führen. Zum Kaffeeklatsch trifft man sich hier in einem der beiden ansässigen Gastronomiebetriebe.

www.fuchstanz-taunus.de

Freilichtmuseum Hessenpark

Mit über 100 historischen Gebäuden und rund 30 Dauerausstellungen ist das Freilichtmuseum in Neu-Anspach im Hochtaunuskreis ein beliebtes Ausflugsziel. Hier kann das ländliche Leben vergangener Generationen hautnah nachempfunden werden. Eingerahmt sind die historischen Gebäude, zu denen auch ein Postamt und eine Schule gehören, von Bauerngärten, Obstwiesen und Äckern.

Hessenpark, Laubweg 5, 61267 Neu-Anspach, Tel. 06081/5880, www.hessenpark.de

oben ein wahrhaft sensationelles Panorama. Nicht wie üblich in der Ortsmitte, sondern auf dem Kirchberg von Schmitten thront die Laurentiuskirche (um 1480) als ältestes noch genutztes Bauwerk im Hochtaunus. Die Ruine der Burg Reifenberg, auch Riffinberg oder Reiffenberg genannt, hoch über Oberreifenberg bei Schmitten, befand sich ab dem 14. Jahrhundert in der Hand von kriegerisch gesinnten Raubrittern, die den Linien der Reiffenberger angehörten. 1331 erstmals erwähnt, ragen heute nur noch die Reste der Höhenburg über dem Ort auf. Erhalten sind noch der imposante Wohnturm, eine Schildmauer sowie der Bergfried. Die nur 1,5 Kilometer entfernt liegende, ursprünglich sehr viel kleinere und noch ältere Burg Hattstein ist nach zahlreichen Zerstörungen im Mittelalter heute nur noch in Fragmenten erhalten.

Nicht auslassen sollte man in Schmitten das gemütliche Hotel »Kurhaus Ochs«. Der Wirt Anton Ochs ist selbst Biker und kann mit guten Tipps und Routenvorschlägen aufwarten, die er gerne an seine Motorrad fahrenden Gäste weitergibt.

06 Neu-Anspach

Der Ort steht vor allem für sein 1974 gegründetes Freilichtmuseum Hessenpark, das zu einer spannenden Zeitreise durch die ländliche Kulturgeschichte der Region Hochtaunuskreis einlädt. Über 100 geschichtsträchtige Gebäude, vorrangig Fachwerkhäuser, verdeutlichen, wie früher gelebt und gewohnt wurde. Das Handwerk stellte nach der Landwirtschaft die wichtigste Erwerbsquelle in der Region dar – Herstellungstechniken und Fertigkeiten werden hier im passenden Ambiente präsentiert. Historische Landwirtschaft wird in Form der früher praktizierten Dreifelderwirtschaft anhand der Museumsfelder vorgeführt. Für Tierfreunde: Alten und vom Aussterben bedrohten Haustierrassen ist ein eigener Bereich gewidmet.

Zurück in der Gegenwart werden ganz in der Nähe des Hessenparks die technischen Errungenschaften der Moderne vorgeführt: Auf dem Anspacher Flugplatz findet einmal jährlich im Spätsommer das zweitägige Taunus-Flugfest statt. Kunstflieger vollführen hier atemberaubende Luftakrobatik, Fallschirmspringer schweben sanft vom Himmel herab, Oldtimer-Flieger kreisen lautstark durch die Lüfte. Mitfliegen und die bezaubernde Landschaft von oben betrachten ist ebenfalls möglich. Freiflüge werden per Eintrittskarte verlost. Auch die legendäre Ju 52 zieht am Himmel ihre Kreise.

07 Usingen

Kurvenreich geht es über die malerisch verlaufende B456 weiter gen Norden, der historischen, über 1200 Jahre alten »Buchfinkenstadt« Usingen entgegen. Das Stadtbild ist geprägt von bunten Nachbildungen der Buchfinken, die zurückgehen auf das 1938 verfasste »Buchfinkenlied«. Das herrschaftliche Usinger Schloss thront in der Mitte der Innenstadt, ursprünglich als wehrhaftes Burghaus von Johann I. von Nassau-Weilburg im 14. Jahrhundert errichtet. Das imposante Bauwerk, in dem

AUSFLUGSZIELE

Römerkastell Saalburg

Die Saalburg ist ein auf dem Taunuskamm gelegenes ehemaliges Kastell des römischen Limes. Hier bauten römische Truppen Anfang des 2. Jahrhunderts zunächst ein Holzkastell und zwei Schanzen. Im Verlauf von nur einem Jahrhundert entwickelte sich aus einem kleinen Militärposten eine Siedlung mit vollständiger Infrastruktur. Als der Limes um 260 n. Chr. aufgegeben wurde, verfiel das Kastell. Zu dieser Zeit endete auch die Herrschaft der Römer über den Taunus und die Wetterau. Auf Initiative Kaiser Wilhelms I. wurde das Kastell Anfang des 19. Jahrhunderts als Forschungsinstitut und Freilichtmuseum wieder aufgebaut. Heute ist das Kastell das Herzstück des Archäologischen Parks, der einen faszinieren Einblick in die Römerzeit bietet.

Römerkastell Saalburg, Archäologischer Park, Am Römerkastell 1, 61350 Bad Homburg, Tel. 06175/9374-0, www.saalburgmuseum.de

heute eine Schule untergebracht ist, liegt inmitten des ihn umgebenden, großzügig angelegten Schlossparks. Gegenüber dem Schloss liegt das Rathaus, ein reich verzierter, barocker Fachwerkbau aus dem Jahr 1687. Von 1700 stammt die Hugenottenkirche am Alten Marktplatz – das Herz der Neustadt. Als ehemalige Residenzstadt des Hauses Nassau-Usingen trägt selbst der wunderschöne, achteckig geformte Sandsteinbrunnen einen Löwen als Wappentier. Eindrucksvoll sind ebenso die repräsentativen Bürgerhäuser in der Usinger Oberstadt und all die Fachwerkhäuser, die noch aus dem 15. Jahrhundert stammen. Ganz in der Nähe von Usingen fasziniert in Eschbach ein Naturdenkmal, das aus bis zu 12 Meter hohen Felsen aus Quarzgestein besteht: Die Gruppe der Eschbacher Klippen mit ihren steilen Felswänden ist das Ziel von geschickten Kletterkünstlern, die hier ihren schwindelerregenden-

Alte Schule mit Brunnen und Fachwerkhaus in Usingen.

Im Jahr 2005 wurden der Obergermanisch-Rätische Limes und damit auch die Saalburg in die Welterbeliste der UNESCO aufgenommen.

Sport betreiben. Besonders die Südwand der Klippen ist sehr beliebt. Auch Touren werden angeboten.

08 Grävenwiesbach

Den Kletterfelsen entronnen, lässt es sich gar prächtig auf dem kurvenreichen Geläuf Richtung Norden durch die Landschaft cruisen, das sich bis hinauf auf den Donnerskopf schwingt. Hier kann man die Lahn schon fast erschnuppern, liegt doch die 483 Meter hohe Erhebung bei Bodenrod auf der Wasserscheide zwischen Lahn und Main. Den Wasseradern, die dieses Gebiet in unendlich vielen Windungen durchziehen, folgen oftmals und sehr zur Freude der Motorradfahrer auch die Straßen. Der Solmsbach als Lahn-Zufluss im Norden zählt ebenso dazu wie der Blaubach und der Markborn, die westlich und südwestlich des Donnerskopfs entspringen. Aubach, Bleidenbach, Weil und Weinbach mäandern ebenso malerisch durch die Landschaft. Auch der idyllische Wiesbach zählt dazu, dessen Biegungen und Krümmungen die Straße folgt, die im weiteren Verlauf auch durch den Ort Grävenwiesbach hindurchführt. Der Ort im nördlichen Hochtaunus gehörte einst zum Fürstentum Nassau-Weilburg und wurde bereits 1280 als Wiesinbach urkundlich erwähnt. Sehenswert ist die markante, auf dem Plateau eines Hügels im klassizistischen Stil 1737 erbaute Kirche von Grävenwiesbach. Überraschend ist die für eine Dorfkirche ungewöhnliche Größe und die Schlichtheit der Innenräume. Am Rand des Ortes befindet sich eine von drei im Hochtaunus existierenden Jugendherbergen. Dem Begründer des deutschen Jugendherbergswerks, Richard Schirrmann, der in Grävenwiesbach seinen Lebensabend verbrachte, ist ein Privatmuseum im Ort gewidmet.

Schloss Weilburg ist eine der bedeutendsten barocken Schlossanlagen in Hessen.

Fachwerkidyll in Braunfels.

Ausflug nach Idstein

Vom Hochtaunus aus lohnt sich ein Abstecher in die historische Fachwerkstadt Idstein im nordwestlichen Teil des Taunus. Die meisten Häuser in der beschaulichen Altstadt stammen noch aus dem 17. Jahrhundert. Das Rathaus wurde 1928 durch einen Felssturz vernichtet, aber wieder neu aufgebaut. Der Weg zum Schloss und dem kleinen Barockgarten führt am Hexenturm vorbei – ein Relikt der früheren Burg. Sehenswert ist auch die Unionskirche, die mit 38 großformatigen Decken- und Wandbildern der niederländischen Rubensschule ausgestattet ist.

Tourist-Info Idstein, Killinger Haus, König-Adolf-Platz, 65510 Idstein, Tel. 06126/78620, www.idstein.de

09 Villmar-Aumenau

Über die idyllischen Orte Weilmünster und Laubuseschbach geht es weiter nach Aumenau. Hier trifft die Route das erste Mal auf die Lahn, die dem Ort bereits in seiner Vergangenheit historische Bedeutung verlieh: Die 764 n. Chr. erstmals als »Villa Amana« schriftlich erwähnte Ansiedlung gewann im 19. Jahrhundert als Verladestation für Eisen-, Kalk- und Schieferstein große Bedeutung. Heute bezeichnet sich der Ort, der zur Gemeinde Villmar gehört und im Kreisgebiet von Limburg an der Lahn liegt, als »der romantische Flecken im Lahntal«. Von hier aus lassen sich bestens spannende Erkundungen per Kanu starten.

10 Weilburg

Romantisch und beschwingt geht es in nördlicher Richtung entlang der Lahn weiter auf kleinen Nebenstrecken und dann auf der Deutschen Fachwerkstraße über Weinbach hinein ins reizvolle Weilburg. Die auch als »Lahnperle« gerühmte Stadt ist ein bemerkenswerter Ort der deutschen Geschichte. Weilburg war im frühen 10. Jahrhundert der Sitz von Konrad I., der aufgrund seiner Konsolidierungspolitik im ostfränkischen Reich unter Historikern als erster deutscher König gilt. Seine Burg, die zusammen mit dem Stadtzentrum auf einem Berg mitten in einer Lahnschleife thront, hat sich allerdings seither stark verändert. Ihr prächtiges Äußeres erhielt sie rund 800 Jahre später unter Graf Johann Ernst von Nassau-Weilburg. Die 400 Meter lange Anlage ist eines der bedeutendsten hessischen Schlösser aus der Barockzeit. Seit 1972 ist im früheren Kanzleigebäude des Schlosses das Stadtmuseum eingerichtet sowie ein Bergbaumuseum mit einem 200 Meter langen Schaustollen. Ein einzigartiges technisches Denkmal ist der 1847 eröffnete Schiffstunnel. Kurze Zeit darauf kam ein Eisenbahntunnel hinzu, im Jahr 2004 ein Autotunnel. Alle drei Verkehrswege bilden das einzigartige »Weilburger Tunnelensemble«. Nach dem Besuch von Weilburg führt die Strecke über die mit vielen attraktiven Kurven reichlich gesegnete B456 weiter in nördlicher Richtung nach Braunfels.

11 Braunfels

Harmonischer kann ein Gebäudeensemble aus mittelalterlicher Stadt und Ritterburg kaum sein. Braunfels zu Füßen seines Schlosses ist heute ein beschaulicher Luftkurort mit vielen Fachwerkhäusern und einem Kurpark im Stil eines englischen Landschaftsgartens. Auf einem für die Region typischen Basaltkegel thront das 1246 erstmals erwähnte Schloss. Seine gegenwärtige Gestalt im neugotischen Stil hat es nach jahrhundertelangen Umbauten und Erweiterungen im Jahr 1880 erhalten. Noch heute leben hier die Grafen von Solms-Braunfels, die ihr fürstliches Familienmuseum der Öffentlichkeit zugänglich gemacht haben. Vom Schloss aus führt der Weg weiter und über die Lahn hinaus aus dem Naturpark. Die idyllische Straße am Ufer der Lahn ist als touristische Route »Solmser Straße« angelegt, die in Braunfels beginnt und über 210 Kilometer weit bis nach Kronberg im Taunus führt. Auf ihrem Weg durchquert sie die geschichtlich bedeutungsvollen Orte der ehemaligen Fürstentürmer des Hauses Solms.

12 Mengerskirchen

Von Braunfels aus führt der Weg vorbei an der in den Lahnwiesen gelegenen Neuselters-Mineralquelle und zum nördlichsten Punkt der Tour, die an Holzhausen vorbei weiter in östliche Richtung schwenkt. In Mengerskirchen bieten die hübsche Altstadt und das Turmmuseum Schloss Mengerskirchen weitere Gelegenheiten für Besichtigungen. Gleich hinterm Ort lädt direkt am Straßenrand der Seeweiher zu einer Erfrischung ein. Für einen längeren Aufenthalt bietet sich der am Wasser gelegene Campingplatz an.

13 Merenberg

Der Marktflecken im mittelhessischen Landkreis Limburg-Weilburg liegt bereits am Südrand des Westerwaldes. Der Adelsfamilie, die hier zwischen dem 12. und 14. Jahrhundert residierte, ist die Stammburg des Hauses Merenberg zu verdanken. Die Burg wurde 1634 zerstört, ihre Ruine am westlichen Stadtrand ist aber heute noch das weithin sichtbare Wahrzeichen Merenbergs. Der hohe Aussichtsturm mit schönem Rundumblick kann bestiegen werden.

14 Runkel

Am Rand des Naturparks Taunus geht es weiter über die »Lahn-Feri-

Die beiden rechteckigen Türme von Burg Runkel beherrschen die beeindruckende mittelalterliche Szenerie.

enstraße« zunächst parallel zur Lahn. Die Route führt über sanfte Hügel, vorbei an kleinen Weilern, urigen Höfen und durch winzige Dörfchen hindurch. Bald darauf wird die eindrucksvolle Silhouette der mächtigen Mittelalter-Burg von Runkel sichtbar, zu deren Grundfesten sich die Lahn hier mitunter als wild schäumender Fluss gebärdet. Markant ragen die beiden rechteckigen Türme der Burg aus der ansonsten fast verwunschen erscheinenden Silhouette der Stadt. Die Ufer sind verbunden durch eine Brücke aus dem Jahr 1448, die zu den wenigen historischen Brücken über die Lahn gehört, die noch in ihrem ursprünglichen Zustand erhalten sind. Die Oberburg der 1159 erstmals erwähnten Burg Runkel ist seit dem Dreißigjährigen Krieg eine Ruine. Die wiedererrichtete Unterburg kann vom Ahnensaal bis hin zur Folterkammer besichtigt werden. Vom Turm aus fällt der Blick auf das gegenüberliegende Ufer mit Burg Schadeck, die nach einem Familienstreit der Herren von Runkel gebaut wurde.

Wer die Stadt und Umgebung auf kurzen Wegen näher erkunden möchte, dem bietet sich für einen längeren Aufenthalt alternativ zu den reichlich vorhandenen Ferienquartieren der direkt zwischen Lahnufer und Altstadt gelegene Campingplatz an.

Vor der Rückkehr zum Ausgangspunkt der Tour nach Bad Camberg kann man sich noch einmal stärken – urige Restaurants und Gaststätten mit Biergärten innerhalb des Altstadtkerns laden zünftig zum Schlemmen ein. Satt gegessen und gesehen geht es anschließend entlang der Lahn in südlicher Richtung nochmals einige Kilometer über die Fachwerkstraße, bis man schließlich den Ausgangsort Bad Camberg erreicht hat.

Großer Feldberg/Schmitten
Feldberghof, 61389 Schmitten,
Tel. 06174/92340,
www.feldberghof.com

Café Waltraud
Weilburger Str. 13,
61276 Weilrod-Emmershausen,
Tel. 06083/434,
www.cafe-waltraud.de

Biker-Kneipe Daytona
Schützenhausstr. 70, 65510 Idstein,
Tel. 06126/54258

Motorradhotel Greenline Hotel zur Krone Obertorstr. 1,
35792 Löhnberg, Tel. 06471/607300,
www.hotel-zurkrone.de

Weilrod, Haus am Wald
Heinzenberger Straße 13,
61276 Weilrod OT Gemünden,
Tel. 06083/1770,
www.hausamwald.de

Wirtshaus »Zum Adler« Laubweg 3,
61267 Neu-Anspach, Tel. 06081/5515,
www.wirtshaus-im-hessenpark.de

Bergschänke Neu-Anspach
Höhenstr. 3, 61267 Neu-Anspach,
Tel. 06081/7168

Lakeside Bikedays Jährliches, im Mai stattfindendes Motorradfestival,
Mainflinger Str. 4,
63533 Mainhausen/Zellhausen,
Tel. 0174/4378398,
www.lakeside-bikedays.de

Wo die Räder sich drehen

Den kraftvollen Elementen Wasser und Wind bei der Arbeit zusehen – das lässt sich auf wunderbare Weise bei einer Tour im Mühlenkreis und durchs Wiehengebirge erleben.

MÜHLENKREIS & WIEHENGEBIRGE

Mühlen, Schlösser, Burgen und traditionsreiche mittelalterliche Städte prägen die Vielfalt des Wiehengebirges und seiner Heilquellen ebenso wie die kleinen verkehrsarmen Nebensträßchen, die sich durch Wälder und Moore von einem malerischen Ort zum nächsten schlängeln. Wegen seiner landschaftlichen Schönheit ist das Wiehengebirge ebenso wie der Teutoburger Wald und das Wesergebirge Teil des Natur- und Geoparks TERRA.vita. Das nördliche Weserbergland bildet zusammen mit dem Wiehengebirge die letzte Bastion der nördlichen Mittelgebirge. Besonders bekannt ist dabei die Porta Westfalica, wo die Weser den Weg aus dem Land der Hügel und Berge ins Flachland antritt. Je weiter man nach Westen kommt, desto flacher wird es, bis das Bergland schließlich sanft in die Norddeutsche Tiefebene übergeht. Einheimische behaupten scherzhaft, das Wiehengebirge verdanke seinen Namen der Tatsache, dass es nur aus der Ferne »wie'n Gebirg« aussieht. Sein höchster Berg, der Heidbrink, erreicht gerade mal 320 Meter. Das einzigartige Landschaftsbild des Wiehengebirges ist geprägt von seinen restaurierten und gepflegten Wind-, Wasser- und Rossmühlen, darunter auch die einzige original rekonstruierte und mahlfähige Schiffmühle Deutschlands, die in Minden an der Weserpromenade liegt. Die Westfälische Mühlenstraße verbindet die Mühlen über einen 300 Kilometer langen Rundkurs. Die Weser und der Mittellandkanal bilden die größten Wasserwege der Region. Auf der romantischen Mühlenkreis-Tour führen die Wege auch per Motorrad immer wieder ans und übers Wasser. Gleich zu Beginn findet sich der Dümmer See, aber auch zahlreiche Wasserburgen wie das Schloss Bruche bei Melle bereichern die Reise rund um die sehenswerten Mühlen.

Die Westfälische Mühlenstraße führt auf 320 Kilometern an 43 Wind-, Wasser-, Ross- und einer Schiffmühle vorbei durch eine abwechslungsreiche Landschaft.

Der Dümmer See ist ein beliebtes Ausflugsziel.

ROUTE 7

Routenlänge: 199 km
Zeitbedarf: Ganz-Tagestour, auf Wochenendtour ausdehnbar
Charakteristik: Für beschauliches Cruisen bestens geeignet
Start und Ziel: Damme
Routenverlauf: Damme, (Dümmer See), Dümmerlohausen, Hüde, Marl, Stemwede, Levern, Destel, Getmold, Preußisch Oldendorf, Büscherheide, Buer, Rödinghausen, Holsen, Ahle, Helligen, Spenge, Lenzinghausen, Häger, Werther, Borgholzhausen, Küingdorf, Wellingholzhausen, Allendorf, Borgloh, Holte, Bissendorf, Wissingen. Oldendorf, Oberholsten, Essenerberg, Bad Essen, Bohmte, Hunteburg, Damme

Informationen:
www.muehlenkreis.de
www.dammer-berge.de
www.westliches-weserbergland.de

Hier geht's zum GPS-Track

01 Damme, Dammer Berge und Dümmer See

Damme im niedersächsischen Landkreis Vechta liegt beschaulich zwischen Wald und See im Erholungsgebiet Dammer Berge. Lebendig dargestellt wird die Geschichte der Stadt im Stadtmuseum, das im ehemaligen Bahnhofsgebäude untergebracht ist. Auch die moderne Kunst hat in Damme Einzug gehalten, ein Skulpturenpfad zieht sich mit mehr als 40 Skulpturen durch die Innenstadt. Die imposante dreitürmige katholische Kirche St. Viktor, aufgrund ihrer Größe auch »Dammer Dom« genannt, beherrscht das Bild der Innenstadt. Der aus Feldsteinen errichtete romanische Turm stammt noch aus dem 13. Jahrhundert.

Damme kann auch mit drei Mühlen aufwarten: Neben der achtkantigen Schnatmühle, deren Flügel als Holländer-Windmühle in Ziegelbauweise bereits seit 1895 rotieren, stehen auch zwei urige Wassermühlen zur Besichtigung bereit. Die mittlerweile grundlegend sanierte Wassermühle Höltermann am Bachlauf des Mühlenbachs in Damme stammt laut Balkeninschrift von 1801, beruht allerdings auf einem wesentlich älteren Gebäudeteil, der auf das Jahr 1643 zurückgeht. Meyers Mühle in Steinfeld-Mühlen hingegen datiert auf das Jahr 1556 und präsentiert sich nach umfassender Sanierung heute mit funktionsfähigem Wasserrad und Mahlwerk auf einem parkähnlich angelegten Hofgelände. Übersicht verschafft auch das Mühlenmuseum. In dem 235 Quadratmeter großen, zweigeschossigen Gebäude hat ein leidenschaftlicher Müller in Privatinitiative eine Vielzahl verschiedenster Mühlen-Objekte aus den unterschiedlichen Epochen gesammelt und ausgestellt.

Der Naturpark Dümmer erstreckt sich über eine Fläche von 1122 Quadratkilometern. Die Besonderheit des Naturparks liegt in seiner abwechslungsreichen Landschaft, die aus Wäldern, Hoch- und Niedermooren sowie aus Kulturflächen besteht. Mit ihren unverwechselbaren Gegebenheiten bietet die Landschaft verschiedenen seltenen Pflanzen- und Tierarten optimale Lebensbedingungen – hier gibt es u. a. die deutschlandweit größte Population an Hirschkäfern. Mittelpunkt des Naturparks ist der Dümmer See. Der zweitgrößte Binnensee Niedersachsens ist nur rund acht Kilometer von Damme entfernt. Der See stellt ein Paradies

Die Kolthoffsche Mühle aus dem Jahr 1922 steht in Stemwede-Levern.

für Erholungssuchende wie für Wassersportler dar. Maritimes Urlaubsgefühl kommt auch am Olgahafen mit seinen Strandkörben auf. Die nahe gelegene Mole mit den Beobachtungsständen ermöglicht einen Einblick in die Flora und Fauna des Sees – ohne die Tierwelt dabei zu stören. Die extra angelegten Lehrpfade vermitteln zudem Wissenswertes über die Entstehung des Dümmer Sees. Auch ein Spaziergang auf dem Dümmer Deich lohnt sich. Der Rundweg ist 18 Kilometer lang, eine Gehzeit von rund vier Stunden sollte dafür eingeplant werden. Am Weg sind verschiedene Aussichtsplattformen installiert, um die herrliche Natur des Sees zu genießen und die verschiedenen Wasser-, Wat- und Röhrichtvögel ohne Störungen beobachten zu können.

02 Stemwede mit Levern

Bald nach Dümmerlohausen geht es flott nur eine kurzes Stück über die B51 und gemütlich weiter durch den Süden des Naturparks Dümmer und die Region Stemwede. Schmale Nebenstrecken streifen dabei auf sanften Kurven kleine Ortschaften wie Hüde und Marl. Durch Lemförde geht es weiter Richtung Stemweder Berg, der mit einer Höhe von 181 Metern nicht nur die südliche Grenze des Naturparks, sondern auch die Grenze zwischen Niedersachsen und Nordrhein-Westfalen bildet. Von diversen Wanderparkplätzen aus sind 15 markierte Rundwanderrouten zwischen einem und elf Kilometer Länge erschlossen. Wegen der isolierten Lage des Höhenzugs bieten sich rundum schöne Aussichten. Weit reicht der Blick hinein in die Niederungen des Dümmers – im Nordwesten begrenzt der Höhenzug des Dammer Berges den Horizont, im Süden der des Wiehengebirges. Die unteren Hänge des Höhenzuges gehen in eine landwirtschaftlich genutzte Kulturlandschaft über – zu Füßen des Berges liegen beschaulich in Feldern und Wiesen eingebettete Dörfer. Auch das Oppenweher Moor bietet interessante Exkursionen für Naturliebhaber. Ein

AUSFLUGSZIELE

Museumshof Rahden

Der Museumshof Rahden wurde in den 1960er-Jahren errichtet mit dem Ziel, die noch geschlossene bäuerliche Lebens- und Arbeitswelt der Region vor dem endgültigen Vergessen zu bewahren und ihr Kulturgut zu erhalten. Alle hier ausgestellten Gebäude standen einst auf verschiedenen Gehöften der heutigen Stadt Rahden. Sie wurden dort abgetragen, restauriert und hier wieder aufgebaut. Der Besucher findet ein vollständig eingerichtetes Bauerngehöft in Original-Atmosphäre des 19. Jahrhunderts vor. Ein Abstecher lohnt sich.

Museumshof Rahden, Museumshof 1, 32369 Rahden, Tel. 05771/22 82, www.museumshof-rahden.de

schöner, hier eigens ausgewiesener Rundwanderweg führt durch Feuchtwiesen und Magergrünlandflächen, vorbei an Weiden, auf denen robuste und genügsame Galloway-Rinder grasen. Von einem Vogelbeobachtungsstand lassen sich Kraniche auf ihren bevorzugten Sammelplätzen betrachten.

Auf dem Gemeindegebiet von Stemwede befinden sich gleich drei sehenswerte Mühlen, die über ruhige Nebenstrecken angesteuert werden können: die Bockwindmühle Oppenwehe, »Piel's Mühle« – so benannt nach ihrem früheren Besitzer – sowie die Mühle in Destel, eine Holländer-Windmühle.

Vom Kloster Levern erhalten blieb nur die Stiftskirche Levern. Ihre Besonderheit besteht darin, dass es sich hierbei um eine Doppelkirche handelt: Zwei Kirchen befinden sich unter einem Dach, die ehemalige Klosterkirche und die evangelisch-lutherische Pfarrkirche. Während die Klosterkirche, im frühgotischen Stil als Saalbau errichtet, 1283 geweiht wurde, entstand die heutige Gemeindekirche im 15. Jahrhundert und bildet das Mittel- und Südschiff der Doppelkirche. Das von Fachwerkhäusern geprägte und sehr gut erhaltene Stiftsdorf Levern lädt zu einem beschaulichen Rundgang ein. Die Gebäude des Leverner Hügels bilden einen der besterhaltenen Dorfkerne im weiteren Umkreis.

03 Preußisch Oldendorf

In landschaftlich reizvoller Umgebung liegt das Bergstädtchen Preußisch Oldendorf. Der Ortsteil Oldendorfer Schweiz ragt bis ins Wiehengebirge hinein. Hier lädt das idyllisch gelegene Waldschwimmbad zu einer erholsamen Pause ein. Sanft ansteigende Bergpartien machen das Umland zum Wanderparadies, das sich auf gut ausgeschilderten Wegen durch ausgedehnte Wälder entdecken lässt.

Eingebettet in die malerische Landschaft des Wiehengebirges führt der Weg für den Biker von hier aus weiter über Levern in südlicher Richtung und anschließend über die kleinen Dörfer Destel und Getmold. Abstecher lohnen sich zu nahe gelegenen, imposanten Schlössern und Burgruinen. Das Schloss Hüffe in Lashorst besticht durch seinen siebenachsigen Mittelbau sowie zwei fünfachsige Flügelbauten. Umrahmt ist es von einem langgestreckten Park. Das Schloss befindet sich in Privatbesitz, sodass eine Besichtigung nur von außen möglich ist. Schloss Hollwinkel nördlich von Preuß wurde als mittelalterliches Wasserschloss im 13. Jahrhundert erbaut. Die Türme sind von 1870. In Gestringen trifft man auf Schloss Benkhausen. In den Jahren 1657 bis 1683 wurde das Anwesen in seiner heutigen Form errichtet. Zur Anlage gehört auch ein sehenswerter historischer Schlosspark. In der einstigen Scheune des Schlosses ist das Deutsche Automatenmuseum mit mehr als 1800 Exponaten untergebracht.

04 Rödinghausen

Noch einige sanfte Kurven weiter in südlicher Richtung, dann geht es steiler hinauf zur nächstgelegenen Erhebung: Direkt am Grenzverlauf zwischen Nordrhein-Westfalen und Niedersachsen schwingt sich die Egge – auch Oldendorfer Berge genannt – bis auf 220 Meter in die Höhe. Der Nebenrücken des Wiehengebirges gehört zu zwei Dritteln zum Kreis Minden-Lübbecke und damit zu Nordrhein-Westfalen. Noch mal etwas höher geht es in östlicher Richtung – bereits wieder auf dem Gebiet von Niedersachsen – auf einen kleinen Abstecher zum 274 Meter hoch gelegenen Turm Nonnenstein. Von hier lässt sich die malerische Aussicht auf das Umland des Wiehengebirges genießen. Der Aufstieg gestaltet sich über die engen und dunklen Stufen zwar nicht ganz einfach, lohnt aber durchaus. Wie ein mittelalterlich märchenhafter Rapunzelturm wirkt das Gebäude, das aus dem 19. Jahrhundert stammt. Durch das Naturschutzgebiet Offelter Berg geht es über die kleinen Orte Barkhausen, Buer und Linken beschwingt weiter nach Rödinghausen, vorbei an zahlreichen kleineren Bächen, die das leicht wellige Hügel-

AUSFLUGSZIELE

Automuseum Melle

Das Automuseum Melle zeigt unter dem Motto »Geschichte auf Rädern« großartige Automobile aller Epochen in einer lebendigen Schau mit über 300 Fahrzeugen auf drei Etagen im denkmalgeschützten Ambiente der Gründerzeit. Neben dem regelmäßigen Wechsel der Exponate gibt es interessante Sonderausstellungen. Ein besonderes Highlight des Museums sind sachkundige und kurzweilige Führungen.

**Automuseum Melle, Pestelstr. 38-40,
49324 Melle, Tel. 05422/46838,
www.automuseum-melle.de**

Porta Westfalica

Schon von Weitem sehen Reisende das 88 Meter hohe Monument: das Kaiser-Wilhelm-Denkmal ragt an einem Hang des Wiehengebirges in den Himmel. Es gilt als eines der größten und bekanntesten Denkmäler zu Ehren des Hohenzollern-Herrschers. Zur Eröffnung 1896 erschienen Angehörige des Adels und fast 20 000 Untertanen. Heute reisen viele Besucher zum Wittekindsberg auch wegen der fantastischen Aussicht über das Durchbruchtal der Weser.

**Kaiser-Wilhelm-Denkmal,
32457 Porta Westfalica,
www.portawestfalica.de**

Das Kaiser-Wilhelm-Denkmal am Weserdurchbruch Porta Westfalica. Es entstand Ende des 19. Jahrhunderts vor dem Hintergrund der Nationalbewegung im Deutschen Kaiserreich.

land der Ravensberger Mulde durchfließen. Bis zum Ende des Mittelalters war die Geschichte Rödinghausens vorrangig von Land-, Vieh- und Waldwirtschaft bestimmt, ab dem Ende des 15. Jahrhunderts von Flachsanbau und dessen Verarbeitung.

05 Spenge

Auf ruhigen Strecken gleitet man weiter entlang der gedachten Linie zwischen den Bundesländern, schwingt geruhsam zwischen pittoresken Dörfern wie Schwenningdorf oder Ostkilvern, Ahle oder Helligen hindurch. Unweit von größeren Städten wie Bünde, Hiddenhausen oder Enger, die einzeln oder zusammen einen Abstecher wert sind, führt der Weg weiter bis nach Spenge. Die Gemeinde nördlich von Bielefeld ist ein Zusammenschluss mehrerer Dörfer und bäuerlicher Siedlungen mit zahlreichen alten Gehöften. Historisch Sehenswertes bieten das herrschaftliche Wasserschloss Mühlenburg, das Gut Werburg sowie die St.-Martinskirche, einer der ältesten Sakralbauten der Region, die durch ihren mittelalterlichen Holzaltar beeindruckt. Während im Schloss Mühlenberg heute eine Diskothek untergebracht ist, kann die Wehrburg als Schauplatz von Mittelalterfesten sowie saisonalen Märkten aufwarten. Ein beliebtes Ausflugsziel ist das landschaftlich reizvolle Naherholungsgebiet Hücker Moor mit Bootsverleih und urig gemütlicher Gastronomie. Für Wanderer und Radfahrer empfehlen sich die Naturrouten des Kreises Herford.

06 Werther

Über schmale und ruhige Nebenstraßen erreicht man alsbald die idyllisch am Nordhang des Teutoburger Waldes gelegene Stadt. Werther ist Heimatstadt des 1951 verstorbenen expressionistischen Malers und Bildhauers Peter August Böckstiegel. Das Geburtshaus und spätere Wohnhaus des Künstlers kann man besichtigen. Einige wunderschön restaurierte und gepflegte Fachwerkbauten wie das Storcksche oder das Venghauss'sche Haus prägen das Stadtbild im alten Ortskern. Haus Werther ist ein monumentales Rittergut, das 1295 erstmals erwähnt wurde.

07 Borgholzhausen

Von nun an führt die Route wieder in nördlicher Richtung und jetzt auch ein gutes Stück bergauf: Vom Luisenturm, rund 300 Meter hoch auf der Johannisegge gelegen, bietet sich die beste Aussicht weit über Borgholzhausen hinaus. Von seiner obersten Plattform hat man, je nach Witterung, einen herrlichen Rundblick. Man sieht über das Ravensberger Hügelland, die Münstersche Tiefebene, das Wiehengebirge und das Weserbergland.

Die Gegend ist reichlich gesegnet mit mehreren Wasserschlössern: Das Wasserschloss Brincke ist eine prachtvolle Anlage, bestehend aus dem eindrucksvollen Herrenhaus, der Schlosskapelle sowie zwei Torhäusern und einem Wirtschaftsgebäude. Führungen sind hier nach Absprache möglich. Das Wasserschloss Holtfeld beeindruckt

durch seine malerische Weserrenaissance-Fassade und die noch vorhandene Gräftenanlage mit ihren für die Zeit typischen Torhäusern. Das Herrenhaus entstand zwischen 1599 und 1602 als wuchtiger Giebelbau mit quadratischem Eckturm und prächtigen Volutengiebeln. Eine Besichtigung ist hier nicht möglich. Die Burg Ravensburg thront seit mehr als 800 Jahren über der Stadt und erlaubt bei guter Sicht grandiose Ausblicke. Zudem ist sie Ausgangspunkt naturkundlichen Lernens, über den Hermannsweg, einen Lehrpfad, erreicht man das altehrwürdige Gemäuer leicht im Rahmen einer kleineren Wanderung.

08 Melle

Ein interessanter Abstecher: von Borgholzhausen die Stadt Melle besuchen, die in nahezu verschwenderischer Fülle mit historischen Baudenkmälern aufwarten kann. Ihre Schlösser, Burgen und Herrenhäuser liegen entweder repräsentativ oder versteckt in der Landschaft, die Geschichten der Bauwerke reichen bis ins Mittelalter zurück. Die Wasserburg Bruche mit ihrem wunderschönen Herrenhaus aus der ersten Hälfte des 18. Jahrhunderts hat einen repräsentativen Mittelrisaliten. Die innerhalb der Graft symmetrisch angelegte Vorburg verfügt über markante Ecktürme. Schloss Gesmold erhielt sein barockes Aussehen im 17./18. Jahrhundert, doch seine Ursprünge reichen bis ins 12. Jahrhundert zurück. Von einer wehrhaften Verteidigungsanlage entwickelte es sich zu einer repräsentativen barocken Residenz. Die kleine Wasserburg Sondermühlen liegt im Tal des Violenbaches. Ihre Entstehung reicht bis ins frühe 15. Jahrhundert zurück. Zu der Burg führt eine vierreihige Eichenallee. Umschlossen von einem nach Osten teichartig erweiterten Burggraben und zugänglich über eine Bogenbrücke sowie ein Torhaus liegt das schlichte alte Herrenhaus, das als Vierständerbau im Stil des niederdeutschen Hallenhauses errichtet wurde. Auch dieses Wasserschloss verfügt über eine Mühle: Das durch Sandsteintore erreichbare Ensemble von Korn-, Öl- und Sägemühle geht auf die Gründungszeit des Gutes zurück, die Kornmühle stammt von 1702. Im Tal der Warmenau, in Nachbarschaft zu Melle-Neuenkirchen, liegt das einst zur Grafschaft Ravensberg gehörende Rittergut Königsbrück, das als Wehranlage vor über 900 Jahren entstand. Königsbrück wurde im 17. Jahrhundert im Stil der Weserrenaissance zu einer Vierflügelanlage mit umfangreicher Turmarchitektur ausgebaut. Gut Ostenwalde ist zu einem dreiflügeligen Herrenhaus mit offenem Ehrenhof umgestaltet worden. Der zweigeschossige Westflügel stammt aus dem Jahr 1689. Eine Mühle zählt auch hier zur Anlage.

Zu Schloss Brincke gehört auch eine neoromanische Kapelle.

Malerisch spiegelt sich das beleuchtete Wasserschloss Gesmold im kleinen Flüsschen Else.

AUSFLUGSZIELE

Minden
Mit seinem trutzigen Dom und Adelshöfen aus dem 16. Jahrhundert liegt Minden idyllisch an der Kreuzung zweier Wasserstraßen. Der Dom steckt mit seiner imposanten romanischen Westfassade voller Schätze, etwa dem gut ein Meter hohen Mindener Kreuz, entstanden um 1100. Es gilt als Hauptwerk der Romanik in Deutschland. Kaufmanns- und Adelshäuser im Stil der Weserrenaissance entdeckt man in der Ritterstraße. Deutschlands einzige mahlfähige Schiffmühle findet sich romantisch gelegen an der Weserpromenade. Ein spektakuläres Monument der Technik stellt auch das Wasserstraßenkreuz dar: Hier quert der Mittellandkanal auf einer mehr als 300 Meter langen, trogartigen Wasserbrücke die Weser. Am Oberhafen starten Ausflugsschiffe zu Touren durch die Anlage.
Mindener Dom, Großer Domhof 10, 32423 Minden, Tel. 0571/83764100, www.dom-minden.de

Herford
Die schwingenden Dächer des Museums Marta Herford verraten es: Diesen Bau hat der US-Architekt Frank Gehry entworfen. Seit der Eröffnung 2005 zeigt das »Marta« zeitgenössische Kunst mit Schwerpunkt auf Architektur und Design.
Marta Herford, Goebenstr. 2-10, 32052 Herford, Tel. 05221/9944300, www.marta-herford.info

09 Bissendorf
Westlich von Melle geht es auf ruhigen Nebenstrecken durch malerische Dörfer wie Küingdorf, Wellingholzhausen, Osterheide und Altendorf. Ein schmales, kurvenreiches Asphaltband führt von Borgloh aus nach Holte, bald darauf erreicht man Bissendorf. Hier befindet man sich auf kulturhistorischem Boden, zahlreiche Stätten und Gebäude sind Zeugen der weit zurückgehenden Geschichte. Die älteste Burganlage ist die Ruine der Holter Burg, eine der wenigen Höhenburgen in der Umgebung. Bereits 1147 soll sie durch den Bischof von Osnabrück in einer Fehde mit den Edelherren von Holte zerstört worden sein. Zu sehen sind noch Mauerreste, teilweise auch noch Burggräben sowie die Grundmauern eines Wachturms. Zu den kulturhistorisch wertvollsten Anlagen der Region zählt wohl das Wasserschloss Schelenburg. Es gilt als eines der besterhaltenen Renaissance-Schlösser in ganz Norddeutschland. Den ältesten Teil der Burg bildet der mächtige rechteckige Wohnturm mit über zwei Meter dicken Mauern. Das Schloss ist in Privatbesitz – eine Besichtigung ist deshalb nicht möglich.

10 Bad Essen
Nicht etwa auf dem direkten Weg geht es ins nördlich gelegene Bad Essen: Auf kurvenreichen Strecken rollt man von Bissendorf aus weiter durch den Natur- und Geopark TERRA.vita. Über die Orte Wissingen, Westerhausen und Oberholsten erreicht man schließlich die mittelalterliche Stadt Bad Essen, die direkt an der Deutschen Fachwerkstraße liegt. Charakteristisch sind deren mittelalterlichen Kopfsteinpflastergassen und Fachwerkbauten, mit denen sie eine perfekte Filmkulisse abgeben könnte. Sehenswert ist vor allem der malerische Kirchplatz mit der St.-Nikolai-Kirche im Zentrum. Sie wurde im 14. Jahrhundert im frühgotischen Stil erbaut und erfuhr im Laufe der Jahrhunderte einige bauliche Veränderungen. Charakteristisch für die pittoreske Altstadt ist auch die Alte Apotheke, die sich in dem 1726 errichteten Fachwerkhaus an der Nikolaistraße befindet. Am südlichen Ortsausgang liegt die historische,

Die Schelenburg in Schledehausen ist eine Wasserburg und gehört zu den ältesten Burganlagen im Raum Osnabrück/Niedersachsen.

Die Ritterstraße in Minden besticht durch ihre vielen schönen Fachwerkhäuser.

Das Museum »Marta Herford« setzt innen wie außen architektonische Akzente.

Hier kann man auch übernachten: Das Café Alte Rentei mit Bed & Breakfast befindet sich innerhalb der reizvollen Schlossanlage Hünnefelds.

vom Mühlenbach gespeiste Wassermühle von 1780, die gleichzeitig auch Wahrzeichen von Bad Essen ist. Noch heute ist die Mühle funktionstüchtig und wird gelegentlich zu Mahlvorführungen genutzt. Wasser spielte auch eine wichtige Rolle beim Bau von Schloss Hünnefeld: Zwischen den Ortsteilen Harpenfeld und Wehrendorf, nördlich des Mittellandkanals, wurde es im 13. Jahrhundert als Wasserburg angelegt. Das heutige Herrenhaus stammt aus dem 17. Jahrhundert. Heute beherbergt das Schloss ein Museum, in dem die Familiengeschichte des Hauses, Kuriositäten und Einzelstücke präsentiert werden, die sich im Laufe der verschiedenen Generationen angesammelt haben. Die vor dem Schloss liegende, zauberhafte Parkanlage ist für die Gäste des Cafés begehbar, während der hintere Garten privat genutzt wird. Nicht weit entfernt liegt im Ortsteil Lockhausen das Schloss Ippenburg. Es wurde im Stil der Neugotik in den Jahren 1862 bis 1867 von Graf Wilhelm von dem Bussche erbaut. Heute ist das Schloss über die Landesgrenzen hinaus bekannt für seine jährliche Gartenausstellung. Anschließend geht es auf den Kamm des Wiehengebirges, auf dem man bei schönem Wetter vom Sonnenbrinkturm aus den Ausblick in die Norddeutsche Tiefebene und über die Wälder des Wiehengebirges genießen kann.

11 Bohmte

Einige beschauliche Kurven weiter in nördlicher Richtung liegt Bohmte in der Geestlandschaft der Huntenniederung. Die Hunte durchfließt das Städtchen nach Norden, sogar einen kleinen Binnenhafen gibt es. Der Ort gilt als nördlichste deutsche Steinkohlenförderstätte: in der Zeche »Caroline« wurden von 1867 bis 1875 die begehrte Kohle gefördert, ebenso in der Zeche »Beharrlichkeit«, aus der von 1911 bis 1925 der fossile Brennstoff gewonnen wurde. Die Gemeinde verfügt ebenfalls über eine Mühle, sie wurde 1871 als hoch aufragender Ziegelbau errichtet und 1989 saniert. Bereits 300 Meter nördlich der Gemeindegrenze von Bohmte beginnt das Landschaftsschutzgebiet Dümmer. Von Bohmte aus geht es über Hunteburg schnurgeradeaus zum Ausgangspunkt der Tour, nach Damme. Als beschaulicher Abschluss bietet sich ein Aufenthalt am wunderschönen Dümmer See an.

Campingpark Schellental *Am Schellenhof 1-3, 31812 Bad Pyrmont, Tel. 05281/8772, www.schellental.de*

Burg Schwalenberg
Burg 2, 32716 Schieder-Schwalenberg, Tel. 05284/942428, burg-schwalenberg.de

Gut Externbrock *33039 Nieheim, Tel. 05274/1224, www.motorrad-pension-externbrock.de*

Gasthaus Zum Lindenwirt
Weißehütte 12, 34399 Oberweser, Tel. 05574/402, www.gasthauszumlindenwirt.de

Fähre bei Veltheimer
Weserfähre Varenholz-Veltheim, 32457 Porta Westfalica-Veltheim

Café Zur Krukenburg
Am Krukenberg 1, 34385 Bad Karlshafen, Tel. 05672/755, www.cafe-zur-krukenburg.de

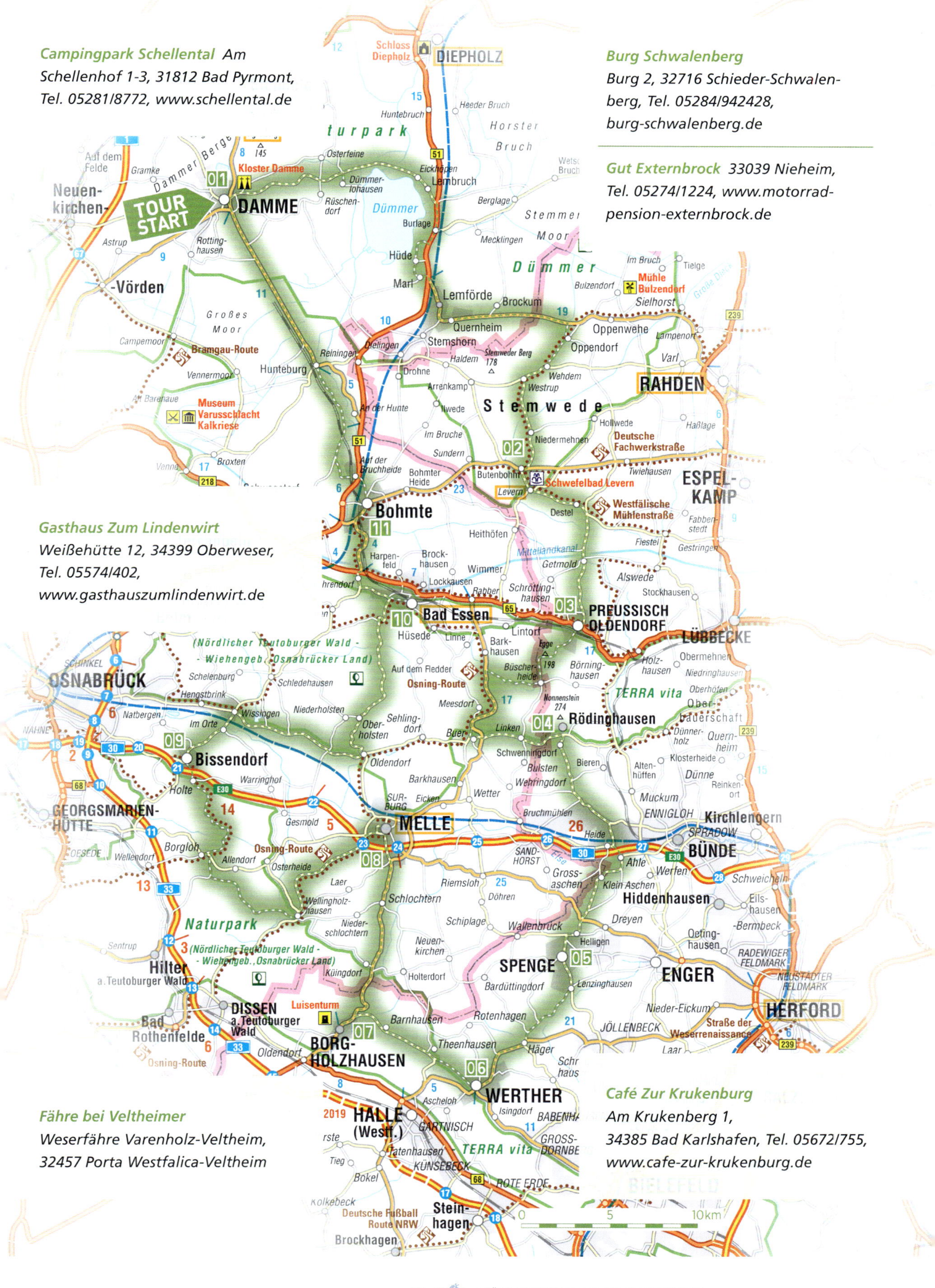

WESERBERGLAND

Auffällig viele, weit über das Gebiet des Weserberglandes hinaus bekannte Motorrad-Treffpunkte finden sich in dieser Region, die durch ein attraktives Streckennetz und zauberhafte Landschaften besticht. Wenn es über kleine, kurvenreichen Straßen und durch idyllische Täler entlang der Weser geht, warten rechts und links fantastische Ausblicke über die Höhen des Weserberglandes und des Teutoburger Waldes. Zahlreiche, teils versteckt liegende Parkplätze laden zu kurzfristigen Zwischenstopps ein. Sehenswert sind u. a. die hochherrschaftliche, mittelalterliche Tonenburg in Höxter-Albaxen, direkt an den Uferwiesen der Weser gelegen, oder auch die schmucke Villa Löwenherz in Lauenförde. Der Köterberg bietet nicht nur einen fantastischen Rundumblick aus 497 Meter Höhe. Sich auf eng gewundenen Kehren den Berg heraufschraubend, wartet hoch droben nach dem Gipfelsturm auch gleich eine speziell auf Motorradfahrer ausgelegte Kneipe. Benzin reden, fachsimpeln und Touren-Tipps austauschen – Gelegenheit dafür gibt es reichlich, hier wie auf der gesamten, spannenden und kurvenreichen Tour durch das wunderschöne Weserbergland.

Im nördlichen Bereich der Region warten sogar Serpentinen auf die Kradfahrer: Einige der schönsten Kurven des Weserberglandes locken bereits bei Brevörde, wenn die Kräder nach dem Start in Hehlen fast noch am Warmlaufen sind. Daneben sollte man unbedingt das schon von Weitem zu sehende Hermanns-Denkmal bei Detmold im Teutoburger Wald besichtigen und natürlich das Kloster Corvey, UNESCO-Welterbe östlich von Höxter.

Malerisch breitet sich die Weserbiegung bei Bodenwerder in der Landschaft aus. Der Ort war Heimat des »Lügenbaron« genannten Freiherrn von Münchhausen.

Motorrad-Mekka Weserbergland

Kleine kurvenreiche Straßen führen durch lauschige Täler und über wunderschöne Höhenzüge. Die Weser liegt immer in Blickweite und bietet malerische Rastmöglichkeiten.

In Hehlen führt eine imposante Stahlbrücke über die Weser ...

... in Polle eine Fähre, die über ein Gierseil gezogen wird.

ROUTE 8

Routenlänge: 215 km
Zeitbedarf: Ganz-Tagestour, auf Wochenendtour ausdehnbar
Charakteristik: Zahlreiche interessante und abwechslungsreiche Kurvenpassagen, schöne Aussichten
Start und Ziel: Hehlen
Routenverlauf: Hehlen, Ottenstein, Brevörde, Polle, Rühle, Golmbach, Bevern, Holzminden, Neuhaus, Boffzen, Fürstenberg, Derental, Bad Karlshafen, Helmarshausen, Langenthal, Haarbrück, Bruchhausen, Ottbergen, Ovenhausen, Bremerberg, Köterberg, Falkenhagen, Vahlbruch, Ottenstein, (Abstecher Bodenwerder), Hehlen

Informationen:
www.weserbergland-tourismus.de
www.stadtmarketing-holzminden.de
www.hoexter-tourismus.de

Hier geht's zum GPS-Track

01 Hehlen

Sehenswert im kleinen Städtchen Hehlen, das direkt an der Weser liegt, ist der äußerst malerische Schloss- und Gutsbezirk am Weserufer ebenso wie der ursprüngliche Dorfkern der Gemeinde. Die erste urkundliche Erwähnung Hehlens in der Fuldaer Handschrift stammt aus dem Jahre 836. Charakteristisch für Hehlen sind seine zahlreichen Brücken und Mühlenbauten sowie die Bäche, die mit oftmals starker Strömung durch tiefe Talschluchten brausen. Das Kloster Hehlen ist ein trutziges Wasserschloss. Erbaut wurde es Ende des 16. Jahrhunderts für die Freiherren von der Schulenburg. Auffällig sind die beiden runden Türme, die Weserrenaissance-Erker und die Aborterker oberhalb des Wassergrabens. Seit 1956 befindet sich das Kloster in Privatbesitz. Eine Weserbrücke löste im Jahr 2004 die Weserfähre ab und verbindet seitdem Hehlen mit dem Schwesterort Daspe. Hier beginnt auch das Weser-Fernrad-/Wanderwegenetz, das zahlreiche Freizeitmöglichkeiten bietet.

02 Ottenstein

Von Hehlen aus geht es über die ersten Kehren auch gleich die ersten Höhenmeter hinauf: Von der über 200 Meter hoch gelegenen Ottensteiner Hochfläche aus, auf dem Ottenstein liegt, ist die Rundumsicht atemberaubend. Das Hochplateau erstreckt sich zwischen dem Naturpark Solling und dem Naturpark Weserbergland. Ursprünglich verfügte der Flecken Ottenstein über eine Burg, die 1182 erstmals erwähnt wurde. Nach ihrem Abriss 1701 entstand an derselben Stelle ein Fachwerkhaus, das bis 1929 als Amtsgericht genutzt wurde. Auch dieses Gebäude wurde abgerissen, heute befindet sich ein Privathaus auf dem Terrain. Während die Weser im Tal zwischen saftig grünen Wiesen hervorglitzert, lockt hoch droben der warme Asphalt zur Weiterfahrt.

03 Brevörde

Unter einheimischen Motorradfahrern werden die Kurven auf dem Weg nach Brevörde hoch gehandelt: In den bevorzugten Schaukurven

versammeln sich bei schönem Wetter oft Zuschauer, begutachten und kommentieren die Fahrweise, Schräglage und Haltungsnoten der Protagonisten, die dieses bunte Treiben inszenieren. Der kleine Ort selber liegt beschaulich direkt an der Weser und gehört zum Landkreis Holzminden.

04 Polle

Nach dem erfrischenden Zickzackkurs geht es von Brevörde aus ganz entspannt über die B83 – die Weser immer in Sichtweite – hinüber nach Polle. Der kleine Ort liegt malerisch am Strom mitten in der Solling-Vogler-Region. Die Burgruine der Grafen von Everstein, um die sich in Polle alles dreht, thront hoch auf einem Bergsporn und lädt als attraktiver Blickfang mit sehenswertem Panoramablick zum Verweilen ein. Im 12. Jahrhundert erbaut, wurde sie nach ihrer Zerstörung im Dreißigjährigen Krieg nie wieder aufgebaut. Heutzutage bietet sie die Kulisse für Kulturveranstaltungen: Aschenputtel soll hier gelebt haben, deshalb werden auf der »Aschenputtelburg« auch regelmäßig Märchenspiele aufgeführt. Von der Ruine aus hat man die Weser bestens im Blick, auf der erstaunlich wuchtige Schiffe über den verhältnismäßig schmalen Wasserlauf schippern. Zu Füßen der Burg Polle schiebt sich auch eine Fähre quer über die Weser. Einen Motorantrieb sucht man hier vergeblich. Vielmehr wird das Boot an einem mächtigen Stahlseil über den Fluss geführt. Dabei wird das andere Ufer allein durch geschicktes Manövrieren erreicht. Hier bei Polle bietet sich auch die Gelegenheit, bei einer gemütlichen Bootsfahrt mal vom Wasser aus die idyllische Landschaft zu betrachten.

05 Bevern

Eine weitere Alternative nach den aufregenden Kurven von Brevörde bietet sich an, wenn man gleich die kleine Weserfähre bei Grave über

AUSFLUGSZIELE

Motorradtraining Weserbergland

Das Team der Tonenburg betreibt Perfektion in Sachen Motorradfahren. An verschiedenen Terminen werden das ganze Jahr über unterschiedliche Arten von Trainingseinheiten angeboten – für Einsteiger bis zum Profi.

Tonenburg, 37671 Höxter-Albaxen,
Tel. 05271/921182, www.tonenburg.com,
tonenburg.com/home/motorrad-burg/

Motorrad-Museum Gutshof Wickensen

Auf über 500 Quadratmetern Ausstellungsfläche präsentiert das Museum Motorräder verschiedener Marken, darunter befinden sich auch zahlreiche Unikate.

Gutshof Wickensen,
37632 Eschershausen,
Tel. 05534/941480

den Fluss nimmt, um dann lässig auf der K35 rechtsseitig den sanften Biegungen des Stromes zu folgen. Kein Wunder, dass bald darauf die Gegend auch »Rühler Schweiz« genannt wird: Nach dem Dörfchen Rühle folgt ein weiteres lustiges Kurven-Intermezzo durch die herrliche, leicht hügelige Landschaft. Bis nach Golmbach bereitet das Kurvenwedeln jede Menge Spaß. Danach schwingt es sich locker entlang der Südlichen Burgberghänge durch die Talauen nach Bevern. Statius von Mönchhausen ließ hier das Schloss Bevern als vierflügelige Anlage errichten. 1603 bis 1612 entstand das Ensemble, das heute als eines der gelungensten Beispiele der Weserrenaissance gilt. Im Laufe der Jahr-

Das im Jahr 822 gegründete Benediktinerkloster Corvey verfügt über das einzige erhaltene Zeugnis des karolingischen Bautyps Westwerk aus dieser Zeit.

Schloss Bevern gehört zu den bedeutendsten Baudenkmälern der Weserrenaissance.

hunderte wurde das Schloss auf sehr unterschiedliche Weise genutzt. Es war u. a. Wohnsitz von Adligen, diente auch mal als Knopffabrik, Erziehungsanstalt und Möbellager. Heute finden in einigen Räumen kulturelle Veranstaltungen statt.

06 Holzminden

Nach nur wenigen beschaulich zu fahrenden Kilometern erreicht man von Bevern aus Holzminden. Der Name rührt von der hier in die Weser mündenden »Holzminde« her, was so viel wie »Waldbach« bedeutet. Holzminden wurde um ca. 1200 durch die Grafen von Everstein neben deren Burg an der Weser gegründet. In der ehemaligen Ackerbürgerstadt waren früher vor allem holz- und sandsteinverarbeitende Betriebe ansässig. Das änderte sich 1874, als die Geruchs- und Geschmacksstoff-Firma Haarmann & Reimer gegründet und dort das künstliche Vanillinaroma erfunden wurde. Poesie für die Nase: Die Stadt der Düfte und Aromen kann auf einem Duft-Stadtrundgang erkundet werden. Dabei lassen sich ausgezeichnet auch die weiteren Sehenswürdigkeiten der Stadt besichtigen, zu denen der Marktplatz, die Lutherkirche, der Wilhelm-Raabe-Brunnen, das Reichspräsidentenhaus sowie das Tillyhaus zählen. Die Nähe des Naturparks Solling, aber besonders die Lage am Wasser mit vielen Freizeitmöglichkeiten lassen so manchen Motorradfahrer hier auch länger verweilen.

07 Neuhaus

Auf der Weiterfahrt in südlicher Richtung geht es durch dichten Wald, hier und da tauchen ein paar Höfe malerisch zwischen saftigen Wiesen und Weiden auf, bis das Dorf Neuhaus im Solling erreicht ist. Auf etwa 350 Metern im Hochsolling gelegen, gehört es zum Naturpark Solling-Vogler. Auch hier trifft man auf das Flüsschen Holzminde. Unweit östlich des Dorfes befindet sich der Moosberg, der dritthöchste Berg dieses Mittelgebirges, gekrönt vom Hochsollingturm. Auf dem Weg dorthin findet sich auch der Hackelbergstein, um den sich Mythen und Sagen ranken.

Der Wildpark mit Waldmuseum liegt südlich von Neuhaus in einer bewaldeten Hanglage des Sollings und ist umrahmt von einer denkmalgeschützten Mauer. Romantisch muten auch die Eichenallee und eine historische Pferdeweide an, die an den Wildpark grenzt. Bereits im 16. Jahrhundert wurden hier Pferde gezüchtet, die ab dem 18. Jahrhundert zum »Königlich Hannoverschen Gestüt« gehörten. In dem Freigehege lassen sich regionaltypische Tierrassen in ihrem natürlichen Lebensraum entdecken.

08 Fürstenberg

Ein spannend zu fahrender Streckenabschnitt führt über Boffzen nach Fürstenberg – beide Orte liegen im üppig bewaldeten Staatsforst Boffzen. In Fürstenberg wurde bereits 1747 die heute weltbekannte Porzellanmanufaktur unter gleichem Namen gegründet. Sie ist die zweitälteste Deutschlands. Im Renaissance-Jagdschloss, gleich an der Hauptstraße des Weserstädtchens, sind im Porzellanmuseum fast drei Jahrhunderte zum Thema Porzellankultur anschaulich dargestellt. In der Manufaktur können die kleinen Kostbarkeiten auch käuflich erworben werden. In der Besucherwerkstatt lassen sich Keramik-Fachleute an speziell eingerichteten Arbeitsplätzen bei ihrer Tätigkeit über die Schulter schauen, wenn sie »das weiße Gold der Weser« in feinen Schritten gestalten und veredeln. Im Rahmen von wechselnden Ausstellungen und Veranstaltungen wird man auch auf den neuesten Stand der Porzellankultur gebracht.

09 Bad Karlshafen

In opulenter Fülle schlängeln sich die Kurven weiter durch den Naturpark Solling, deren schmale Asphaltbänder man hier oft fast alleine für sich hat, da die meisten Autofahrer den Kurven unten im Tal entlang der Weser auf den breiter ausgebauten Straßen folgen. Hoch droben durch den Staatsforst Winnefeld geht es beschwingt Richtung Bad Karlshafen, vorbei an den Schildern zur Jugendherberge, die über kleine gewundene Nebenstrecken zu erreichen ist. Noch vor den Toren von Bad Karlshafen liegt hoch auf den Hannoverschen Klippen ein Grenzstein, der das Dreiländereck markiert, an dem Nordrhein-Westfalen, Hessen

AUSFLUGSZIELE

Kloster Corvey

Kaiser Ludwig gründete im 9. Jahrhundert Kloster Corvey, um in den gerade unterworfenen Gebieten der Sachsen das Christentum zu festigen – mit einer Architektur, die Überlegenheit demonstrieren sollte. Mit dem monumentalen Westwerk von 885 war das Kloster einer der wenigen größeren Steinbauten der ganzen Region. Heute zählt das Kloster zum UNESCO-Welterbe. Die Bibliothek, die alten Fürstengemächer und die karolingische Kirche können besichtigt werden. Im Barocksaal werden regelmäßig Kunstausstellungen präsentiert. Ein gut ausgebautes Gastronomie-Netz im und rund um das Schloss bietet für jeden Geschmack etwas. Direkt daneben kann man zu einem Bootstrip auf der Weser aufbrechen. Kanutouren sind bis zu fünf Tagen Dauer möglich (Infos: www.krome-kanu.de).

Schloss Corvey,
37671 Höxter,
Tel. 05271/68168, www.schloss-corvey.de

und Niedersachsen zusammentreffen. Die Deutsche Märchenstraße führt unweit von hier vorbei. Landgraf Carl zu Hessen gründete 1699 die Siedlung Sieburg, um hier den wegen ihres Glaubens verfolgten Hugenotten eine neue Heimat zu geben. Der Name leitete sich von der 274 Meter hohen Erhebung Sieburg im nördlich gelegenen Reinhardswald ab. Dem Landgrafen zu Ehren erhielt der Ort 1717 den Namen Carlshafen, später wurde er in Bad Karlshafen umbenannt. Besonders sehenswert sind in der Barockstadt der zentral gelegene historische Hafen, die Solequellen mit dem Sole-Gradierwerk und der Besucher-Steinbruch. Die mondäne Kurstadt lädt zur Besichtigung ihrer wunderschönen Fachwerkhäuser, der Burgruine und Baudenkmälern wie dem historischen Rathaus ein. Ein gemütlicher Bummel über die Promenade am Hafen, vorbei an barocken, schneeweißen Säulen, verbunden mit einer kleinen Pause in einem der schmucken Cafés bringen die nötige Kraft für die Weiterfahrt, die von nun an wieder in nördlicher Richtung verläuft.

10 Helmarshausen

Das Benediktinerkloster von Helmarshausen (944) war einst Reichsabtei mit Münz- und Stadtrechten und im frühen Mittelalter für seine Malschule und Goldschmiedewerkstatt weltbekannt. Noch heute bestimmen die historischen Bauwerke wie die romanische Burg- und Kirchenruine, die alten Klostergebäude, mittelalterliche Fachwerkhäuser sowie Stadtturm und Wehranlagen das Bild der über 1000 Jahre alten Stadt. Freunde des historischen Ständerbauwerks haben ihre helle Freude an den mit viel Liebe zum Detail renovierten Fachwerkhäusern. Im Alten Rathaus wurde vom Heimatverein Helmarshausen ein Museum zur Geschichte des Klosters eingerichtet. Nach eingehender Besichtigung geht es weiter über schöne Kurven und gemütliche Geradeaus-Passagen durch die von Wiesen und Feldern geprägte Landschaft.

11 Haarbrück

Das Dorf ist das höchstgelegene im Kreis Höxter. Landschaftlich herrlich eingebettet zwischen Weserbergland und Warburger Börde, gehört es zur Stadt Beverungen. Ein hier bei Bikern beliebter Anlaufpunkt ist das »Alte Kornhaus«. Hier kann man sich mit leckeren Gerichten für die kommenden Kurven stärken, die ab jetzt folgen werden.

12 Bruchhausen

Von Haarbrück aus wechseln sich in unterschiedlich schneller Folge sowohl Kurven mit kürzeren Geraden als auch Streckenabschnitte, die von dichten Waldpassagen und Wiesen und Feldern geprägt sind, ab. Der Ort selbst liegt im landschaftlich reizvollen Weserbergland im Tal der Nethe, die wenige Kilometer östlich

in die Weser mündet. Bruchhausen besitzt einen sehr gut erhaltenen Ortskern mit Fachwerkhäusern und vielen historischen Gebäuden. Das Gebäude-Ensemble des Gutshofes, dessen Ursprünge bis in das 9. Jahrhundert zurückreichen, ist ein beeindruckendes Beispiel dafür. Überregional ist Bruchhausen auch für seine Heilquelle, den Vilsa-Brunnen, bekannt. Sie wurde im Jahr 1811 von Pfarrer Petrus Koch entdeckt, und seitdem für Mineralwasser und andere Erfrischungsgetränke genutzt.

13 Ovenhausen

Zwar liegt es schon länger zurück, dass Ovenhausen die begehrte Auszeichnung »Bundesgolddorf« erhielt, aber auch heute noch ist die Ortschaft eine der idyllischsten der Umgebung. Eingebettet in Laub- und Nadelwäldern liegt das Dörfchen in einem schönen Tal. Von den nahen Höhenzügen aus bieten sich fantastische Ausblicke ins Weserbergland. Weiter gen Norden und durch die nächste Ortschaft Bremerberg geht es Richtung Forst Falkenhagen immer höher hinauf über zackiger werdende Kurven. Auch die Panoramen werden immer atemberaubender. Mitunter finden sich zudem vielversprechende Schilder, die mit der Aufschrift »ausblickreiche Höhenstrecke« die Vorfreude schüren auf das, was nun folgt. Der Gipfelsturm im Weserbergland kündigt sich auch durch immer mehr Gleichgesinnte zu Motorrad an.

14 Köterberg

Schwungvoll geht es auf den lange herbeigesehnten, den höchsten Punkt des Lipper Berglandes: Der Köterberg liegt etwa in der Mitte zwischen Holzminden, Höxter und Schwalenberg an der Nahtstelle von Nordrhein-Westfalen und Niedersachsen. Aus 497 Meter Höhe kann man von hier einen überwältigenden Blick auf insgesamt 62 Ortschaften im Dreiländereck von Nordrhein-Westfalen, Niedersachsen und Hessen genießen. Ursprünglich waren es Wanderfreunde aus Holzminden und Detmold, die 1905 auf dem Gipfel des »Brockens im Weserbergland« einen Aussichtsturm errichteten. 1929 wurden das Gipfelhotel und das achteckige Köterberghaus eingeweiht. 1971 kam der dominante Funkturm hinzu, der vielen Ausflüglern schon von weither den Weg auf den Köterberg weist. Die waldige Landschaft der Umgebung ist bei Motorradfahrern besonders beliebt, zu Sehenswürdigkeiten wie dem Hermannsdenkmal im Teutoburger Wald und selbst zum Harz ist es von hier nicht mehr weit.

Vom Weser-Skywalk, einer Aussichtsplattform in den Hannoverschen Klippen, hat man eine spektakuläre Aussicht auf die umliegende Landschaft.

Der Funkturm auf dem Köterberg ist ein beliebter Biker-Treffpunkt.

Der als »Lügenbaron« bekannt gewordene Hieronymus Carl Friedrich Freiherr von Münchhausen verbrachte die meiste Zeit seines Lebens in Bodenwerder.

15 Bodenwerder

Bevor es zum Ausgangspunkt nach Hehlen zurückgeht, lohnt sich noch ein kurzer Abstecher in die niedersächsische Kleinstadt Bodenwerder. Noch heute bezeugen Reste der mittelalterlichen Stadtbefestigung den Wehrwillen aus der Zeit, als die Stadtrechte 1287 durch Ritter Heinrich von der Homburg verliehen wurden. Am Torturm befand sich bis 1948 einer der beiden Zugänge zur historischen Altstadt. Darüber hinaus lassen sich neben Festungsturm, Bastion und der alten Stadtmauer noch zahlreiche andere historische Bauwerke vergangener Zeiten entdecken. Bis in die heutige Zeit hineinreichende Bedeutung erlangte das Städtchen auch durch den hier geborenen und in der Klosterkirche beigesetzten Baron Münchhausen. Überall in der Stadt begegnet man ihm und seinen Geschichten, wie der von der Kanonenkugel, dem halben Pferd, dem achtbeinigen Hasen oder den fliegenden Enten, die Münchhausen durch die Lüfte ziehen. Das Geburtshaus des Lügenbarons Münchhausen befindet sich direkt an der schönen Weserpromenade, heute befindet sich hier das Rathaus und das Münchhausen-Museum. Nach Sichtung der vielen Bilder, Urkunden und Dokumente aus dem persönlichen Besitz des Hieronymus von Münchhausen lässt es sich vor der Rückfahrt nach Hehlen nochmals entspannt über die schmucke Promenade an der Weser flanieren – dem Fluss, der samt seinem Bergland dieser Tour ihren Namen gab.

AUSFLUGSZIELE

Hermannsdenkmal

1875 auf dem Groteburgberg am Rande von Detmold erbaut, erinnert das mehr als 50 Meter hohe Denkmal an die Varusschlacht im Teutoburger Wald und an den Sieg des Germanenfürsten Armenius über die Römer im Jahr 9 n. Chr. Der Sockel kann bestiegen werden und erlaubt einen weiten Rundumblick.

Hermannsdenkmal,
Grotenburg 50,
32760 Detmold

Externsteine

Das Ensemble aus fünf steil aufragenden Steinsäulen, die bis zu 48 Meter hoch in den Himmel ragen, zieht jährlich 100 000 Menschen an. Auf einer schmalen Brücke läuft man in einer Höhe von fast 50 Metern von einer Felsspitze zur anderen. Das Naturdenkmal nahe Horn-Bad Meinberg besteht aus einer steil aus dem Boden ragenden Felsgruppe aus hartem Osning-Sandstein, entstanden vor etwa 70 Millionen Jahren.

Besucherzentrum über die Felsen,
Externsteiner Str., Tel. 05234/2029796,
www.externsteine-info.de

Bikertreff Köterberghaus Köterberg 17, 32676 Lügde-Köterberg, Tel. 05283/659, www.koeterberg.de

Bikertreff Allwetter-Sommer-Rodelbahn Grohnder Fährhaus, Grohnder Fähre 1, 31860 Emmerthal, Tel. 05155/380, www.grohnder-faehrhaus.de

Altes Kornhaus Klingelburgstr. 24, 37688 Beverungen-Haarbrück, Tel. 05273/5089, www.alteskornhaus.de

Hotel Flower Power Am Weserufer 8, 37619 Hehlen/OT Daspe, Tel. 05533/934701, www.hotel-flowerpower.de

LEINE

Knapp 280 Kilometer ist die Leine lang. Sie entspringt in Leinefelde im thüringischen Eichsfeld, in dem diese Tour auch beginnt. Auf ihrem Weg Richtung Norden durchfließt sie die Städte Göttingen und Hannover, bevor sie bei Schwarmstedt in die Aller mündet. Ab Hannover ist die Leine schiffbar, sie wird aber nur örtlich mit kleinen Booten befahren. Tatsächlich ist es aber gar nicht so einfach, dem Flussverlauf mit dem Motorrad zu folgen. Während es im ländlich gelegenen Quellgebiet von Eichsfeld eher leicht ist, die idyllische Landschaft und ihre historischen Gehöfte zu entdecken, versteckt sich das Flüsschen ansonsten auch gerne zwischen Wiesen und Bäumen. Im Naturschutzgebiet Salzderhelden lassen ausgedehnte Uferflächen und Feuchtwiesen den direkten Kontakt zur Leine gar nicht zu, hier hat der Schutz selten gewordener Zugvögel und deren Brutstätten den Vorrang. Auch in den größeren Städten ist es oft schwierig, einen Blick auf das glitzernde Band der Leine zu werfen. Als Ausgleich dafür laden die an der Strecke liegenden Städte Göttingen, Hildesheim und Hannover, die Landeshauptstadt Niedersachsens, zu einem genüsslichen Besuch. Eingebettet in der hügeligen Landschaft des Solling zur linken wie dem verlockend nahe liegenden, kurvenreichen Harz zur rechten Seite der Leine führt die Route auch über den wunderschönen Ort Einbeck. Hier erwartet den wissbegierigen Kradler ein Füllhorn an Motorhistorie: Nach dem aufwendigen Umbau eines alten Kornspeichers wird hier seit 2014 mit über 200 historischen Automobilen und Motorrädern die Entwicklung der Motorisierung von 1817 bis zur Gegenwart aufgezeigt.

Eilig hat es die Leine auf ihrer 281 Kilometer langen Reise nicht. In unzähligen Windungen schlängelt sie sich durch vielfältige Landschaften, vom Eichsfeld und dem Leinebergland bis zur Lüneburger Heide.

Entlang der langen Leine

Der Leine auf der Spur. Da wechseln sich stille und malerische Landschaften ab mit den großen Metropolen Niedersachsens – ein Spannungsbogen, den es zu entdecken gilt.

Schöne Alleen und gelbe Rapsfelder prägen das hügelige Eichsfeld.

ROUTE 9

Routenlänge: 325 km
Zeitbedarf: Zwei-/Drei-Tages- oder Wochenendtour
Charakteristik: Ruhige Überland-Passagen wechseln sich ab mit Großstadt-Sightseeing
Start: Leinefelde
Ziel: Schwarmstedt
Routenverlauf: Leinefelde, Beuren, Heiligenstadt, Arenshausen, Kirchgandern, Günterode,Teistungen, Duderstadt, Friedland, Göttingen, Bovenden, Northeim, Einbeck, Altfeld, Nordstemmen, Sarstedt, Laatzen, Hannover, Ricklingen, Marienwerder, Bordenau bei Neustadt am Rübenberge, Schwarmstedt mit Bothmer

Informationen:
www.aller-leine-tal.de
www.eichsfeld.de
www.goettingen-tourismus.de

Hier geht's zum GPS-Track

01 Leinefelde-Worbis

Leinefelde verdankt seinen Namen dem dort entspringenden Fluss Leine, erwähnt wurde die Stadt erstmals 1227. Die Sehenswürdigkeiten sind eher rar gesät, zu ihnen gehört die 1729 bis 1733 erbaute Alte Kirche Leinfelde mit ihrem barocken Hochaltar. Zu Zeiten der DDR wurde Leinefelde zum industriellen Zentrum des Obereichsfeldes ausgebaut. Statt auf historische Identität setzte man auf wirtschaftliche Entwicklung, wovon heute zahlreiche Industrie- und Neubaugebiete zeugen. 2002 eröffnete der Japanische Garten, der auf einem Areal angelegt wurde, auf dem einstmals Wohnblocks standen. Der Stadtteil Worbis hält für seine Gäste einige Architekturschätze bereit. Sehenswert sind u. a. die barocke Klosterkirche St. Antonius und der spätgotische Flügelaltar der Kirche St.-Nikolaus. Alljährlich Mitte Juni versammeln sich Tausende Pilger zur Antoniuswallfahrt in Leinfelde-Worbis. Ganz in der Nähe lädt die über 1000 Jahre alte, auf einem Bergsporn thronende Burg Bodenstein zur Besichtigung ein. Auch die frisch sanierte Burg Scharfenstein kann zu einem gelungenen Aufenthalt in Leinefelde-Worbis beitragen.

02 Beuren

Auf dem kurzen Weg nach Beuren geht es über mehrere Haarnadelkurven und mit einer Steigung von 17 Prozent rauf zur Burg Scharfenstein – die malerisch dahinfließende Leine im Blick. Schon wegen der attraktiven Anfahrt sollte man sich die aufwendig rekonstruierte, mittelalterliche Höhenburg, die heutzutage als Begegnungsstätte genutzt wird, nicht entgehen lassen. Oben angekommen, bietet sich ein fantastisches Panorama über das Leinetal, den Zehnsberg, den Eichsfelder Kessel, die Harburg und das Ohmgebirge. Bei schönem Wetter kann man sogar den Brocken im Harz in der Ferne erspähen.

03 Heilbad Heiligenstadt

Nach wenigen Biegungen der Leine und der fast parallel ebenso verlau-

Das Heilbad Heiligenstadt lockt mit einer Altstadt, die durch zahlreiche schöne Fachwerkhäuser besticht.

fenden Straße ist Heiligenstadt erreicht. Das Heilbad gilt als Hauptstadt des Eichsfeldes. Einige der wichtigsten Literaten Deutschlands haben hier ihre Spuren hinterlassen: Johann Wolfgang von Goethe war 1801 zu Besuch, Heinrich Heine trat hier 1825 vom jüdischen zum protestantischen Glauben über, die Gebrüder Grimm hielten sich 1838 in Heiligenstadt auf und Theodor Storm arbeitete hier von 1856 bis 1864 als Kreisrichter. Das barocke Heimatmuseum Eichsfeld widmet sich der Geschichte und den prominenten Besuchern der Stadt. Im Mainzer Haus aus dem Jahr 1436 erinnert das Literaturmuseum »Theodor Storm« an den Schriftsteller. Weitere Sehenswürdigkeiten sind der Marktplatz mit der Aegidienkirche und das barocke Rathaus. Am Westende der Altstadt erhebt sich der Stiftsberg, auf dem mit dem Bergkloster, dem barocken Kurmainzer Schloss und der Kirche St. Martin gleich drei der sehenswerten historischen Gebäude thronen. Als dritte gotische Kirche dominiert St.-Marien das Stadtpanorama. Herrlich entspannen lässt es sich im Heinrich Heine Kurpark. In der Aue der Leine führen lauschige Wege an knorrigen Bäumen und einem kleinen Wasserfall vorbei. Das moderne Erlebnisschwimmbad der Stadt lädt zu einem Erfrischungssprung vor der Weiterfahrt ein.

04 Teistungen

Weiter geht's durchs Eichsfeld. Bei Arenshausen folgt die B80 der Leine, zwischen Gräsern und Blumen schimmert romantisch ab und an der Fluss hindurch. Über solch idyllische und verschlafen wirkende Orte wie Kirchgandern schwingt es sich weiter vorbei an saftig grünen Wiesen und unter dichten Baumkronen hindurch. Einen Schlenker weiter und wieder in östlicher Richtung führt der Weg nun über kleine Ortschaften wie Günterode, bis bald nach Teistungen die deutsch-deutsche Geschichte wieder präsent wird: Am Übergang von Thüringen nach Niedersachsen, etwas nördlich des Ortes an der B247 gelegen, erinnert das Grenzlandmuseum Eichsfeld an die damals hier verlaufende Zonengrenze. In den Räumen des alten Zollverwaltungsgebäudes befinden sich heute eine Bildungsstätte, eine Bibliothek sowie ein Informationspavillon. Zur Anlage gehört auch der etwa sechs Kilometer entfernte Grenzlandweg, ein länderübergreifender Rundweg mit original erhaltenen Grenzsperranlagen. Teistungen selbst wurde das erste Mal im Jahre 1090 unter dem Namen »Villa Eistingen« erwähnt. Seine Geschichte ist eng mit der des Klosters Teistungenburg verbunden. Es wurde 1260 als Tochterkloster des Klosters Beuren gegründet, war bis zum Jahre 1970 noch bewohnt und wurde 1973 abgerissen. Heute befindet sich hier eine Freizeitanlage, vom Kloster blieb einzig das historische Tor erhalten.

05 Duderstadt

Nur wenige Kilometer weiter, nun wieder auf niedersächsischem Gebiet, liegt im Mittelpunkt der »Goldenen Mark« Duderstadt. Die

»Perle des Eichsfeldes« gilt als eine der schönsten Fachwerkstädte Deutschlands. Architektonisches Prunkstück ist das Rathaus, das von drei Turmspitzen gekrönt wird. Die Mischung aus Gotik- und Renaissance-Elementen gibt dem Gebäude etwas Einzigartiges. Nicht minder beeindruckend sind die St.-Cyriakus-Kirche und die St.-Servatius-Kirche. Ihre Türme überragen die roten Dächer der Altstadt. Mehr als 600 Fachwerkhäuser reihen sich hier aneinander, ein Ensemble verschiedener Baustile aus 700 Jahren Städtebaugeschichte. Als eine von wenigen mittelalterlich geprägten Städten Deutschlands verfügt Duderstadt über eine noch in großen Teilen erhaltene Befestigungsanlage. Warten, Knicke und besonders Stadtmauer und Wall sind Relikte aus längst vergangenen Tagen. Mar-

Ein Schmuckstück in Duderstadt ist das schlossartige Rathaus am Obermarkt, das aus der Zeit des frühen 14. Jahrhunderts stammt.

Der berühmte Gänselieselbrunnen ist das Wahrzeichen von Göttingen.

PS.SPEICHER Einbeck
Die Geschichte der Motorisierung: Eine echte Zeitreise der Mobilität ist den Machern des PS.Speichers in Einbeck gelungen. Im alten Kornspeicher der Stadt Einbeck kann anhand von mehr als 200 Exponaten auf sechs Etagen die Entwicklung der Mobilität nacherlebt werden. Die historische Reise beginnt 1817 mit der Erfindung des ersten Laufrades und reicht bis in die heutige Zeit. Echtes Rennfeeling kann man an einem Full-Motion-Simulator mit realistischen Fahrbewegungen auf einem Porsche 911 nachempfinden.
PS.SPEICHER,
Tiedexer Tor 3 (Zufahrt über Jahnstraße),
37574 Einbeck, Tel. 05561/923200,
www.ps-speicher.de

kantester Bestandteil des mittelalterlichen Befestigungssystems und unverkennbares Wahrzeichen ist der Westerturm. Er erhebt sich über dem letzten erhaltenen Stadttor und lenkt die Blicke auf seine merkwürdig schraubenartig gedrehte Spitze.

06 Friedland
Land und Leute lassen sich kennenlernen, wenn es über kleine und kleinste Dörfer wieder in westlicher Richtung geht. Zurück an der Leine erreicht man auf der B27 Friedland. Das Kloster Mariengarten liegt südwestlich von Dramfeld. Heute wird die im 13. Jahrhundert als Zisterzienserinnenkloster gegründete, imposante Anlage als Gutshof genutzt, gleichzeitig ist es aber auch Wallfahrtsort.

07 Göttingen
Entweder geht es schnurstracks über die B27 in nördlicher Richtung gen Göttingen oder man wählt die etwas beschaulichere Route immer an der Leine entlang. Hier gondelt es sich gemütlich an der linken Uferseite über kleine Nebenstrecken mit leicht gewellten Kurven in Richtung altehrwürdiger Universitätsstadt.
Die Georg-August-Universität in Göttingen ist die älteste und größte Universität Niedersachsens – entsprechend groß ist der Anteil der Studenten in der Stadt. Anziehungspunkt Nummer eins ist der Marktplatz im alten Ortskern mit dem Alten Rathaus und dem Gänseliesel-brunnen – dem Wahrzeichen Göttingens. Zwar steht die Originalskulptur des Brunnens im Museum, die Kopie wird aber nicht weniger bewundert. Dafür kann das Rathaus mit original historischen Wandmalereien aufwarten. Die Innenstadt ist geprägt von gleich vier Kirchen: Die Türme der Johanniskirche sind nicht zu übersehen. Die Paulinerkirche befindet sich gleich neben der Universitätsbibliothek. Vorbei am Michaelishaus geht es zur Jacobikirche. Ihr Turm lässt sich besteigen und bietet von hier aus ein herrliches Panorama über die Stadt. Ihr Innenraum ist ebenso überzeugend – mit bunten Fenstern, rot-weiß geringelten Säulen und sehenswertem Altar. Weiterhin lockt das Städtische Museum zur Besichtigung, genauso wie der pompöse Bau des Deutschen Theaters.
Von hier aus bietet sich auch ein Abstecher in den Botanischen Garten an. Die mit lilafarbenen Kacheln ausgestattete Stadthalle aus den 1960er-Jahren ist ebenfalls einen Besuch wert. Auch lohnt ein Blick auf das Grab des großen Göttinger Gelehrten Carl-Friedrich Gauß. Nicht weit davon entfernt befindet sich seine Sternwarte. Nicht auslassen sollte man den Wilhelmsplatz mit seiner reich verzierten Junkernschänke sowie der Aula und dem Karzer, dem alten Studentengefängnis, an dessen Wänden sich bereits Bismarck mit einer Zeichnung verewigt haben soll.
Zum Bummeln zwischen all den Sehenswürdigkeiten und den liebevoll gepflegten Fachwerkhäusern, Cafés und Restaurants sollte man besser einen ganzen Tag einplanen. Satt gesehen an der pulsierenden Innenstadt von Göttingen, geht es auf dem weiteren Streckenverlauf wieder um einiges ruhiger zu.

08 Northeim
Erst mal raus aus Göttingen findet sich auch die Leine alsbald wieder, wenn es durch Ortschaften wie Bovenden und Nörten-Hardenberg geht. Die B3 führt entlang des Flusslaufes durch Wiesen und Felder bis hinauf nach Northeim. Aus einem fränkischen Herrenhof an der Kreuzung zweier Handelswege und einem Benediktinerkloster entstand in dessen Schutz einst die Marktsiedlung. 1252 gilt als das Geburtsjahr der Stadt, die eingebettet zwischen sanften Hügeln und grünen Wäldern an der Deutschen Fachwerkstraße liegt. Die Altstadt wird geprägt durch alte Wallanlagen, die Resten der Stadtmauer sowie schmucke Fachwerkbauten am Münster- und am Marktplatz. Von den alten Verteidigungsanlagen beeindrucken besonders die Streichwehr am Adolf-Hueg-Wall und das Bollwerk am oberen Tor. Letzteres wird von einem mächtigen Turm dominiert, heute befindet sich in ihm ein Jugend- und Kulturzentrum. Sehenswert ist neben dem Kloster Sankt Blasien auch das Reddersen-Haus sowie die Alte Wache. Zusammen mit den Northeimer Bürgerhäusen und weiteren mittelalterlichen Bauwerken ergibt sich ein überaus harmonisches Stadtbild.
Gleich am Ortsausgang in nördlicher Richtung schließen sich die Flächen der Leineniederung an. Hier hat seit 2008 der Naturschutz Vorrang. Zugvögel und andere, selten gewordene Arten leben hier in einer ungestörten Landschaft aus seggenreichen Nasswiesen, Grünlandflächen und Stillgewässern. Also geht es auf der

FOTO GUTBROD

B3 zügig weiter durch die bezaubernde, ruhige Landschaft – aber ohne direkten Blickkontakt und Zugang zur Leine. Der findet sich dennoch in der nächsten Ortschaft schnell wieder.

09 Einbeck

Die Stadt Einbeck im südlichen Niedersachsen ist bereits seit Jahrhunderten bekannt fürs Kornbrennen, Senfherstellung, Salzgewinnung und Bierbrauerei. Die Stadt nahe Harz und Weser, mit der Leine in ihrer Mitte und am Rande des Sollings, begeistert mit ihrem pittoresken, bestens erhaltenen, mittelalterlichen Zentrum: Ganze Straßenzüge sind gesäumt von farbenprächtigen und reich verzierten Fachwerkbauten. Sie stammen alle aus der Zeit nach dem großen Brand von 1540 und zeugen vom ehemaligen Reichtum der Stadt. Schon vor 600 Jahren prägte die Braukunst die frühere Hansestadt. Das Ainpöckisch Bier wurde sogar bis nach Bayern exportiert. Um 1600 gab es bereits 700 brauberechtigte Häuser. Das Alte Rathaus mit seinen drei spitzen Rundtürmen gilt als Wahrzeichen Einbecks, der Einbecker Marktplatz als das Zentrum der Stadt. In vielen Bereichen ist die mittelalterliche Stadtbefestigung noch gut erhalten, beispielsweise am Bäckerwall. Die dicken Mauern, die etwa ab dem 13. Jahrhundert die Verteidigung der Stadt gegen ihre Feinde sichern sollten, sind zugleich die rückwärtigen Wände von Wohnhäusern. Einzigartig ist die Marktkirche St. Jacobi mit ihrem weithin sichtbaren, 65 Meter hohen Turm. Erbaut im 13. und 14. Jahrhundert ist sie dem Schutzpatron der fahrenden Kaufleute, St. Jakobus, geweiht. Der Kirchturm begann sich im 18. Jahrhundert so stark zu neigen, dass der Rat der Stadt 1741 eine Stützmauer anbringen ließ. Noch heute ragt der schiefe Turm 1,53 Meter weit aus dem Lot.

Für Motorradfahrer ist die Bier- und Fachwerkstadt Einbeck seit der Gründung des PS.Speichers im Jahr 2014 noch interessanter geworden. Im hoch aufragenden Backsteingebäude des Alten Kornspeichers der Stadt entstand hier ein einzigartiges Auto- und Motorradmuseum. Angefangen beim ersten Laufrad des Erfinders Karl Drais im Jahr 1817 bis zur Gegenwart erstreckt sich die umfangreiche Ausstellung von über 200 Exponaten auf sechs Etagen (s. Ausflugstipps).

Aufgrund der Fülle an Sehenswertem, sowohl in der Stadt als auch im PS.Speicher, bietet sich spätestens hier eine Übernachtung an. Für das Museum alleine benötigt man schon mindestens einen halben Tag, um tatsächlich die gesamte Bandbreite der Exponate und das tolle Ambiente der Ausstellungsräume erfassen zu können.

10 Alfeld

Die Kleinstadt Alfeld an der Leine gehört nicht nur zu den kleinsten Städten in der Hanse, sie kann sogar mit einem ganz besonderen Baudenkmal aufwarten: Das Fagus-Werk wurde im Jahr 2011 vom UNESCO-Welterbekomitee in die Weltkulturerbe iste aufgenommen und zählt zu den aktuell 44 Welterbestätten in Deutschland. Als Ursprungsbau der modernen Industriearchitektur ist der 1911 entstandene Bau das Erstlingswerk des Architekten und Bauhausgründers Walter Gropius.

Die bildschöne Altstadt ist geprägt von gepflegten Fachwerkhäusern. Besonders hervorzuheben ist die Lateinschule von 1610, die mit zahlreichen Schnitztafeln geschmückt ist und ein beeindruckendes Bauwerk der Renaissance darstellt. Das Rathaus im Stil der Weserrenaissance und die St.-Nicolai-Kirche in der Nachbarschaft stellen weitere Anzie-

Das Stadtbild im Zentrum von Einbeck ist geprägt von mehr als 150 spätmittelalterlichen Fachwerkhäusern.

Im Herbst, wenn die Blätter sich golden färben, ist auf den kleinen Nebenstrecken besonders wenig los.

Das größte Binnengewässer Nordwestdeutschlands, das Steinhuder Meer, ist nur 1,5 Meter tief. Im See gibt es zwei künstliche Inseln.

hungspunkte im historischen Ortskern dar.
Das hügelige Leinebergland besticht durch seinen Wechsel von bewaldeten Höhen mit Aussichtspunkten und landwirtschaftlich genutzten Tälern. Die Sieben Berge bilden zusammen mit den Vorbergen und dem Sackwald auf bis zu 395 Metern ü. NN die Höhenzuge der Region. Auf verschiedenen Fernwanderwegen lässt sich dieser wunderbare Naturraum am besten zu Fuß entdecken. Oder mit dem Fahrrad: Gemütlich und ohne nennenswerte Steigungen kann man das lauschige Leinetal erradeln: der Leine-Heide-Radweg führt am Lauf des Flusses durch eine farbenprächtige Wiesenlandschaft. Zwei E-Bike-Verleihstationen in Alfeld stellen sicher, dass man auch als Hobby-Fahrradfahrer keine Probleme hat, die knackigen Hügel und Berge zwischen den malerisch gelegenen Gemeinden und Dörfern zu meistern.
Nach dem Genuss der malerischen Umgebung geht es weiter entlang der Leine. Oder – um auch mal richtig Kilometer zu machen – ohne Umwege 120 Kilometer weit auf der B3 direkt nach Hannover. Hier könnte man sich ausgiebig einer Besichtigung der Landeshauptstadt Niedersachsens hingeben. Oder man folgt der B6, die westlich der Stadt an Marienwerder vorbeiführt. Die Leine endlich wieder im Blick, lässt sich bei Bordenau auch wieder der direkte Kontakt mit dem Fluss aufnehmen: Am Fährhaus führt ein Feldweg bis ans lauschige Ufer des hier ruhig dahinfließenden Gewässers. Die K106 bleibt der Leine dann hautnah auf den Fersen, da sie direkt am Wasser entlangführt. Im weiteren Verlauf lässt es sich auf der L191 ganz gemütlich am Fluss bis nach Schwarmstedt und noch etwas nördlicher zur kleinen Ortschaft Bothmer cruisen – um anschließend Abschied von der Leine zu nehmen. Doch zuvor lockt noch Schwarmstedt, das an der Mündung der Leine in die Aller liegt.

11 Schwarmstedt

Inmitten der reizvollen Fluss- und Auenlandschaft liegt Schwarmstedt. Die günstige Lage in der Flussgabelung von Aller und Leine, am Schnittpunkt von uralten Handelswegen, sorgte schon frühzeitig dafür, dass hier befestigte Rittersitze und Burgen entstanden. Die mittelalterliche Stadt kann mit sehenswerten Bauwerken wie der St.-Laurentius-Kirche von 1150 oder dem Uhle-Hof von 1438 aufwarten. Auf dem Gelände steht eine bemerkenswerte Plastik des ortsansässigen Künstlers Siegfried Steege, der »Uhle-Boom«. Die Skulptur stellt symbolisch die 13 Mitgliedsgemeinden Schwarmstedts dar. Ein sehenswertes Schauspiel bietet sich in Essel östlich von Schwarmstedt: Hier können Besucher eine große Bisonherde aus der Nähe beobachten. Die imposanten Tiere grasen auf wechselnden Weiden rund um das Dorf. Raus aus dem Städtchen in Richtung Bothmer geht es nun zum letzten Mal an der Leine entlang.

12 Bothmer

Das winzige Dörfchen Bothmer kann sich rühmen, sogar eine historische Wassermühle und ein Herrenhaus zu besitzen. Die Herren von Bothmer besaßen ursprünglich am rechten Leine-Ufer eine Wassermühle. Weil diese die Schifffahrt auf dem Fluss behinderte, erfolgte im Jahr 1822 der Abbruch unter der Bedingung, an gleicher Stelle eine Holländerwindmühle zu erbauen. Das restaurierte Herrenhaus Schloss Bothmer wurde 1715 als Rittergut errichtet. Das Schlösschen befindet sich auf einem parkähnlichen Gelände in Privatbesitz. In unmittelbarer Nähe erblickt man die alte Dorfschule von 1908. Wechselnde Ausstellungen finden hier ihren entsprechenden Rahmen. Die Kapelle Bothmer wurde 1610 erbaut und 1981 von Grund auf restauriert. Die historische Kulisse von Bothmer wird durch das Alte Backhaus ergänzt, dessen Grundfesten noch aus dem Jahr 1802 stammen. Unweit der Mühle – mitten in der idyllischen Flusslandschaft – verabschiedet sich die Leine dann endgültig in die Aller und setzt damit an malerischer Stelle auch den Schlusspunkt dieser Tour.

AUSFLUGSZIELE

Steinhuder Meer

Es ist mit einer Fläche von rund 30 Quadratkilometern der größte See Nordwestdeutschlands. Das beliebte Ausflugsziel in der Region Hannover bietet viele Möglichkeiten zur Freizeitgestaltung und besitzt eine ausgezeichnete Wasserqualität. An seinem Ufer liegen Städtchen wie Wunstorf, Neustadt am Rübenberge (mit Mardorf), Rehburg-Loccum (Winzlar) und die Samtgemeinde Sachsenhagen (mit Hagenburg).
Steinhuder Meer, Ottenlock 4,
31515 Steinhude am Meer,
www.steinhude-am-meer.de

Burg Plesse bei Göttingen

Im südlichen Niedersachsen, reizvoll am Pleßforst gelegen, lockt die mächtige Burganlage, die aus dem 11. Jahrhundert stammt, nicht nur mit einer tollen Aussicht über das Leinetal, es gibt auch ein Restaurant mit Rittersaal und Gewölbekeller.
Burg Plesse,
Rittersteig 99,
37120 Bovenden,
Tel. 05594/94333,
www.burg-plesse.de

Das Fagus-Werk in Alfeld wurde Jahr 2011 UNESCO-Weltkulturerbeliste aufgenommen und zählt zu den aktuell 42 Welterbestätten in Deutschland.

Sonnenuntergang im Leinetal in der Nähe von Kreiensen.

Anschluss Seite 111
GRONAU
Diekholzen
BAD SALZDETFURTH
Holle
Sibbesse
Eime
Duingen
Hohe Tafel 395
ALFELD
Oranier Route
Lamspringe
Ruine Winzenburg
Deutsche Fachwerkstraße
Delligsen
Freden
BAD GANDERSHEIM
Kreiensen
EINBECK
Schloss Hunnesrück
DASSEL
Kalefeld
Naturpark Solling Vogler im Weserbergland
Deutsche Alleenstraße
NORTHEIM
MORINGEN
Katlenburg-Lindau
HARDEGSEN
Nörten-Hardenberg
Gieboldehausen
Bovenden
Adelebsen
Naturpark Münden
Deutsche Märchenstraße
GÖTTINGEN
DUDERSTADT
Deutsche Ferienroute Alpen-Ostsee
DRANSFELD
Rosdorf
Gleichen
TOUR START
WORBIS
Friedland
HANN. MÜNDEN
Burg Berlepsch
Erlebnispark Ziegenhagen
Staufenberg
LEINEFELDE
HEILBAD HEILIGENSTADT
WITZENHAUSEN
Ruine Hanstein
Naturpark Eichsfeld-Hainich-Werratal
DINGELSTÄDT
0 5 10km

Hotel FREIgeist am PS.SPEICHER
Einbeck, Tiedexer Tor 5,
37574 Einbeck, Tel. 05561/3199970,
www.freigeist-einbeck.de

Restaurant GENUSSWERKSTATT am PS.SPEICHER
Tiedexer Tor 3, 37574 Einbeck,
Tel. 05561/3199970,
www.genusswerkstatt-einbeck.de

Treff am Georgsplatz, Hannover
Georgsplatz, 30159 Hannover

Bordt-Imbiss
Parkplatz Rathausstr./Ziegeleistr.,
31171 Nordstemmen

Don's Diner – Rock'n'Roll Cooking Bar Northeier Str. 19,
37154 Northei-Höckelheim,
Tel. 05551/8147,
www.dons-diner.de

Eddy's Biker Grill
Ernst-Reuter-Str. 6, 37170 Uslar,
Tel. 05571/912092

Nienstedter Pass
An der L 401, im Deister, 31848 Bad Münder-Nienstedt

Ruhe am Fluss

Südlich von Hamburg und Cuxhaven geht es beschaulich entlang der Oste, einem kleinen Nebenfluss der Unterelbe – zahlreiche Flussüberquerungen sind inklusive.

OSTE

Winzige Straßen, teils über Deiche, verlaufen entlang der Oste – dem auf dieser Route alles begleitenden Wasserweg. Ab und zu geht es über Brücken, manchmal gibt es nur eine Fähre, mit der man über den Fluss übersetzen kann. So klein der Fluss ist, so bedeutend ist er als Teil der 2004 eröffneten »Deutschen Fährstraße«, die als Boots-, Rad-, Motorrad- und Autoroute auf 250 Kilometern mehr als 50 Fähren, Brücken, Tunnel, Schleusen und Sperrwerke miteinander vereint.
Die Oste entspringt in der niedersächsischen Nordheide bei Tostedt in der Nähe von Sittensen. Über 150 Kilometer schlängelt sie sich als längster linker Nebenfluss der Elbe parallel zur Unterelbe entlang. Wer mal eine entschleunigte Fahrt unternehmen möchte und sich schlicht am Anblick dieser wasserreichen norddeutschen Landschaft erfreuen will, die geprägt ist von lichten Birken- und Pappelwäldern, von Feldern und im Wind wogenden Schilfhalmen, für den ist diese Route genau das Richtige. Denn was bietet sich Besseres an als einfach der malerisch verlaufenden Oste auf ihrem Weg von der Einmündung in die Elbe bei Neuhaus bis nach Bremervörde stromaufwärts zu folgen – während sie dabei gemütlich und nahezu ungestört durch Moor und Marsch, zwischen altem Baumbestand und vorbei an naturbelassenen, von hohem Riedgras umrahmten Teichen mäandert. Der kleine Nebenfluss der Unterelbe ist noch recht unbekannt – entsprechend entspannt fährt es sich durch die meist einsame Region. Immer getreu dem Sinnspruch, der sich während der Fahrt allmählich in Geist und Seele wohlig ausbreitet: »Wo Stille zum Fluss wird«.

Es ist eine stille, noch wenig bekannte Region, dieses ruhige Bauernland zwischen Weser und Elbe. Hindurch schlängelt sich die Oste, mit gut 150 Kilometern der längste Nebenfluss der Elbe in Niedersachsen.

Das Oste-Sperrwerk lässt sich aufklappen, um auch größeren Schiffen die Durchfahrt zu ermöglichen.

ROUTE 10

Routenlänge: 78 km
Zeitbedarf: Tagestour
Charakteristik: Gemütlich, aber auch mal mit Kurvengeschlängel zu fahren
Start: Neuhaus
Ziel: Bremervörde
Routenverlauf: Neuhaus mit Natureum Niederelbe, Geversdorf, Oberndorf, Wingst, Hemmoor, Osten, Ostedeich, Großenwörden, Neuland, Horst, Burweg, Kranenburg, Brobergen, Gräpel, Marschbroock, Elmerdamm, Bremervörde

Informationen:
www.reiseland-niedersachsen.de
www.deutsche-faehrstrasse.de

Hier geht's zum GPS-Track

01 Neuhaus

Der an der Oste-Mündung gelegene Flecken im Landkreis Cuxhaven ist der Ausgangspunkt der folgenden Tour. Mitten im Vogelschutzgebiet Hullen und nahe dem Wildvogelreservat Nordkehdingen fließt die kleine Oste hier am Ende ganz unscheinbar in den Weltschifffahrtsweg Elbe.

Neuhaus ist eine historische Gemeinde mit einer über 600-jährigen, bewegten Geschichte. Besonderheiten des bildschönen Ortskerns und seiner engen, vom Kopfsteinpflaster geprägten Gassen sind vor allem die Deichstraße mit ihrer Bebauung direkt auf der Deichkrone sowie die vielen kleinen und großen Brücken. Zur Geschichte des Ortes und der Umgebung erfährt man Interessantes bei regelmäßig stattfindenden Historienführungen, im Historischen Kornspeicher, im Heimatmuseum sowie entlang der historischen Deichroute: Zwölf der fünfzig Deichrouten-Stationen befinden sich im und um den Flecken Neuhaus. Der Ort liegt in einer idyllischen ursprünglichen Marschenlandschaft am linken Ufer der Oste. Mit der Deutschen Fährstraße und dem Elberadweg kreuzen sich hier zwei bundesweit beliebte Ferienstraßen. Die Entfernung zur Elbe beträgt nur wenige Kilometer. Der tideunabhängige Jachthafen mit Fahrgastschiffanleger und dem historischen Hafen sowie die letzte aktive Oste-Werft locken nicht nur Freunde der Schifffahrt zur Besichtigung an. Ein Fun-Golf-Park und ein Wohnmobilstellplatz vervollständigen das touristische Angebot.

Der Oste-See gilt mit der einzigen Wasserski-Anlage im Elbe-Weser-Dreieck als touristisches Highlight bei Freizeitsportlern. Auch ist am Rande des Sees ein in die Landschaft wunderbar eingebetteter Ferienpark mit 118 Ferienhäusern entstanden (s. Ausflugstipps).

Das Oste-Sperrwerk befindet sich nur knapp zwei Kilometer von Neuhaus entfernt flussabwärts, unmittelbar am Natureum Niederelbe.Das Sperrwerk wurde zwischen 1964 und 1968 nach der Jahrhundert-Sturmflut von 1962 an Elbe und Oste errichtet, um das Oste-Land vor den immer wieder drohenden Sturmfluten der Nordsee zu schützen. Es wird durch stählerne Stemmtore geschlossen. Jedes Tor wiegt circa 75 Tonnen. Die Schifffahrtsöffnung in der Mitte hat eine Weite von 22 Metern. Regelmäßige Durchfahrten sind mit dem Fahrgastschiff »MS Mocambo« möglich. Damit auch größere Schiffe und Segelboote das Oste-Sperrwerk passieren können,

besitzt der mittlere Brückenteil eine Klappe zum Öffnen.

Das Natureum Niederelbe, ein Museum mit Erlebnispark, überzeugt durch seine interaktive Ausstellung zum Thema Elbmündung, zahlreichen Sonderausstellungen sowie der Möglichkeit, vom museumseigenen Anleger aus mit der Oste-Schifffahrt die Seehundbänke am Oste-Riff zu besichtigen (s. Ausflugstipps).

Die sogenannten Pütten, naturbelassene Bereiche an der Oste, die bei Hochwasser überschwemmt werden, dienen den Vögeln als ideale Brut- und Futtergebiete. Vom nahe gelegenen Deich kann man Brandgänse und bunt schillernde Eisvögel beobachten. Wer Glück hat, erblickt sogar den ein oder anderen Seeadler. Am Geesthof befindet sich ein großer überschwemmter Flussbogen, der ein über 30 Hektar großes Wasserareal bildet – ein wahres Wasservogelparadies, das sich mit dem »Püttenhüpper« bei herrlichen Ausflügen und Boots-Safaris erkunden lässt. Mit dem kleinen Fahrgastschiff kommt man der Fluss-, Fisch- und Vogelwelt an der Oste am besten näher. Nach der Brutzeit wird dann auch direkt in die Pütten hineingefahren. Bei Abendfahrten auf der Oste lässt sich eine ganz besonders romantische Atmosphäre erleben, wenn die untergehende Sonne in den dann glänzenden Fluss eintaucht.

An der Mündung der Oste in die Elbe startet die Tour entlang der Unteroste. Über schmale Deichwege ist der nächste kleine Ort bald erreicht.

Wie aus dem Bilderbuch – die Landschaft rund um die Oste hat viele Postkartenmotive zu bieten.

02 Geversdorf

Der Ort gehört zur Gemeinde Cadenberg und ist eines der ältesten Marschdörfer der Region. Hinter dem Oste-Deich von Geversdorf weiden Schafherden, die damit das Gras kurz und den Deich stabil halten. Zwischen Marsch und Geest, Mooren und Fleeten wirkt es fast so, als wäre die Zeit stehen geblieben. Die Oste fließt hier in 18 Meter Breite mitten durch den Ort. Eine Hubbrücke verbindet die beiden Gemeindeteile Geversdorf und Itzwörden und führt so vom Cuxland ins Land Kehdingen. Die Oste-Deiche laden zum

AUSFLUGSZIELE

Natureum Niederelbe

Das Freiluftmuseum liegt nahe der Nordsee zwischen Neuhaus und Balje auf einer Insel, die durch den Bau des Oste-Sperrwerks entstanden ist. Bereits das Eingangsgebäude »KüstenWelle« ist beeindruckend. In mehreren Gebäuden werden Dauer- und Sonderausstellungen präsentiert, in dem 100 000 Quadratmeter großen Außenpark mit Freilichtausstellungen, Naturlehrpfaden und Spazierwegen liegt unter dem Motto »Horizonte erweitern – Küste erleben« der Schwerpunkt auf der Natur der Region Niederelbe. Hier sind außerdem heimische und selten gewordene Tierarten zu erleben. In speziellen Beobachtungsstationen kann man Zugvögeln zusehen.

Natureum Niederelbe, Neuenhof 8, 21730 Balje, Tel. 0475/3842110, www.natureum-niederelbe.de

Segelschiff im Hafen von Oberndorf.

Sieben Rundwanderwege führen durch den Wingster Wald, der mit den höchsten Erhebungen im Binnenland der deutschen Nordsee aufwarten kann.

Spazierengehen, die Deutsche Fährstraße zum Wandern und Fahrradfahren ein. In dem 1883 erbauten Rathaus befindet sich auch das Heimatmuseum. Prägend für den Ort ist die ehemalige Oste-Werft und der Anleger einer Fischerei mit Direktverkauf, bekannt für ihren Stintfang aus Oste und Elbe. Am Sportbootanleger tummeln sich Bootseigner und Wassersportler. Über die schmale Deichstraße geht es weiter zwischen verträumt grasenden Schafen und vorbei an kleinen, reetgedeckten Katen direkt an der Oste entlang in südlicher Richtung. Bald ist der nächste kleine Hafen in Oberndorf erreicht.

03 Oberndorf

Das idyllische Oste-Dorf liegt direkt an der Deutschen Fährstraße sowie der historischen Oste-Deichtour. Der Ort besitzt einen Fahrgastschiffanleger, der schönes maritimes Flair versprüht. Hier findet man ein Modell der ehemaligen Prahmfähre sowie ein beiderseits der Oste errichtetes Denkmal zu Ehren der ehemaligen Fährleute und dem wohl berühmtesten Fahrgast – Hoffmann von Fallersleben. Auch das nur bei Ebbe erkennbare Stör-Denkmal nimmt direkten Bezug auf die Oste, ist hier doch ein Projekt zur Wiederansiedlung des Störs erfolgversprechend angelaufen. Das liebenswerte Dorf ist auch Heimathafen der »MS Mocambo«, Deutschlands ältestem Fahrgastschiff, das bereits seit 1872 in Betrieb ist. Direkt neben dem Fahrgastschiffanleger hat eine ehemalige Ostseefähre als Restaurantschiff »Ostekieker« ihren festen Liegeplatz gefunden. Hier lässt sich der kleine aber feine Speisefisch, der Stint, ein typisch norddeutsches Gericht, ganz frisch genießen. Die »Heimatstube« und die »Reepschlägerei« laden mit urigem Ambiente ebenfalls zur Einkehr ein. Ein Wohnmobilstellplatz liegt nur wenige hundert Meter entfernt.

04 Wingst

Wer sich in der Umgebung des Unterlaufs der Oste tummelt, der bewegt sich auch immer im Einzugsgebiet der Wingst. Nordwestlich von Hemmoor liegt der Höhenzug, um den sich die Ortsteile der gleichnamigen Gemeinde aufreihen wie an einer Perlenkette. Das Waldmuseum in einem 300 Jahre alten Lehm-Fachwerkhaus präsentiert Wissenswertes über Flora und Fauna des Wingster Waldes. Aus der 1972 als Baby-Zoo gegründeten Tierauffangstation hat sich inzwischen der moderne, sehenswerte Wingster Zoo entwickelt (s. Ausflugstipps). Anschließend geht es weiter über kleine Straßen zur nächsten »Oste-Querung«.

05 Hemmoor

Auf dem Weg kommt man am Zement-Museum in Hemmoor vorbei, das Einblicke in die Geschichte des einst größten Industrieunternehmens im nördlichen Elbe-Weser-Dreieck und in die Arbeitswelt der Zementbranche Anfang des 20. Jahrhunderts gewährt. Gezeigt werden hier alle Schritte vom Gewinn der Rohstoffe bis zum Verladen des fertigen Produkts – dem »Grauen Gold«, wie der Zement hier auch stolz genannt wurde. Herzstück des Museums ist eine Schute aus dem Jahr 1925. Mit dem Schiff wurde einst der Zement vom werkseigenen Oste-Hafen Schwarzenhütten über die Elbe nach Hamburg transportiert. Die Laderäume der ehemaligen Zementschute »Hemmoor 3« dienen heute als Ausstellungsräume.

06 Osten

Wieder unterwegs folgt bald der überraschende Anblick, wenn in dieser harmonischen Landschaft das etwas bizarr anmutende Stahlskelett der berühmten Schwebefähre auftaucht. Bereits seit 1909 erstreckt sie sich 90 Meter lang über die Oste und verbindet die beiden Uferseiten mit-

AUSFLUGSZIELE

Ferienpark Geesthof

Der Ferienpark ist gleichzeitig Reiterhof und Freizeitpark und bietet eine Vielzahl von Möglichkeiten, sich in den parkeigenen oder in den nahe gelegenen Einrichtungen zu erholen. Auf dem 25 Hektar großen, weitläufigen Areal gibt es einen großen See, viele Teiche, alten Baumbestand, Wiesen und ein angrenzendes, über 30 Hektar großes Wasserareal, bestehend aus Fluss und Pütte. Übernachten kann man in gemütlichen Ferienhäusern oder auf einem hauseigenen Campingplatz. Auf geführten Touren zu Wasser und zu Lande lässt sich der Naturraum rund um die Oste kennenlernen.

Ferienpark Geesthof, Am Ferienpark 1, 21755 Hechthausen, Tel. 04774/512, www.geesthof.de

Urlaubsregion und Freizeitpark Wingst

Namensgeber für die Urlaubsregion Wingst ist der staatlich anerkannte Erholungsort Wingst. Zahlreiche Attraktionen bieten sich hier an: ein Zoo, ein Spielpark und der Deutsche Olymp, ein 23 Meter hoher Aussichtsturm, der auf dem gleichnamigen, 53 Meter hohen Hügel errichtet wurde. Geografisch hebt die Wingst sich durch ihren bis zu 74 Meter hohen Geesthügel vom Rest des Cuxlands ab. Ihr weitläufiges Waldgebiet ist umgeben von Geest- und Marschlandschaften und grenzt an das Naturschutzgebiet Balksee und Randmoore.

www.wingst.de

Eine Schwebefähre überquert die Oste zwischen Osten und Hemmoor. Das Bauwerk wurde 1909 eröffnet und steht heute als technisches Kulturdenkmal unter Schutz.

Bremervörde liegt im Zentrum des Elbe-Weser-Dreiecks direkt an der Oste.

Je nördlicher es entlang der Oste geht, desto seltener werden die Motorradtreffpunkte. Selbst Übernachtungsmöglichkeiten oder gar erstklassige Restaurants sind an der Unteroste entlang eher selten. Da heißt es Proviant für unterwegs mitnehmen.

einander. 280 000 Reichsmark kostete damals das Unterfangen, die Schwebefähre gilt bis heute als technische Meisterleistung. Auch blieb die Fähre bis zur Eröffnung der 200 Meter entfernt liegenden Oste-Brücke im Jahr 1974 der einzige Weg, hier den Fluss zu überqueren. Nach der grundlegenden Restaurierung des Baudenkmals kann man das Erlebnis »Reisen wie zu Kaisers Zeiten« heute wieder unmittelbar auskosten. Auf der Gondel, die mit einer Tragkraft von 18 Tonnen die Fahrzeuge über dem Wasser schweben lässt, stellt sich ein wahrlich erhabenes Gefühl ein. Während der Überfahrt wird man zudem über die bewegende Historie der einzigartigen Anlage informiert, die heute offiziell Schwebebahn Osten-Hemmoor genannt wird.

Anschließend verlässt man die B73 und fährt auf die B495. Von nun an geht es wieder beschaulich am Deich entlang. Eine kleine Kirche bildet das Etappenziel.

07 Burgweg-Horst

Die altehrwürdige St.-Petrus-Kirche wurde hier bereits im 12. Jahrhundert aus Feldsteinen auf dem Horst, einer trockenen Sandsteininsel, unweit von Himmelpforten, mitten in der feuchten Oste-Niederung errichtet. Das romantische Kleinod, idyllisch umringt von verwitterten, kunstvollen Steintafeln des uralten Friedhofs, hat nur einige hübsche Klinker-Häuschen in seiner Nachbarschaft. Geweiht ist sie St. Petrus, dem Schutzheiligen der Schiffer und Seefahrer. Einfachheit bestimmt das Innere der charmanten Kirche. Paradiesisch ist die Ruhe, die hier und im idyllischen Horsterbeck herrscht. Nach einigen Minuten stiller Meditation lässt es sich entspannt weiterziehen zur nächsten kleinen Ortschaft.

08 Brobergen

Über Kranenburg geht es hier zu einer weiteren kleinen Prahmfähre, die ebenfalls unter Denkmalschutz steht. Wer hier übersetzen möchte, kann dies für wenig Geld tun. Für Motorräder beträgt der Unkostenbeitrag für die vier Minuten Überfahrt gerade einmal zwei Euro. Für Fahrgäste vom rechten, dem östlichen Oste-Ufer gibt es eine Klingel im Unterstand direkt neben dem Roland, um den Fährmann zu informieren, dass man übersetzen möchte. Fahrgäste vom linken, dem westlichen Ufer können sich direkt im Fährkrug melden. Der Betrieb erfolgt mittels eines kleinen, etwas altersschwachen Motors. Nach dieser pittoresken Überfahrt geht es weiter durch die idyllische Landschaft.

09 Gräpel/Esdorf

Inmitten der Wiesen- und Weidelandschaft wird seit mindestens 100 Jahren die Prahmfähre bei Gräpel zum Überqueren der Oste betrieben. Sie gilt als eine der letzten von Hand betriebenen Fähren. Nach dem Ruf »Fährmann, hol över« bringt dieser den Fahrgast per Muskelkraft sicher über den hier 25 Meter breiten Fluss, während er den Kahn an einer einfachen Kette über das Wasser zieht. Zu genießen ist die Überfahrt in der Zeit vom 1. Mai bis zum 15. Oktober gegen ein kleines Entgelt.

10 Bremervörde

Bereits bei Bremervörde untersteht die Oste dem Tidenhub der großen Schwester Elbe, letztlich also den Gezeiten der Nordsee. Zwar sind hier Ebbe und Flut nur schwach zu spüren, doch je weiter flussabwärts man fährt, desto stärker wird die Strömung. Das Wasser strömt abwechselnd in beide Richtungen. Zwischen auflaufendem und ablaufendem Wasser liegt eine halbe Stunde

Ruhezeit, in der sich Stauwasser bildet. Am linken Oste-Arm befindet sich der Hafen von Bremervörde, der von zwei Jachtclubs und der Freizeitschifffahrt genutzt wird. Wunderschön und direkt am künstlich angelegten Vörder See liegt der kostenlos zugängliche Natur- und Erlebnispark auf rund 100 Hektar. Die Deutsche Fährstraße nimmt bei Bremervörde ihren Anfang – oder ihr Ende, je nach Betrachtungsweise. Die Ruhe, die sich bei dieser Tour entlang der Unteren Oste eingestellt hat, hält dagegen sicher noch einige Zeit an.

Reich verzierte Zweiständerhäuser in prächtigen Obstgärten sind Blickpunkte in der malerischen Landschaft.

Immer wieder eröffnen sich während der Fahrt idyllische Ausblicke auf die Oste.

Hotel Peter Bahnhofstr. 1,
21789 Wingst, Tel. 04778/279

Ferienpension Berthof Wriethstr. 28,
21755 Hechthausen-Kleinwörden,
Tel. 04774/992030, www.berthof.de

Oste-Hotel Neue Str. 125,
27432 Bremervörde, Tel. 04761/8760,
www.oste-hotel.de

Gaststätte Zum Osteblick Zum Hafen 21, 21727 Gräpel,
Tel. 04140/87740,
www.zum-osteblick.de

Motorradtreff Zollenspieker
Hoopter-Fähranleger Hamburg, bei Ochsenwerder, 21037 Hamburg,
Tel. 040/7684194,
www.faehre-zollenspieker.de

Herberts Imbiss Ortkatenufer 4,
21037 Hamburg, Tel. 040/7230455

Waldhaus Hollsand Neufirrler Str. 18,
26670 Uplengen, Tel. 04956/1062,
www.eili.de

Biker's Inn Am Ring 2, 26683
Ramsloh, Tel. 04498/923011,
www.bikersinn.de

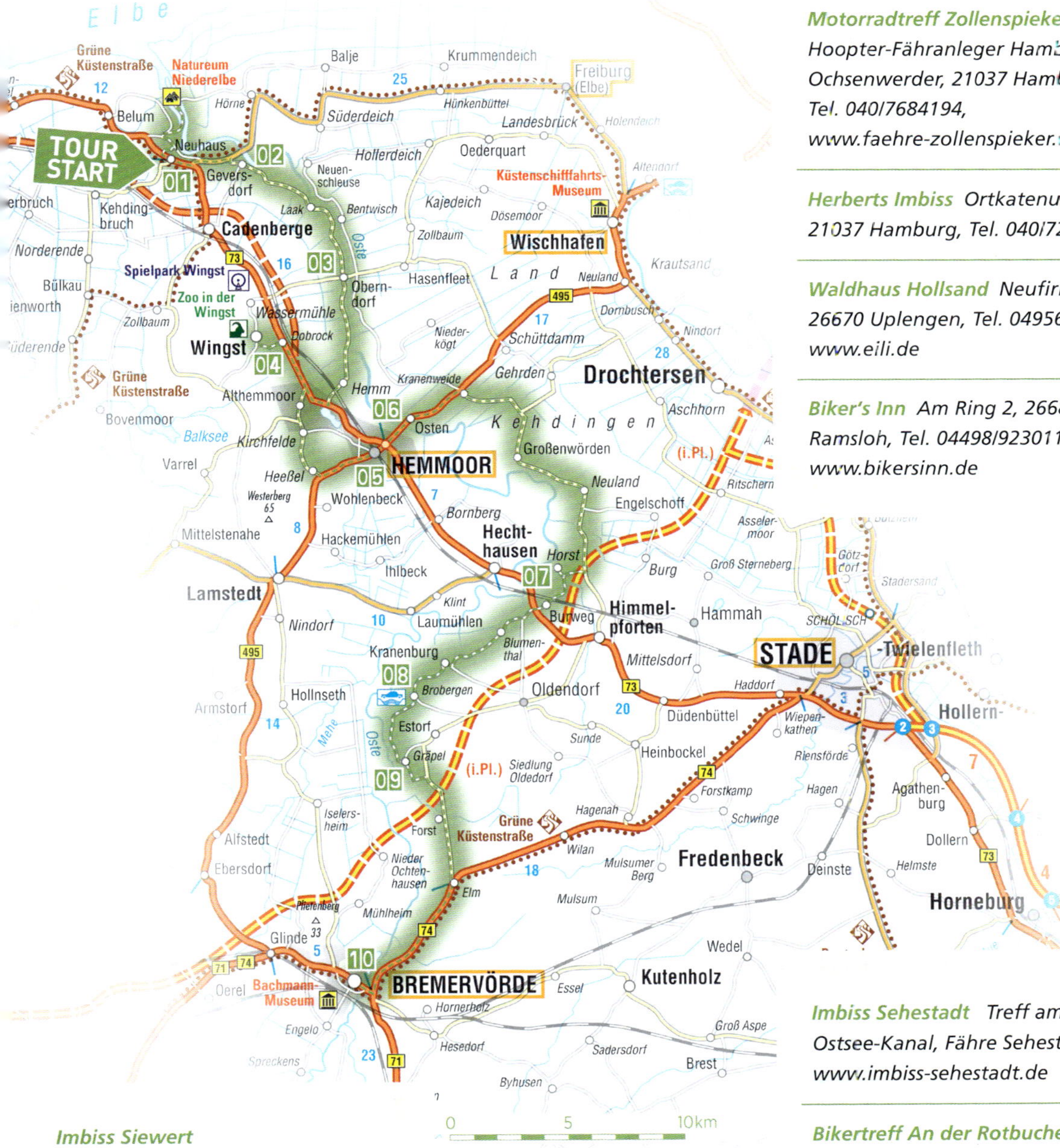

Imbiss Siewert
Atenser Allee 148,
26954 Nordenham,
Tel. 0175/2230077

Imbiss Sehestadt Treff am Nord-Ostsee-Kanal, Fähre Sehestadt,
www.imbiss-sehestadt.de

Bikertreff An der Rotbuche An der Rotbuche 20, 26802 Moormerland,
Tel. 04924/2991,
www.bikertreff-oldersum.de

Entdeckung der Langsamkeit

Unberührte Naturparadiese und verwunschene Seenlandschaften – all das findet man in der Uckermark. Auf den kleinen Sträßchen lässt man die Hektik des Alltags schnell hinter sich.

UCKERMARK

Die Uckermark ist für viele der Inbegriff von Abgeschiedenheit. Der größtenteils menschenleere Landstrich zu beiden Seiten der Ucker, zwischen oberer Havel und unterer Oder, ist eine historische Landschaft in Nordostdeutschland und liegt in der Mark Brandenburg. Ein kleiner Bereich gehört auch noch zu Mecklenburg-Vorpommern. Die Moränen- und Seenlandschaft der Uckermark wurde während der letzten Eiszeit vor 15 000 Jahren durch riesige Gletschermassen geformt. Über 500 Seen, Flussläufe und Moore, ausgedehnte Wälder, Felder und Wiesen bilden ein traumhaftes Paradies für alle Naturfreunde. Vor allem die ausgeprägte Seenlandschaft mit einer Vielzahl an wunderschönen Binnengewässern lässt die Herzen aller Wassersportfreunde höherschlagen. Das Angebot ist schier unerschöpflich. Ob Kanu oder Segelboot, die mitunter weitläufigen Seenflächen lassen sich ganz individuell und je nach Geschmack entdecken. Oft bilden kilometerlange Alleen, zum Teil noch mit uraltem Kopfsteinpflaster bedeckt, buckelig-vernarbte Wege zu einer ganzen Reihe historischer Sehenswürdigkeiten. Allein das kleine Dorf Wolfshagen bietet an die vierzig Baudenkmäler von nationaler Bedeutung. Das riesige Gelände des einstigen russischen Militärflugplatzes bei Groß Dölln präsentiert mit dem »Driving Center« die größte Fahrtrainingsanlage Europas. Die tollen Landschaften und Sehenswürdigkeiten der Uckermark lassen sich hervorragend mit dem Motorrad entdecken: Beschaulich und erholsam gleitet es sich dahin, außer es kommt eine mitunter etwas holprige Kopfsteinpflaster-Passage, dann wird man manchmal auch lustig durchgerüttelt.

Die Uckermark nördlich von Berlin ist eine der urtümlichsten Landschaften Deutschlands, eine Welt aus Buchenwäldern, Getreidefeldern und zahlreichen Seen, die ihre Besucher mit einer fast mystischen Stille empfängt.

Wolfshagen gleicht einem Museumsdorf.

ROUTE 11

Routenlänge: 413 km
Zeitbedarf: Drei- bis Vier-Tagestour
Charakteristik: Beschauliches Dahingleiten
Start und Ziel: Prenzlau
Routenverlauf: Prenzlau, Bandelow, Fahrenholz, Wolfshagen, Woldegk, Fürstenwerder, Fürstenhagen, Feldberg, Boitzenburg, Hardenbeck, Lychen, Sensow, Templin, Hammelspring, Neuhof, Wolfsgarten, (Groß)-Dölln, Groß Schönebeck, Joachimsthal, Eberswalde, Niederfinow, Oderberg, Angermünde, Friedrichswalde, Ringenwalde, Flieth, Stegelitz, Warnitz, Prenzlau

Auskünfte:
www.uckermark.de

Hier geht's zum GPS-Track

01 Prenzlau

Im Mittelalter war Prenzlau nach Berlin-Cölln, Frankfurt an der Oder und Stendal die viertgrößte Stadt der Mark Brandenburg. Wahrzeichen des Ortes ist die im 13. und 14. Jahrhundert errichtete doppeltürmige St.- Marien-Kirche – eines der bedeutendsten Bauwerke norddeutscher Backsteingotik. Sehenswert ist zudem das Dominikanerkloster Prenzlau. Dessen Gründung reicht bis in das Jahr 1273 zurück. Bereits seit 1899 beherbergt es das Uckermärkischen Regionalmuseum, eines der ältesten kulturhistorischen Museen der Region. Ende der 1990er-Jahre aufwendig restauriert, gehört der Sakralbau zu den besterhaltenen mittelalterlichen Klosteranlagen Nordostdeutschlands. Beeindruckend ist auch die Wehranlage, die 1287 errichtet wurde und aus Stadtmauer, vier Stadttoren, Wehrtürmen und 66 Wiekhäusern besteht. Beim Rundgang durch die pittoresken Altstadtgässchen und entlang der schönen Uferpromenade lässt es sich harmonisch einstimmen auf die Fahrt durchs prächtige Uckerland. Die vielen Geradeauspassagen auf den schmalen Landstraßen machen es leicht, auch die Umgebung während der Fahrt nicht aus den Augen zu verlieren. Der Blick schweift über die herrlich im Wind wogenden Getreidefelder und tiefgrünen Wiesen, aus denen immer mal wieder die Flächen tiefblauer Seen hervorleuchten. Gemütlich geht es über Bandelow – wer mag, mit einem Abstecher zur Bauernkäserei Wolters – und weiter über Fahrenholz zur Gemeinde Wolfshagen.

02 Wolfshagen

Fast alleine schnurrt man über die Alleen, die durch die sanfte Hügellandschaft der Uckermark führen, und lässt Weiden mit grasendem Vieh hinter sich. Das Dörfchen Wolfshagen im Norden der Uckermark zählt zwar nur knapp 300 Einwohner, bietet aber an die vierzig Baudenkmäler: 1292 erstmals erwähnt, verbinden die meisten Einheimischen die Geschichte des wohl bekanntesten Dorfes im Uckerland vor allem mit derer »von Schwerin« und den herrlichen alten Bauten, die im Auftrag des Grafen Hermann von Schwerin errichtet wurden. Der wollte damit dem Ort eine eigene Note geben. Gotische Spitzbogen aus Backstein, zahlreiche Schmuckelemente wie Rundfenster, gerundete Dächer und filigrane Rosetten zieren die Baudenkmäler. Ende des 17. Jahrhunderts erwarb die Familie von Schwerin hier ein Rittergut. Nach 1830 erfolgte der planmäßige Ausbau des Gutsdorfes, das Gut

wurde zum Schloss umgebaut, um es herum der Wolfshagener Park angelegt. Über eine kostbare Fliesenbrücke gelangt man zum 1828 errichteten Denkmal der Befreiungskriege (1813–1815). Direkt neben der Brücke befindet sich der Speicher, ein großer roter Klinkerbau aus der Mitte des 19. Jahrhunderts. Zu den zahlreichen Baudenkmälern im Ort gehören auch je ein preußisches und ein mecklenburgisches Zollhaus. Das wohl bedeutendste Bauwerk stellt jedoch die reizvolle Kirche zu Wolfshagen dar, ein aufwendiger neugotischer Putzbau aus der Mitte des 19. Jahrhunderts mit unregelmäßigem Grundriss. Die Kirche ist schon von Weitem zu sehen. Weitere Sehenswürdigkeiten wie die 17 Meter hohe Königssäule von 1834 sowie die Ehrenpforte (1875) bilden zusammen mit einigen sehenswerten Backsteinbauten (Schmiede, Forsthaus, Gärtnerhaus, Fischerhaus) ein Kulturdenkmal besonderer Art. Am Westufer des Haussees befand sich einst die Blankenburg, von der heute nur noch eine Ruine mit einem 24 Meter hohen Bergfried erhalten ist. Auch das Friedensdenkmal, die alte Aussichtsplattform und der Rosengarten lohnen einen Besuch. Nach Verlassen des Museumsdorfes führt eine malerische Allee nur etwa fünf Kilometer weiter zur nächsten Besichtigungsmöglichkeit, der Mühlenstadt Woldegk.

03 Woldegk

Die »Windmühlenstadt« liegt am Fuße der höchsten Erhebung Mecklenburgs, dem Helpter Berg mit 179 Meter Höhe. Eine historische Stadtmauer umschließt mit einer beeindruckenden Länge von 1442 Metern den sehenswerten Stadtkern der ehemaligen Ackerbürgerstadt. Bekannt ist der Ort vor allem wegen seiner Vielzahl an Windmühlen. Insbesondere eine über 100 Jahre alte Windmühle im Ortszentrum zieht alle Blicke auf sich. Sie ist die letzte Holländer-Windmühle in Mecklenburg-Vorpommern, bei der sich die Mühlenflügel noch traditionell mit Segeltuch bespannt im Winde drehen. Links vom Mühlendamm steht die zweite, die Ehlertsche Mühle. Die Mühle wurde 1991 rekonstruiert nach dem Zustand von 1886, erhielt 1993 orginalgetreue Flügel und wird nun als Schauanlage betrieben. In der ältesten Mühle von Woldegk ist das Mühlencafé eingerichtet. Die Besonderheit hier: In ihr serviert die Urenkelin des letzten Müllers Mecklenburger Spezialitäten und selbst gebackenen Kuchen. Nach einer ausgiebiger Besichtigungsrunde lädt der idyllische Stadtsee zu einer Erfrischung ein.

Eine der letzten ihrer Art: Holländer-Windmühle mit Segeltuch-Bespannung in Woldegk.

04 Fürstenwerder

Bereits bei der Planung der Tour durchs Uckerland fällt auf, wie wenige Ansiedlungen am Wegesrand liegen, die Route dafür aber an umso mehr Seen vorbeiführt. Vorbei an Fürstenhagen geht es durch stattliche Alleen weiter nach Fürstenwerder. Der Grenzort zu Mecklenburg-Vorpommern liegt eingebettet zwischen Dammsee im Norden, Wahrensee im Westen und dem Großen Parmensee im Süden. Wegen seiner Grenzlage wurde der Ort befestigt und erhielt schon früh eine ca. 1200 Meter lange Stadtmauer mit zahlreichen Wiekhäusern und drei Stadttoren, von denen noch zwei erhalten sind. Im hübschen Ortskern beeindruckt die Feldsteinkirche, die als einschiffiger Rechteckbau mit imposantem Westturm im 13. Jahrhundert auf einer Anhöhe errichtet wurde. Die umliegenden Seen mit ihren zahlreichen Inseln weisen an vielen Stellen eine wild zerklüftete Uferzone auf, die in ihrer Urwüchsigkeit erhalten geblieben ist. Sie bietet Lebensraum für selten gewordene Tier- und Pflanzenarten. Das Idyll lässt sich beim Baden,

Schloss Boitzenburg ist eines der größten Schlösser der Uckermark. Es war über Jahrhunderte der Stammsitz der Familie von Arnim.

Blühendes Rapsfeld im Biosphärenreservat Schorfheide-Chorin.

Angeln, Surfen oder einer Bootspartie entdecken – eine willkommene Pause für Krad und Fahrer, bevor es weiter zum nächsten Streckenabschnitt geht.

05 Feldberg

Weiter geht's beschaulich durch die fast menschenleere Landschaft, vorbei an kleineren und größeren Seen, unmöglich, sich all deren Namen zu merken. Sie alle sind malerisch umsäumt von dichten, im Wind wogenden Riedgräsern oder bis nah ans Ufer wachsenden, hohen Bäumen. Zumeist sind die Überlandstraßen hier von griffiger Qualität, sodass man sich ganz dem Anblick der wunderschönen Landschaft hingeben kann. Der Ort Feldberg, fast wie auf einer Halbinsel zwischen den Seen Schmaler Luzin und Haussee gelegen und nur in seinem Rücken von landwirtschaftlichen Flächen eingefasst, wurde 1236 erstmals urkundlich erwähnt. Das Drostenhaus auf dem Amtswerder, mit seinem noch erhaltenen Wehrturm, steht zum großen Teil auf den Fundamenten der alten Grenzburg und ist fast gänzlich vom Wasser des Sees umschlossen. Bronzezeitliche Hügelgräber und seltene Schälchensteine

Driving-Center Groß Dölln

Vom deutschen Stararchitekten für Rennstrecken, Hermann Tilke, 2009 konzipiert, entstand diese anspruchsvolle Rennstrecke – mit 4,23 Kilometer Länge ähnlich einem Rundkurs auf Moto-GP-Niveau. Freies Fahren und Trainingsfahrten, speziell auch für Motorräder, zählen hier zum Programm.

Driving Center Groß Dölln GmbH, Zum Flugplatz (Shelter 3), 17268 Templin, Ortsteil Groß Dölln, Tel. 039883/48960, www.drivingcenter.de

Freizeit- und Erlebnisbad AquariUM

Im Freizeit- und Erlebnisbad AquariUM kann man nicht nur fröhlich planschen oder für die nächste Schwimmmeisterschaft trainieren, auch Sport und Spaß an Land werden hier großgeschrieben. Neben einem Saunarium und einem Caldarium finden Freunde der heißen Gesundheitskur hier auch Trockensauna, Panoramasauna, Dampfsauna nebst Ruheräumen und ein Tauchbecken. Ein Highlight ist der Saunagarten mit Erdsauna und Blockhaussauna.

Freizeit- und Erlebnisbad AquariUM, Am Aquarium 6, 16303 Schwedt (Oder), Tel. 03332/449363, www.aquarium-schwedt.de

zeugen von einer frühen Besiedlung der Region. Sehenswert ist auch die Carwitzer Kirche, ein kleiner Fachwerkbau von 1706, mit separatem Glockenstuhl. Der Schriftsteller Hans Fallada lebte unter dem bürgerlichen Namen Rudolph Ditzen (1893–1947) auf einem Bauernhof hier in Carwitz. Sein Wohnhaus wurde ihm zu Ehren zu einem Museum ausgebaut. Gemächlich durch kleine oder größere Kurven gondelt es sich anschließend gemütlich weiter, hinein ins Boitzenburger Land.

06 Boitzenburg

Schloss Boitzenburg ist eines der größten Schlösser Brandenburgs. Es liegt etwa 80 Kilometer nördlich von Berlin, teils von Wasser umgeben, auf einem 10 Hektar großen Halbinsel-Gelände. Das Anwesen aus gräflichem Besitz, erstmalig im Jahre 1276 als Burg urkundlich erwähnt, entwickelte sich im Laufe der Jahrhunderte zu einem Neo-Renaissance-Schloss. Der großzügig angelegte Park wurde seinerzeit vom berühmten Gartenbaumeister Peter Joseph Lenné gestaltet. Im Park befinden sich auch eine Kapelle und ein Gedächtnistempel. Heutzutage beherbergt das Schloss ein Kinder- und Jugendhotel. Doch auch Boitzenburg selbst lohnt einen Besuch. Hier finden sich eine Pfarrkirche, Reste des Zisterzienserinnenklosters Marienpforte, eine historische Mühle, hübsche Fachwerkhäuser und der Tiergarten, ein 50 Hektar großes Waldgebiet mit zahlreichen bis zu 500 Jahre alten Eichen.

07 Hardenbeck

Das schönste Passepartout, das eine malerische Straße haben kann, sind deren mächtige Alleebäume. Zwischen Boitzenburg und Hardenbeck liegt eine dieser idyllischen Straßen, an denen Hunderte mächtige Bäume Spalier stehen. Sie gehört zur Märkischen Eiszeitstraße, an deren Verlauf viel Wissenswertes über die von Gletschermassen der Frühzeit geprägte Landschaft und damit verbundenen Eigenheiten vermittelt wird. Das Wasser des Hardenbecker Haussees ist außergewöhnlich klar und sauber, der Fischbestand vielfältig, die Landschaft drumherum von berührender Schönheit.

08 Lychen

Die Stadt liegt romantisch zwischen sieben Seen: Wurlsee, Großer Lychensee, Nesselpfuhl, Stadtsee, Oberpfuhl, Zenssee und Platkowsee sind ihre Namen. Im 13. Jahrhundert wurde die Stadt von Markgraf Johann I. gegründet und mit einer sechs Meter hohen Stadtmauer und drei Tortürmen bewehrt – ein Großteil der Mauer ist noch heute erhalten. Schon von Weitem zu sehen ist der frühgotische Bau der St.-Johannis-Stadtkirche. Die Umgebung ist wegen der zahlreichen Seen bei Wassersportlern beliebt.

09 Templin

Die »Perle der Uckermark« ist flächenmäßig die fünftgrößte Stadt Deutschlands. Sehenswert ist hier die St.-Georgen-Kapelle aus dem Jahr 1270 sowie die mächtige, 1750 Meter lange und ebenfalls noch vollständig erhaltene Stadtmauer. Sie umschließt den alten Stadtkern von Templin, der mit seinem Markt, zahlreichen Geschäften und dem alten Rathaus zum Bummeln einlädt. Von der Pionierbrücke hat man eine herrliche Sicht auf den Stadtsee. Im folgenden Streckenabschnitt rücken die dichter werdenden Wäldern immer näher an die Straße heran.

10 Groß Dölln

Zu einem der vielen historischen Orte in der Region Berlin-Brandenburg zählt Groß Dölln, ein Straßendorf, das versteckt in der dichten Waldlandschaft der Schorfheide liegt. Der nahe gelegene Flughafen Groß Dölln entstand im Jahr 1952 als größter Militärflugplatz in Europa. Der Airport wurde bis 1994 vom russischen Militär genutzt und war als Ausweichflughafen für das russische Raumfahrtprogramm vorgesehen. Nach dem Abzug der russischen Streitkräfte wurde hier 2002 das »Driving Center Groß Dölln« ins Leben gerufen und der Flugplatz zu

Romantischer geht es kaum: Nebelschwaden über dem Werbellinsee in der Nähe von Joachimsthal.

Das Biosphärenreservat Schorfheide-Chorin das zweitgrößte Naturschutzgebiet Deutschlands.

Europas größtem Fahrsicherheitszentrum mit Rennstrecke (s. Ausflugstipps) umgewandelt. Sehenswert im Ort sind die gepflegten Fachwerkhäuser – das älteste Haus stammt noch aus dem 18. Jahrhundert. Die Döllner Dorfkirche, ein typischer Backsteinbau im neugotischen Stil, stammt in ihren Grundfesten aus dem Jahr 1735. Beeindruckend ist auch der über 40 Meter hohe, imposante Kirchturm. Im Umland ist auch hier die stille Waldlandschaft der Schorfheide vorherrschend.

11 Groß Schönebeck

Die Region Groß Schönebeck ist ein beliebtes Ausflugs- und Urlaubsgebiet der Berliner und wird deshalb auch das »Tor zur Schorfheide« genannt. An den Wochenenden geht es für die Großstädter zügig über die A109 zum Ziel – bereits im Mittelalter war die Strecke eine wichtige Heer- und Handelsstraße. Neben der wunderschönen Natur ist das ehemalige Jagdschloss, ein zweigeschossiger Frühbarockbau mit Stuckdecken, einen Besuch wert. Das zugehörige Schorfheidemuseum vermittelt Interessantes zum Thema Biosphärenreservat. Typische Schorfheide-Keramik gibt es in der Töpferei Wessel zu bewundern. Im großen Freigehege des Wildparks Schorfheide leben Großwild und vom Aussterben bedrohte Haustierrassen.

12 Joachimsthal

Immer beschaulich am schönen Werbellinsee entlang geht es anschließend hinauf zum nicht zu übersehenden Wahrzeichen Joachimsthals, dem ehemaligen Wasserturm. Von der Aussichtsplattform hoch über den Bäumen bietet sich ein wunderschöner Blick auf die herrlich wald- und wasserreiche Umgebung.

13 Eberswalde

Eberswalde liegt im Bereich des Eberswalder Urstromtales, einer breiten Talsandfläche mit unterschiedlichem Grundwasserstand. Hier dominiert die Landwirtschaft, was an den ausgedehnten Straßen- und Angerdörfern mit ihren oft sehr großen, alten Gutshöfen zu erkennen ist. Südlich der Stadt Eberswalde erhebt sich die Grundmoränenplatte des Barnim (60–75 Meter über NN), Dünen beleben das bewaldete Relief. Vom Barnimplateau aus entspringen Quellen, die auch das Gebiet der hübschen Altstadt durchziehen. Viele der alten Häuser stehen hier deshalb auf Pfählen. Mit 138,3 Metern bildet der Telegrafenberg bei Schmargendorf die höchste Erhebung in der Umgebung. Auch hier laden zahlreiche Seen zum Baden ein. Nördlich der Stadt beginnt das Biosphärenreservat Schorfheide-Chorin, im Süden und Westen befindet sich das Landschaftsschutzgebiet Barnim.

14 Niederfinow

Unter dichten Baumkronen hindurch geht es beschaulich weiter nach Niederfinow zu einer technischen Meisterleistung, dem Schiffshebewerk Niederfinow. Seit dem Jahr 1934 werden hier Flusskähne und Ausflugsdampfer über das Gefälle vom Oder-Havel-Kanal in die Alte Oder und zurück gehievt. In nur fünf Minuten überwindet der Schiffsfahrstuhl den Höhenunterschied von 36 Metern. Das Hebewerk ist ein Industriedenkmal, das immer noch in Betrieb ist und zu dem täglich bis zu 1400 Menschen aus allen Teilen Deutschlands und dem Ausland pilgern. Per Dampfer ist es auch vom nahe gelegenen Eberswalde oder von Oderberg zu erreichen. Den besten Blick auf die zu manövrierenden Schiffe hat man von der extra eingerichteten Besuchergalerie des Schiffshebewerks.

15 Oderberg

Die am Oder-Havel-Kanal gelegene Kleinstadt war einst eine bedeutende Furth, mit mächtiger Burg auf dem Albrechtsberg sowie der Festung Bärenkasten, von der jedoch nur noch Ruinen vorhanden sind. Im Heimat- und Binnenschifffahrtsmuseum erfährt man historische Hintergründe zur Region. Weitere Sehenswürdigkeiten sind die Stüler-Kirche, alte Fachwerkhäuser sowie eine alte Feldsteinkirche.

16 Angermünde

Die über 770 Jahre alte ehemalige Ackerbürgerstadt zwischen Münde-, Wolletz- und Parsteiner See besticht mit ihren bildhübschen Fachwerkhäusern und einer überaus sehenswerten, historischen Altstadt. Das barocke Rathaus am Markt mit seiner klassischen Fas-

AUSFLUGSZIELE

Schiffshebewerk Niederfinow

Das technische Denkmal stellt täglich seit 1934 seine Funktionstüchtigkeit unter Beweis. Jährlich kommen mehr als 250 000 Besucher, um zu beobachten, wie Schiffe und Kähne den Höhenunterschied von 36 Metern am Oder-Havel-Kanal überwinden. Am Fuß des Schiffshebewerks befindet sich ein Informationszentrum des Wasser- und Schifffahrtsamts Eberswalde. Hier erfährt man viel Wissenswertes über Wasserstraßen im Allgemeinen sowie über den Finowkanal mit seinen Schleusen. Filme und Modelle geben einen anschaulichen Einblick in den Bau und die Technik der spektakulären Konstruktion.
Schiffshebewerk Niederfinow, Hebewerkstr. 52, 16248 Niederfinow, Tel. 033362/71377, www.schiffshebewerk-niederfinow.info

Seit dem Jahr 1934 hievt das Schiffshebewerk Niederfinow Flusskähne und Ausflugsdampfer über das Gefälle vom Oder-Havel-Kanal in die Alte Oder.

sade stammt noch aus den Aufbaujahrzehnten nach dem verheerenden Dreißigjährigen Krieg im 17. Jahrhundert. Sehenswerte sakrale Sehenswürdigkeiten sind die Heilig-Geist-Kapelle, die St. Marienkirche, die Martinskirche sowie das Franziskaner-Kloster. Auch die Ratswaage, ein mittelalterliches Fachwerkhaus, der Pulverturm, der Marktbrunnen und etwas außerhalb der Stadt gelegen die Skulpturen-Promenade am Mündesee bilden reizvolle Besichtigungsmöglichkeiten. In der Blumberger Mühle finden regelmäßig ungewöhnliche Ausstellungen statt. Die umliegenden Wälder der Schorfheide lassen sich auf einem ausgewiesenen System von Lehr- und Erlebnispfaden erkunden. Eine der Entdeckungstouren führt u. a. auf den Spuren von Bibern und Ottern entlang (s. Ausflugstipps). Auf einsamen, aber romantischen Straßen, teils auf baumbestandenen Alleen, teils über huckeliges Kopfsteinpflaster, geht es weiter durch den dichten Wald des Biosphärenreservats Schorfheide-Chorin, vorbei am Grimnitzsee, einem flachen Grundmoränengewässer.

17 Friedrichswalde

Der Ort ist ein Kolonistendorf aus der Zeit Friedrichs II. Schon am Ortseingang wird der Besucher von einem überdimensionalen Holzschuh, dem Symbol des Ortes, begrüßt. Die im Jahre 1782/83 als Fachwerkbau errichtete Kirche wurde 1890 mit Backsteinen neu ummantelt und erhielt auf der Westseite einen Turm aus dem gleichen Material. Von der Höhe am Ortsausgang nach Ringenwalde hat man einen schönen Blick auf den Krummer See, der mit seiner abwechslungsreichen Flora und Fauna beeindruckt. Über Ringenwalde durch die dicht bewaldete Endmoränenlandschaft führt der Weg über Flieth und weiter nach Stegelitz. Durch den malerischen Melzower Forst kommt man vorbei an Warnitz.

18 Warnitz

Camping wird am Oberuckersee groß geschrieben, an dessen Ostufer das Örtchen Warnitz aus dem 14. Jahrhundert gelegen ist. Da liegt es zum Abschluss dieser Tour quasi auf der Hand, ein Bad in den kühlen Fluten zu nehmen – um dann die Fahrt zu dem nur noch 18 Kilometer entfernten Ausgangsort Prenzlau gut erfrischt zurücklegen zu können.

AUSFLUGSZIELE

NABU-Erlebniszentrum, Biosphärenreservat Schorfheide-Chorin

Die Blumberger Mühle ist das multimediale Erlebniszentrum im Biosphärenreservat Schorfheide-Chorin. Das Informationszentrum ist einem hohlen Baumstumpf nachempfunden – als Symbol für die Kreisläufe in der Natur. Auf dem Außengelände führen Pfade durch eine Landschaft aus Teichen, Wiesen und Schilfwald. Zahlreiche Vögel wie Fischadler und Kraniche können aus gut getarnten Aussichtstürmen beobachtet werden.

**NABU – Naturerlebniszentrum,
Blumberger Mühle 2, 16278 Angermünde,
Tel. 03331/26040, www.blumberger-muehle.de**

Wildpark Schorfheide

In einer für diese Region typischen Wald- und Wiesenlandschaft werden in großzügig angelegten, naturnahen Gehegen bedrohte Tierarten wie Wisent, Wildpferd, Elch, Wolf und neuerdings auch Luchs sowie seltene oder vom Aussterben bedrohte Haustierrassen gehalten, die hier beobachtet werden können.

**Wildpark Schorfheide,
Prenzlauer Str. 16,
16244 Schorfheide,
Tel. 033393/65855,
www.wildpark-schorfheide.de**

Luftfahrtmuseum Finowfurt, Race 61 Museumsstr. 1, 16244 Schorfheide OT Finowfurt, Tel. 03335/7233, www.luftfahrtmuseum-finowfurt.de

Schiffshebewerk Niederfinow Der Parkplatz ist ein beliebter Treffpunkt für Technikverliebte. Schiffshebewerk Niederfinow, Hebewerkstr. 52, 16248 Niederfinow, www.schiffshebewerk-niederfinow.info

Oldtimer- und Technikmuseum Perleberg Wilsnacker Str. 12, 19348 Perleberg, Brandenburg, Tel. 03876/6130 01, www.oldtimerfreunde-perleberg.de

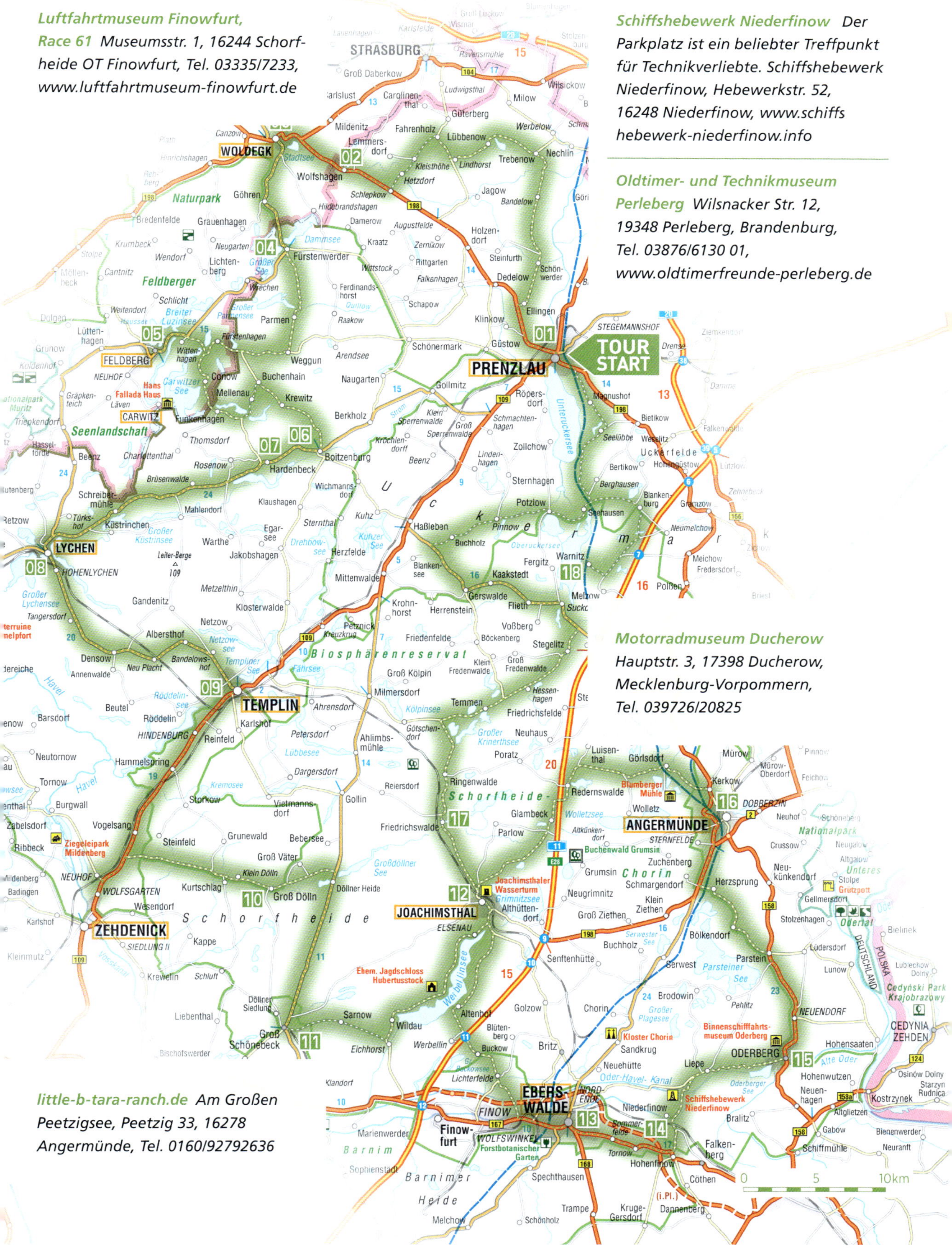

Motorradmuseum Ducherow Hauptstr. 3, 17398 Ducherow, Mecklenburg-Vorpommern, Tel. 039726/20825

little-b-tara-ranch.de Am Großen Peetzigsee, Peetzig 33, 16278 Angermünde, Tel. 0160/92792636

RUPPINER LAND

Entlang unzähliger schimmernder Seen und durch ausgedehnte Buchen- und Kiefernwälder geht es beschaulich durch diese fast menschenleere Region – mit wenigen aber lieblichen Kleinstädten, die wie bunte Kleckse in die leicht hügelige Landschaft getupft sind. Auch hier hinterließ die letzte Eiszeit vor 15 000 Jahren ihre Spuren, formte die Ruppiner Seenlandschaft, nordwestlich von Berlin, zwischen Elbe und Oder. Bei derlei ausgeprägten Wasserwelten gilt das Ruppiner Land als eines der schönsten Wassersportreviere Europas. Schlösser mit herrlichem Seeblick wie in Rheinsberg bieten zauberhafte Kulissen für Konzerte, Theater und Festivals. Wer hier unterwegs ist, wird wie von selbst auch zum Kulturreisenden, denn die Kultur ist Teil der Landschaft. In Neuruppin, der Geburtsstadt Theodor Fontanes, und in vielen anderen Orten der Region erinnert vieles an die brandenburgisch-preußische Geschichte. Und auch die Landschaft wirkt vielerorts noch wie zu Fontanes Zeiten, der in seinen »Wanderungen durch die Mark Brandenburg« (1862) einen Lobgesang auf das von ihm innig geliebte Ruppiner Land erhob. Kopfsteinpflasterstraßen mit Obstbäumen und Klatschmohn am Wegesrand samt Störchen auf den Dächern machen auch heute noch das bildschöne Gesamtkunstwerk des Ruppiner Landes aus. Auf der Suche nach tollen Naturerlebnissen kann man im Naturpark Stechlin-Ruppiner Land seltene Tiere wie Eisvögel, Biber, Fisch- und Seeadler, Schildkröten, Fischotter und vieles mehr entdecken. So menschenleer die Region auch sein mag, so sympathisch offen begegnen ihre Bewohner ihren Motorrad fahrenden Besuchern, öffnen ihnen Tür und Tor und laden durch ihre herzliche Art ein, sich auch ein bisschen wie Fontane auf Wanderschaft zu fühlen.

Der Große Stechlinsee bei Neuglobsow ist einer der letzten großen Klarwasserseen Norddeutschlands.

Im Land der tausend Seen

Im Ruppiner Seenland gleitet man durch wunderschöne Wasserwelten – ideal also, um sich wie Theodor Fontane auf Wanderschaft zu begeben. Nur zu Krade statt zu Fuß.

Das prunkvolle Schloss Fürstenberg ist Sitz der gleichnamigen Porzellanmanufaktur.

ROUTE 12

Streckenlänge: 146 km
Zeitbedarf: Ganz-Tagestour, auf Wochenendtour ausdehnbar
Charakteristik: Gemütliches Cruisen
Start: Himmelpfort
Ziel: Zehdenick
Routenverlauf: Himmelpfort, Bredereiche, Fürstenberg/Havel, Neuglobsow, Großer Stechlin See, Rheinsberg, Ruppiner Schweiz, Storbeck-Frankendorf, Neuruppin, Kloster Lindow, Gransee, Ziegeleipark Mildenberg, Zehdenick

Informationen:
www.ruppiner-reiseland.de
www.stechlin-ruppiner-land-naturpark.de

Hier geht's zum GPS-Track

01 Himmelpfort

Das Zisterzienserkloster Himmelpfort wurde 1299 vom Markgrafen Albert gegründet. »Coeli porta!«, Himmelspforte, so soll im selben Jahr Bruder Otto gerufen haben, als er von einer Anhöhe auf die wunderschöne Landschaft blickte, die sich auf der schmalen Landzunge zwischen Stolp-, Haus-, Moderfitz- und Sidowsee im heutigen Himmelpfort erstreckte. Ein Ort fernab vom Weltgeschehen, von großen Verkehrsstraßen, so recht geeignet, erholungsbedürftige Menschen aufzunehmen. Nach Zerstörung im Dreißigjährigen Krieg standen zuletzt nur noch die Außenmauern der Klosterkirche. Innerhalb dieser Mauern entstand ab 1663 das Gotteshaus neu. Heute findet man nur noch Reste der Ummauerung vor, im romantischen Innenbereich der Ruine werden in den Sommermonaten Konzerte veranstaltet. Im Klosterkräutergarten kann man Wissenswertes über den Anbau von Kräutern erfahren. Eine weitere Einrichtung neueren Datums stellt seit 1999 auch das umfunktionierte Gemeindezentrum zum »Haus des Gastes« dar. Nach einem alten Brauch, aus dem Ortsnamen Himmelpfort hervorgegangen, »wohnt« hier in der Winterzeit der Weihnachtsmann: Unter dem Dach der ehemaligen Dorfschule am Stolpsee in Himmelpfort – so der wunderschöne Kinderglaube – lebt zur Weihnachtszeit der Weihnachtsmann, der hier jedes Jahr sein Quartier bezieht, um Zehntausende Wunschzettel von Kindern aus aller Welt zu beantworten. Hier befindet sich auch die Weihnachtspostfiliale der Deutschen Post – Wunschzettel können an diese Anschrift gerichtet werden: »An den Weihnachtsmann, 16798 Himmelpfort«. Alle Briefe, die bis spätestens zehn Tage vor Heiligabend eingehen, werden auch garantiert vom Weihnachtsmann und seinen helfenden Engeln beantwortet, in Deutsch und in vielen weiteren Sprachen.
Weiter geht es per Krad unter den dichten Laubdächern uralter Buchen hinweg. Nach nur wenigen Kilometern durch die malerische Landschaft ist alsbald Bredereiche an der Havel erreicht.

02 Bredereiche

Die Gemeinde gehört zum nördlichsten Teil Brandenburgs. Ursprünglich war Bredereiche als märkisches Angerdorf angelegt, seine erste urkundliche Bestätigung erfuhr der Ort 1307 als ein Klosterdorf von Himmelpfort. Heute bildet das charmante Städtchen mit der Wasserstadt Fürstenberg/Havel und Himmelpfort das sogenannte Urlau-

Ob es noch fährt, weiß man nicht, aber das nostalgische Motorrad macht sich auch als Deko-Objekt gut.

berdreieck. Das Ortsbild prägen romantische Gebäude wie die hübsche, typisch märkische Fachwerkkirche von 1689, das alte Pfarrhaus, die Schule mit ihrer roten Backsteinfassade und der malerische Dorfplatz. Die uralte »breite, dicke Eiche« – passend zum Namen des Ortes – steht als markanter Blickpunkt an der Ortsverbindungsstraße zwischen Himmelpfort und Bredereiche.
Die Havel mäandert über zwei Kilometer lang idyllisch mitten durch den Ort und teilt ihn in das ehemalige Regelsdorf und den Dorfkern. Sehenswert sind die Havelbrücke mit Wehr und Schleuse und das Wasserkraftwerk mit Turbine. Der Fluss bietet mit seinen auf dem Wasser schaukelnden Segelbooten und den vielen kleinen und größeren Jachten einen zauberhaften Anblick. Der Badestrand mit Sprungturm und Sportanlage sowie der Bootsanleger bereichern das Freizeitangebot. Der beliebte Wasserweg verbindet die kleine Gemeinde mit Berlin bis hin ins Fürstenberger Seenland und weiter zur Mecklenburger Seenplatte. Über die Schleuse von Bredereiche – die erste Kammerschleuse in Bredereiche wurde bereits 1737 erbaut – kann man die Havel bequem überqueren. Das ist vor allem auch interessant für die nachfolgende Weiterfahrt mitten durchs Landschaftsschutzgebiet Fürstenberger Wald- und Seengebiet. Durch malerische Waldschneisen schlängelt sich die gut befahrbare Landstraße gen Fürstenberg an der Havel.

03 Fürstenberg an der Havel

»Wasserstadt auf drei Inseln« wird Fürstenberg auch genannt. Die Stadt ist umschlungen von der Havel und malerisch gelegen auf drei Inseln zwischen Röblinsee, Baalensee und Schwedtsee. Der Ort im Norden Brandenburgs, der das Herz des ausgedehnten Wald- und Seengebiets im Ruppiner Seenland bildet, nennt sich deshalb zu Recht Wasserstadt. Erstmals urkundlich erwähnt wurde Fürstenberg an der Havel im Jahr 1287. Die alte Burg aus dem 12. Jahrhundert ist markantes Zeugnis dieser vergangenen Zeit. Ein guter Ausgangspunkt für einen Spaziergang auf den Spuren der früheren Bewohner ist die eindrucksvolle Stadtkirche im historischen Ortskern, ein gelber Backsteinbau, der vom Schinkel-Schüler Friedrich Wilhelm Buttel 1845 bis 1848 im neu-byzantinischen Stil errichtet wurde. Von hier ist es nicht weit bis zum Barockschloss. Es befindet sich auf einer Insel nördlich des Altstadtkerns. Errichtet wurde der dreiflügelige Bau zwischen 1741 und 1752 nach Plänen des Baumeisters Christoph Julius Löwe, der es als Witwensitz für eine mecklenburgische Herzogin bauen ließ. Später diente es unter anderem als Sanatorium, Krankenhaus und Pflegeheim. Das heute unter Denkmalschutz stehende Schloss beherbergt seit 1957 das Museum der Porzellanmanufaktur Fürstenberg. Die Ausstellung gibt einen Überblick über deren Produktion von den Anfängen zur Zeit des Rokoko bis zum heutigen Tag. Im ehemaligen Kavalierhaus des Schlosses ist das Schlosscafé und Restaurant »Lottine« eingerichtet. Hier werden alle Speisen auf Fürstenberger Porzellan serviert. Dem Schloss gegenüber liegt der Stadtpark mit dem zum Schwedtsee gehörenden großen Jachthafen.
Schon in früheren Jahren war Fürstenberg ein beliebtes Ausflugsziel für die Berlinerinnen und Berliner. Insbesondere nach dem Bau der Eisenbahnstrecke in den 1870er-Jahren wurde Fürstenberg und seine Umgebung zum attrakti-

Kurt Tucholsky verewigte Rheinsberg und sein schönes Schloss in seinem literarischen Œuvre.

Der Große Stechlinsee ist berühmt für sein glasklares Wasser.

ven Ziel für zahlreiche Sommerfrischler aus der Großstadt.

04 Neuglobsow und Großer Stechlinsee

Von hier aus erschließt sich der Naturpark Stechlin-Ruppiner Seenland. Mit über 170 Seen, Flüssen und Kanälen ist dies die gewässerreichste Region Brandenburgs. Der Große Stechlinsee, kurz »der Stechlin« genannt, ist einer der wichtigsten Klarwasserseen Norddeutschlands. Theodor Fontane machte den See in seinem Roman »Der Stechlin« (1898) weltberühmt. Ihm zu Ehren ist im Ort das historische Fontanehaus gewidmet. Die Entstehung des Ortes um 1780 ist einer nahen Glashütte zu verdanken, in der bis 1900 grünes Tafelglas hergestellt wurde. Viele Fachwerkhäuser aus jener Zeit prägen bis heute das malerische Ortsbild. Seinen Namen trägt der Stechlin übrigens völlig zu Recht, denn »steklo« stammt aus dem Slawischen und bedeutet so viel wie »Glas«. Entsprechend sauber und glasklar ist der See, bis zu sieben Meter weit kann man in die Tiefe blicken. Was liegt da näher, als dort auf Tauchstation zu gehen und Barsch und Hecht ganz nah zu kommen. Erlaubt ist das ausschließlich bei Neuglobsow, wo eine Tauchbasis ansässig ist. Wer den See zu Fuß umrunden will, braucht etwas Kondition für die 16 Kilometer lange Strecke. Ein durchgehender Wanderweg ist jedoch vorhanden. Im Stechlin sind zwei Lebewesen beheimatet, die es nirgends sonst auf der Welt gibt: die erst im Jahr 2000 als eigene Art entdeckte, kleine Stechlin-Maräne, zu Ehren Fontanes »Coregonus fontanae« genannt. Endemisch und damit nur hier vorkommend ist auch eine spezielle Kieselalge. Fauna und vor allem Flora bestimmen auch das Bild auf der Weiterfahrt, denn hier umfasst der dichte Forst förmlich das Straßenband.

05 Rheinsberg

Das Hafendorf Rheinsberg ist das »Tor zur Mecklenburgischen Seenplatte« – von hier aus könnte man bis zum Atlantik auf Wasserwegen fahren. Das Rheinsberger Seengebiet ist ein Paradies für Wassersportler. Mehr als 70 Seen laden zu Bootsausflügen und zum Schwimmen ein.

Mit einer der schönsten Liebesgeschichten der deutschen Literatur setzte Kurt Tucholsky im Jahr 1911 dem Ort Rheinsberg ein Denkmal: »Rheinsberg: Ein Bilderbuch für Verliebte« heißt Tucholskys federleichte, vor Ironie und Zärtlichkeit nur so sprühende Erzählung, die einen autobiografischen Hintergrund hat. Denn es war Tucholsky selbst, der hier mit einer Freundin einst ein Turtelwochenende verbrachte. 1736 schenkte der Preußenkönig Friedrich

Ziegeleipark Mildenberg

Eine der bedeutendsten Industriekulturstätten Europas präsentiert originale Ringöfen und authentische Arbeitsplätze – alles zum Thema Ziegelherstellung. Denn das Zehdenicker Ziegeleirevier war einst das größte Ziegelwerk Europas. Bei Führungen und in multimedialen Inszenierungen werden die schweren Bedingungen, unter denen die Arbeit einst verrichtet wurde, authentisch präsentiert. Auch ein Teil der alten Technik wird wieder zum Leben erweckt: Die alte Dampfmaschine und die per Transmission angetriebenen Maschinen in den Alten Werkstätten setzen sich im Rahmen von Führungen wieder in Betrieb. Besucher können hier Ziegel formen und ihren ganz persönlichen Ziegel aus Ton im traditionellen Handstrichverfahren unter Anleitung herstellen. Anschließend lässt man den erlebnisreichen Tag am besten im Gasthaus »Alter Hafen« an der Havel gemütlich ausklingen.

Ziegeleipark Mildenberg, Ziegelei 10, 16792 Zehdenick OT Mildenberg, www.ziegelpark.de

Wilhelm I. seinem Sohn, dem künftigen Friedrich II., Schloss Rheinsberg – das architektonisches Vorbild für das spätere Schloss Sanssouci in Potsdam werden sollte. Dieser verliebte sich sofort in das Anwesen und beschloss, hier zu leben. Er verbrachte hier seine glücklichsten Tage als Kronprinz, bevor er die Thronfolge antreten musste.

Umrahmt von Lustgarten und Grienericksee setzt das von Architekt Georg Wenzeslaus von Knobelsdorff entworfene Schloss Rheinsberg einen markanten Blickpunkt. Der Schlosspark ist eine Komposition aus weitläufigen Rasenflächen, Statuen, bunten Blumenarrangements und von Hecken umrahmten, sandfarbenen Wegen. Nach einem Spaziergang durch den Park am Seeufer erreicht man die gegenüberliegende Uferseite, von wo aus man, unterhalb des Obelisken, die Aussicht auf das prächtige Schloss genießen kann. Im Schloss hat auch das sehenswerte KurtTucholsky-Literaturmuseum seinen Sitz.

Auch Theodor Fontane weilte einst als Gast im Städtchen Rheinsberg, auf den Spuren des Literaten lässt sich der Ort entdecken. Nach dem Genuss solch glanzvoller Pracht bereitet der stille grüne Wald auf dem Weg in die Ruppiner Schweiz besondere Wohltat.

06 Ruppiner Schweiz

Kurvenglück verheißt bereits der Name, denn in Anlehnung an eine gebirgsähnliche Schweizer Landschaft locken hier einige Kurven, die man im Gebiet des Ruppiner Wald- und Seengebiets nicht unbedingt erwarten würde. Tatsächlich sind es jedoch keine Erhebungen, die der Region einst ihren Namen gaben, sondern das Dutzend Schweizer Familien, die sich hier 1691 im Dörfchen Storbeck niederließen. Doch Name hin oder her, die Kurven sind es, die zählen und so geht es verschlungen hoch auf die Endmoränenkuppen wie den Pritzkow (102 Meter) bei Großwoltersdorf oder die Krähenberge bei Rheinsberg mit knapp 117 Meter Höhe. Charakteristisch für diese märkische Landschaft sind auch die zahlreichen Alleen, Hecken und Feldgehölze, welche meist alte Ortsverbindungen und Feldwege säumen. Kalksee, Tornowsee, Zermützelsee, Tetzensee, Molchowsee und Rhin bilden über eine Länge von knapp 40 Kilometern nach Süden hin – aneinandergereiht wie leuchtende Perlen im zartgrünen Kiefernwald – eine schmucke Seenkette. Vor über 130 Jahren durchwanderte bereits Theodor Fontane die Ruppiner Schweiz, dessen Eindrücke in seine Schrift »Wanderungen durch die Mark Brandenburg« Einlass fanden. Besser als mit seinen Worten lässt sich die wunderschöne Landschaft daher kaum beschreiben: »Den vollsten Reiz, Wo birgt ihn die Ruppiner Schweiz? Ist's norderwärts in Rheinsbergs Näh?, Ist's süderwärts am Molchow-See? Ist's Rottstiel tief im Grunde kühl? … An jeder Stelle gleichen Reiz erschließt dir die Ruppiner Schweiz.« Eine kleine Rast für Krad und Fahrer – und ein kleiner Sprung in den nahen Kalksee – wäre hier möglich. Oder ein Besuch im Tierpark Kunsterspring, bevor man sich auf den Weg weiter durch den dichten Kiefernwald zu einem kleinen Abstecher nach Storbeck-Frankendorf begibt.

07 Storbeck-Frankendorf

Storbeck-Frankendorf liegt idyllisch in einem weitläufigen Waldgebiet, nur knapp 20 Kilometer von Neuruppin und 15 Kilometer von Rheinsberg entfernt. Storbeck wurde im Jahr 1691 von zwölf bäuerlichen Familien aus der Schweiz fast an derselben Stelle aufgebaut wie das ehedem untergegangene, mittelalterliche Dorf gleichen Namens. Vermutlich wurde dieses zuvor zwischen 1000 und 1200 von Bauern niedersächsischer Herkunft gegründet und um 1527 in den Ruppinisch-Pommerschen Fehden zerstört. Sehenswert ist die Dorfkirche – neben der Kirche in Lindow die einzige noch erhaltene Schweizer Kirche im Ruppiner Land. Der barocke Fachwerkbau basiert auf einem zwölfeckigen Grundriss. Gebaut wurde sie zwischen 1700 und 1707. Nach aufwendiger Sanierung ist auch seit 2000 ihre restaurierte Hollenbachorgel wieder spielbar.

Der Ortsteil Frankendorf kann mit seiner einschiffig errichteten Back-

Der Naturpark Stechlin-Ruppiner Land gehört zweifellos zu den schönsten Landschaften Brandenburgs.

Am Ufer des Ruppiner Sees steht die Klosterkirche, das älteste Bauwerk von Neuruppin.

steinkirche aufwarten. Mit einer Apsis im neogotischen Stil wurde sie erst 1905 errichtet. Der Westturm trägt einen schlanken Dachreiter. Vor der Kirche erinnert das Ehrenmal an die Gefallenen des Ersten Weltkriegs. Die behauene Findlingsstele auf einem zweistufigen gemauerten Feldsteinsockel wird von einem Adler gekrönt. Darunter ist ein Eisernes Kreuz mit Inschrift angebracht. Am Sockel gibt es ein beschriftetes Medaillonfeld. Anschließend geht es zurück auf die B167 – die Geburtsstätte Theodor Fontanes entdecken.

08 Neuruppin

Neuruppin ist eine echte Perle Brandenburgs. Nicht nur dass Theodor Fontane hier 1819 als Sohn des Löwen-Apothekers das Licht der Welt erblickte. Auch eine Vielzahl an Sehenswürdigkeiten spiegelt die spannende Geschichte der Stadt wider. Von der Uferpromenade schweift der Blick weit über den schier endlosen Ruppiner See, dem längsten See Brandenburgs. Die historische Altstadt, ein zweihundert Jahre altes Gesamtkunstwerk des Frühklassizismus, macht den Geburtsort Theodor Fontanes und Karl-Friedrich Schinkels zum Musterbeispiel preußischer Baukunst. Großzügig angelegte Plätze und breite Straßen mit klassischen Bürgerhäusern prägen das romantische Stadtbild. Das Besichtigungsprogramm umfasst Baudenkmäler wie das Geburtshaus Theodor Fontanes, das Schinkel-Denkmal und die Klosterkirche St. Trinitatis mitten im malerischen Stadtkern. Mit dem modernen Anbau des Museums Neuruppin setzte man einen weiterer städtebaulichen Akzent: Das 1791 erbaute Noeldchen-Haus wurde 2014 um einen modernen Anbau erweitert, der seit Januar 2015 für Besucher zugänglich ist. Auf einer Fläche von etwa 800 Quadratmetern präsentiert das Museum die Ur- und Frühgeschichte im Ruppiner Land sowie die Geschichte der Stadt Neuruppin von ihrer Gründung bis zur Gegenwart. Dabei widmet sie sich auch den Neuruppiner Persönlichkeiten – Architekt Karl Friedrich Schinkel und Schriftsteller Theodor Fontane. Darüber hinaus sind Werke des Orientmalers Wilhelm Gentz ausgestellt sowie die berühmten Neuruppiner Bilderbogen, die die Stadt im 19. Jahrhundert weit über die Landesgrenzen hinaus bekannt machten. Der benachbarte Tempelgarten ist in das Gesamtkonzept des Museums miteinbezogen und bietet die Möglichkeit, den Museumsbesuch mit einem Spaziergang auf den Spuren von Kronprinz Friedrich abzurunden. Sehenswert ist hier insbesondere der Apollotempel, geschaffen vom bekannten Architekten Georg Wenzeslaus von Knobelsdorff. Nach dem lohneswerten Bummel durch die wunderschöne Stadt geht es beschwingt weiter durch die herrliche Landschaft des Naturparks, um bald darauf dem Kloster Lindow einen Besuch abzustatten.

09 Kloster Lindow

Über ruhige Landstraßen führt die Strecke von Neuruppin nach Lindow. Der Ort liegt zwischen Wutzsee, Gudelacksee und Vielitzsee, idyllisch eingebettet in den Naturpark Stechlin-Ruppiner Land. Schon Theodor Fontane schrieb über das Städtchen: »Lindow ist so reizend wie sein Name. Zwischen drei Seen wächst es auf und alte Linden nehmen es unter ihren Schatten.« Lindows Geschichte ist untrennbar mit der des Klosters verbunden. Vermutlich wurde es um 1230 von den Grafen von Arnstein gegründet, die sich selbst Grafen von Lindow nannten. 1542 wurde das Kloster in ein evangelisches Damenstift umgewandelt. Es war bis 1638 eines der reichsten Klöster der Mark, bis es schließlich mitsamt seiner wertvollen Bibliothek und seinen Urkunden durch kaiserliche Truppen zerstört wurde. Aus dieser Zeit ist nur die alte Klosterschule erhalten geblieben. Doch auch die Reste der alten Klosteranlage lohnen einen Besuch.

Klassizistische Häuser prägen auch heute noch das Stadtbild von Lindow ebenso wie der gut sichtbare, 36 Meter hohe Turm der barocken Stadtkirche. Bereits 1457 erhielt die Lindower Neustadt eine eigene Pfarrkirche – ein Feldsteinbau mit separatem Holzturm. Zwei Brände in der Mitte des 18. Jahrhunderts zerstörten die alte Stadtkirche sowie die Bürgerhäuser im südlichen und nördlichen Randbereich der Stadt. Die dann zwischen 1751 und 1755 von Landbaumeister Georg Christoph Berger neu erbaute evangelische Kirche mit der berühmten Sauer-Orgel (um 1900) gehört heute zu den schönsten der Mark Brandenburg. Ungewöhnlich sind die Ausrichtung des Turmes nach Osten und der in der Mitte der Kirche stehende Kanzelaltar. Wunderschön strahlen die restaurierten Bleiglasfenster in der Sonne. Zur Zeit König Friedrichs des Großen wurde neben der Kanzel eine Sanduhr angebracht, um immer die Dauer der Predigt im Blick zu haben.

Für Ausflüge zu Wasser empfiehlt sich eine reizvolle Kanutour auf Fontanes Spuren vom Ruppiner See bis zum Gudelacksee in Lindow. Er ist der größte der drei Seen, die Lindow umgeben. Im Wutzsee erinnert eine Skulptur an die Sage der schönen Nonne Amelie. Wege rund um die Seen und mehrere Restaurants und Biergärten laden zum Verweilen ein. Die Wanderung zu Krade durch die Mark Brandenburg findet ihre Fortsetzung auf der romantisch von alten Bäumen gesäumten Landstraße in Richtung Gransee.

10 Gransee

Das charmante Gransee glänzt mit einem vollständig erhaltenen mittelalterlichen Stadtkern, der umrahmt ist von einer 1,7 Kilometer langen Stadtmauer. »Gransee war eine feste Stadt, vielleicht die festeste Stadt der Grafschaft Ruppin«, schrieb Fontane

AUSFLUGSZIELE

Naturpark Stechlin-Ruppiner Land

Das sogenannte Großschutzgebiet Brandenburgs ist 680 Quadratkilometer groß und schließt neben dem Stechlinsee das Rheinsberger Seengebiet und die Ruppiner Schweiz ein. Der Stechlinsee ist mit knapp 70 Metern der tiefste See des Bundeslandes. Er gab Fontanes letztem Roman »Der Stechlin« den Titel. Obere Havel und Rheinsberger Rhin fließen durch die Landschaft. Viele Spechtarten, aber auch Kranich, Fischadler und Eisvogel sind hier zu Hause. Wappentier des Parks ist die Schellente. Die Weibchen haben ein graues, die Männchen ein schwarz-weißes Gefieder. Auffällig bei beiden sind die leuchtend gelben Augen. Weit über die Hälfte des Naturparks ist von Wäldern bedeckt. Typisch sind die ausgedehnten Buchenwälder. Dazwischen verstreut liegen über 100 Seen, die meisten davon Klarwasserseen, in denen man herrlich baden kann. Auch geangelt wird viel. Im Zentrum der Region liegt Rheinsberg. Die Stadt mit ihrem schönen Schloss erlangte durch Kurt Tucholskys Erzählung »Rheinsberg« Berühmtheit. Auch Theodor Fontane erwähnte die Stadt in seinen Wanderbeschreibungen. Man sollte auch einen Besuch in Wittstock an der Dosse oder in Fürstenberg an der Havel einplanen.

Das Ruppiner Tor ist das Wahrzeichen von Gransee. Es hat zwei Schauseiten, die individuell gestaltet sind.

1,7 Kilometer lang – die historische Stadtmauer von Gransee ist noch fast vollständig erhalten.

in seinen »Wanderungen«. Der Eindruck drängt sich noch heute auf, wenn man die massive Stadtmauer aus dem 14. Jahrhundert umwandert. Das Ruppiner Tor in schönster spätgotischer Backsteinarchitektur ist ein echter Hingucker. Im Torgebäude zeigt eine Galerie wechselnde Ausstellungen.

Seitlich daneben befindet sich eine einfache Durchfahrt, das sogenannte Waldemartor. Im 14. Jahrhundert fielen die Granseer Bürger auf die Schwindeleien eines »falschen Waldemar« herein. Zur Strafe mussten sie das Tor, durch das dieser ungehindert in die Stadt gelangte, zumauern und daneben ein kleineres Tor in die Stadtmauer schlagen. Erst 1818 gestattete der preußische König die Öffnung des alten Stadttores.

Markantes Wahrzeichen der Stadt ist die Pfarrkirche St. Marien mit ihren

Marina Alter Hafen
Idyllisch gelegen ist die Marina Alter Hafen an der Oberhavel-Wasserstraße zwischen der Mecklenburgischen Seenplatte und Berlin/Potsdam – der ideale Ausgangspunkt für Wassersportler und Erholungssuchende. Von hier aus lässt sich das umliegende Naturparadies auf vielfältige Weise entdecken.
Marina Alter Hafen, Ziegelei 11, 16792 Zehdenick, Tel. 03307/420504, www.marina-alter-hafen.de

Unterwegs auf dem Floß
Vermietung von Flößen, Kanus, Ruderbooten und Angelbooten mit Motor. Es können auch geführte Touren gebucht werden.
Natur-Floss, Ziegelei, 16792 Zehdenick OT Mildenberg, Tel. 0173/4320917, www.natur-floss.de

zwei Türmen. Sie wurde ab Mitte des 13. Jahrhunderts bis ca. 1520 errichtet. Die dreischiffige, siebenjochige Hallenkirche aus Backstein hat mehrere Brände und den Dreißigjährigen Krieg überstanden. »Was diese Kirche, die von keiner in der Grafschaft übertroffen wird, auch schon äußerlich auszeichnet, ist die reiche Verwendung des vierblättrigen Kleeblatts«, berichtete Theodor Fontane. Eine Besonderheit sind die beiden Kirchtürme: Der eine Turm ist aus Holz, der andere aus Stein. Den steinernen Turm können Besucher besteigen und von hier aus eine tolle Aussicht über die Stadt genießen.
Auch das berühmte Schinkeldenkmal für Königin Louise lohnt einen Besuch. Es erinnert an die Überführung der mit nur 34 Jahren verstorbenen, bei der Bevölkerung äußerst beliebten preußischen Königin Luise (1776–1810). Da die Strecke vom Sterbeort Hohenzieritz in Mecklenburg nach Berlin nicht an einem Tag zu bewältigen war, machte der Trauerzug in Gransee Station. In der Nacht vom 25. zum 26. Juli 1810 wurde der Sarg auf dem Markt, dem heutigen Schinkelplatz, aufgebahrt. Die Bürger der Stadt Gransee wollten ihrer Königin an dieser Stelle ein Denkmal setzen und sammelten dafür Spenden. Karl Friedrich Schinkel lieferte den Entwurf, der von der Königlichen Eisengießerei Berlin umgesetzt wurde. Ein Jahr nach ihrem Tod wurde das Denkmal eingeweiht. Als wäre die Königin hier begraben, zeigt es einen Sarkophag mit Krone auf einem Sockel, der von einem filigranen Baldachin gegen Wind und Wetter geschützt wird. Ihre letzte Ruhestätte fand die Königin im Mausoleum im Schlosspark Charlottenburg in Berlin
Um 1280 hatten die Franziskaner damit begonnen, in Gransee ein Kloster zu errichten. Lange Zeit prägte das Kloster mit seinen Bauten das Stadtbild. Mit der Reformation wurde der Klosterbetrieb aufgehoben. Im Jahre 1561 erhielt die Stadt das Klostergebäude zurück mit der Auflage, hier eine Schule einzurichten – bis 1963 fand hier Unterricht statt. Heute sind vom Kloster nur noch Reste erhalten. In einem der Gebäude gibt eine Ausstellung Einblicke in die gelungene Stadtsanierung und im Sommer nutzen Besucher die Wiese des Klostergartens gern für ein Picknick. Nach der Besichtigung Gransees rollen die Kräder weiter zu einer von der harten Arbeit des 20. Jahrhunderts geprägten Stätte.

11 Ziegeleipark Mildenberg

Unzählige Tonstichseen mit reichen Tonvorkommen prägten einst das Bild der Stadt Mildenberg. Früher wurde hier Ton abgebaut und millionenfach zu Ziegeln für die stark anwachsende Metropole Berlin gebrannt. Denn Ende des 19. Jahrhunderts platzte Berlin aus allen Nähten. Ziegel wurden dringend gebraucht. Da traf es sich gut, dass bei Gleisarbeiten in der Nähe des Dorfes Mildenberg, etwa 50 Kilometer nördlich der Hauptstadt, zufällig große Tonvorkommen gefunden wurden. Der Ziegelrausch begann. Schon zur Jahrhundertwende arbeiteten im »Zehdenicker Revier« mehr als 5000 Menschen. Sie produzierten jährlich mehrere Hundert Millionen Ziegel. An die hundert Schiffe brachten die ersehnten Quader kontinuierlich in die boomende Metropole. Noch heute bestehen ganze Straßenzüge Berlins aus Mildenberger Ton. Im Ziegeleipark Mildenberg wird dieses faszinierende Stück Industriekultur erlebbar. Heute ist das weitläufige Areal im Herzen der idyllischen Seenlandschaft ein traumhaftes Naherholungsziel.

12 Zehdenick

Die märkische Kleinstadt an der Havel wurde 1216 erstmals erwähnt. Die Gründung des Zisterzienserinnen-Klosters Zehdenick erfolgte im Jahre 1250 – der Legende nach zur Erinnerung an ein Hostienwunder. Das Gotteshaus entwickelte sich rasch zu einem Wallfahrtsort sowie zu einem geistig-kulturellen und wirtschaftlichen Zentrum der Gegend. Im Dreißigjährigen Krieg wurde das Kloster stark zerstört. Ein Stadtbrand im Jahre 1801 vernichtete die Klosterkirche endgültig, dabei gingen auch nahezu alle schriftlichen Unterlagen verloren. Ein neuerlicher Aufbau des Klosters erfolgte nicht. Sehenswert sind die Ruine des großen Dormitoriums mit den beiden erhaltenen Giebelwänden und der nördliche Kreuzgangflügel mit dem erhaltenen Teil des Kreuzgangs und mehreren Gewölberäumen dennoch. In den Sommermonaten wird

Der Hafen von Zehdenick ist Ausgangspunkt für zahlreiche Schiffstouren in die umliegende Seenlandschaft.

der malerische Kloster-Innenhof und der Konventualinnensaal im Nordflügel als Kulisse für Konzerte und Veranstaltungen des Evangelischen Stifts genutzt. Sehenswert für Freunde der Technik ist das Schiffermuseum Zehdenick, eingerichtet in einem über 42 Meter langen und knapp fünf Meter breiten, noch funktionsfähigen Großfinowmaßkahn (Baujahr 1916), der bis 2001 noch im Einsatz war. Die Ausstellung offenbart die Beziehung zwischen Handel und Schifffahrt für den Industriestandort Zehdenick, die Traditionen der Schiffer und Hafenarbeiter sowie deren Lebens- und Arbeitsweisen.

Die »Zehdenicker Tonstichlandschaft« war einst in Deutschland und ganz Europa einmalig. Durch die Austonung der Havelniederung sind gegen Ende des 19. Jahrhunderts rund um Zehdenick an die 60 Tongruben entstanden, die heute zum Teil als Badeseen genutzt werden und Lebensraum für viele seltene Tier- und Pflanzenarten bieten. Durch Zehdenick verläuft auch die 215 Kilometer lange »Tonstraße«, vorbei am Ziegeleipark Mildenberg. In Zehdenick endet diese Tour, die sich vom nahen Templin aus übrigens auch wunderbar mit der Route 11, »Uckermark« (siehe S. 120) ergänzen lässt.

AUSFLUGSZIELE

Hausboottour von Rheinsberg nach Potsdam

Die Fahrt von Rheinsberg nach Potsdam gehört zur »Königsklasse« der Hausboottouren. Kaum eine Seen- und Flusslandschaft in Deutschland ist abwechslungsreicher. Am Ufer liegen die Sehenswürdigkeiten wie an einer Perlenkette aufgereiht: die Städte Rheinsberg und Oranienburg mit ihren Schlössern, der Ziegeleipark Mildenberg und natürlich Potsdam, das Ziel der rund einwöchigen Reise. Seit 1990 gehören weite Teile der Stadt zum UNESCO-Weltkulturerbe. Die Sacrower Heilandskirche und die Pfaueninsel, die Schlösser Glienicke, Cecilienhof und Babelsberg und die berühmte Glienicker Brücke liegen am Wasserweg und können bei einem Landgang besichtigt werden.

Le Boat Basis Marina Wolfsbruch
c/o Crown Blue Line GmbH
Im Wolfsbruch 3, 16831 Kleinzerlang,
Tel. 06101/55791, www.leboat.de

Historischer Kaffenkahn

Segeln, Staken, Treideln – Fahrten mit einem historischen Lastensegler auf den Havelseen rund um Fürstenberg an der Havel sind ein einmaliges Erlebnis.
Haus an der Havel,
Schliemannstr. 6, 16798 Fürstenberg/Havel,
Tel. 033093/39069, www.haus-an-der-havel.de
Hafendorf Rheinsberg
www.hafendorf-rheinsberg.de.

BikersInn Schönberg
Schönberger Dorfstr. 39,
16835 Schönberg (Mark),
www.bikersinn.eu

Racetrack Airbase Wittstock
Alt Daber, Alter Militärflugplatz 1,
16909 Wittstock, Tel. 03394/429100

Ums Luch (ehemals PUR BIKE)
Scheunenweg 50, 16766 Kremmen,
Tel. 033055/949880,
www.umsluch.de

Berni's Café
Ziegelei 4a,
16792 Zehdenick OT Mildenberg,
Tel. 03307/315132

Café & Restaurant Alte Reederei
Alte Reederei, Brandenburger
Str. 38, 16798 Fürstenberg/Havel ,
Tel. 033093/60474,
www.altereederei.de

Café zur Brücke *Strandpromenade 8,*
16837 Rheinsberg OT Flecken Zechlin

USEDOM & WOLIN

»Man hat Ruhe und frische Luft und diese beiden Dinge wirken wie Wunder und erfüllen Nerven, Blut und Lungen mit einer stillen Wonne.« Diese Zeilen schrieb Theodor Fontane 1863 auf Usedom an seine Frau Emilie. Die fast 450 Quadratkilometer große Insel, die sich zwischen Peene und Swina, den beiden Mündungsarmen der Oder, erstreckt, ist ein Feriengebiet par excellence. Hauptgründe für ihre Beliebtheit sind die heilsame Seeluft und die kilometerlangen, familienfreundlichen Strände, die ihr bereits vor Generationen den Kosenamen »Badewanne Berlins« bescherten. Während die alten Siedlungen der Fischer mit ihren reetgedeckten Häusern idyllisch am Achterwasser (eine Lagune des in die Ostsee mündenden Peenestroms) liegen, entstand gegen Ende des 19. Jahrhunderts zum offenen Meer hin eine Reihe großer, eleganter und mondän wirkender Seebäder in wilhelminischer Bäderarchitektur. Zu den Namhaftesten ihrer Art zählen Bansin, Ahlbeck und Heringsdorf. Wahrzeichen dieser drei Kaiserbäder sind ihre eindrucksvollen Seebrücken. Liebevoll erhalten und inzwischen restauriert, ergeben auch die zahlreichen weißen Villen entlang der Dünen ein prächtiges Bild. Gleichzeitig ist »Die grüne Insel am Meer« seit 1999 ein Naturpark. Die zauberhafte Landschaft ist geprägt vom waldgesäumten Ostseestrand, grünen Alleen, abgelegenen Salzwiesen am Brackwasserhaff, flachen, kleinen Seen, weiten Dünen und dichten Buchenwäldern.

Auch ein großer Teil der polnischen Insel Wolin steht als Nationalpark unter Schutz. Das Ostseebad Misdroy auf Wolin ist eines der schönsten Seebäder an der polnischen Ostseeküste. Zweitgrößter Ort auf der Insel ist die Stadt Wolin, die der Insel ihren Namen gegeben hat.

Ostseeromantik pur findet man in Heringsdorf, wenn am Abend die berühmte Seebrücke in hellem Licht erstrahlt. Mit 508 Metern ist sie die längste Seebrücke Deutschlands.

Von Dünen, Seebädern und Meeresluft

Usedom und Wolin verleiten zu Entdeckungstouren an die Küste der Ostsee – feine Sandstrände und mondäne Kaiserbäder laden immer wieder zu erholsamen Pausen ein.

ROUTE 13

Streckenlänge: 250 km
Zeitbedarf: Zwei-/Drei-Tagestour, auf ein verlängertes Wochenendtour ausdehnbar
Charakteristik: Kontrastprogramm in der Streckenauswahl, von buckelig oder schmal bis mondän, auch mal nur sandig
Start/Ziel: Peenemünde
Routenverlauf: Peenemünde, Karlshagen, Trassenheide, Zinnowitz, Krummin, Wolgast, Möschow, Zinnowitz, Lütow, Zempin, Koserow, Ückeritz, Pudagla, Benz, Sellin, Heringsdorf, Ahlbeck – ab Wolin (Polen): Swinemünde, Miedzyzdroje, Wiselka, Kolczewo, Mokrzyca Wielka, Wolin (Stadt), Dargobadz, Warnowo, Wiselka, Miedzyzdroje – Usedom: Garz, Zirchow, Görke, Mellenthin, Morgenitz, Suckow, Usedom (Stadt), Mönchow, Zecherin – zurück bis nach Suckow, Krienke, Liepe, Warthe (und wieder zurück), Mellenthin, Pudagla, Karlshagen, Peenemünde
Informationen:
www.usedom-info.com

Hier geht's zum GPS-Track

Auf dem Freigelände des Historisch-Technischen Museums findet sich eine Vielzahl von Großexponaten. Rechts im Bild: Nachbau einer A4-Rakete.

01 Peenemünde

Die Inseltour startet in Peenemünde, einer der größten Orte von Usedom. Im Dreißigjährigen Krieg landete hier der schwedische König mit seinen Truppen – heute sind hier sowohl blühende Orchideen zu bewundern als auch Seeadler bei ihrem herrlichen Gleitflug zu beobachten. Starke Kontraste und eine über 700 Jahre alte Geschichte haben diese nördlichste Gemeinde der Insel Usedom geprägt, die 1282 erstmals urkundlich erwähnt wurde. Durch die Entwicklung der ersten Großrakete V2 durch Wernher von Braun wurde Peenemünde international bekannt. Im Zuge dessen entwickelte sich das ehemalige Fischerdorf zu einem Museumsort, der jährlich viele tausend Touristen aus aller Welt anzieht. U-Boot Museum, Raketenausstellung, Phänomenta und Spielzeugmuseum sind ebenso beliebt wie der Flugplatz und die Peenemünder Rennstrecke. Der weiße Ostseestrand von Peenemünde liegt nur wenige Kilometer vom Ortskern entfernt. Meer und Strand in Sichtweite geht es anschließend flott rüber ins nächste Ostseebadstädtchen, nach Karlshagen.

02 Karlshagen

Die 1829 als Fischerkolonie angelegte Wohnsiedlung erhielt Ihren Namen vom Stettiner Regierungsrat Carl Triest, der sich um die Gründung des Ortes verdient gemacht hatte. In den 1930er-Jahren baute man Karlshagen zur Wohnsiedlung für die in der Heeresversuchsanstalt Peenemünde tätigen Raketeningenieure, Wissenschaftler und Arbeiter aus. Schon in den 1930-/40er-Jahren entwickelte sich ein reger Tourismus und es entstanden Ferienwohnungen, Hotels, Restaurants und ein großer Campingplatz direkt an der Ostseeküste. Der Ort besticht heute nicht nur durch seinen flachen, breiten und feinsandigen Ostseestrand, sondern auch durch seinen idyllischen Jachthafen auf der Peene-Seite. Das Naturschutzzentrum befindet sich an der Strandpromenade. Besucher können sich hier über die Landschaft der Ostseeküste sowie über Flora und Fauna und deren Schutz informieren.

03 Trassenheide

Eines der kleinsten Ostseebäder auf Usedom ist Trassenheide zwischen Karlshagen und Zinnowitz. 1786

erstmals urkundlich erwähnt, nannte man das kleine Fischerdorf damals »Hammelstall«, weil die Bewohner zum Schutz der Schafherden vor Überflutung durch die Ostsee einen für die Insel Usedom damals überdurchschnittlich großen Stall gebaut hatten. Heute bietet der Badeort Hotels, Bungalows, Ferienwohnungen, Pensionen und einen idyllisch gelegenen Campingplatz. Sehenswürdigkeiten wie Europas größte Schmetterlingsfarm und das »Haus auf dem Kopf« sind beide im Wiesenweg des Ortes zu finden. Der Schmetterlingszoo mit seinem naturnahen Biotop beherbergt auf einer Fläche von ca. 5000 Quadratmetern an die 2500 tropische Schmetterlinge aus 60 verschiedenen Arten.

04 Zinnowitz

Zinnowitz ist mehr als 700 Jahre alt, seit rund 160 Jahren pflegt es seine Badekultur. Wie Koserow – ebenfalls eine der ältesten Siedlungen auf Usedom – liegt es mit Zempin an der schmalsten Stelle der Insel. Die Engstelle zwischen Ostsee und Achterwasser ist hier nur wenige hundert Meter breit – dementsprechend ballt sich hier schon mal der Inselverkehr und es wird eng auf der Straße, die über dieses schmale Stück Land führt. Am 16. Juni 1851 erhielt Zinnowitz erstmals die Erlaubnis, den Ostsee-Badebetrieb zu eröffnen, wodurch der Ort schnell bekannt wurde. Im Jahr 1904 baute die Gemeinde eine hölzerne Seebrücke, die aber aufgrund schlechter Wartung bald verfiel. Erst im Jahr 1993 entstand eine neue Seebrücke aus Beton, Stahl und Holz. Hier befindet sich heute eine einmalige Attraktion auf der Insel Usedom, nämlich eine Tauchgondel, die in die Tiefen der Ostsee abtaucht und dabei ihre Besucher trockenen Fußes etwa 3,50 Meter tief bis fast auf den Meeresgrund bringt. Entlang der schönen Strandpromenade führt auch der internationale Fahrradweg, der von Wolgast bis zum Seebad Ahlbeck die

AUSFLUGSZIELE

Technik- & Zweiradmuseum auf Usedom

Die kleine Gemeinde in der Nähe der Stadt Usedom liegt direkt am Ufer des Stettiner Haffs. Im ortseigenen DDR-Museum kann man eine Reise in die Geschichte der Region Ostvorpommern unternehmen. In dem Museum findet jedes Jahr auch das traditionelle Ostalgie-Treffen statt. Das an der B110, auf dem Gelände der ehemaligen bäuerlichen Handelsgenossenschaft gelegene Motorradmuseum erweitert ständig seine Palette an Fahrzeugen, bestehend aus Traktoren, NVA-Technik und Fahrzeugen aus der Feuerwehrtechnik. 1997 wurde das Museum von DDR-Motorradtechnik-Enthusiasten gegründet. Die Fahrzeugausstellung zeigt fast alle in der DDR üblichen Zweiradfahrzeuge, vom »Hackenwärmer« bis hin zur AWO. Auch Marken aus dem »befreundeten« Ausland wie Jawa aus der ČSSR oder Dnepr aus der UdSSR sind zu sehen. Die alten Motorräder restaurieren die Museumsbetreiber in ihrer Freizeit übrigens alle selbst.

Motorradmuseum, Bahnhofstr. 1, 17419 Dargen, Tel. 038376/20290, www.museumdargen.de

gesamte Insel Usedom umkreist. Zahlreiche Hotels, hübsche Ferienwohnungen und schmucke Villen im Stil der Bäderarchitektur aus den 1920er-Jahren bieten direkt an der Ostseeküste perfekte Unterkunftsmöglichkeiten.

Von Zinnowitz aus empfiehlt sich ein Schlenker über das schöne Mölschow. Anschließend geht es über eine idyllische Lindenallee ins malerische Krummin, um dort im hübschen Hafen am Achterwasser eine Pause einzulegen.

05 Wolgast

An einer der engsten Stellen des gewundenen und verzweigten Peenestroms liegt Wolgast, das »Tor zur Insel Usedom«. Der Peenestrom ist eigentlich ein Meeresarm der Ostsee. Die schmale Durchfahrt zwischen Usedom und dem Festland dient dem Fluss Peene sowie der Oder als Abfluss. Sandbänke, eine zumeist ruhige Strömung und ein Gemisch aus Salz- und Süßwasser – das sogenannte Brackwasser – kennzeichnen diesen etwa 20 Kilometer langen Wasserlauf. Bis in die 1920er-Jahre war die Insel Usedom von der Wolgaster Schlossinsel ausschließlich über eine Fährverbindung zu erreichen. Dem zunehmenden Pkw- und Lkw-Verkehr von und zur Insel Usedom war die damalige Dampffähre von 1890 jedoch bald nicht mehr gewachsen. Heute gelangen die meisten Besucher über die sogenannte Peenebrücke, eine Hubbrücke, die sich alle vier Stunden für die Duchfahrt von Schiffen öffnet, auf die Insel. Wolgast besitzt eine pittoreske Altstadt, eine Marina und den Museumshafen. Mehr als einen kurzen Blick wert ist am Schiffbauerdamm die Peenewerft, wo Frachter und Marineschiffe gebaut und überholt werden. In der hübschen Altstadt beeindruckt die historische Kirche: Das dem Apostel St. Petri geweihte Gotteshaus wurde zwischen 1280 und 1350 im gotischen Stil errichtet und durch Kriege, Brände und Unwetter mehrfach zerstört. Im Inneren befinden sich neun Sarkophage von Verwandten der ehemaligen Greifenherzöge. Im Museumshafen Wolgast kann man das historische Fährschiff »Stralsund«, welches bis 1990 die Verbindung zwischen Wolgast Hafen und Wolgast Fähre herstellte, besichtigen. Das 1890 erstmals in Dienst gestellte Schiff konnte Personen, Autos und Eisenbahnwagons befördern und wurde zum Teil auch als Eisbrecher auf der Peene und der Swine eingesetzt. Heute ist das Fährschiff ein Museum. Weiterhin findet man im Museumshafen Wolgast einen alten Schlepper, der zum Ziehen der auf der Wolgaster Peenewerft gebauten Schiffe benutzt wurde. Einmal in Zinnowitz auf der Hinterachse um sich selbst gedreht – und schon lässt sich noch ein kleiner Abstecher in südlicher Richtung auf die kleine Landzunge gen Achterwasser nach Lütow einbauen.

06 Lütow

Im Wald versteckt, inmitten der Natur auf der Usedomer Halbinsel Gnitz, liegt das Großsteingrab Lütow. Man benötigt schon etwas Entdecker-Verve, um die alte Grabstätte aus der Jungsteinzeit zu finden. Hat man das Areal erreicht, verströmen die Megalithe ein mystisches Ambiente – bedenkt man, dass hier vor Tausenden Jahren Menschen ihre Toten bestatteten und an diesem Ort zusammenkamen, um ihrer zu gedenken.

07 Zempin

Vom Grabstein in Lütow geht es auf demselben Weg zurück und weiter über die schmale Landbrücke nach Zempin. Das kleinste Seebad der Insel Usedom wurde 1571 erstmals urkundlich erwähnt und war bis zum Aufblühen der Ostsee-Badekultur im 19. Jahrhundert ein unbedeutendes Bauern- und Fischerdorf. Gelegen an der schmalsten Stelle der Insel Usedom, zwischen Achterwasser und Ostsee, wird der Ort von der B111 durchquert. Zempin verfügt über einen idyllischen Campingplatz, der direkt am Wasser liegt. Neben historischen Ferien-Villen findet man im verträumten Zempin zahlreiche Hotels, Restaurants, Pensionen, Ferienwohnungen und Ferienhäuser sowie kulturelle Einrichtungen, um einen entspannten Urlaub an der Ostsee zu verbringen. Die Usedomer-Bäder-Bahn, die alle Seebäder der Insel miteinander verbindet, hält direkt in der Ortsmitte.

AUSFLUGSZIELE

Historisch-Technisches Museum

Das ehemalige Kraftwerk der Heeresversuchsanstalt von Peenemünde präsentiert auf einer 1500 Quadratmeter großen Ausstellungsfläche die Geschichte der deutschen Luft- und Raumfahrt, insbesondere die Geschichte der Heeresversuchsanstalt Peenemünde und der Luftwaffenerprobungsstelle Peenemünde West.

Das etwa 110 000 Quadratmeter große Freigelände umfasst eine Vielzahl von Großexponaten wie die von Wernher von Braun entwickelten Raketen. Seit 2007 führt ein am Museum beginnender, ausgeschilderter Rundweg zu authentischen Orten auf dem etwa 25 Quadratkilometer umfassenden Areal der einstigen Versuchsanstalt. Eine neben dem Museumsgelände stehende Kapelle aus dem Jahr 1876 ist heute den Bombenopfern von Peenemünde während des Zweiten Weltkriegs gewidmet.

Im Kraftwerk, 17449 Peenemünde,
Tel. 038371/5050,
www.museum-peenemuende.de

Der Museumshafen in Wolgast mit dem historischen Fährschiff »Stralsund«.

Die Hubbrücke über den Peenestrom bei Wolgast wird auch »Blaues Wunder« genannt.

Die Halbinsel Gnitz wie hier bei Lütow gehört zu den schönsten Gegenden auf Usedom.

08 Koserow

Ein wenig weiter und man erreicht Koserow. Das Bauern- und Fischerdorf wurde urkundlich bereits 1347 erwähnt. Ab 1820 entstanden die bekannten Salzhütten zur Konservierung der gefangenen Fische. Denn mit zunehmendem Tourismus entwickelte sich auf Usedom auch die Nachfrage nach frischem und geräuchertem Fisch. Einige der alten Hütten stammen noch aus den Jahren um 1880. Im Jahr 1987 stellte man die 15 verbliebenen Salzhütten unter Denkmalschutz – eine von ihnen ist heute ein winziges Museum und beherbergt das wohl kleinste Standesamt. Koserow war es auch, wo 1853 die erste Seebadeanstalt an der Ostseeküste öffnete. Heute gehört Koserow zu den beliebtesten Urlaubszielen auf der Insel Usedom, denn die zentral gelegenen Pensionen, Hotels, Ferienhäuser und Ferienwohnungen sind nur wenige Gehminuten von der herrlichen Steilküste und der Ostsee entfernt. Zudem bietet der Ort ganzjährig ein abwechslungsreiches Kulturprogramm. So ist das Eisbaden an der Seebrücke, jedes Jahr im Februar, mittlerweile ein international bekanntes Event. Koserow verfügt zudem über eine der höchsten Erhebungen auf der Insel Usedom, den Streckelsberg. Die in der letzten Eiszeit entstandene Kliffranddüne ist stolze 58 Meter hoch. Von oben hat man einen fantastischen Ausblick über weite Teile der Insel und der Ostsee. Hier im Herbst oder Winter eine steife Brise von der See zu erleben, gibt einem das Gefühl von Freiheit und von der Urkraft der Natur. Auch der gefürchtete Seeräuber Klaus Störtebeker soll hier einst in den Höhlen des Streckelsbergs Unterschlupf gefunden haben.

Feinster Sand lädt auf Usedom zum Strandurlaub ein, wie hier am Strand von Koserow.

Vom Streckelsberg bei Koserow hat man eine fantastische Aussicht auf die Ostsee.

AUSFLUGSZIELE

Hubbrücke Karnin

Ein heute noch imposantes Bauwerk befindet sich nahe der B110 im kleinen Ort Karnin. Die ehemals ca. 360 Meter lange Hubbrücke Karnin gehörte bei Inbetriebnahme 1933 zu den technischen Meisterleistungen im europäischen Brückenbau. Sie verband das Festland bei Kamp mit der Insel Usedom bei Karnin und war Teil der Bahnstrecke von Ducherow über Heringsdorf nach Wolgast. 1945 wurde der Hubteil der zweigleisigen Eisenbahnbrücke zerstört und steht seitdem als technisches Denkmal mitten im Peenestrom.

Hubbrücke Karnin, 17406 Karnin,
Tel. 038372/70890,
www.karninerbruecke.eu

09 Ückeritz

Koserow hinter sich gelassen, geht es über Loddin weiter nach Ückeritz. Der Badetourismus begann hier bereits um 1892. Die Landschaft am Achterwasser ist besonders reizvoll. Zahlreiche Gaststätten direkt am Meer bieten den Besuchern frischen Fisch und Meeresfrüchte. Eine Gesteinssammlung der besonderen Art bietet der Gesteinsgarten Ückeritz. Wissenschaftlich dokumentiert präsentiert das Gelände Gesteinsarten, die von der Eiszeit auf der Insel Usedom hinterlassen wurden, aber auch Gesteinsraritäten aus ganz Deutschland und dem skandinavischen Raum umfassen. Im »Waldkabinett« erhält man einen Einblick in die Funktionsweise der Natur. Hier werden die Komplexität der Lebewesen und die in der Natur ablaufenden Prozesse sehr detailliert und anschaulich dargestellt.

10 Pudagla

Der B111 in südlicher Richtung folgend, gelangt man alsbald nach Pudagla. Das alte Herzogschloss liegt mitten im Ort. Auf Geheiß des Pommern-Herzogs Ernst Ludwig wurde in der 2. Hälfte des 16. Jahrhunderts die ehemalige Abtei des verweltlichten Klosters Pudagla zum Witwensitz für seine Mutter Herzogin Maria von Sachsen ausgebaut. Das Gebäude ist ein eher schlichter, zweigeschossiger Putzbau mit zwölf Achsen und einem runden Erker. Das Hauptportal wird vom Großen Neufeldrige Wappen Pommerns geschmückt. In dem Schloss befindet sich bereits seit DDR-Zeiten ein Restaurant. Unweit der Hauptstraße (B111) von Pudagla nach Mellenthin liegt die im 17. Jahrhundert erbaute Bockwindmühle Pudagla. 1693 war sie bereits auf schwedischen Landkarten eingezeichnet und bis ins Jahr 1937 in Betrieb. Heute ist hier ein Museum untergebracht.

11 Benz

Ein schmaler Sandweg führt eine kleine Anhöhe hinauf, auf der seit 1830 die Holländermühle Benz zu finden ist. Bis 1950 war die Mühle in Betrieb, auch sie ist heute ein Museum. Nach der Besichtigung kann man sich in einem kleinen Kiosk mit Speis und Trank versorgen und dann geruhsam auf einer der rustikalen Bänke Platz nehmen und die Aussicht auf Schmollensee und die Usedomer Schweiz bewundern.

12 Sellin

Das Dorf mit seinen reetgedeckten Häuschen und schmalen, gepflasterten Gassen ist der Inbegriff von Ruhe und Abgeschiedenheit. Nochmal tief Luft holen, denn auf der Weiterfahrt begibt man sich von nun an in eine komplett andere Welt: In den drei Kaiserbäder von Usedom, die nun folgen, ist sichtlich mehr los.

13 Heringsdorf

Hier ist es besonders schick: Heringsdorf zählt zweifellos zu den mondänsten Seebädern an der Ostsee. Das Flair der einstigen Blütezeit in den 1920er-Jahren ist auch heute noch deutlich spürbar. Nicht nur, weil die prunkvollen Bädervillen an den Wohlstand des Kaiserbades erinnern. Viele Prominente trafen sich zur Sommerfrische, beispielsweise residierte der russische Dichter Maxim Gorki 1922 in der Villa Irmgard, um sich von einem Lungenleiden zu erholen. Heute ist das Haus ein Museum, Wohn- und Arbeitszimmer Gorkis sind erhalten. Theodor Fontane kam, Heinrich und Thomas Mann ebenfalls. Die Gästeliste des 19. und frühen 20. Jahrhunderts liest sich wie das »Who is Who« der Künstler und Intellektuellen. Der Kaiserbädersaal ist nach wie vor kultureller Mittelpunkt der Insel, auch in der Konzertmuschel des Kurparks finden das ganze Jahr über Veranstaltungen statt.

14 Ahlbeck

Ahlbeck war früher ein kleines, beschauliches Fischerdorf – dann wurde es berühmt. Der Ort blickt auf einen grandiosen Aufstieg zum Seebad und Erholungsgebiet zurück, hier findet sich die gleiche beeindruckende Baustruktur wie in Heringsdorf und Bansin. Auch Ahlbeck hat eine Seebrücke: 1899 fertiggestellt, ist sie nicht nur eine der ältesten Deutschlands, sondern auch eines der berühmten Wahrzeichen der Insel Usedom. Ganz in Weiß strahlt am Anfang des 280 Meter weit ins Meer ragenden Stegs ein Restaurant mit kleinen Türmchen dem Besucher entgegen. Nicht nur Flanieren und Dinieren sind hier angesagt, sondern an der Seebrücke hat auch das Eisbaden eine lange Tradition. Jedes Jahr zum Valentinstag steigen Hartgesottene hier in die eiskalten Fluten. Dieses Seeheilbad ist übrigens das östlichste der »drei Kaiserbäder«, eine mehr als acht Kilometer lange Uferpromenade verbindet alle drei miteinander.

15 Swinemünde

Mitten durch die Uferpromenade zwischen Ahlbeck und Swinemünde zieht sich die deutsch-polnische Grenzlinie. Ab Swinemünde geht es dann nur mit der Fähre weiter – eine Brücke fehlt. Für Motorradfahrer ist die Fähre kostenlos, da sie zu den Zweiradfahrern zählen und sie sich bei den Fahrrädern anstellen müssen. Während auf deutscher Seite die mondäne Bäderarchitektur für ausgelassene Urlaubsstimmung sorgt, regiert hier eine zweckmäßig orientierte Industriearchitektur die Stadt und das Umfeld. Fast schon beschaulich dagegen liegt der Leuchtturm Swinoujscie samt Festung Gerhard mit seinem Küstenmuseum. Mit 68 Meter Höhe ist er der höchste Leuchtturm an der Ostsee. Das monumentale Gebäude wurde bereits 1859 errichtet.

16 Miedzyzdroje

Durch den dicht bewaldeten Woliner Nationalpark führt die überraschend kurvenreiche B102 ins früher preußische Misdroy, das ein ähnliches Urlaubsflair wie die Seebadorte auf Usedom versprüht. Weiter nach Wiselka geht es durch die Buchenwälder entlang der Steilküste. Um direkt an die Felsen zu gelangen, muss man jedoch das Motorrad stehen lassen. Hierhin kommt man nur zu Fuß oder mit dem Fahrrad. Deshalb richten sich die Räder zunächst mehr ins stille Landesinnere: Über Kolczewo geht es in Richtung Süden durch die malerische, baumbestandene Landschaft, vorbei an kleinen verschlafenen Dörfchen wie Kodrab, Kodrabek und Mokrzyca Wielka bis nach Wolin. Das Dörfchen schmiegt sich an den Fluss Dziwna und liegt wunderbar eingebettet in der Landschaft des Stettiner Haffs. Im Freilichtmuseum »Centrum Slowian i Wikingów« auf der gegenüberliegenden Flussseite lässt sich Wissenswertes über das Leben der Wikinger erfahren, im Ort selbst lockt das Regional Museum zur Erkundungstour in vergangene Zeiten.

Durch die Wälder Westpommerns geht es am Stettiner Haff entlang zur nächsten größeren Ortschaft, bis von Dargobadz der Weg wieder so lange nordwärts führt, bis das hübsche Örtchen Warnowo erreicht ist. Hier lässt sich an einem der umliegenden Seen eine geruhsame Pause einlegen, bevor die Kräder wieder Richtung Ostseeküste streben. Über Wiselka geht es dann wieder gemütlich zurück nach Usedom, wo noch einige schöne Dörfer und Städtchen auf ihre Entdeckung warten.

17 Mellenthin

Wenige Meter abseits der Straße nach Anklam, im Hinterland Usedoms, liegt Mellenthin. Das verschwiegene Dörfchen besitzt eines der schönsten Wasserschlösser der Region. Eine malerische Allee führt über eine Steinbrücke auf die kreisförmige, künstliche Insel mit dem Renaissanceschloss, das der italienische Baumeister Antonio Wilhelmi

um 1575 schuf. Seit dem Jahr 2001 wird das Bauwerk restauriert, in den bereits fertiggestellten Räumen befindet sich ein Restaurant. Vom Ursprungs-Interieur ist ein großer Kamin von 1613 erhalten, wunderschön mit farbigen Stuckornamenten versehen. Auch die Fresken im Gewölbe aus dem 14. Jahrhundert setzen Akzente. Der Erbauer des Schlosses, Rüdiger von Neuenkirchen, ist in der Backsteinkirche Mellenthins unter einer farbigen Grabplatte begraben. Südlich des Dorfes befindet sich die Mellenthiner Heide, hier ist seit 2004 ein Naturreservat für Wisente eingerichtet.

18 Morgenitz

Der Friedhof der um das Jahr 1500 erbauten Dorfkirche von Morgenitz strahlt mit seinen zahlreichen Mahlsteinen etwas Mystisches aus und erinnert ein wenig an Irland.

19 Lieper Winkel

Das Achterwasser, durch Peene im Westen und Swine im Osten mit der Ostsee verbunden, wird von der Insel Usedom vor allzu rauen Bedingungen geschützt. In ebendieses Achterwasser ragt die Halbinsel Lieper Winkel. Der Landzipfel gehörte im 12. Jahrhundert einem Kloster. Dünn besiedelt war er schon immer, einige Dörfer waren bis vor wenigen Jahren nicht an asphaltierte Straßen angeschlossen. Im Vergleich zu den Seebädern verirren sich nur wenige Urlauber hierher. Dabei lässt es sich in den wenigen vorhandenen Ferienwohnungen viel günstiger unterkommen als in dem mondänen Ahlbeck oder Heringsdorf. Per Rad sind die Strände gut erreichbar, und der Lieper Winkel selbst hat auch seinen Reiz. Bunte Fachwerkhäuschen werden von gepflegten Reetdächern geziert, und nicht zuletzt die knisternden Schilfgürtel des Achterwassers sorgen für beste Ferienatmosphäre.
Auf einem Abstecher über die Ortschaft Suckow geht es danach noch einmal unter einem dichten Laubdach hindurch über die fast nur geradeaus verlaufende B110 zu dem Ort, der Namensgeber für die gesamte Insel ist.

20 Usedom Stadt

Der wohl älteste Ort auf der Insel ist Usedom Stadt. 1125 wurde der Ort erstmals urkundlich erwähnt. Der Name leitet sich vermutlich vom slawischen Wort »Uznam«, zu Deutsch »Stadt am Strom« ab. Die Region und die Insel Usedom sind seit der Jungsteinzeit und etwa seit dem 8. oder 9. Jahrhundert von Slawen besiedelt worden. Im 10. Jahrhundert bauten die Bewohner auf dem heutigen Schlossberg eine slawische Burgsiedlung. Die »Urbs Osna« genannte Siedlung wurde aber im 12. Jahrhundert von dänischen Truppen unter König Niels zerstört. Im

Strandkörbe an der berühmten Seebrücke in Ahlbeck.

Viele der Straßen sind auf Usedom schmal und beschaulich und führen mitten durch die idyllische Natur.

13. Jahrhundert begann die deutsche Besiedlung von Usedom. Ab 1648 gehörte Usedom zu Schwedisch-Pommern, brannte im Zeitraum bis 1900 jedoch mehrmals ab. Ab 1991 wurde die Stadt grundlegend saniert.
Usedom Stadt bietet eine Reihe historischer Sehenswürdigkeiten wie das Rathaus und die Stadtkirche, das Anklamer Tor und die ehemalige Karniner-Eisenbahnbrücke, die in den Jahren 1932/33 gebaut, 1945 aber durch zurückweichende deutsche Truppen zerstört wurde. Nur der Hubteil der Brücke ist noch als technisches Denkmal erhalten. Zahlreiche Ferienwohnungen, Pensionen und Hotels laden ein, hier noch einmal Quartier zu beziehen und sich eine oder mehrere Übernachtungen zu gönnen, bevor es entweder über die nahe B110 ins »Untere Peenetal und Peenehaff« zurück aufs Festland geht oder schließlich wieder über Peenemünde die Heimfahrt angetreten wird.

AUSFLUGSZIELE

Schloss Ludwigsburg, Loissin

Aus dem 16. Jahrhundert stammt die Schloss- und Gutshofanlage Ludwigsburg in der Gemeinde Loissin im Landkreis Vorpommern-Greifswald. Das zwischen 1577 und 1592 im Renaissancestil errichtete Schloss war ein Geschenk des Herzogs Ernst Ludwig von Pommern-Wolgast an seine Gemahlin Hedwig Sophie, die es bis zu ihrem Tod 1631 bewohnte. Mit der Eroberung Vorpommerns durch die Schweden wurde 1648 das Schloss Eigentum der schwedischen Krone. In dieser Zeit wurde Ludwigsburg auch öfter vom schwedischen Königshaus besucht. Im Jahr 1815 ging Schwedisch-Vorpommern an Preußen. Die neuen Besitzer bauten den wertvollen Besitz zu einem angesehenen Gutshof um. Vom spätbarocken Park ist nur noch eine etwa 100 Meter lange Lindenallee erhalten, die einst die Mittelachse des Parks bildete. Die Anlage ist ein historisches und kunstgeschichtliches Zeitzeugnis Pommerns und die letzte originalgetreu erhaltene Anlage der Pommern-Wolgaster Herzogsgeschichte.

Schloss Ludwigsburg,
Kirchweg 5, 17509 Loissin
Tel. 038352/60324, www.ludwigsburg-mv.de

Technik- & Zweirad-Museum auf Usedom *Motorradmuseum, Bahnhofstr. 1, 17419 Dargen, Tel. 038376/20290, www.museumdargen.de*

Das Gutshaus *OT Siedenbüssow 9, 17129 Alt Tellin, Tel. 039991/36965, www.dasgutshaus.de*

Usedom-Bike-Hotel
Hugo-Elsner-Straße 5, 17449 Karlshagen, Tel. 038371/25166, www.usedom-suites.de

Naturcampingplatz Ükeritz
Auf dem Campingplatz 1, 17459 Ückeritz, Tel. 038375/20923, www.campingplatz-ueckeritz.de

Camping Sellin am Schmollensee
Sellin 17A, 17429 Heringsdorf, Tel. 01523/3883226, www.nandalee-camping.de

Kurvengewedel im Herzen des Harzes

Hier fährt es sich über Straßen mit schier endlosen Kurven hinein in schmucke Altstadtgassen und hinauf zu prächtigen Aussichtspunkten. Zum großen Finale wartet noch das Kyffhäuser-Gebirge.

HARZ

Der Harz, das nördlichste Mittelgebirge Deutschlands, ist ein Motorradparadies. Nicht nur aufgrund seiner Vielzahl an sensationell schönen Kurven, sondern auch wegen seiner zauberhaften Täler, seiner spektakulären Höhen, atemberaubenden Panoramen und faszinierenden Sehenswürdigkeiten. Vor über 300 Millionen Jahren entstand die sogenannte »Harznordrandverwerfung« aus tektonischen Erdbewegungen, die zur Heraushebung des Harzes in seiner heutigen Form führten. Das höchste Gebirge in Norddeutschland wurde bis ins Mittelalter »Hart« genannt, was so viel wie »Bergwald« bedeutet. Seit 2006 fasst der Nationalpark Harz als länderübergreifender Nationalpark Deutschlands die waldreichen Gebiete Niedersachsens, Sachsen-Anhalts und Thüringens zusammen. Der Brocken, mit über 1140 Meter Höhe die höchste Erhebung im Harz, ist auch der größte Berg Sachsen-Anhalts. Mit Goslar, Braunlage, Wernigerode und Stolberg liegen die schönsten Orte der Region auf dieser Route. Hier kann man abtauchen in Kultur und Architektur oder einfach nur voller Genuss durch die hübschen Altstadtviertel schlendern.

Wieder on the road muss sich der Motorradfahrer manchmal fragen, ob er in Anbetracht der Vielfalt an spektakulären Kurven tatsächlich in Norddeutschland ist und nicht auf einer Tour durch die Alpen. Am Ende der Route wartet noch ein ganz besonderes Highlight auf den Biker: das fantastisch kurvenreiche Kyffhäuser-Gebirge. Auf über 30 Kehren geht es hinauf bis nach Kelbra – ein atemberaubender Ausblick ist von hier oben garantiert.

Der Brocken ist das Wahrzeichen des Harzes. Als einziger Mittelgebirgsgipfel Deutschlands ragt er über die Baumgrenze hinaus. Zum Brockengipfel fährt eine historische Schmalspurbahn, die Brockenbahn.

Die Altstadt von Goslar ist geprägt von einem dichten Fachwerkbestand.

ROUTE 14

Routenlänge: 368 km
Zeitbedarf: Mehr-Tagestour
Charakteristik: Überaus interessante, äußerst kurvenreiche Strecke mit tollen Aussichtspunkten und geschichtsträchtigen Orten
Start: Goslar, Harz
Ziel: Kelbra, Kyffhäuser-Gebirge
Routenverlauf: Goslar, Clausthal-Zellerfeld, Osterode, Herzberg, Bad Lauterberg, St. Andreasberg, Motorradtreff Torfhaus Altenau, Braunlage, Hohegeiß, Netzkater, Hasselfelde, Elend, Wernigerode, Elbingerode, Thale, Güntersberge (Mansfelder Bergland), Albrechtshaus, Stolberg, Groß Auerberg, Hayn, Kelbra (Kyffhäuser-Gebirge)

Informationen:
www.harzinfo.de
www.goslar.de
www.tourismus-suedharz.de
www.bikertreff-im-harz.de/

Hier geht's zum GPS-Track

01 Goslar

In der über tausend Jahre alten Kaiserstadt am Nordrand des Harzes ist das Mittelalter noch immer greifbar. Wo einst Kaiser und Könige regierten, finden Besucher heute eine lebhafte Stadt mit malerischen Gassen und Plätzen zum Bummeln und Verweilen. Auf Entdeckung warten hier nicht nur die berühmte Kaiserpfalz und beeindruckende Kirchen, die der Stadt ihren Beinamen »Nordisches Rom« eintrugen, sondern auch eine zum UNESCO-Weltkulturerbe zählende Altstadt, die viele Facetten zu bieten hat: einen prachtvollen Marktplatz, Fachwerkhäuser, aber auch stille Gassen und Mühlen an idyllischen Wasserläufen. Auf dem Marktplatz ist neben dem Rathaus mit prächtigem Huldigungssaal und der Kaiserworth, dem früheren Gildehaus der Tuchhändler, vor allem das Glockenspiel mit Figurenumlauf ein Besuchermagnet. Ebenso wie die zwischen 1040 und 1050 unter Heinrich III. erbaute Kaiserpfalz mit Wandmalereien des Historienmalers Hermann Wislicenus und einer Ausstellung zur Geschichte des Wanderkaisertums. Sehenswert ist auch die Domvorhalle, der Überrest der früheren Stiftskirche St. Simon und Judas. Mit der Gustav-Adolf-Stabkirche kann Goslar im Stadtteil Hahnenklee-Bockswiese aufwarten. Als dort zu Beginn des 20. Jahrhunderts ein Kirchenbau anstand, entwarf der Hannoveraner Architekt Karl Mohrmann hier eine vergrößerte Kopie der 700 Jahre alten Stabkirche von Borgund in Norwegen. Die Kirche hat eine Schweizer Goll-Orgel und ein Glockenspiel. Einen Besuch wert ist auch das UNESCO-Weltkulturerbe Rammelsberg, das die 1000-jährige Bergbaugeschichte der Region in vier Museumshäusern und bei Führungen unter Tage zeigt. Nach dem Stadtbummel geht es los, raus aus der Stadt in südliche Richtung. Bereits die im Zickzack-Kurs verlaufende B241 bietet erste Serpentinen durch die herrliche Waldlandschaft zu Füßen des 700 Meter hohen Bocksbergs. Danach schlängelt sich der Weg gen Clausthal-Zellerfeld.

02 Clausthal-Zellerfeld

Der Luftkurort Clausthal-Zellerfeld ist die einzige Universitätsstadt im Harz und liegt mit 560 Metern auf einer Hochebene zwischen Goslar und Altenau im Oberharz. Der schmucke Ort vereint die Tradition einer Bergstadt mit den attraktiven

Eine alte Mine im Bergwerk Rammelsberg, das zum UNESCO-Weltkulturerbe zählt.

Angeboten einer Universitätsstadt und schafft so eine wunderbare Verbindung zwischen Tradition und Moderne. Hier kann die größte deutsche Holzkirche besichtigt werden. Im Stadtteil Zellerfeld erzählt eines der ältesten deutschen Technikmuseen die Geschichte des traditionellen Bergbaus. Auch das einzigartige System der Oberharzer Wasserwirtschaft, das aufgrund von mehr als 60 historischen Teichen, Gräben und Wasserläufen zum UNESCO-Welterbe gehört, wird hier ausführlich dargestellt. Danach geht es durch die wasserreiche Waldlandschaft und vorbei an der Sösetalsperre in Richtung Osterode.

03 Osterode

Die romantische Fachwerkstadt Osterode liegt mit ihrem Bergdorf Lerbach und dem kleinen Nationalparkort Riefensbeek-Kamschlacken zwischen Sösestausee, Südharzer Karstgebirge und dem sonnigen Lerbachtal im Süden des Harzes. Umgeben von der gut erhaltenen Stadtmauer bietet die historische Altstadt mit dem historischen Kornmarkt, vielen Fachwerkhäusern, Kirchen und einer autofreien Fußgängerzone ein wunderschönes Ambiente für ausgedehnte Shoppingtouren oder einen gemütlichen Aufenthalt bei Kaffee und Kuchen. Die Stadt ist beliebt bei Wanderfreunden und Naturliebhabern, gilt aber auch als besonders motorradfreundlich. Einer der zahlreichen Themen-Wanderwege ist der Fischereilehrpfad mit Verlobungsweg an der Sösetalsperre. Der Osteroder Stadtwald kann mit einer sehenswerten Vogelstation aufwarten, der Lerbacher Eisensteinlehrpfad mit Stollen und Gruben und die Hanskühnenburg mit Wanderlokal wartet ebenfalls darauf, entdeckt zu werden.

04 Herzberg

Auf dem Weg nach Herzberg beruhigt sich die Straße eine Zeitlang, schwingt sich mit wenigen sanften Biegungen durch die wunderbar grüne Landschaft und führt dann mitten hinein in die wunderschöne Fachwerkstadt. Die Stadt kam schon früh durch die ortsansässige Tuchproduktion zu Wohlstand. Außerdem wurden die Wasserläufe aus dem Harz für den Betrieb zahlreicher Mühlen und zum Bierbrauen genutzt. Hoch über der Stadt thront das mehr als 950 Jahre alte Welfenschloss Herzberg. Mit seiner seltenen und eigenwilligen Fachwerkarchitektur und seinen kunstvollen Schnitzereien am Schlossturm ist es eines der bedeutendsten Baudenkmäler der Harzregion und das größte Schloss in Fachwerkbauweise in Niedersachsen. In einer Dauerausstellung wird der Besucher über seine Geschichte informiert. Herzberg ist idealer Ausgangspunkt für Wanderungen und Radtouren in den Nationalpark Harz.

05 Bad Lauterberg

Auf der B27, einem Teil der sogenannten »Harz-Heide-Straße«, geht es schwungvoll durch die Landschaft – Felder und saftige Wiesen zur Rechten, üppiges Waldesgrün zur Linken. Der Kneippkurort Bad Lauterberg liegt idyllisch in den Höhenzügen längs des Odertales und ist umgeben von rauschenden Flüssen, stillen Bergseen und frischer Gebirgsluft. Bereits 1839 wurde eine Kaltwasserheilanstalt eingerichtet, seit 1926 bietet man die von Kneipp entwickelten Kneipp- und Schrothkuren an. Der Ort ist damit das älteste Wasserheilbad Norddeutschlands. Der Kurpark mit seinem alten Baumbestand, den Teichanlagen,

Die Odertalsperre wurde 1934 in Betrieb genommen.

Der Motorrad-Treff Torfhaus in der Nähe von Altenau ist im Harz eine echte Institution.

dem Musikpavillon mit angrenzendem historischen Kurhaus und dem Haus des Gastes lädt zum Verweilen ein. In der hübschen Altstadt findet man in der verkehrsberuhigten Shoppingmeile vielfältige Einkaufsmöglichkeiten, urige Kneipen, Cafés und Bistros. Für kulturelle Freizeitgestaltung sorgt die Bad Lauterberger Museenlandschaft mit dem Heimatmuseum, dem historischen Besucherbergwerk Scholmzeche/Aufrichtigkeit und dem Südharzer Eisenhüttenmuseum. Mit dem an das Stadtgebiet angrenzenden Oderstausee und dem Bergsee Wiesenbeker Teich gibt es auch einige Möglichkeiten, sich nach einem langen Biker-Tag im kühlen Nass zu erfrischen. Die Route folgt dem Oderstausee, biegt in nördlicher Richtung ab – und schon befindet man sich auf der kleinen L520.

06 St. Andreasberg

Recht zackig windet sich die kleine Nebenstraße immer weiter den Berg hinauf, denn St. Andreasberg ist die höchstgelegene Bergstadt im Harz. Die Stadt versprüht mit ihren bunten Holzhäusern, dem gelben Glockenturm und den steilen Bergstraßen einen ganz besonderen Charme. Wegen seiner Höhenlage war der Ort auch schon immer ein beliebtes Wintersportgebiet. Hier heißt es im Winter »Ski und Rodel gut«. Bekannt ist St. Andreasberg aber auch für seine traditionsreiche Bergbau-Mine, die 1910 stillgelegt wurde. Das Bergwerksmuseum ist Teil des UNESCO-Weltkulturerbes Oberharzer Wasserwirtschaft und bietet den Gästen auf einer Fahrt hinab in 190 Meter Tiefe einen beeindruckenden Einblick in die Bergbauhistorie der Silbererzgrube.

07 Motorradtreff Torfhaus

Quasi ein Muss für jeden Biker, der auf Tour durch den Harz ist, ist der Biker-Treff in Torfhaus, dem höchstgelegenen Dorf Niedersachsens, zwischen Bad Harzburg und Braunlage an der B4 gelegen. Zwar ist hier am Wochenende fast immer die Hölle los und es herrscht oftmals absolutes Parkchaos, aber alleine wegen der sensationell schönen Anfahrt sollte keine Zeit und Mühe gescheut werden, einmal mit dem Krad hierher zu rollern. An diesem Treff gibt es mehrere Lokale, Imbissbuden und Souvenierläden. Auch bietet sich von hier aus ein atemberaubender Blick auf den nur fünf Kilometer entfernten Brocken und die umliegende Landschaft.
Torfhaus selbst bietet mit seiner Kristall-Saunatherme »Heißer Brocken« und Europas größtem Kräuterpark Entspannung pur. Zurück gen Süden geht es Richtung Braunlage ein kleines Stück auf die B242, aber dann schon wieder hinein in die nächste Serpentinenpracht.

08 Braunlage

Braunlage zählt zu den ältesten Luftkurorten und Wintersportzielen Deutschlands. Ein beliebtes Ausflugsziel ist der Wurmberg. Mit der Wurmberg Seilbahn, dem Monsterroller-Verleih und den sieben naturbelassenen Strecken des Bikeparks Braunlage eröffnen sich vielfältige Adventure-Angebote. Den Motorradfahrer erwarten nach Braunlage auf der B242 in Richtung Süden erneut einige rasante Kurven. Anschließend auf der B4 wird der Streckenverlauf erst richtig spannend. Immer entlang der Grenze von Niedersachsen und Sachsen-Anhalt verläuft die knackig-kurvige Straße, bis das kleine Örtchen Hohegeiß erreicht ist.

09 Hohegeiß

Mit seiner reinen Luft, der unberührten und ursprünglichen Natur, den blühenden Bergwiesen mit seltenen Pflanzen und Kräutern und den romantischen Tälern ist Hohegeiß ein idealer Ort zum Entspannen. Bei einem Spaziergang durch den malerischen Ort lohnt sich die Besichtigung der aus dem Jahre 1701 stammenden hölzernen Kirche Zur Himmelspforte. Sehenswert ist auch das Heimatmuseum »Alte Pfarre« im ältesten Haus von Hohegeiß. Hier erfährt der Besucher Interessantes zur Geschichte der Stadt und zur ehemaligen innerdeutschen Grenze, welche einst direkt am Ort entlang verlief. Interessant für Motorradfahrer ist auch der hier lauschig am Ortsrand, »Am Bärenbache« gelegene, gleichnamige Campingplatz. Hier erwarten den Kradfahrer alle Annehmlichkeiten, die bei solch einer Tour heiß begehrt sind. Von für Biker extra ausgestatteten Caravans über eine kleine Werkstatt bis hin zu gemütlichen Wiesen für die Zelte bietet der Betreiber seit Jahren alles, was das Biker-Herz erfreut. Tipps für tolle Touren in die Umgebung erhält

AUSFLUGSZIELE

Monsterroller

Hahnenklee ist nicht nur ein heilklimatischer Kurort inmitten einer wunderbaren Natur: Fahrspaß für die ganze Familie bietet auch der Bikepark Hahnenklee. Auf mit großen Profilreifen und Scheibenbremsen ausgestatteten Monsterrollern geht es rasant runter ins Tal. Geliehen werden können die Roller bei »Board n Bikes«, direkt an der Talstation der Seilbahn. Hier gibt es auch eine fachkundige Einweisung mit Tipps und Kniffen zum richtigen Umgang mit den Riesenrollern.

ErlebnisBocksBerg Hahnenklee,
Rathausstr. 6, 38644 Goslar-Hahnenklee,
Tel. 05325/5461689,
www.bikepark-hahnenklee.de

man hier selbstverständlich auch (s. Biker-Treffs).

10 Hasselfelde

Die Hohegeiß gut ausgeruht hinter sich gelassen, geht es munter weiter durch das Kurven-Eldorado Unterharz, vorbei am Städtchen Netzkater, wo man sich bereits auf thüringischem Boden befindet. Ab hier richten sich die Räder wieder in nördliche Richtung gen Hasselfelde, munter über die B81, die in ihrem gesamten Verlauf einem Kurvenkoller gleichkommt. Längst befindet man sich dann wieder in Sachsen-Anhalt.

Wer mag, legt einen kurzen Abstecher zum Biker-Treff an der Staumauer der Rappbode-Talsperre ein: Um dorthin zu gelangen, überquert man auf der Landstraße L96 von Rübeland in Richtung Wendefurth/ Hasselfelde die Staumauer der Rappbode-Talsperre, der größten Talsperre im Harz. Von hier hat man einen herrlichen Blick über den Stausee. Mit der längsten Doppelseilrutsche Europas kann man sogar über die Talsperre gleiten. Die mächtige Staumauer ist 415 Meter lang und mit einer Höhe von 106 Metern die höchste in Deutschland. Hinter ihr staut sich ein See von acht Kilometer Länge und einer Fläche von fast vier Quadratkilometern. Der Rappbodestausee kann bis zu 109 Millionen Kubikmeter Wasser fassen. Die Talsperre bildet den zentralen Teil eines komplexen Talsperrenverbundsystems. Zu diesem System gehören außerdem die beiden Vorsperren Hassel und Rappbode, das Hochwasserschutzbecken Kalte Bode, die Überleitungssperre Königshütte sowie die Talsperre Wendefurth. Von Hasselfelde aus gibt es auch weiterhin keine Ruhe für die Reifenflanken. Auch über die B242 hinauf zum hübschen Örtchen Elend steigt die Anzahl der lustvoll gefahrenen Kurven und teils spitzen Kehren noch weiter an.

11 Wernigerode

Das wunderschöne Wernigerode ist nach weiteren, zahlreichen Kurven über die L100 erreicht. Dabei geben nicht nur die Straßen hier im Nationalpark Harz ihr Bestes: Die Landschaft mit ihren tiefen Wäldern ist von fast poetischer Schönheit, die idyllische Ruhe in der fast menschenleeren Gegend Balsam für die Seele.

Für das Städtchen Wernigerode sollte man sich dann jedoch richtig Zeit lassen. »Die bunte Stadt am Harz« – wie der Dichter und Schriftsteller Hermann Löns sie Ende des 19. Jahrhunderts schon bezeichnete – verdankt ihren Beinamen den wunderschönen Fachwerkhäusern, die in mehreren Ringen den Marktplatz umgeben. Besonders sehens-

wert ist das über 760 Jahre alte Rathaus mit seinem reichen Schnitzwerk und dem prachtvollen Wohltäterbrunnen. Ein ganz besonderes Erlebnis bietet das kleine Museum im Schiefen Haus. Hier steht alles auf dem Kopf und ist damit eine Herausforderung für den Gleichgewichtssinn. Auch das kleinste Haus und das älteste Haus tragen zur Besonderheit dieser überaus reichen Fachwerkidylle bei. Hinzu kommen die Reste der Stadtbefestigungsanlagen und das Krummelsche Haus, dessen Front lückenlos mit einer geschnitzten Holzfassade bedeckt ist. Hoch über der Stadt thront majestätisch das neogotische Schloss Wernigerode, das wegen seiner prächtigen Architektur und Einrichtung auch »Neuschwanstein des Harzes« genannt wird. In zum Teil original eingerichteten Wohnräumen des deutschen Hochadels wird hier Wissenswertes über die 800 Jahre alte Geschichte der Grafen und Fürsten in Wernigerode vermittelt. Den Harz im Kleinformat gibt es im Miniaturenpark »Kleiner Harz« im Wernigeroder Bürgerpark zu bestaunen. Der Bürgerpark bietet mit seinen Erholungsflächen, den Themengärten, der Seepromenade, dem Haustiergehege, dem Aussichtsturm und der Mineralienschlucht zudem ein ideales Ausflugsziel für die ganze Familie. Wissenswertes aus verschiedenen Themengebieten erfährt man auch im Luftfahrtmuseum, in der Krellschen Schmiede anno 1678, im Harzplanetarium und im Feuerwehrmuseum Wernigerode. Und wer die wunderschöne Harzlandschaft rund um Wernigerode und den sagenumwobenen Brocken erkunden möchte, kombiniert seine Wanderung mit einer romantischen Fahrt mit der historischen Dampflokomotive der Harzer Schmalspurbahnen.

12 Thale

In südlicher Richtung geht es von Wernigerode aus auf der schwungvoll zu fahrenden B244 nach Elbingerode und weiter auf der B27. Ab Hüttenrode wechselt man auf die nicht minder spannende B81, um nach Thale im wunderschönen Bodetal zu gelangen. Thale ist am nordöstlichen Harzrand gelegen – dort wo die Bode aus dem Gebirge tritt und zwischen den steilen und sagenumwobenen Felsen Hexentanzplatz und Roßtrappe eine tiefe Schlucht gegraben hat. In dieser

Herbstlich gefärbter Laubwald am Ufer der Rappbode-Talsperre.

Die »bunte Stadt am Harz« nannte der Heimatdichter Hermann Löns Wernigerode wegen seiner vielen malerischen Fachwerkhäuser aus vier Jahrhunderten.

AUSFLUGSZIELE

Die **Seilbahnen Thale Erlebniswelt** ist eines von zahlreichen Highlights des Bodetals. Sie ist Startpunkt der Kabinenseilbahn auf den Hexentanzplatz und des Sesselliftes zur Roßtrappe. Daneben bietet sie mit verschiedenen Funparks, einem Schau-Wasserkraftwerk und dem Hexenkessel ein umfangreiches Spaß- und Freizeitangebot für Groß und Klein. Die Downhillstrecke an der Rosstrappe ist für alle Freunde des Mountainbikesports ein ganz besonderes Erlebnis inmitten des sagenumwobenen Bodetals. Hier geht es auf zwei Kilometern über 250 Höhenmeter hinab ins Bodetal. Ein Sessellift bringt die Fahrer und ihre Bikes anschließend wieder auf die Roßtrappe hinauf.
Seilbahnen Thale,
Goetheweg 1, 06502 Thale,
Tel. 03947/2500, www.rosstrappendownhill.de

Schlucht, dem wildromantischen Bodetal, erwarten den Besucher spannende Mythen und Sagen, märchenhafte Wälder, plätschernde Bäche und reißende Flüsse, faszinierende Felsformationen und traumhafte Ausblicke.

Der Hexentanzplatz, auf einem Felsplateau auf 454 Metern, hoch über dem Bodetal gelegen, verwandelt sich jedes Jahr in der Nacht zum 1. Mai, der Walpurgisnacht, in den Festplatz der Hexen und Teufel, einem Ort der Mythen und Sagen. Mit den Überresten einer ehemaligen Burganlage, dem Hexenring mit seinen Skulpturen und der Walpurgishalle ist der Hexentanzplatz aber auch an den restlichen Tagen im Jahr ein einzigartig mystischer Ort. Weitere Attraktionen sind hier das Harzer Bergtheater, die Harzbob – eine Allwetterrodelbahn mit Steilkurven und Sprüngen – sowie der Tierpark Thale.

Nicht minder sagenumwoben erhebt sich oberhalb des linken Bodeufers die Roßtrappe, ein 403 Meter hoher Granitfelsen, aus dem Bodetal. Auf diesem Felsen befindet sich auch ein kleiner Biker-Treff mit großartiger Aussicht. Um den Felsen, welcher als einer der großartigsten Felspartien nördlich der Alpen gilt, ranken sich aufgrund einer Vertiefung, die einem riesigen Fußabdruck ähnelt, zahlreiche Sagen. Anschaulich erzählt wird diese Geschichte im Sagenpavillon hoch oben auf der Roßtrappe.

13 Güntersberge

Von Thale aus geht es durch ein wahrlich spannendes Kurvenlabyrinth, zunächst auf der L93, dann über Güntersberge ein kurzes Stück auf der B242 durch das reizvolle Mansfelder Bergland. Güntersberge liegt am Ufer der Selke, direkt an der Selketalbahn, einer der schönsten Strecken der Harzer Schmalspurbahnen. Bei Albrechtshaus schwingt sich die B212 vollgespickt mit reizvollen Kurvenkarussells durch die herrliche Landschaft weiter in südlicher Richtung, bis das wunderschöne Stolberg – nun wieder in Thüringen liegend – erreicht ist.

14 Stolberg

Die kleine mittelalterliche Fachwerkstadt Stolberg liegt romantisch in vier enge Täler eingebettet im Südharz und ist Luftkurort, historische Europastadt und Thomas-Müntzer-Stadt zugleich. An der Deutschen Fachwerkstraße gelegen, präsentiert sich der Geburtsort des Reformators Thomas Müntzer und der Gräfin Juliana – Ahnfrau des niederländischen Königshauses – umgeben von wunderschöner Natur und inmitten eines aus über 380 Fachwerkhäusern bestehenden, geschlossenen Stadtbildes. Die schönen Fachwerkhäuser aus dem Spätmittelalter und der Renaissance sind das ganze Jahr hindurch Kulisse für eine Vielzahl von Festivitäten wie etwa das Stolberger Lerchenfest am zweiten Wochenende im August. Viele Biker aus der Umgebung treffen sich vor dem Rathaus am Marktplatz. Am Markt und in der angrenzenden Rittergasse laden mehrere Straßenlokale und Cafés zu einer gemütlichen Pause ein. Hoch über der Stadt thront auf einem Bergsporn das Stolberger Schloss. Das Wahrzeichen der Stadt diente von 1201 bis 1945 als Residenz der Grafen bzw. der Fürsten Stolberg. Heute ist das Schloss ein Museum, das seine eindrucksvolle Geschichte in den restaurierten Räumen des Gebäudes präsentiert. Ebenso sehenswert ist das Museum Alte Münze. Das 1535 als Werkstatt und Wohnhaus errichtete Fachwerkhaus beherbergt eine europaweit einmalige, komplett erhaltene Münzwerkstatt. Bei Vorführungen wird hier das Prägen von Münzen demonstriert. Mit einem Schlenker über Groß Auerberg und Hayn geht es weiter auf wunderbar gewundenen Straßen durch die zauberhafte Landschaft dem Endpunkt der Route in südlicher Richtung entgegen. Das imposante, auf dem 580 Meter hohen Auerberg hoch aufragende Josephskreuz gilt als größtes eisernes Doppelkreuz der Welt. Wer es besucht, wird mit einer atemberaubenden Aussicht, die vom Kyffhäuser bis zum Brocken und weiter bis zum Horizont reicht, belohnt. Der Anblick steigert nochmals die Vorfreude auf den heiß herbeigesehnten Showdown im Kyffhäuser-Gebirge.

15 Kelbra, Kyffhäuser-Gebirge

Die ehemalige Bergrennstrecke am Kyffhäuser-Denkmal im Kyffhäuser-Gebirge steht in jedem Biker-Roadbook. Die Anfahrt erfolgt zunächst über die B80 bis Berga, ab da geht es über Kelbra zum Treffpunkt. Von Kelbra führt die Route weiter über die B85: Die enorm steil ansteigende Bergstrecke bis zur Abzweigung zum Kyffhäuser-Denkmal ist ein Erlebnis für sich. 36 Kurven, die

Zahllose Sagen ranken sich um den Hexentanzplatz im Bodetal.

Die Harzer Schmalspurbahnen – das größte zusammenhängende Streckennetz in Europa unter Dampf.

es in sich haben. Aber Achtung: Hier stehen Umweltschützer oft an der Rennstrecke. Die Einhaltung der vorgeschriebenen Geschwindigkeiten und Lautstärken ist aber sowieso Ehrensache für jeden verantwortungsbewussten Motorradfahrer – nicht nur hier im schönen Harz.

Nach dem Völkerschlachtdenkmal und dem Kaiser-Wilhelm-Denkmal ist das Kyffhäuser-Denkmal das drittgrößte Denkmal Deutschlands.

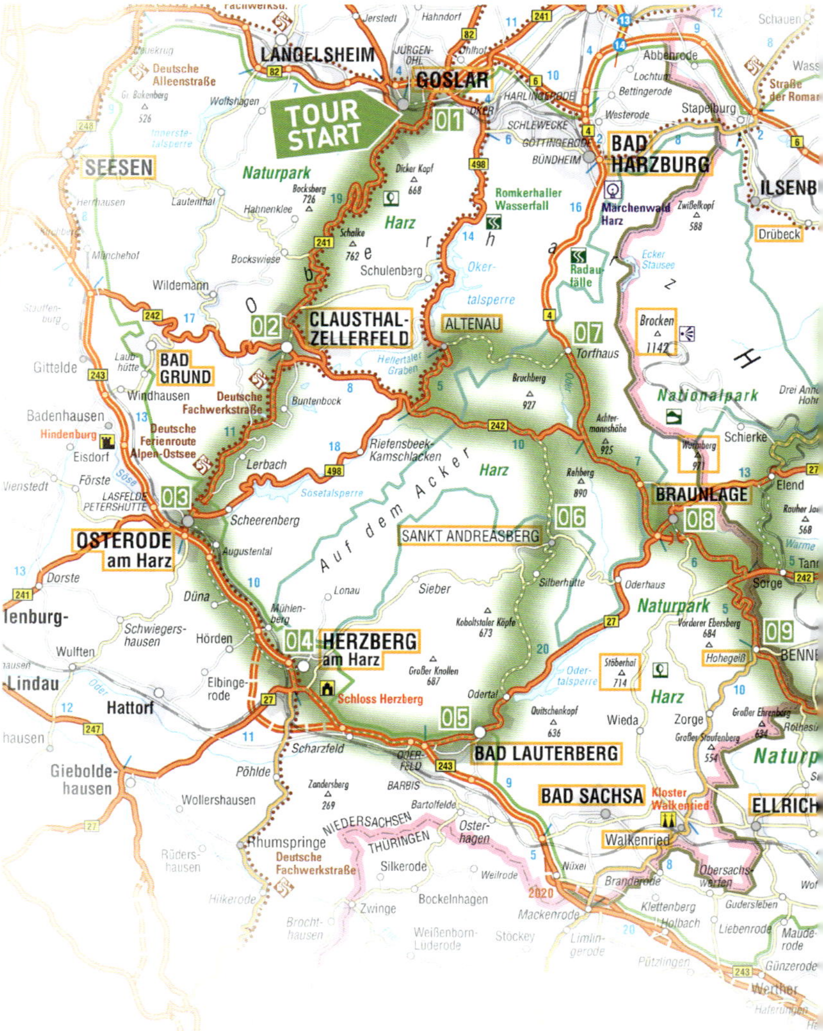

Biker-Treff Torfhaus

Parkplatz an der B4, Torfhaus 38, 38667 Altenau

Biker-Treff Okertalsperre

Schulenberg im Oberharz, Restaurant Vafe, Okerterrasse, 38707 Schullenberg im Oberharz, Tel. 05329/252, www. okerterrasse.de

Campingplatz am Bärenbache

Bärenbachweg 10, 38700 Braunlage, Tel. 05583/1306, www.campingplatz-hohegeiss.de

Bikerwirt-Harz

Stukenbreite 3, 38889 Blankenburg, Tel. 03944/2885, www.bikerwirt-harz.de

AUSFLUGSZIELE

Kyffhäuser-Denkmal

Das Kyffhäuser-Denkmal ragt 81 Meter hoch in den Himmel und ist damit das dritthöchste Denkmal Deutschlands. Einer jahrhundertealten Sage zufolge schläft in dem markanten Kyffhäuser-Gebirge kein Geringerer als Kaiser Friedrich I. Barbarossa, der einst wiederkommen wird, um sein Reich wiederherzustellen. Das Denkmal, das 1890 auf Betreiben des Deutschen Kriegerbundes errichtet wurde, hatte den Zweck, den zwei Jahre zuvor verstorbenen Kaiser Wilhelm I. in eine historische Reihe mit Friedrich Barbarossa zu stellen. Der in einer stilisierten Kaiserkrone endende Turm des Denkmals kann bestiegen werden und bietet einen fantastischen Ausblick über die Goldene Aue und das Thüringer Becken. Ein kleines Museum informiert über die Kyffhäuser-Sage und die Geschichte des Denkmals, aber auch über die Reichsburg, die im Mittelalter auf dem Plateau stand. Reste von ihr sind noch zu besichtigen. Nicht am Denkmal, sondern auf der Südseite des Kyffhäusers bei Rottleben liegt die Barbarossa-Höhle, eines von weltweit nur zwei zugänglichen Gipshöhlensystemen.

Kyffhäuser-Denkmal,
99707 Kyffhäuserland OT Steinthaleben,
Tel. 034651/2780,
www.kyffhaeuser-denkmal.de

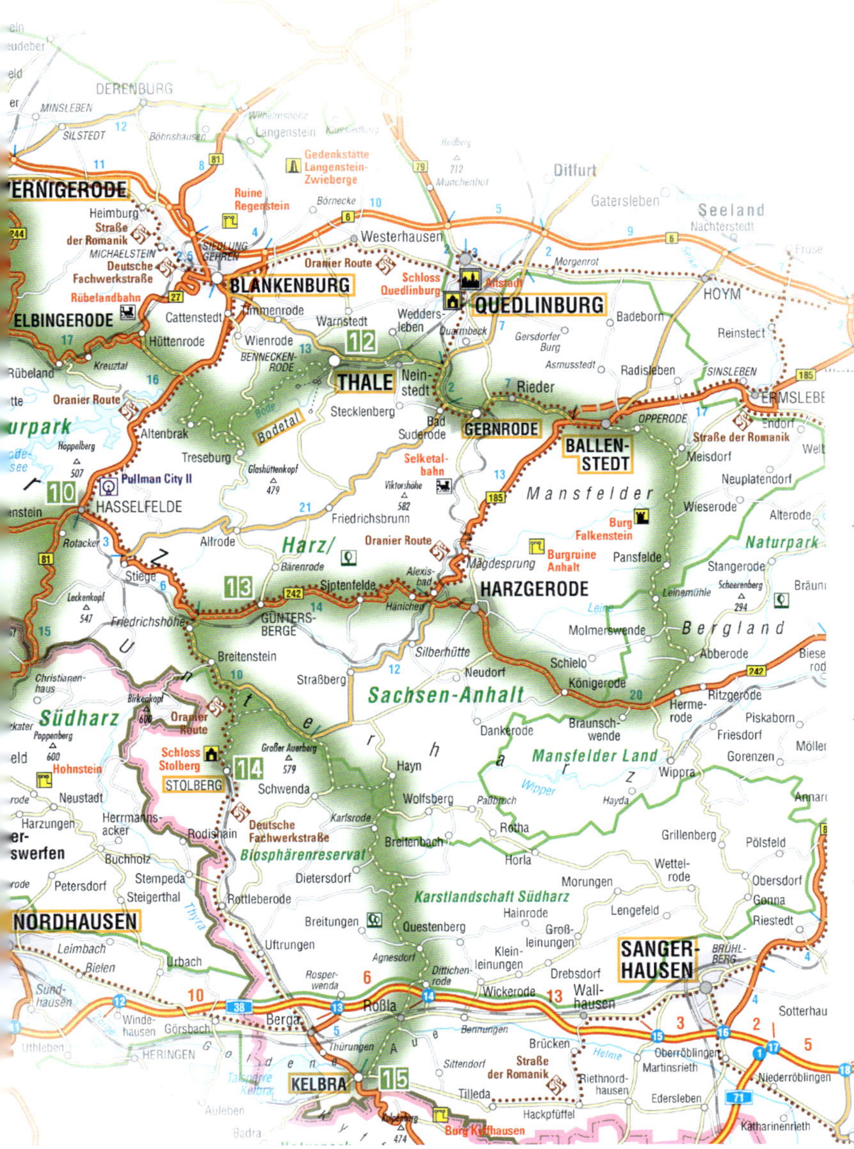

Rappbode-Stausee
An der Staumauer,
38889 Rübeland/Harz

Pullman City Biker Ranch
Im Rosentale 1,
38899 Hasselfelde,
Tel. 039459/7310,
www.westernstadt-im-harz.de

Treff am Rathaus von Stolberg
Markt 2,
06547 Stolberg im Harz,
www.stadt-stolberg.de

Kyffhäuser Denkmal
Am Denkmal, 06537 Kelbra,
Tel. 034671/71716,
www.kyffhaeuser-denkmal.de

DRESDNER UMLAND

Erst das altehrwürdige Dresden besichtigen, dann hinein in die prachtvollen Kurvenfluten des Erzgebirges und die herrlichen Landschaften Sachsens genießen, mit ihren traditionellen Bergbaustädtchen, sehenswerten Schlössern, Museen und interessanten Kulturdenkmälern. Dazwischen die Pausen mit seinesgleichen an interessanten Treffs verbringen und dazu noch viel Wissenswertes über Land und Leute und deren reiche Kulturgeschichte erfahren. All das bietet die Tour durch das Dresdner Umland.

Das spektakuläre Elbsandsteingebirge im Nationalpark Sächsische Schweiz, das sich als Böhmische Schweiz bis ins benachbarte Tschechien hineinzieht, ist wegen seiner bizarren Felsnadeln nicht nur bei emsigen Freeclimbern bekannt. Das Erzgebirge gilt als eine der schönsten Mittelgebirgslandschaften Deutschlands. Seine höchste Erhebung auf deutschem Gebiet ist der 1215 Meter hohe Fichtelberg in Oberwiesenthal. Die beliebte Ferienregion ist auch die Heimat von Nussknacker, Räuchermann, Schwibbogen und Weihnachtspyramide – Produkte der langen Bergbaugeschichte Sachsens, die eine vielseitige Kulturlandschaft entstehen ließ. Was auch sehr eindrucksvoll über und unter Tage entlang der »Silberstraße« zu erleben ist. Das Schloss Augustusburg diente einst als Jagd- und Lustschloss. Heute beherbergt es ein hochkarätiges Motorradmuseum und ist in der Szene national wie international als charismatischer Motorradtreffpunkt bekannt. Motorradfahrer sind in der Region des Erzgebirges gern gesehene Gäste. Ein herrliches Kurvenrevier wartet also nur darauf, ausgiebig abgefahren und entdeckt zu werden.

Ausgangspunkt der Tour ist Dresden. Hier allein könnte man schon mehrere Tage verbringen.

In sanften Schwüngen fließt die Elbe in Richtung Sächsische Schweiz.

ROUTE 15

Streckenlänge: 271 km
Zeitbedarf: Mehr-Tagestour
Charakteristik: Herrlich kurvenreiche Abschnitte, ergänzt durch genüssliche Cruiser-Passagen
Start und Ziel: Dresden, Pirna, Müglitztal, Glashütte, Geising, Altenberg, Schmiedeberg, Dippoldiswalde, Klingenberg, Weißenborn/Erzgebirge, Brand-Erbisdorf, Großhartmannsdorf, Eppendorf, Leubsdorf, Augustusburg, Flöha, Falkenau, Hammerleubsdorf, Gahlenz, Oederan, Memmendorf, Frankenstein, Wegefarth, Großschirma, Halsbrücke, Freiberg, Tharandt, Rabenau, Bannewitz, Dresden

Informationen:
www.dresden.de/tourismus
www.erzgebirge-tourismus.de
www.elbland.de
www.saechsische-schweiz.de

Hier geht's zum GPS-Track

01 Dresden

Die Beinamen, mit denen die Hauptstadt des Freistaates Sachsen im Laufe der Zeit gepriesen wurde, sind so zahlreich wie überschwänglich: »Venedig des Ostens«, »sächsische Serenissima«, »Elbflorenz«, »Perle des Barock«. Und das hat seinen guten Grund, denn die ehemalige kurfürstliche Residenz zählt zweifellos zu den europäischen Kulturmetropolen. Ab 1485 Regierungssitz der Albertiner, wuchs sie im 17./18. Jahrhundert zu einer der prachtvollsten barocken Residenzstädte in den deutschen Landen heran. Die verheerenden Bombennächte im Februar 1945 wurden der ruhmreichen Stadt jedoch zum Verhängnis, die historische Altstadt völlig zerstört. Seit dem Wiederaufbau der Frauenkirche (1994–2005) erstrahlt das Elbpanorama Dresdens heute wieder so anmutig wie auf den Gemälden von Bernardo Bellotto gen. Canaletto (1697–1768), einer der Alten Meister. Schätze der Weltkunst und Architektur bietet die sächsische Hauptstadt reichlich: Das Albertinum beherbergt die Gemäldegalerie Neue Meister und die Skulpturensammlung, im Zwinger kann man die Gemäldegalerie Alte Meister besichtigen. Die prächtige Semperoper, das Residenzschloss und das Grüne Gewölbe umrahmen den Theaterplatz. Die Kunstakademie und die spätbarocke Kathedrale St. Trinitatis überragen die Stadtbefestigung mit der Brühlschen Terrasse. Gleich gegenüber beginnt am anderen Elbufer die Neustadt mit ihrer bunten Kneipen- und Restaurantszene. Wie ein grünes Band ziehen sich dazwischen die Elbwiesen durch die Stadt. Nach dem Stadtbummel oder sogar einem längeren Aufenthalt geht es in südlicher Richtung raus aus der Stadt, zum Auftakt erst mal gemütlich über die B170 gen Pirna, der nächsten Station auf dieser Route.

02 Pirna

Pirna gilt als das »Tor zur Sächsischen Schweiz«. Die Stadt mit ihrem historischen Stadtkern liegt malerisch eingebettet in der Landschaft des Elbtales und des Elbsandsteingebirges. Die denkmalgeschützte Altstadt ist ein Kleinod mit wunderschönen, schmuckvoll ausstaffierten Bürgerhäusern, die zumeist in verwinkelten Gassen und an pittoresken Plätzen liegen. Der Marktplatz präsentiert sich dem Betrachter seit Jahrhunderten nahezu unverändert, ganz wie

Zahlreiche Gebäude in Pirna wurden aus dem Sandstein des Elbsandsteingebirges erbaut.

ihn der Venezianer Canaletto vor über 250 Jahren einst gemalt hat – mit stolzen Bürgerhäusern, dem Rathaus samt Renaissancegiebeln und barockem Turm sowie der Marienkirche und Schloss Sonnenstein im Hintergrund. Von hier aus sind der Elberadweg, die Sächsische Weinstraße und der Sächsische Weinwanderweg für Ausflüge bestens zu erreichen.

Für Motorradfahrer folgen von jetzt an auf der rasant verlaufenden S176 zahlreiche Kurven durch das Erzgebirgsvorland und die Sächsischen Schweiz. Immer begleitet wird man dabei von der Müglitz, einem Nebenfluss der Elbe.

03 Glashütte

Hier im östlichen Erzgebirge trifft in Glashütte traditioneller Bergbau auf präzises Uhrmacherhandwerk. Einen Einblick in die filigrane Kunst der Uhrmacher bekommen die Besucher im Uhrenmuseum Glashütte. Hier kann man sich sprichwörtlich auf eine Zeitreise von den Anfängen des sächsischen Uhrenbaus im Jahr 1845 bis in die Gegenwart begeben und so hautnah in die Arbeit und Historie des bekannten Traditionsunternehmens eintauchen. Gleich drei renommierte Manufakturen produzieren hier hochwertige Präzisionsuhren.

Durch das malerische Osterzgebirge führt die kurvenreiche Strecke weiter in südwestlicher Richtung, bevor sie kurz hinter dem Osterzgebirgsmuseum Schloss Lauenstein und seinem Wildpark ab dem kleinen Örtchen Geising auf die nicht minder vor Kurven-Kringeln strotzende B170 mündet. Ab der Ortschaft Schmiedeberg beruhigt sich der Streckenverlauf bis Dippoldiswalde wieder etwas – Zeit für eine kleine Einkehr in der »Großen Kreisstadt«.

04 Dippoldiswalde

Dippoldiswalde wird von ihren Einheimischen liebevoll »Dipps« genannt. Die Stadt verdankt ihren Namen dem Einsiedler Dippold, der einer Legende nach um das Jahr 1000 hier gelebt haben soll. Der historische Stadtkern mit Stadtkirche und Rathaus lohnt einen Bummel, auch sind mehrere informative Museen zu entdecken.

Die sich nördlich der Stadt erstreckende Dippoldiswalder Heide lockt mit einem reichen Schatz an geschichtlichen, geologischen und geografischen Stätten. Bewaldete Höhenzüge mit der Höckendorfer Heide und der Erashöhe runden das Bild ab. Eine prächtige Aussicht bietet der Rundblick vom König-Johann-Turm, der 1885 über den uralten Sandsteinbrüchen auf einer kleinen Anhöhe zu Ehren des damaligen sächsischen Königs errichtet wurde. In nördlicher Richtung erhebt sich der 481 Meter hohe Wilisch mit der nach Karsdorf zu auslaufenden Quohrener Kipse. Malerisch streben die Häuser von Hermsdorf zur Höhe hin. Dem Ort schließt sich Reinberg an, dann Reinholdshain und Luchau mit der markanten, bewaldeten Basaltkuppe des 576 Meter hohen Luchberges.

In südwestlicher Richtung schwingt sich die schmale Straße über die nahe liegende Wilde Weißeritz am Örtchen Klingenberg. Mit einem Rechtsschlenker geht es hinüber nach Weißenborn und anschließend noch ein Stückchen über die Ortsstraße bis nach Brand-Erbisdorf.

05 Brand-Erbisdorf

Die Bergstadt Brand-Erbisdorf gilt als eines der Tore zum Erzgebirge. Sie ist nach der Kreishauptstadt Freiberg die zweitgrößte Stadt im Landkreis und wird geprägt von einer mehr als

Schon von Weitem sieht man Schloss Augustusburg auf der Kuppe des 516 Meter hohen Schellenbergs liegen.

Oft führen die Routen im Erzgebirge durch dichte Waldgebiete.

Sächsische Dampfschifffahrt
Die Sächsische Dampfschifffahrt bietet Stadtrundfahrten, Schlösserfahrten sowie Touren durchs Elbtal oder die Sächsische Schweiz.
Sächsische Dampfschiffahrt, Hertha-Lindner-Str. 10, 01067 Dresden, Tel. 0351/866090, www.saechsische-dampfschiffahrt.de

Kanufahren
Die Elbe und die Große Röder eignen sich hervorragend zum Paddeln. »Kanu Dresden« schneidert jedem seine Tour auf den Leib: Streckenplanung, Übernachtung, Karten, hochwertige Ausrüstung, Bootstransport – alles wird organisiert. Die Touren führen durch die Sächsische Schweiz oder von Schmilka nach Dresden, vorbei an felsigen Steilufern oder auch mal bis in die Altstadt von Pirna. Ziel ist meist die Kanustation vor der Pillnitzer Elbinsel.
www.kanudresden.de

800-jährigen Bergbau-Tradition. Der ältere Teil des Ortes ist das um 1170 als Bauerndorf gegründete Erbisdorf, Brand dagegen ist eine erst später entstandene Bergarbeitersiedlung. Die Vereinigung der beiden Ortsteile erfolgte im Jahre 1912. Daraufhin wandelte sich der Ort zur Industriestadt. Mitten durch die Stadt verläuft die Silberstraße, die von der Landeshauptstadt Dresden bis nach Zwickau führt. Das Stadtzentrum und die gesamte Umgebung atmen noch heute die Bergbautradition vergangener Zeiten: Liebevoll gepflegte, gut erhaltene Bergmannshäuser, kleine Halden und kunstvolle Wassersysteme zeugen noch heute von der Bedeutung des ehemaligen Silberbergbaus im 19. Jahrhundert. Sehenswert ist das Stadtmuseum im Huthaus Einigkeit und die Kirche Langenau mit geschnitzter Friedenskanzel und spätmittelalterlichem Eingangsportal aus Sandstein. Einen Besuch wert ist auch die 1995 restaurierte Bergbau-Schauanlage »Bartholomäus-Schacht« mit original mittelalterlicher Fördertechnik.
Ab Brand-Erbisdorf geht es auf der B101 geradeaus in südlicher Richtung weiter – ab hier machen sich die Kurven erst mal ein Weilchen rar. Umso besser lässt sich jedoch die herrliche Waldlandschaft links und rechts der Route betrachten.

06 Großhartmannsdorf

Die kleine Gemeinde liegt am Fuße des Erzgebirges, unweit der Trinkwassertalsperre Saidenbach. Der Ort bietet einige schöne Sehenswürdigkeiten wie die hübsche Barockkirche mit Silbermannorgel, ein Herrenhaus der ehemaligen Schlossanlage und die historische Wehrkirche Mittelsaida. Danach verfolgt die Route den Weg nach Eppendorf, um von hier aus weiter über Leubsdorf bald darauf das wunderschöne Augustusburg zu erreichen.

07 Augustusburg

Benannt ist die Stadt nach dem Schloss Augustusburg, Sachsens bekanntestem Renaissanceschloss, das auf der Kuppe des 516 Meter hohen Schellenbergs thronend schon von Weitem zu sehen ist. Sachsens Kurfürst August ließ den imposanten Prachtbau 1568 bis 1572 als Jagdschloss errichten. Auch nach über 400 Jahren hat das monumentale Bauwerk nichts von seiner Ausstrahlung eingebüßt. Wegen seiner spektakulären Lage nennt man Schloss Augustusburg auch gern »Krone des Erzgebirges«. Wegen seiner Monumentalität mitsamt seinen Museen gilt es heute als eines der schönsten Renaissanceschlösser Mitteleuropas.

Schloss Augustusburg folgt einem streng geometrischen Grundriss, der markiert wird von vier quadratischen Eckhäusern sowie Zwischengebäuden, die einen Innenhof umschließen. Ein ähnliches Konzept findet man bei vielen Schlössern des 16. Jahrhunderts.
Heute befinden sich im Schloss mehrere Museen. Für Motorradfahrer gibt es hier einen ganz besonders interessanten Bereich: Europas wohl bedeutendste Motorradsammlung mit der umfassendsten DKW- und MZ-Ausstellung ist hier beheimatet. Das Schloss ist aber vor allem auch wegen seiner zahlreichen Events ganzjährig eine Hochburg für Biker: Ob Treffen, Präsentationen oder Tagungen – hier wird alles zum Thema Motorrad geboten. Übernachtungsmöglichkeiten für Biker gibt es in der modernen Jugendherberge direkt im Schloss oder in den zahlreichen umliegenden Hotels. Zwei Restaurants, gesicherte Parkplätze sowie Tagungs- und Konferenzräume gehören zur Einrichtung.

08 Oederan

Von Augustusburg aus geht es zunächst in nördlicher Richtung weiter über die wunderbar mit schwungvollen Kurven lockende S223 durch eine liebliche Waldlandschaft. Nach dem kleinen Ort Flöha folgt die Route ein kurzes Stück in östlicher Richtung der B173. Ab Falkenau geht es über die S237 durch waldreiches Gebiet, aufgelockert durch viele kleinere und größere Biegungen.
Bei Gahlenz heißt es dann endlich »Auf nach Oederan!«. Die S207 führt durch weitläufige Felder und vorbei an saftig-grünen Wiesen dorthin. Weithin bekannt ist der Ort für das »Klein-Erzgebirge«, dem ältesten Miniaturpark Deutschlands. Inmitten einer weitläufigen Parkanlage sind 200 handgefertigte Mo-

delle im Miniaturmaßstab 1:25 ausgestellt. Liebevoll von Hand geschnitzte Figuren, Häuser, Brücken, Bahnen und Pflanzen bestimmen das Miniatur-Landschaftsbild – allesamt stellen sie Sehenswürdigkeiten des Erzgebirges dar. Auch ein großes Motorradtreffen gibt es hier. Es findet jährlich im Spätsommer statt. Treffpunkt ist morgens auf dem Parkplatz des »Klein-Erzgebirges«, vor dem Eingangstor des Miniaturparks. Von hier aus geht's im Korso zum BikerGottesdienst vor Oederans schöner Stadtkirche Zu unserer Lieben Frau. Die anschließende gemeinsame Ausfahrt führt auf einer reizvollen Strecke durch Mittelsachsen zum Festplatz des »Klein-Erzgebirge«. Mittlerweile zieht das Treffen, das 2004 mit zwölf Teilnehmern begann, jährlich Hunderte von Motorradfahrern aus nah und fern an. Beliebt sind auch die vielen Programmpunkte des Motorradfestes.

Gleich hinter Oederan geht es raus aus der motorradfreundlichen Stadt gen Norden – durch die Orte Memmendorf, Frankenstein und Wegefarth, um den Weg weiter über die B101 nach Großschirma zu nehmen.

09 Großschirma

Die Stadt Großschirma mit ihren acht Stadtteilen, landschaftlich schön gelegen, umfasst große Flächen des Zellwaldes sowie einen Teil vom zauberhaften Tal der Freiberger Mulde. Zahlreiche Bauwerke zeugen von der bergbaulichen Vergangenheit, die sich auch im Stadt- und Bergbaumuseum in Freiberg nachvollziehen lässt. In der näheren Umgebung befinden sich die schönen Schlösser Bieberstein und Reinsberg. Bereits einige grandiose Kurven später erreicht man den Ort Halsbrücke.

10 Halsbrücke

Reizvoll am Westrand des Tharandter Waldes gelegen, wird Halsbrücke insbesondere durch das Freizeit- und Erlebnisbad »Sumpfmühle« geprägt. Mit viel Schwung gelangt man hier über eine 96 Meter lange und 10 Meter hohe Großrutsche oder über die 15 Meter lange Superbreitrutsche ins kühle Nass. In den übrigen Ortsteilen finden sich bergbau- und hüttenhistorische Denkmale und Industrierelikte, das Naherholungsgebiet »Grabentour« und der Muldental-Radwanderweg. Von hier geht es nur wenige Kilometer in südlicher Richtung weiter nach Freiberg – die sehenswerte Stadt lädt zu einem längeren Aufenthalt ein.

11 Freiberg

Auch Freiberg wurde stark vom Bergbau geprägt. Noch heute erinnern über 1250 technische, kunstgeschichtliche und kulturelle Denkmäler unterschiedlichster Art in und um Freiberg an diese spannenden Zeit. Die Besucherbergwerke »Reiche Zeche« und »Alte Elisabeth« veranschaulichen, was der Stadt einst den Reichtum brachte. Die historische Altstadt inmitten der alten Stadtmauer besteht aus einem nahezu unzerstörten Stadtkern. Hier findet sich mit Rathaus, Marktplatz, alten Kirchen, prächtigen Patrizierhäusern und Deutschlands ältestem Stadttheater viel historisches Flair: Die Burgstraße führt gen Süden zum Obermarkt und zum Rathaus von 1410, das nicht nur einen stattlichen Uhrturm, sondern auch ein Glockenspiel aus Meißener Porzellan besitzt. Wichtigste Sehenswürdigkeit ist der gotische Dom St. Marien am Untermarkt mit der Tulpen- und der Bergmannskanzel, der Fürstengruft der Wettiner, zwei Silbermannorgeln und dem figurenreichen spätromanischen Portal von 1225, das wegen seiner Pracht auch »Goldene Pforte« genannt wird. Sehenswert ist auch die Mineraliensammlung »terra mineralia« auf Schloss Freudenstein, westlich des Doms. Auch die über 5000 eingeschriebenen Studenten prägen das Stadtbild: Nicht nur sie wissen die Kneipen, Clubs und Diskotheken in der Meißner Gasse zu schätzen.

Auf der B173 geht es in nordöstlicher Richtung raus aus dem Ort in Richtung Tharandt – nicht ohne noch einen tollen Tipp mit auf den Weg zu bekommen: Nach nur wenigen Kilometern bietet sich vom nahe gelegenen Naundorf die Möglichkeit, ein reichhaltiges Kurvenintermezzo in südlicher Richtung über Bobritzsch einzulegen – wer mag, bis hinein nach Frauenstein. Dann im Ort wieder in die nördliche Richtung wechseln, den Schildern nach Klingenberg folgen und, vorbei an der gleichnamigen Talsperre, trifft man im Dörfchen Grillenburg wieder auf die St194.

12 Tharandt

Südwestlich von Dresden liegt die Stadt Tharandt, die bereits 1609 das

AUSFLUGSZIELE

Chemnitz

Das ehemals »Karl-Marx-Stadt« genannte Chemnitz am Rande des Erzgebirges hat seit der Wiedervereinigung einen sagenhaften Aufschwung gemacht und sich selbst an vielen Ecken neu erfunden: Mit Bauten wie der Neuen Synagoge und einem gläsernen Einkaufstempel am Neumarkt erstrahlt die Stadt in neuem Licht. Dazwischen lassen sich Architekturperlen entdecken, etwa der Zwanziger-Jahre-Bau des Staatlichen Museums für Archäologie von Erich Mendelsohn und van de Veldes Jugendstilvilla Esche.

Tourist-Information Chemnitz,
Markt 1, 09111 Chemnitz,
Tel. 0371/690680,
www.chemnitz-tourismus.de

Noch im Mittelalter wurde Burg Mildenstein, die auf einem Sporn über der Freiburger Mulde thront, Burg Leisnig genannt. Erst im ausgehenden 14. Jahrhundert erfolgte die Umbenennung.

Freundlich leuchtet das weiß getünchte Freiberger Rathaus mit seinen gelben Steinumfassungen dem Besucher entgegen.

Stadtrecht erhielt. Mit ihrer historischen Burgruine, dem traditionellen Meiler und der herrlichen Lage im Tharandter Wald sind die Stadt und ihre Umgebung ein beliebtes Ausflugsziel. Rund 250 Kilometer Wanderwege machen den Tharandter Wald zu einem der beliebtesten Wanderreviere rund um Dresden. Bereits der sächsische Kurfürst August I. vertrieb sich hier bei der Jagd seine Sorgen. Hier kann man idyllische Wasserläufe und schöne Aussichten auf das hügelige Umland

Die Lage von Tharandt ist einmalig. Das schöne Städtchen grenzt direkt an den Tharandter Wald, eines der beliebtesten Wandergebiete in Sachsen. Auf etwa 250 Kilometern gut ausgeschilderten Wanderwegen lassen sich diverse Naturschönheiten entdecken. Dazwischen laden gemütliche Rastplätze zu einer Pause ein.

Schloss Augustusburg *Regelmäßige, überregionale Motorradtreffen wie das traditionelle Wintertreffen im Januar. Ganzjähriger, exklusiver Motorradtreffpunkt. Schloss Augustusburg, 09573 Augustusburg, Tel. 037291/38018, www.die-sehenswerten-drei.de*

Verkehrsmuseum Dresden
Augustusstr. 1, 01067 Dresden, Tel. 0351/8644-0, www.verkehrsmuseum-dresden.de

Erzgebirgsring Lichtenberg *Mittelgebirgsstr. 1, 09638 Lichtenberg, Tel. 0172/2306298, www.erzgebirgsring.de*

Waldcamping Erzgebirge *An der Dittersdorfer Höhe 1, 09439 Amtsberg, Tel. 0371/7750833, www.bikercamp.de*

AUSFLUGSZIELE

Rennstrecke Sachsenring

Einst gehörte er zu den wichtigsten Rennstrecken Deutschlands, heute gilt er als der wohl berühmteste Rennparcours Ostdeutschlands: der Sachsenring nahe Chemnitz. 1927 wurden hier erstmals internationale Rennen auf dem alten, heute nicht mehr genutzten Straßenkurs ausgetragen. Nach der Wiedervereinigung stand die technisch veraltete Naturrennstrecke vor dem Aus. Erst durch zahlreiche Umbaumaßnahmen sowie durch die Initiative des ADAC Sachsen konnte sein Fortbestehen gesichert werden. Seit 1998 ist die Motorrad-Weltmeisterschaft wieder am Sachsenring daheim.

Sachsenring, Am Sachsenring 2, 09353 Oberlungwitz, Tel. 03723/65330, www.sachsenring.de

Schloss Augustusburg

Neben verschiedenen Museen, wie dem Kutscher-museum und dem Jagdmuseum, beheimatet Schloss Augustusburg auch ein hochkarätiges Motorrad-museum. Dieses brachte dem Schloss in Szenekreisen schnell den Beinamen »Bikerschloss« ein. Auf einer Fläche von 1200 Quadratmetern wird anhand von 175 Exponaten die Geschichte und Entwicklung der motorisierten Zweiräder seit dem Jahr 1885 dokumentiert und in Szene gesetzt.

Motorradmuseum Augustusburg, 09573 Augustusburg, Tel. 037291/38018, www.die-sehenswerten-drei.de

genießen. Nach einem Bummel durch die Stadt Tharandt und einer abschließenden Einkehr geht es über Rabenau und Bannewitz auf der B170 wieder zurück zum Ausgangspunkt nach Dresden, dem man hier noch mal einen gemütlichen Besuch abstatten kann – um sich in einen der zahlreichen Kneipen, Restaurants und Cafés eine ausgiebige Pause vor der endgültigen Heimkehr zu gönnen.

Landgasthof Zur Fichte Fichtberg 15, 09471 Bärenstein, Tel. 037347/84734, www.landgasthof-zur-fichte.de

Bikertreff Ehrenzipfel Pension Ehrenzipfel, Karlsbader Str. 92, 08355 Rittersgrün, Tel. 037757/88587, www.ehrenzipfel.de

Hotel Sachsenbaude Fichtelbergstr. 4, 09484 Oberwiesenthal, Tel. 037348/1390, www.sachsenbaude.de

Hotel Fichtelberghaus Fichtelbergstr. 8, 09484 Oberwiesenthal, Tel. 037348/123-0, www.hotel-fichtelberghaus.de

RUND UM DEN FICHTELBERG

Mit den ersten Frühjahrsblühern hört man auch schon die Motoren knattern: Auf heißen Reifen geht's über kurvenreiche Landstraßen durch das Erzgebirge hoch hinauf auf den 1215 Meter hohen Fichtelberg. Wer mag, kann sein Motorrad in einem der vielen Biker-Hotels abstellen und auf die Schwebebahn in Oberwiesenthal ausweichen. Oder mit der historischen Preßnitztalbahn zwischen Steinbach und Jöhstadt pendeln. Auch wenn in Sachsen schon seit Längerem keine Motorräder mehr produziert werden, so schlägt das Herz dieser Region noch immer im Zweitakt. Vor allem entlang des Erzgebirgskamms an der Grenze zu Tschechien bei Bärenstein inklusive kurzem Abstecher nach Nové Zvolání. Auf der Tagestour, die teils einiges an Können erfordert, stößt man auch auf die über 500-jährige Bergbaugeschichte. Denn während man sich auf seinem Bike vorwärts bewegt, schürften damals tief unter den Straßen die Bergleute Meter um Meter nach Silbererzen. Wie das genau aussah, verrät eindrucksvoll das Schaubergwerk Herkules-Frisch-Glück in Grünhain-Beierfeld in 80 Meter Tiefe.

Auf und ab geht's ebenfalls in sanften Schwüngen und engen Kehren nach Schwarzenberg. Kaiser Otto soll die Stadt nach dem Berg benannt haben, auf dem sich das bekannte Ensemble aus Schloss und Kirche erhebt. Geschichtsträchtig ist zudem die Adam-Ries(e)-Stadt Annaberg-Buchholz sowie das von Wald umschlossene Hartenstein mit der Burg Stein. Nicht weit von der Barockstadt Schneeberg ragen die sieben Granitfelsen zwischen Geyer und Ehrenfriedersdorf 30 Meter imposant in den Himmel. Vom Aussichtsplateau genießt man einen einzigartigen Panoramablick über die Erzgebirgslandschaft.

Blick vom Fichtelberg auf die hügelige Landschaft des Erzgebirges.

Im Zweitakt durch Sachsen

Auf der sächsischen Entdeckungstour geht's rund um den Fichtelberg, abseits städtischen Trubels, aber mit viel Kurvengewedel.

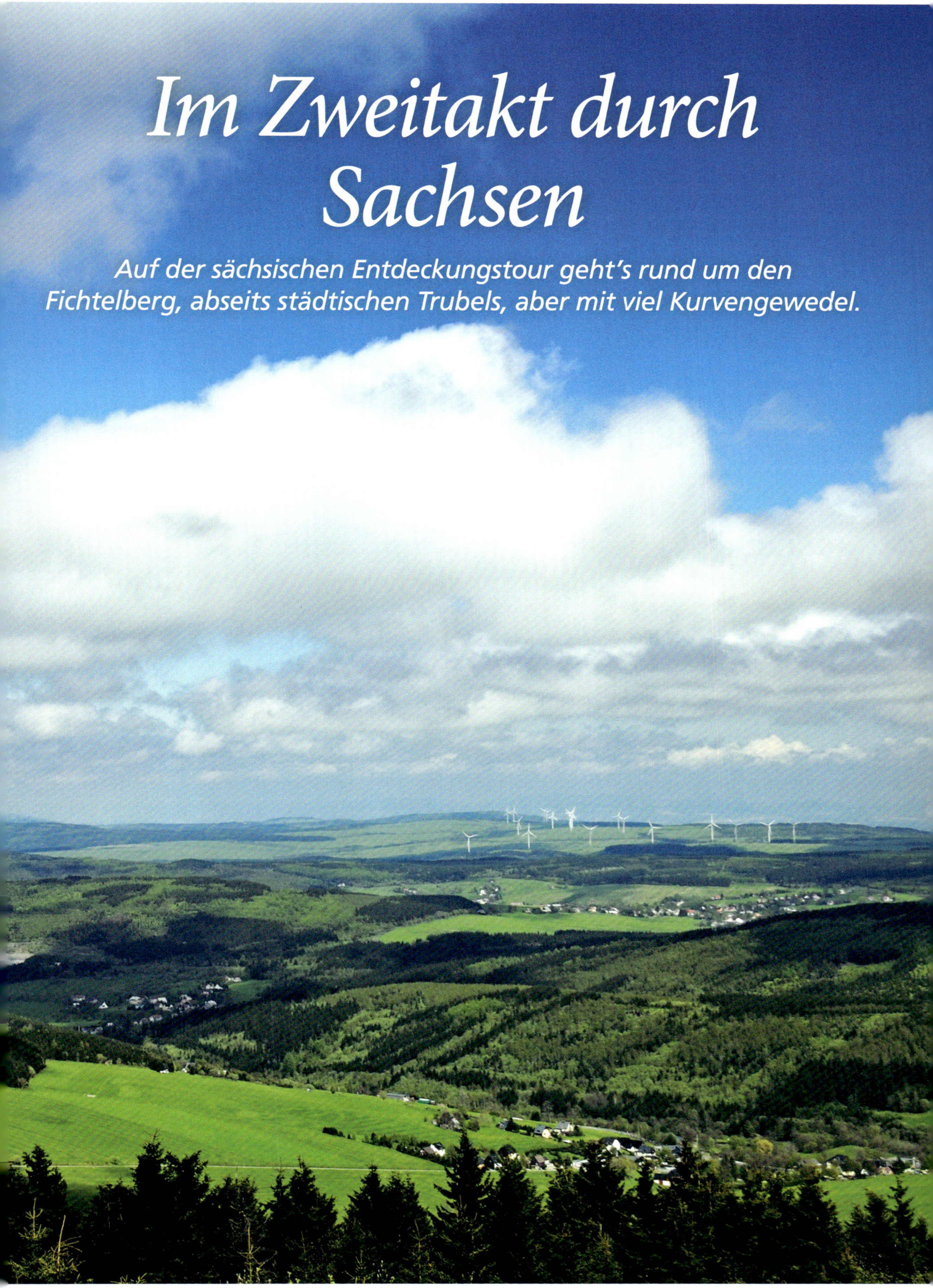

Eine Fahrt mit der Schmalspurbahn bei Oberwiesenthal sollte man sich nicht entgehen lassen.

ROUTE 16

Routenlänge: 198 km
Zeitbedarf: Tagestour
Charakteristik: Kurvenreiche Strecken mit großen Höhenunterschieden, an denen sich die Motorradfahrer im Sommer ergötzen wie sonst die Wintersportler in der kalten Jahreszeit.
Start und Ziel: Annaberg-Buchholz
Routenverlauf: Start Annaberg-Buchholz, Mildenau, Jöhstadt, Bärenstein, Neugeschrei (Tschechisch: Nové Zvolání), Oberwiesenthal (Fichtelberg), Sehmatal, Scheibenberg, Schloss Schlettau, Elterlein, Crandorf, Schwarzenberg/Erzgebirge, Neuwelt, Beierfeld, Aue, Schneeberg, Hartenstein, Stollberg, Zwönitz, Geyer, Ehrenfriedersdorf, Annaberg-Buchholz.

Informationen:
www.sachsen-tourismus.de
www.sachsen-erkunden.de
www.erzgebirge.de
www.motorradparadies-erzgebirge.de

Hier geht's zum GPS-Track

01 Annaberg-Buchholz

Los geht's in der Berg- und Adam-Ries-Stadt Annaberg-Buchholz, in der man die St.-Annen-Kirche, die »Manufaktur der Träume« und die historische Altstadt besichtigen kann. Das einstmals von dichtem Wald bedeckte obere Erzgebirge wurde ab dem 12. Jahrhundert vor allem von wanderfreudigen fränkischen Bauern besiedelt. Reiche Silberfunde führten rasch zu einem enormen Wachstum des Ortes, seine Einwohnerzahl explodierte förmlich. So entwickelte sich Annaberg in der ersten Hälfte des 16. Jahrhunderts zu der nach Freiberg zweitgrößten Stadt Sachsens. Um 1522 zog es dann auch Adam Ries hierher, der bis zu seinem Lebensende als Rechenmeister und Bergbeamter tätig war. Westlich von Annaberg-Buchholz liegt, umgeben von Gebirgswiesen, der Ort Mildenau. Die Begrenzungen der einzelnen Landstreifen, Hufe genannt, prägen noch heute das Stadtbild. Vorbei am altertümlichen Dreiseit-Bauernhof führt die Dorfstraße in sanften Schwüngen entlang kleiner Bäche im Quellgebiet des Rauschenbachtals unmittelbar an die Grenze der Tschechischen Republik. Die Kurven scheinen die Biker magisch anzuziehen – so sehr, dass einige Kehren schon mittels künstlicher Buckelpisten »entschärft« wurden, um Raser zu bremsen.

02 Jöhstadt

Schon von Weitem hört man sie zischen und dampfen: die liebevoll restaurierte Preßnitztalbahn bei Jöhstadt. Kein Wunder, schließlich pflastern die Gleise der Schmalspurbahn seit 1892 den Weg inmitten der Natur. Es scheint, als würde die Dampflok mit der Landschaft Richtung Steinbach verschmelzen. Spätestens zum Oldtimerfest zieht es alle Jahre wieder auch Schaulustige an. Wer es nicht eilig hat, sollte unbedingt die beeindruckende Zugfahrt einplanen.
Wieder auf den Sattel geschwungen, schlängelt sich der Weißehirschweg in einer engen Haarnadelkurve in die Bahnhofstraße, die direkt nach Bärenstein führt, das verträumt in einer Hochmoorlandschaft zwischen Birken und Heidekraut liegt. Von hier erreicht man Neugeschrei im Mittleren Erzgebirge in Tschechien, auf Tschechisch Nové Zvolání genannt.

In der lichten St. Anna-Kirche in Annaberg-Buchholz entfaltet sich ein Bilderbuch an Bibelszenen.

03 Neugeschrei

Im Dörfchen Neugeschrei, Nové Zvolání, in der Gemeinde Weipert (Vejprty) steht die schmucke neugotische Herz-Jesu-Kirche aus dem 19. Jahrhundert, seit 2018 mit restaurierter Kirchturmuhr. Ihre Glocken hört man bis auf den steilen Felsen, den »Hohen Stein«. Der Weg zum Gipfel zweigt hinter dem Sendemast am Ortsende nach links ab, der letzte Teil führt zu Fuß durchs Unterholz. Oben angekommen, hat man einen weiten Blick auf Sachsen. »Denkmal der Freundschaft« kann man auf seiner Plattform lesen, und der Sage nach ist alle fünf Jahre zwischen 12 Uhr und 13 Uhr ein rotgekleidetes Männlein mit langem roten Bart sehen. Dann heißt es Mut zusammenfassen und ansprechen, denn das hat bisher noch niemand getan. Schließlich schlägt sein zorniges Kreischen, wie von kämpfenden Katzen, alle in die Flucht. Dabei wartet der »Hohensteiner« doch nur auf Erlösung in Form eines furchtlosen Mädchens. Vom Märchenonkel im Böhmischen Erzgebirge verabschiedet man sich und fährt am Pöhlbach, der als Grenzbach den Zechengrund durchfließt, auf gut ausgebauten Straßen mit griffigem Asphalt ins alte Bergbaugebiet Oberwiesenthal.

04 Oberwiesenthal (Fichtelberg)

Am südlichen Bergfuß liegt die höchstgelegene Stadt Deutschlands. Ein Abstecher auf den 1215 Meter hohen Fichtelberg ist quasi ein Muss. Über die Ostflanke des Berges führt das Wahrzeichen der Stadt, die 1924 erbaute und somit älteste Schwebebahn von Oberwiesenthal, bis auf

AUSFLUGSZIELE

Adam-Ries-Museum

»Das macht nach Adam Ries(e)…«: Dieser Ausspruch wird noch heute gebraucht. Doch wer war eigentlich der »Rechenriese« und warum überdauert sein Name ein halbes Jahrtausend? Antworten auf diese Fragen und noch mehr findet man in seinem einstigen Wohnhaus in Annaberg-Buchholz, im Adam-Ries-Museum – eine wahre Schatzkammer der Rechenkunst.
Adam-Ries-Museum, Johannisgasse 23, 09456 Annaberg-Buchholz, Tel. 03733/22186, www.adam-ries-museum.de

Fichtelberg Schwebebahn

Die 1924 erbaute und somit älteste Seilschwebebahn Deutschlands ist zugleich das Wahrzeichen von Oberwiesenthal. Sie überwindet von der Talstation bis auf den Berg über einer Länge von 1175 Metern einen Höhenunterschied von 303 Metern. Während der Fahrt hat man einen herrlichen Panoramablick auf das Tal inklusive Skisprungschanzen.
Fichtelberg Schwebebahn, Vierenstr. 10, 09484 Oberwiesenthal, Tel. 037348/12761, www.fichtelberg-ski.de

St.-Georgen-Kirche und Schloss Schwarzenberg. Das Schloss beherbergt ein Museum sowie eine Präsenzbibliothek mit über 10 000 Titeln.

Die Landschaft in der Nähe von Scheibenberg ist durch sanfte Hügel und viel Landwirtschaft geprägt.

Innenraum der St.-Georgen-Kirche in Schwarzenberg mit ihrer berühmten Orgel.

das Gipfelplateau. Hier wartet das Fichtelberghaus mit seinem Aussichtsturm als beliebte Raststätte, aber auch die Friedensglocke und die Wetterwarte lohnen einen Besuch. Während man in weiten Schwüngen den Berg hinuntersurft, schaut man noch kurz bei der großen Fichtelbergschanze vorbei. Hier hat seinerzeit Jens Weißflog, der direkt gegenüber sein gleichnamiges Hotel betreibt, den Schanzenrekord auf 102 Meter geschraubt. Von hier fliegt man über schöne Sträßchen das Tal weiter hinunter, begleitet von der historischen Fichtelbergbahn, ehe es auf der S266 durch die Orte Neudorf, Cranzahl und Sehma, besser bekannt als Gemeinde Sehmatal mitten im Naturpark Erzgebirge/Vogtland, in die kleine, sehenswerte Bergstadt Scheibenberg geht.

05 Scheibenberg

Das Zentrum erreicht, blickt man durch die Kirchengasse in Richtung Markt samt Heimatmuseum. Links dahinter liegt das ehemalige Handelshaus des Kaufmanns Christian Ernst Coith, schräg gegenüber das Rathaus mit Aussichtsturm. Bürgerhäuser säumen den Weg nordwestlich zum gleichnamigen Berg, der auf eine Höhe von 807 Metern führt. Den Gipfel erklimmt man bequem mit dem Bike – vorbei an den charakteristischen Basaltfelsen, auch »Orgelpfeifen« genannt. Auf deren Höhe befindet sich auch eine kleine Skisprungschanze des beheimateten Vereins. Oben angekommen, grüßt

Historische Postkutsche

Sightseeing mal anders, nämlich mit der historischen Postkutsche. Seit 1955 fährt der Zweispänner von Pfingsten bis Oktober an zwei Tagen (Sonntag: ab Talstation Schwebebahn, Mittwoch: ab Markt) seine Gäste zum Preis von 6 Euro/Erwachsener durch die Natur und das Stadtzentrum von Oberwiesenthal.

Pferdefuhrgeschäft Christoph Kaufmann,
Annaberger Str. 119,
09484 Oberwiesenthal,
Tel. 037348/22345

der 1994 errichtete Aussichtsturm mit Panoramablick als Krone und Wahrzeichen von Scheibenberg. Nach einer kurzen Pause führt der Weg nach Schlettau, wohin schon seit dem 12. Jahrhundert – als die Pässe über das Erzgebirge noch unwegsam waren – viele Händler durch dunkle Wälder reisten.

06 Schloss Schlettau

Schloss Schlettau liegt strategisch günstig an der Kreuzung der Salz- und Silberstraße und ist samt seinem Herrenhaus von einem kleinen Park mit zwei Teichen umgeben. In den Schlossgemäuern befinden sich verschiedene Museumsräume zu Geschichte, Region und Kunst. In zwei Schauwerkstätten wird die reiche Tradition der Posamenten- und der Kräuterlikörherstellung veranschaulicht. Der Rittersaal wird inzwischen auch für Trauungen zweckentfremdet. Als Ruheoase gilt der Schlosspark mit seinen verschiedenen Baumarten. Auf der von Grün gesäumten Schlettauer Straße geht's gemütlich nach Elterlein, wo einem von der Teichwirtschaft der Duft von geräucherten Forellen entgegenweht. Die Hauptstraße windet sich zur B101, ehe man im weiteren Verlauf die Kreisstadt Schwarzenberg erreicht. Die »Perle des Erzgebirges« umfasst stolze 46 Quadratkilometer und reicht von der südlichen Gemeinde Neuwelt bis ins nördliche Crandorf.

07 Schwarzenberg

Mit seinem romantischen Ortskern, dem mächtigen Renaissance-Schloss und der idyllischen Umgebung ist die 17 000-Einwohner-Stadt beliebt und belebt. Schließlich gibt es in dem 1282 erstmals urkundlich erwähnten Ort genug zu entdecken: Die barocke Stadtkirche St. Georgen etwa kann mit einer aufwendig geschnitzten Holzdecke beeindrucken. Um erzgebirgische Schnitzkunst und Handwerk aus Eisen sowie das Klöppeln von Spitze geht es im Museum Perla Castrum auf Schloss Schwarzenberg, das im 12. Jahrhundert als Burg errichtet und später zum Jagdschloss umgebaut wurde. Im Ortsteil Pöhla liegen die bedeutendsten Zinnkammern Europas mit ihrem Besucherbergwerk. Mit Schwarzenberg verbindet sich übrigens ein historisches Kuriosum: Als 1945 das in Trümmern liegende Deutschland von den Alliierten besetzt war, ließ sich hier wochenlang niemand blicken. Die Bürger mussten den gesellschaftlichen Neuanfang selbst in die Hand nehmen. Die besondere, von Visionen und Utopien bestimme Atmosphäre jener Tage hat den Schriftsteller Stefan Heym zu dem Roman »Schwarzenberg« (1984) inspiriert und vor Ort folgt ein Lehrpfad den Spuren der »Unbesetzten Zeit«. Abseits des städtischen Trubels sind erstaunlich viele Zweiradfahrer unterwegs. Vom benachbarten Sachsenfeld aus findet man geradewegs nach Beierfeld.

08 Beierfeld

Auf der einen Seite ist die etwa 6200 Einwohner zählende Gemeinde Grünhain-Beierfeld ein traditionsreicher Standort der metallverarbeitenden Industrie. Andererseits kann sie auf eine langjährige kulturelle Tradition verweisen. Die zeigt sich auch bei zahlreichen Stadtteilfesten wie dem Kloster-, Löffelmacher- und Harzerfest. Sehenswert sind die Peter-Pauls-Kirche – eine der ältesten Kirchen des Westerzgebirges, die Überreste des Klosters Grünhain und das alte Schaubergwerk »Herkules-Frisch-Glück«. Auf der Beiersfelder Straße passiert man die Ortschaft Bernsbach. Sie windet sich weiter auf der Auer Straße hinein nach Aue mit seinen wunderschönen Fassaden und alten Bürgerhäusern der Gründerjahre.

09 Aue

Trotz oder auch gerade wegen seiner Vergangenheit als Industriezentrum bewahrte sich Aue das Flair einer bezaubernden Kleinstadt mit vielen Jugendstil-Elementen. Durch ihre Lage in einem Talkessel und infolge zwischenzeitlich eingemeindeter Orte des Umlands hat sie eine zerklüftete Struktur. Besonders berühmt sind, neben dem bekannten Fußballverein FCE Erzgebirge Aue, die Auer Brücken aus verschiedenen Epochen, u. a. die erste Spannbetonbrücke Europas über der Zwickauer Mulde. Hübsch anzusehen sind auch das 1828 errichtete Huthaus, der Bergbaulehrpfad am Heidelsberg inklusive Naherholungsgebiet mit Parkwarte und 512 Meter hohem Aussichtsturm, die Klosterkirche des ehemaligen »Klösterlein Zelle« aus dem 13. Jahrhundert sowie die Friedenskirche – eine der größten Jugendstilkirchen Sachsens. Auf der B169 fährt man zwischen dem rund 500 Meter hohen Brünlasberg und Klosterberg nach Schneeberg.

10 Schneeberg

»Barockstadt des Erzgebirges« oder »Das silberne Herz Sachsens« sind die Beinamen der Stadt an der Silberstraße – eine Straße, die die Geschichten historischer Bergstädte erzählt. Über 500 Jahre Bergbau prägen die Geschichte und die Entwicklung von Schneeberg, in der die Handwerkskunst mit Schnitzerei und Klöpplen noch immer einen großen Stellenwert besitzt. Das Wahrzeichen ist der Bergmannsdom, die im Stil der Spätgotik erbaute St. Wolfgangskirche. In ihr befindet sich ein zwölfteiliger Flügelaltar (Altarretabel) aus der Werkstatt von Lucas Cranach. Ab Frühlingsbeginn erklingen im Rathaus am Marktplatz die 24 Glöckchen aus Meißener Porzellan täglich um 11.30, 14.30 und 17.30 Uhr.

Vorbei am begrünten Schneeberger Stadtpark geht's über die Wildbacher Straße in sanften Schwüngen auf der K9309 durch den schönen, schattenspendenden Steinwald und über das Flüsschen Zwickauer Mulde in die sehenswerte Schlossstadt Hartenstein.

11 Hartenstein

Von großen Waldgebieten umschlossen, gilt Hartenstein als eine Perle des Erzgebirges. Ihren Namen erhielt die Stadt von der Burg- und Grafschaft Hartenstein. Die Burg Stein beherbergt ein regionalgeschichtliches Feudalmuseum mit einer sehenswerten Waffensammlung. Im Rittersaal finden zahlreiche Konzerte statt. Dem bedeutenden Dichter des Barock und Arzt, Paul Fleming, wurde auf dem Markt seiner Heimatstadt ein Denkmal errichtet. Sein Geburtshaus steht in der Nähe der Kirche. Nur wenige Minuten entfernt, in Thierfeld, wurden bei Restaurierungsarbeiten der Kirche alte Fresken entdeckt. Vorbei an idyllisch gelegenen Bauernhäusern mit gut erhaltenem Fachwerk folgt man der Loßnitzer Landstraße in Richtung Westen und biegt dann links auf die B169. Über diese erreicht man nach wenigen Kilometern Schloss Hohenerck. Das von Weitem sichtbare Schloss diente ab den 1860er-Jahren als Zuchthaus und war später als größtes Frauengefängnis für politisch Verfolgte der DDR berüchtigt. Auf der S258 fährt es sich gemächlich Richtung Zwönitz, das kurz nach dem Streitwald mit einer langen Rechtskurve erreicht ist.

AUSFLUGSZIELE

Eisenbahnmuseum Schwarzenberg

Die Lokomotive »100« erreichte als erster Zug am 11. Mai 1858 aus Zwickau kommend den Bahnhof in Schwarzenberg. Das Bahnbetriebswerk entstand in seinen jetzigen Dimensionen 1902. Nach dessen Stilllegung wurde das »Eisenbahnmuseum im Grünen« entwickelt. Mittelpunkt ist der sanierte Lokschuppen mit Drehscheibe, in dem u. a. fünf Dampfloks untergebracht sind.

Eisenbahnmuseum Schwarzenberg,
Schneeberger Str. 60, 08340 Schwarzenberg,
www.vse-eisenbahnmuseum-schwarzenberg.de

Schaubergwerk Herkules-Frisch-Glück

Nach dem Einstieg über 250 Stufen erhält man in 80 Meter Tiefe inmitten von zwei Marmorsälen und unterirdischen Seen eindrucksvolle Einblicke in die Bergbauarbeit früherer Tage. In der Erlebniswelt neben der Bergschmiede können Besucher dem Weg des Erzes folgen und ihre eigene Münze prägen.

Schaubergwerk Herkules-Frisch-Glück,
Am Fürstenberg 6,
08344 Grünhain-Beierfeld,
www.schaubergwerk-waschleithe.de

Immer wieder gibt es auf der Strecke wunderschöne Ausblicke zu genießen.

Dicht an dicht reihen sich in Aue die Häuser an die Zwickauer Mulde. Im Hintergrund: die berühmte Friedenskirche.

12 Zwönitz

Zwönitz, gegründet um 1160, ist mit seinen alten Fachwerkbauten und dem denkmalgeschützten Marktplatz mit der historischen Postmeilensäule eine sehenswerte Kleinstadt. Sie liegt an der Quelle des Zwönitzbaches, in einem lieblichen Tal zu Füßen des Geyrischen Waldes. Hübsch anzusehen sind auch die sich alle drei Stunden bewegenden Traditionsfiguren Bäuerin, Bergmann, Mönch, Schusterjunge im Rathausturm samt Bergglocke. Die gradlinige S260 führt durch die Berg- und Bingestadt Geyer mit Turmmuseum und Bingekrater und über die kurvige S222 direkt nach Ehrenfriedersdorf.

13 Ehrenfriedersdorf

Einmal Augen reiben heißt es, wenn zwischen Geyer und Ehrenfriedersdorf die Greifensteine auf die Straße zu fallen drohen – eine bis zu 30 Meter aufragende Granitfelsengruppierung. Genauer gesagt sind es die Überreste einer eruptiven Granitdecke, die sieben eigenartig geformte, imposante Klippen bilden. Durch Steinbrucharbeiten entstand eine einzigartige Naturbühne unter freiem Himmel, die in den Sommermonaten vom Eduard-von-Winterstein-Theater bespielt wird. Von oben genießt man einen wundervollen Blick über die Erzgebirgslandschaft bis zum Völkerschlachtdenkmal in Leipzig. Rund um die bizarren Felsen finden sich ein Berghotel, die Stülpnerhöhle, ein Waldgeisterweg und der Badesee Greifenbachstauweiher. Hier kurz frisch gemacht oder ein Päuschen eingelegt, steht auch schon die Rückfahrt auf der B95 nach Annaberg-Buchholz auf dem Programm.

Burg Stein am Ufer der Zwickauer Mulde ist teilweise öffentlich zugänglich.

Traditionshotel Wilder Mann
Markt 13, 09456 Annaberg-Buchholz,
Tel. 03733/1440,
www.hotel-wildermann.de

Biker-Treff Hotel Fichtelberghause
Fichtelbergstr. 8,
09484 Oberwiesenthal,
Tel. 037348/1230,
www.hotel-fichtelberghaus.de

Hotel Sachsenbaude
Fichtelbergstr. 4,
09484 Oberwiesenthal,
Tel. 037348/1390,
www.sachsenbaude.de

Berghotel Steiger
Oberer Krankenhausweg 2a/
Am Mühlberg,
08289 Schneeberg, Tel. 03772/39490,
www.berghotel-steiger.de

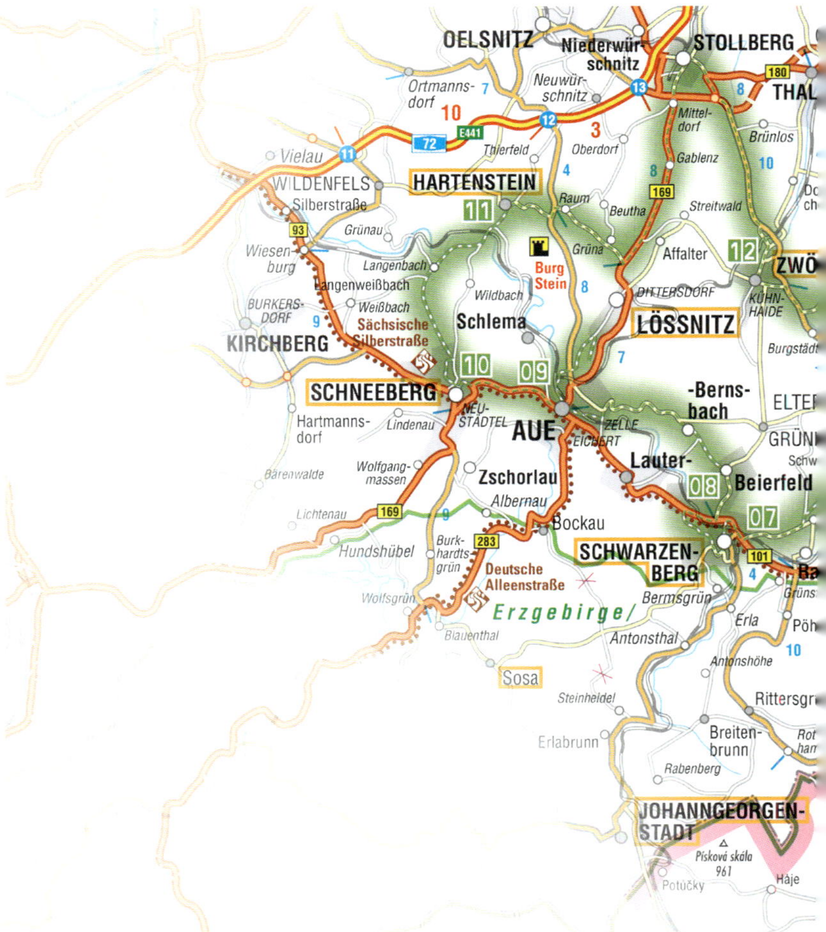

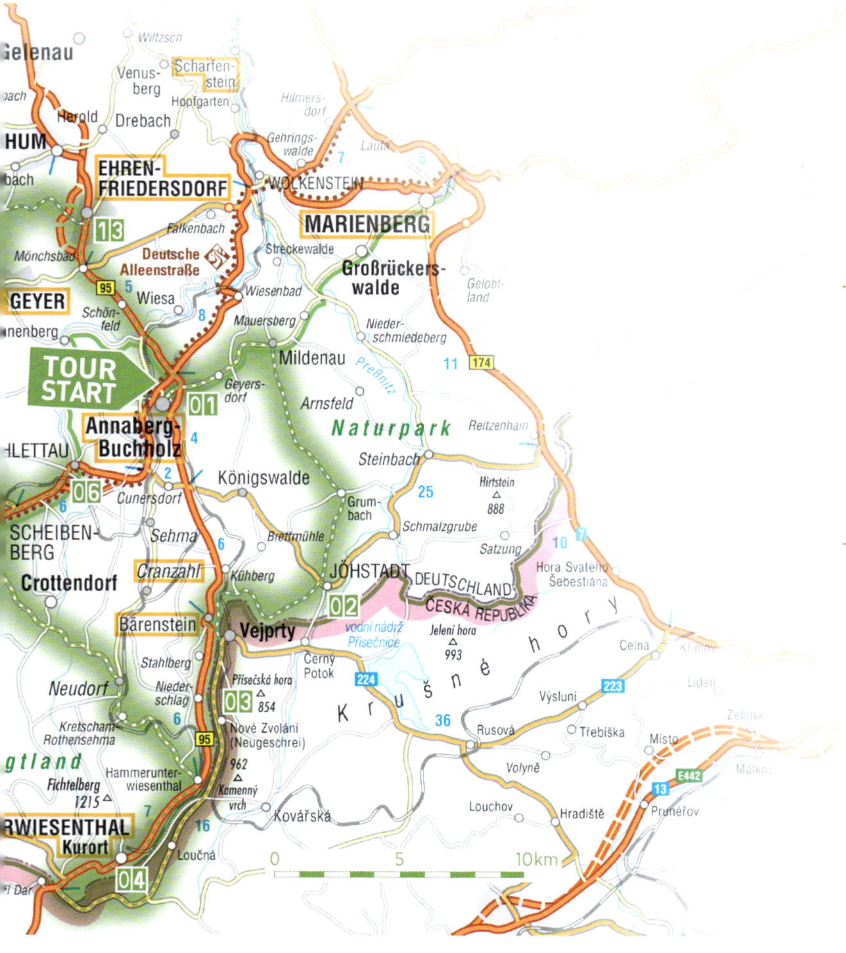

Berghotel Drei Brüder Höhe
Drei Brüder Höhe 1,
09496 Marienberg,
Tel. 03735/6000,
www.drei-brueder-hoehe.de

Oberwiesenthaler Motorradtreffer
jährlich am Panorama Hotel Ober-wiesenthal, Vierenstr. 11,
09484 Oberwiesenthal,
Tel. 037348/780,
www.panoramahotel-oberwiesenthal.de

Hotel Stadt Zwönitz
Am Mühlgraben 10, 08297 Zwönitz,
Tel. 037754/720,
www.hotel-stadt-zwoenitz.de

Durch das Grüne Herz Deutschlands

Wunderschöne Landschaften, grandiose Fernsichten und imposante Sehenswürdigkeiten – auf Entdeckungstour durch Thüringen.

THÜRINGEN

Durch das »Grüne Herz Deutschlands«, so lautet der Titel dieser Tour – grün wegen der üppigen Wälder, der atemberaubenden Panoramen, der unzähligen Hügel und Bergkuppen. Schon Johann Wolfgang von Goethe schwärmte Zeit seines Lebens von diesem Teil Thüringens. Auch bei Motorradfahrern sind die wildromantischen Landschaften des Thüringer Waldes und des Thüringer Schiefergebirges äußerst beliebt. Sie geraten angesichts der wahrhaft anmutig verlaufenden Strecken, wie sie z.B. das Schwarzatal oder das Obere Saaletal offenbaren, geradezu ins Schwärmen.

Doch nicht nur die Landschaft begeistert, auch all die prächtigen Städte, Schlösser und Burgen entlang der Route wissen zu faszinieren. Erfurt, Thüringens Hauptstadt mit Charme, ist eine riesige Schatztruhe voller Baudenkmäler. Zu den weiteren Sehenswürdigkeiten auf der Tour zählen die Dornburger Schlösser bei Jena sowie die Leuchtenburg bei Kahla. Schmalkalden gilt als Ort der Reformation. In Eisenach, Ausgangspunkt und Ziel dieser Tour, lockt die wehrhafte Wartburg, von der aus Martin Luther vor 500 Jahren die Reformation einläutete. Daneben ist aber auch speziell für Motorradfahrer viel Wissenswertes und Informatives geboten – z. B. das interessante Fahrzeugmuseum in Suhl (www.fahrzeugmuseum-suhl.de). Und wer danach lieber auch mal zu Fuß unterwegs ist – in Hörschel bei Eisenach beginnt der Rennsteig. Der beliebte Höhenwanderweg schlängelt sich durch den kompletten Thüringer Wald und dessen Schiefergebirge.

Blick zur Veste Wachsenburg bei Holzhausen. Die Burg ist Teil des mittelalterlichen Burgenensembles Drei Gleichen.

Die Wartburg hat den Rang eines sagenumwobenen Mythenortes.

ROUTE 17

Routenlänge: 454 km
Zeitbedarf: Drei-Tagestour
Charakteristik: Für Kurvenfans und Landschaftsgenießer
Start und Ziel: Eisenach
Routenverlauf: Eisenach, Hörselberg-Hainich, Waltershausen, Drei Gleichen, Erfurt, Weimar, Apolda, Bad Sulza, Jena, Kahla, Ulstädt-Kirchhasel, Rudolstadt, Saalfeld/Saale, Neuhaus am Rennweg, Großbreitenbach, Ilmenau, Gräfenroda, Zella-Mehlis, Steinbach-Hallenberg, Schmalkalden, Floh-Seligenthal, Bad Salzungen, Wutha-Farnroda, Eisenach
Informationen: www.thueringen-entdecken.de

Hier geht's zum GPS-Track

01 Eisenach

Eisenach ist das Tor zum Thüringer Wald. Stolz thront die Wartburg hoch über allen Wipfeln, Martin Luther übersetzte hier das Neue Testament. Heute besuchen jährlich über 350 000 Touristen Stadt und Burg. Neben dem Bauwerk, das zum Pflichtprogramm eines jeden Eisenach-Besuchs gehört, wird die Stadt vor allem mit Musikern wie Bach, Telemann, Wagner oder Liszt in Verbindung gebracht. Auch Goethe hat hier seine Spuren hinterlassen. Eine Stadtbefestigung schützt die Bewohner seit Mitte des 12. Jahrhunderts. Das Nikolaitor ist eines der noch erhaltenen Stadttore. Ungefähr um diese Zeit wurde die Wartburg oberhalb der Stadt ausgebaut und Hauptresidenz der Landgrafen von Thüringen. Von dem Moment an war sie eng mit den politischen, kulturellen und wirtschaftlichen Geschicken Eisenachs verbunden. Neben der Burg sind die Altstadt mit dem dreieckigen Karlsplatz, das Lutherdenkmal, der Markt, die Georgenkirche und natürlich die Geburts- und Wohnhäuser von Johann Sebastian Bach und Martin Luther sehenswert. Und wer eine Runde auf Schusters Rappen statt auf dem Krad drehen möchte: In Eisenach beginnt der mit einem weißen »R« gekennzeichnete Rennsteig, Deutschlands bekanntester Höhenwanderweg, der ab Hörschel bei Eisenach in rund 700 Meter Höhe bis nach Blankenstein in der Nähe von Hof verläuft.

Nach dem Stadtbummel geht es raus aus der Stadt in östlicher Richtung. Wer es zunächst ruhig mag, nimmt die B84 und folgt der Strecke bis Hörselberg-Hainich, um von dort auf der L1029 gen Süden Waltershausen ins Visier zu nehmen. Wer direkt nach Eisenach ein hübsches Kurvenspiel einlegen möchte, nimmt für nur wenige Kilometer die B84 und vergnügt sich dann auf der zackig geführten L2113, die durch Hörselberg hindurch bis nach Waltershausen führt.

02 Hörselberg-Hainich

Wichtigste Sehenswürdigkeit des Ortes ist das cremefarbene Herrenhaus mit den hellblauen Fensterläden aus dem Jahr 1680, das heute ein romantisches Hotel beherbergt. Es liegt direkt am Nationalpark Hainich im Westen Thüringens, der über und über mit Buchen bestanden ist.

Der »Hainich«, der dem Ort den Namen gab, ist ein Höhenzug in Thüringen nahe der Grenze zu Hessen und zählt seit 2011 zum UNESCO-Weltnaturerbe. Wo zu Zeiten des Kalten Krieges Sowjet-

truppen übten und den Wald damit für die Forstwirtschaft entwerteten, wächst heute ein unberührter Urwald heran, der mehr oder minder sich selbst überlassen wird. Der Wald darf daher nicht mehr betreten werden. Dennoch kann man ihn betrachten – von einem Baumkronenpfad aus, in luftiger Höhe von bis zu 40 Metern. Auf insgesamt 530 Meter Länge wird so ein kleiner Abschnitt von Deutschlands größtem zusammenhängenden Laubwald auf eine besondere Art und Weise begehbar. Ganz im Süden des Parks können im Wildkatzendorf die gleichnamigen Tiere in großen Gehegen besichtigt werden.

03 Waltershausen

Die zweitgrößte Stadt im Landkreis Gotha liegt zwischen dem Thüringer Becken im Nordosten und dem Thüringer Wald im Südwesten. An der Kreuzung der alten Salzstraße von Salzungen nach Erfurt und von Eisenach nach Saalfeld gelegen, bot die 1176 erstmals erwähnte Burg Tenneberg den damaligen Bewohnern Schutz. Die Stadt selbst fand 1209 das erste Mal Erwähnung. Ab dem 19. Jahrhundert machte der Ort von sich reden, als hier eine Spielzeug- und Puppenfabrik entstand, die weit über die Region hinaus bekannt wurde. 1929 wurde die Thüringerwaldbahn nach Waltershausen verlängert. Seitdem ist die Stadt mit Bad Tabarz im Südwesten und Gotha im Nordosten verbunden. Raus aus Waltershausen führt die L1026 Richtung Drei Gleichen. Wer jedoch erst noch Gotha einen Besuch abstatten möchte, nimmt den kurzen Weg über die L1027.

04 Drei Gleichen

Das Gebiet »Drei Gleichen« liegt malerisch eingebettet im nationalen GeoPark »Inselsberg-Drei Gleichen«. Die Stadt ist nach dem nahe gelegenen Burgenensemble benannt. Die Mühlburg ist die älteste Burg der Drei Gleichen und auch die älteste ganz Thüringens. Schon in einer Mönchschronik aus dem Jahr 319 wurden die Burg und der Ort Mühlberg genannt. Die Burg Gleichen entstand Anfang des 11. Jahrhunderts auf Geheiß der Grafen von Weimar-Orlamünde. Die Wachsenburg wurde vermutlich im 10. Jahrhundert unter dem Abt Meingoth vom Kloster Hersfeld gegründet. Ihre Blütezeit erlebte sie ab 1306 unter den Grafen von Schwarzburg.
Auf den umliegenden Landstraßen geht es anschließend in nordöstlicher Richtung beschaulich gen Erfurt, Thüringens sehenswerter Hauptstadt – die L3004 führt direkt dorthin.

Krämerbrücke mit schön restaurierten Fachwerkhäusern im Abendlicht in Erfurt.

05 Erfurt

Die »Perle Thüringens« wird Erfurt auch gerne genannt. Zu Recht, finden Einwohner und Besucher, die von der historischen Altstadt, der Krämerbrücke und dem Breitstrom schwärmen. Die Landeshauptstadt ist die größte Stadt Thüringens. Die Metropole war schon im Mittelalter politisch und wirtschaftlich bedeutend. 742 n. Chr. wird sie das erste Mal in den Quellen erwähnt. Zu diesem Zeitpunkt war sie bereits so wichtig, dass hier ein Bistum errichtet wurde. Geld kam durch den Handel mit blauem Farbstoff aus Waid in die Stadt, es wurde unter anderem in die Gründung einer Universität gesteckt, die 1392 ihren Betrieb aufnahm. Martin Luther war einer ihrer Studenten. Der Wohlstand Erfurts lässt sich auch an der Fülle historisch bedeutsamer Gebäude ablesen. Prachtvolle Bürgerhäuser, zahlreiche Kirchen, Klöster und sogar eine Festung geben der Stadt ihr unverwechselbares Aussehen. Schon aus der Ferne ist das Ensemble von Dom St. Marien (hier wurde Martin Luther 1507 zum Priester geweiht) und der Kirche St. Severi auszumachen. Das

Herzogin-Anna-Amalia-Bibliothek in Weimar.

Das Weimarer Rokokoschloss Belvedere ist Teil des UNESCO-Weltkulturerbes.

Duo mit seinen sechs Türmchen gilt als eines der Wahrzeichen Erfurts. Nach ausgiebiger Besichtigung der imposanten Stadt lässt es sich im Freizeitpark Stausee Hohenfelden entspannen (s. Ausflugstipps). Beschaulich geht es danach durch die zauberhafte Landschaft aus weiten Feldern und tiefgrünen Wiesen auf der B7 zur Stadt von Kultur und Klassik – Weimar.

06 Weimar

Weimar ist der Kultur-Klassiker. Die Stadt besitzt ein überquellendes Füllhorn an kulturellen und architektonischen Schätzen. Johann Sebastian Bach weilte hier, Franz Liszt holte Richard Wagner nach Weimar, die Dichter Goethe, Schiller, Wieland und Herder bezogen hier Quartier, Liszt musizierte und komponierte, und das Bauhaus begann 1919 hier unter Walter Gropius mit seiner Arbeit. Im Jahr 899 n. Chr. erstmals urkundlich erwähnt, wurde Weimar im 16. Jahrhundert Hauptstadt des Herzogtums Sachsen-Weimar. Die klassische Periode begann 1775, als Herzog Carl August I. die Regierung antrat. Über Christoph Martin Wieland, der als Prinzenerzieher am Hof residierte, kam auch Goethe nach Weimar. Zusammen mit Friedrich Schiller und Johann Gottfried Herder prägten die beiden das kulturelle und geistige Leben der Stadt. Den Dichtern folgten Musiker, Künstler, Schriftsteller und Philosophen. 1919 wurde hier die Weimarer Verfassung verabschiedet, 80 Jahre später wurde Weimar Europäische Kulturhauptstadt. Die

Gotha

Historischer Stadtkern, Margarethenkirche oder Augustinerkloster – die Residenzstadt Gotha hat einiges zu bieten und ist unbedingt einen Abstecher wert. Kulturelles Highlight ist »Das Barocke Universum Gotha« mit Schloss Friedenstein und dem Herzoglichen Museum. Tradition und Moderne begegnen sich in der einstigen Hauptstadt des Herzogtums Sachsen-Gotha auf Schritt und Tritt. Zu entdecken gibt es hier reichlich – so auch die Kasematten von Schloss Friedenstein, welche den Schlossbau einst umgaben. Sie sind eine der stärksten barocken Festungsanlagen Mitteldeutschlands und bis heute zu einem großen Teil erhalten.

Tourist-Information Gotha/Gothaer Land, Hauptmarkt 33, 99867 Gotha, Tel. 03621/510450, www.gotha-adelt.de

Herzogin-Anna-Amalia-Bibliothek beherbergt etwa eine Million Bücher, sowohl im Rokokosaal als auch im 2005 fertiggestellten Bücherkubus. Die neogotische Fassade des Rathauses schmückt die Stadt seit 1841. Als Zentrale der Kunst gilt die Bauhaus-Universität. Sehenswert ist auch Goethes Wohnhaus am Frauenplan. Inzwischen sind 16 einzigartige Objekte von Weimar in die Welterbe-Liste der UNESCO aufgenommen. Natürlich bietet die wunderbare Stadt neben all der Klassik und Kultur auch die Kunst des Lebens. Man kann es sich hier gut gehen lassen in all den Cafés, Bistros und Restaurants. Zum Beispiel in der malerischen, mit urigem Kopfstein gepflasterten Windischenstraße.

Danach zieht es einen wieder hinaus auf die schönen Straßen der Umgebung. Auf der B7 und anschließend auf der B87 verläuft die Route in nordöstlicher Richtung durch verschlafen wirkende Dörfchen und vorbei an landwirtschaftlich genutzten, weitläufigen Flächen, bis Apolda in Sicht kommt.

07 Apolda

Erstmals im Jahr 1119 urkundlich erwähnt, entwickelte sich die Stadt im 18. Jahrhundert zu einer Manufaktur- und Handelsstadt mit namhaften Glockengießereien und einer florierenden Textilindustrie. Bis heute sind Strickwaren aus Apolda ein Begriff für Mode und Qualität. Über 20000 in Apolda gegossene Glocken – darunter auch die große Glocke des Kölner Doms – künden in aller Welt vom handwerklichen Geschick der einstigen Glockengießer. Das Glockenmuseum – 1952 gegründet – zeigt die Kulturgeschichte der Glocke von den Anfängen bis zur Gegenwart. Die Besonderheit des Museums: Die meisten Glocken dürfen berührt und angeschlagen werden. Zu den weiteren sehenswerten Bauwerken zählen die Martinskirche, die Lutherkirche, der Bürgerbrunnen, Bismarckturm, Zimmermannbau und das Schloss Apolda. Die Museumsbaracke »Olle DDR« bietet anhand von über 12000 Exponaten amüsante Einblicke in das Alltagsgeschehen der DDR – auch Trabis und alte Ost-Mopeds sind zu bewundern. Über die lauschige L1060 geht es durch kleine Dörfchen hindurch weiter bis zur Kur- und Weinstadt Bad Sulza.

08 Bad Sulza

Die Stadt liegt im Landschaftsschutzgebiet Untere Ilmaue im Tal der Ilm, eingebettet zwischen sanften Hügeln und Tälern. Mit ihren hoch aufragenden schmalen Pappeln erinnerte das Landschaftsbild wohl so manchen an die Toskana –womit eines Tages der Beiname »Toskana des Ostens« geboren war. Die Kur- und Weinstadt inmitten des Städtedreiecks Jena – Weimar – Naumburg ist idealer Ausgangspunkt für Erkundungen und Ausflüge. Auch ist Bad Sulza Thüringens einzige Weinstadt. Inmitten des Stadtgebietes liegen Weinberge mit einzigartigen, für diese Gegend typischen Weinberghäuschen. Aus diesem Grund ist die Stadt auch Start- und Zielpunkt der Weinstraße »Saale-Unstrut«. Der Wein ist im Stadtbild allgegenwärtig. Weingüter und Hobbywinzer laden überall zur Verkostung der edlen Tropfen ein. Neben Wein gibt es auch heilsames Wasser: Die heilkräftigen Solequellen von Bad Sulza waren der Ursprung für das staatlich anerkannte Sole-Heilbad. Bereits seit 1847 wird Sole hier zu Inhalationen und als Bade- und Gradiersole angewendet. Der Kurpark mit dem Gradierwerk und die historische Trinkhalle zeugen noch heute von der Geschichte des Ortes. Informationen zur Geschichte der Soleförderung und Salzgewinnung in und um Bad Sulza finden sich im Saline- und Heimatmuseum, das in der ehemaligen Salineschenke in unmittelbarer Nähe des Bahnhofs untergebracht ist.

In südlicher Richtung geht es stadtauswärts über kleine Landstraßen. Ab Dornburg an der Saale wechselt die Route auf die B88, um von hier aus Jena als nächste große Stadt anzufahren.

09 Jena

Die Stadt liegt am Mittellauf der Saale und ist in eine fast südländisch anmutende Landschaft eingebettet. Die ehemalige Weinbauernstadt entwickelte sich im 18. und 19. Jahrhundert zum Zentrum der geistigen Elite Deutschlands. Goethe, Schiller, Fichte und Hegel lehrten hier und sind bis heute in der Stadt präsent. Seit 1558 ist Jena Universitätsstadt, ein Status, der wesentlich zu ihrem Wachstum und ihrer Bedeutung beitrug. Heute befindet sich hier die größte Universität Thüringens. Besonders in den Bereichen Optik und

der Herstellung von feuerfestem Glas machte Jena ab dem 19. Jahrhundert von sich reden. Verantwortlich hierfür waren insbesondere wissenschaftliche Größen wie August Schott und Carl Zeiss.
Während des Zweiten Weltkrieges wurden große Bereiche der Altstadt zerstört. Heute kann man im Paradiespark am Markt oder in Gassen wie der Wagnergasse herrlich bummeln. Wo einst Kutschen gebaut wurden, macht man heute Pause mit Blick auf den weithin sichtbaren Jentower – das Vorzeige-Bauwerk der vielen Neubauten, die nach dem Zweiten Weltkrieg entstanden. Interessantes ist auch beim Besuch des Planetariums zu erfahren. Gleich drei Prachtbauten aus der Zeit der Renaissance und des Rokoko thronen nahe Jena über der Saale: Die Dornburger Schlösser mit Landschafts- und Barockgarten bieten fantastische Ansichten und atemberaubende Aussichten (s. Ausflugstipps).
Durch das schöne Saaletal führt die B88 weiter bis ins historische Örtchen Kahla.

10 Kahla

Die Kleinstadt mit ihrer über tausendjährigen bewegten Geschichte liegt am Fuße der weithin sichtbaren Leuchtenburg. In der 2014 eröffneten Porzellanwelt erfährt man, wie Thüringer um 1750 das Geheimnis des »weißen Goldes« lüfteten. Sieben interaktive Porzellanwelten zeigen 350 Exponate aus dem wertvollen Werkstoff. Auch dürfen Besucher von einem gläsernen Steg aus, 20 Meter hoch über dem Burgberg, Porzellan in die Tiefe werfen – mit einem Wunsch, der zuvor im Archiv der Wünsche aufgeschrieben wurde. Sehenswert ist auch der Altstadtkern mit der fast vollständig erhaltenen Stadtmauer und den Ackerbürgerhäusern. Von Kahla aus führt die B88 in vielen Bögen und Biegungen durch die anmutige Landschaft hin zum nächsten Örtchen.

11 Ulstädt-Kirchhasel

Der Ort liegt eingebettet in dem 1082 Hektar großen Naturschutzge-

AUSFLUGSZIELE

Stausee Hohenfelden
Am Nordostufer des schönen Stausees lädt ein Strandbad zum Sprung ins kühle Nass. Daneben kann man hier auch Boote leihen, surfen oder angeln. Unweit des Sees befinden sich ein Kletterwald und eine neue Adventure-Golf-Anlage.

Thüringer Freilichtmuseum Hohenfelden
Dörfliches Leben vom 17. bis zum 20. Jahrhundert wird anhand von 30 Museumshäusern in diesem Freilichtmuseum lebendig. Nicht alle Gebäude standen früher schon an dieser Stelle. Zum Teil kommen sie auch aus anderen Landesteilen.
Freizeitpark Stausee Hohenfelden,
Am Stausee 3, 99448 Hohenfelden,
Tel. 036450/42081,
www.erlebnisregion-hohenfelden.de

Dornburger Schlösser
Ungefähr 13 Kilometer nordöstlich von Jena liegen die drei Dornburger Schlösser oberhalb der Saale. Den Blick hinunter auf den Fluss wusste schon Goethe zu schätzen, der mehrmals zu Besuch auf dem Berg war und nach dem Tod von Großherzog Carl August von Sachsen-Weimar-Eisenach acht Wochen im Renaissanceschloss wohnte. Hier verfasste er seine Dornburger Gedichte. Seit 1928 befindet sich eine Goethe-Gedenkstätte im Haus. Schmuckstück des Ensembles ist das Rokokoschloss aus dem 18. Jahrhundert.
Dornburger Schlösser,
Max-Krehan-Str. 2,
07774 Dornburg,
Tel. 0364727/215130,
www.dornburg-schloesser.de

biet Uhlstädter Heide zwischen der Heidecksburg im Westen, Schloss Kochberg im Norden und der Leuchtenburg im Osten. Lohnende Ausflugsziele sind das Liebhabertheater im Ort, der Luisenturm Kleinkochberg, das Wasserschloss Kochberg, die Burgruine Schauenforst, die Waldkirche Weißbach, die Kirchenruine Töpfersdorf sowie die Ausflugsgaststätte Jagdhof Kienberghaus, die schon wegen ihres herrlichen Ausblicks ins Saaletal eine Pause wert ist. Spannend ist auch ein Besuch des Flößereimuseums in Uhlstädt und passend dazu eine Floßfahrt auf der Saale.

12 Rudolstadt

In einer zauberhaften Biegung der Saale drängt sich das Städtchen mitsamt der B88 eng um einen Steilhang, auf dem die Heidecksburg thront. Hier einen Musenhof wie in Weimar zu kreieren gelang den Fürsten von Schwarzburg-Rudolstadt zwar nicht, gleichwohl gehört ihr Schloss zu den schönsten Barockanlagen Deutschlands. Die prächtig ausgestatteten Innenräume locken zudem mit ausgewählten Sammlungen des Thüringer Landesmuseums. Die Schlosssteigen, sechs Aufgänge mit steilen Treppen und von Rosen überwucherten Gängen, verbinden die Burg und die romantische Altstadt zu Füßen der Heidecksburg. Der malerische Ortskern bezaubert mit einem Handwerkerhof, zahlreichen Fachwerkbauten sowie klassizistischen Bürgerhäusern. Am Lengefeld'schen Haus im Ort begegneten sich Goethe und Schiller 1788 übrigens zum ersten Mal. Die Nähe der Saale bleibt, die Straße hingegen

Historische Windmühle in der »toskanischen« Landschaft bei Bad Sulza.

Idyllisch schmiegen sich die kleinen Fachwerkhäuser in den Reinstädter Grund bei Kahla.

Gartenhaus von Friedrich Schiller in Jena. Hier lebte der Dichter mit seiner Familie in den Sommern der Jahre 1797 bis 1799.

wechselt die Nummerierung, wird zur B85 und führt vom Norden her hinein in das schöne Saalfeld.

13 Saalfeld

Die Stadt zählt mit ihrer über tausendjährigen Geschichte zu den ältesten Städten Thüringens. Steinerne Zeugen berichten von der bewegten Stadtgeschichte. Die liebevoll restaurierte Altstadt ist umschlossen von Teilen der Stadtmauer mit insgesamt vier gut erhaltenen Stadttoren. Sie geben Saalfeld neben den markanten Kirchtürmen der Johanneskirche ein unverwechselbares Gesicht. Besonders ein Ausflug zum Darrtor lohnt sich, denn von hier hat man einen atemberaubenden Blick über das Saaletal und die Orla-Senke mit ihrer anmutigen Heidelandschaft bis hin zu den bewaldeten Berghängen des Thüringer Schiefergebirges. Das altertümliche Erscheinungsbild der Stadt ist geprägt durch die spätgotische Kirche St. Johannis, der größten Hallenkirche im Freistaat. Sehenswert sind auch der romanische Wohnturm mit Hofapotheke, das Stadtmuseum im ehemaligen Franziskanerkloster sowie das barocke Schloss mit reich geschmückter Schlosskapelle. Eine Hauptattraktion des Ortes ist die Feengrotte (s. Ausflugsziele).

Auf der B281 verlässt man die Stadt in südwestlicher Richtung und schwingt sich von hier aus kurvenreich über die Saalfelder Höhen durch den wunderschönen, hier endlos erscheinenden, grünen Thüringer Wald.

14 Neuhaus am Rennweg

Im Juni 2007 feierte Neuhaus am Rennweg sein 400-jähriges Gründungsjubiläum. Es ist die größte Stadt am Rennsteig, dem bekannten deutschen Höhenwanderweg, und ein touristisches Wanderzentrum inmitten des Naturparks Thüringer Wald. Ein kulturelles Kleinod ist die Stadtkirche, eine der größten und schönsten Holzkirchen Thüringens sowie das Heimatmuseum Geißlerhaus.

Wer nicht wandern möchte, fährt von hier auf der aufregend kurvenreichen L1147 hinauf zu den mächtigen Wäldern des Rennsteiges. Die Strecken entlang des Höhenzuges garantieren allerbeste Aussichten. Bei Katzhütte geht es auf der L1047 weiter über Großbreitenbach. Auf immer zackiger werdenden Windungen führt die Route dann ab Gehren zurück auf die B88 mit dem nächsten Stopp im schönen Ilmenau.

15 Ilmenau

»Über allen Gipfeln ist Ruh« – mit Bleistift schrieb Johann Wolfgang von Goethe im September 1780 sein Gedicht »Wandrers Nachtlied« an die Bretterwand der Jagdaufseherhütte auf dem Kickelhahn bei Ilmenau. Heute ist der 861 Meter hohe Ilmenauer Hausberg Höhepunkt des 20 Kilometer langen Goethe-Wanderweges von Ilmenau bis Stützerbach. 1776 kam Goethe erstmals im Auftrag der herzoglichen Regierung Sachsen-Weimar-Eisenach in das Städtchen an der Ilm. Der Dichterfürst schätzte es wegen seiner »Berg- und Waldnatur« als Erholungsort, war aber auch, als er den Bergbau – erfolglos – wiederzubeleben versuchte, Vorsitzender der hiesigen Bergwerkskommission. In dieser Funktion residierte er im Amtshaus von 1616, das zu einer Gedenkstätte umgewandelt wurde. Wie das Amtshaus geht auch das sehenswerte Rathaus auf die Renaissancezeit zurück.

Die Straße von Ilmenau durch Unterpörlitz nach Heyda führt durch ausgedehnte Kiefernwälder und vorbei an der Heyda-Talsperre, die ein wahres Paradies für viele Arten von Wasservögeln ist. Anschließend geht es über die L2699, malerisch am Nordosthang des Thüringer Waldes, durch das idyllische Ilmtal. Durch ausgedehnte Wälder führt ab Geraberg die B88 kurvenreich nach Gräfenroda, das als neue Attraktion das Motorrad-Trial-Gelände des MC Gräfenroda (www.mc-graefenroda.de) präsentieren kann. Hier kann man seine Biker-Geschicklichkeit testen, wenn es auf dem Trainingsgelände über Baumstämme und Felsen geht. Anschließend führt die L2149 in südwestlicher Richtung durch das waldreiche Gebiet Wilde Gera. Dann schwenkt die vor Kurven nur so strotzende Strecke noch vor Oberhof auf die L2273, gleich danach wird die L3247 zum Kurvenparadies: Hier liegen die wohl schönsten Kurven des Thüringer Waldes. Wer eine Erholung braucht, sollte zwischen Oberhof und Zella-Mehlis den be-

AUSFLUGSZIELE

Saalfelder Feengrotten

Hervorgegangen aus einem alten Alaunschieferbergwerk, sind die Feengrotten heute als die »farbenreichsten Schaugrotten der Welt« bekannt. Ein Rundgang durch »Thüringens Wunder tief im Berg« vermittelt Interessantes über Leben und Arbeit der Bergleute. Im Erlebnismuseum »Grottoneum« kann der Besucher selbst zum Entdecker werden: Tropfsteine wachsen lassen, Mineralien zusammenpuzzeln und die Geschichte der Feengrotten im Grottenkino verfolgen. Und das magische Reich der Feen und Naturgeister entdeckt man auf den verschlungenen Pfaden des Feenweltchens, dem Abenteuerwald oberhalb der zauberhaften Grotten.

Saalfelder Feengrotten,
Feengrottenweg 2,
07318 Saalfeld,
Tel. 03671/55040,
www.feengrotten.de

liebten Biker-Treffpunkt, das Grillbistro »Sterngrund«, ansteuern.

16 Zella-Mehlis

Den bedeutendsten spätbarocken Saalbau Thüringens findet man hier, in dieser Doppelstadt, die in einem engen Tal des Thüringer Waldes liegt. Die Stadtkirche St. Blasius wurde in Zella 1768 bis 1774 auf den Fundamenten eines gotischen Vorgängerbaus errichtet, von dem heute nur noch ein Turm erhalten ist. Weitere Anziehungspunkte sind das Bürgerhaus mit städtischer Galerie, das Stadtmuseum in der »Beschußanstalt«, das Technische Museum Gesenkschmiede, die Explorata-Mitmachwelt und der Erlebnispark Meeresaquarium. Am Aquarium vorbei verlässt die Route auf der B62 die Stadt in westlicher Richtung, um bald darauf bei Benshausen auf die L1118 zu schwenken. Was folgt, ist kilometerlanger, großartiger Kurvenspaß.

17 Schmalkalden

Den Namen des romantischen Fachwerkstädtchens kennt man aus dem Geschichtsunterricht: Im Jahre 1531 schlossen die protestantischen Fürsten den berühmten »Schmalkaldischen Bund« gegen den katholischen Kaiser.

Bedeutendste Sehenswürdigkeit von Schmalkalden ist das über dem Ort gelegene Schloss Wilhelmsburg, ein nobler Renaissancebau aus dem Jahr 1589, mit prächtiger Schlosskapelle, Orgel aus dem 16. Jahrhundert und beeindruckenden Prunksälen. Einen Besuch wert ist auch das Technische Denkmal »Neue Hütte«, eine spätklassizistische Hochofenanlage.

Auf der L1026 geht es in nördlicher Richtung weiter bis ins kleine Floh-Seligenthal, um mitten im Ort auf die zackig verlaufende L1126 zu wechseln. Auf dem kurvenreichen Weg nach Bad Salzungen lässt sich bei Trusetal der höchste Wasserfall des Thüringer Waldes besichtigen – eine künstlich angelegte Attraktion. Ein Abschnitt der Strecke verläuft weiter über die L1027, um den letzten Teil nach Bad Salzungen schließlich über die B62 zurückzulegen.

18 Bad Salzungen

Im Werratal liegt das Sole- und Thermalbad, das schon in römischer Zeit wegen seiner Salzvorräte heiß umkämpft war. Deutliche Zeichen einstigen Reichtums sind Renaissance-Bürgerhäuser sowie das Rathaus. Eine Attraktion bilden die Gradierwerke, das erste entstand bereits 1796. Neben Husenkirche und Butlar'schem Schloss lohnt eine Besichtigung des Bergwerks Merkers mit seiner »Kristallhöhle«. Flott über die B19 in nördlicher Richtung geht es bis nach Moorgrund, um dann auf der L2118 noch einmal ein grandioses Kurven-Intermezzo zu genießen. Das setzt sich ab Ruhla über die 2119 fort und führt anschließend auf der B88 durch Wutha-Farnroda hindurch. Auf dieser Straße geht es zum guten Schluss wieder zum Ausgangspunkt zurück nach Eisenach.

Saaleschleife in der Nähe des Hohenwarte-Stausees im Thüringer Schiefergebirge.

Das angestrahlte Blankenburger Tor verleiht der Altstadt von Saalfeld abends eine romantische Note.

Grillbistro Sterngrund

Sterngrund 1, 98544 Zella-Mehlis,
Tel. 03682/469911,
www.hotel-sterngrund-oberhof.de

Waldhotel Schmücke am Rennsteig

Schmücke 5, 98559 Gehlberg,
Tel. 036845/5880,
www.waldhotel-schmuecke.de

Meininger Zweirad Museum

Landsberger Str. 144,
98617 Meiningen,
Tel. 03693/42380, www.mzm-ev.de

Hotel Gasthof Zur Krone
Krankenhausstr. 2,
07929 Saalburg-Ebersdorf,
Tel. 036651/87041,
www.zurkrone-ebersdorf.de

Biker- und Sportlerherberge Alte Lache
Alte Lache 1, 99330 Gräfenroda,
Tel. 036205/71876,
www.alte-lache.de

Bikerherberge Sormitzblick
Hirschweg 14, 07338 Leutenberg,
Tel. 036734/22248,
www.sormitzblick.de

Rauf und runter in der Rhön

Hier heißt es schlicht – Räder rollen lassen. Es geht durch traumhafte Täler und über legendäre Kuppen in Deutschlands romantischer Mitte, dem Dreiländereck Thüringen/Hessen/Bayern.

RHÖN

Das Mittelgebirge Rhön, zwischen Fränkischer Saale, Fulda und Werra gelegen, teilen sich die drei Bundesländer Thüringen, Hessen und Bayern. Es hat sich bis heute seinen urwüchsigen Charakter bewahren können: Naturbelassen seit Jahrzehnten – nicht zuletzt auch wegen ihrer Zonenrandlage –, ist die Rhön geprägt von kahlen Basaltkuppen, weiten Hochflächen und ausgedehnten Mooren. Auch Historisches wird hier präsentiert: Zur jüngeren Geschichte lässt sich in Museen und Ausstellungen Wissenswertes zur deutsch-deutschen Grenzgeschichte erfahren.
Schier unerschöpflich sind die kleinen, wild verschlungenen, einsamen Sträßchen, die durch die zauberhaft Landschaft der Rhön führen. Wenn es hinauf auf die höchsten Gipfel von Rother Kuppe, Wasserkuppe und Kreuzberg geht, eröffnen sich nicht nur fantastische Aussichten, die dazwischen liegenden verschlungenen Strecken verheißen eine wahre Achterbahn für Biker. Wunderbare Aussichten ergeben sich für Motorradfahrer hier auch deshalb, weil sie gern gesehene Gäste in dieser Region sind.

Die riesige Auswahl an Tourenvorschlägen für Kradfahrer reicht von der herrlichen »Rhönhochstraße« über das »Land der offenen Fernen« bis hin zu empfehlenswerten Abschnitten auf der »Deutschen Alleenstraße«. Abseits der Bundesstraßen – die allein schon eine Menge Kurvenspaß bieten – bringen vor allem die vielen kleinen Nebenstrecken spannende Abwechslung. Hier laden auch zahlreiche Burgen und Schlösser, die meist auf erhabenen Kuppen und Hochplateaus liegen, zu einer Besichtigung ein.

Ein besonders schönes Fahrgefühl erlebt der Biker in der Rhön im Herbst, wenn sich all die Wälder rechts und links der Strecke stimmungsvoll golden färben.

Denkmal für König Ludwig I. in Bad Kissingen. Der Monarch war oft Gast in dem berühmten Kurort.

ROUTE 18

Routenlänge: 224 km
Zeitbedarf: Mehr-Tagestour
Charakteristik: Große Höhenunterschiede mit teils anspruchsvollen Streckenabschnitten
Start und Ziel:
Bad Kissingen
Routenverlauf: Bad Kissingen, Aschach, Burkadroth, Stangenroth, Sandberg, Bischofsheim – Abstecher über Haselbach zum Kloster Kreuzberg und zurück – Wüstensachsen, Obernhausen mit Einstieg zur Wasserkuppe, Gersfeld, Poppenhausen, Milseburg, Rupsroth, Hilders, Fladungen, Heufurt, Nordheim v. d. Rhön, Stetten mit Rother Kuppe, Urspringen, Feldmühle, Oberelsbach, Sondernau, Bischofsheim an der Rhön, Schönau, Kollertshof, Windshausen, Steinach, Bad Bocklet, Bad Kissingen

Informationen:
www.rhoen.de

Hier geht's zum GPS-Track

01 Bad Kissingen

Glanzvoll ist sie wahrlich, Bad Kissingens Geschichte als Weltbad! Nicht nur die bayerischen Könige hielten hier Hof. Auch die vom Schicksal geplagte Elisabeth, »Sisi«, Kaiserin von Österreich, suchte in Bad Kissingen Linderung ihrer Leiden. Reichskanzler Otto Fürst von Bismarck kam sogar jährlich zu Besuch. Davon zeugt noch heute Bismarcks Wohnhaus an der Oberen Saline – nunmehr ein liebevoll ausgestattetes Museum mit Originalinterieur und Dokumenten aus jener Zeit.

Aus der Bäderlandschaft Rhön ragt Bad Kissingen allein schon durch seinen Weltruf als Heilbad heraus. Bereits im Jahr 823 wurden erstmals zwei Salinen in »Chizziche« erwähnt, aus denen Salz gefördert wurde. Noch heute künden das historische Gradierwerk und eine lohnenswerte Dauerausstellung im Museum an der Oberen Saline davon. Der Heilbetrieb setzte im 18. Jahrhundert ein, als der Würzburger Baumeister Balthasar Neumann ein erstes Kurhaus für die Fürstbischöfe von Würzburg erbauen ließ. Die prachtvolle Wandelhalle des Regentenbaus zählt zu den größten ihrer Art in Europa. Kaiser und Könige fanden sich hier zur Erholung ein, bereicherten das gesellschaftliche Leben und sorgten so für den Erfolg der Kureinrichtungen. Der Regentenbau aus dem Jahr 1913 geht wie der Großteil der heute noch existierenden, prachtvollen Kuranlagen auf ein Vorhaben von Prinzregent Luitpold von Bayern zurück. Die Bayerische Spielbank Bad Kissingen erinnert an den Glanz der damaligen Zeit.

Das mondäne Heilbad ist Ausgangspunkt unserer Rhön-Tour: Die Route führt in nördlicher Richtung raus aus der Stadt und einige wenige Kilometer entlang der Fränkischen Saale. Und schon lockt die erste aufregende Serpentine mit kurvenreicher Anfahrt auf einen Abstecher zum sehenswerten Schloss Aschach.

02 Aschach

Das idyllisch gelegene Schloss Aschach befindet sich an einer steil abfallenden Terrainerhöhung des Fränkische-Saale-Ufers gleich am Südost-Ausgang des Ortes. Bereits die malerische Lage und der hervorragende Erhaltungszustand der ehemaligen Burg, die im 12. Jahrhun-

Reich geschmückter barocker Hochaltar in der Klosterkirche von Kloster Kreuzberg.

dert von Graf Poppo VI. erbaut wurde, sind Grund genug für eine Besichtigung der herrschaftlichen Anlage. Der Besuch wird noch reizvoller durch die drei bemerkenswerten Museen, die das Schloss beherbergt – das perfekt renovierte Bauwerk präsentiert das Graf-Luxemburg-, das Schul- und das Volkskundemuseum (s. Ausflugstipps).

03 Bischofsheim

Über die Örtchen Burkadroth und Stangenroth windet sich die Straße immer höher hinauf in nördlicher Richtung. Im weiteren Verlauf klettert die St2290 in verwegenen Schwüngen durch die romantisch hügelige Landschaft, passiert das Städtchen Sandberg und windet sich fortan als St2288 direkt hinein nach Bischofsheim, das zunächst über das benachbarte Örtchen Haselbach als Sprungbrett für einen Abstecher zum Kloster Kreuzberg dient.

Bischofsheim selbst liegt mitten im Biosphärenreservat Rhön, im Tal der Brend und am Fuße des Kreuzberges. Wahrzeichen der Stadt sind der spätromanische, 26 Meter hohe Zentturm und das Messnerhaus aus dem 13. Jahrhundert. Auch das historische Rentamt und die zum Teil noch sehr gut erhaltene Stadtmauer, ein sogenannter »Fränkischer Rundling«, verströmen eine mittelalterliche Atmosphäre und laden zum Rundgang durch die anheimelnden Altstadtgassen.

Nur zwei Kilometer von Bischofsheim entfernt befindet sich der idyllisch gelegene Rothsee. Die Fischerhütte direkt am See lockt mit Fischspezialitäten aus dem Räucherofen. Neben den Möglichkeiten zum Angeln lädt die nähere Umgebung zum Wandern ein, denn gleich hinter dem See beginnt das Naturschutzgebiet der Langen Rhön. In Bischofsheim mündet zudem das südliche Ende der Hochrhönstraße (s. Ausflugstipps).

04 Kloster Kreuzberg

Als Wallfahrtsort weist der 928 Meter hohe Kreuzberg eine jahrhundertealte Tradition auf, die ihm den Beinamen »Heiliger Berg der Franken« einbrachte. Doch nicht nur Wallfahrer, sondern auch zahlreiche Ausflügler zieht der Kreuzberg an. Zusammen mit der Wasserkuppe ist er das beliebteste Ausflugsziel in der Rhön – für Motorradfahrer sowieso, allein wegen der wunderschönen kurvenreichen Anfahrt. Oben angekommen, kann man auf dem »heiligen Berg« in schöner Atmosphäre mit Gleichgesinnten pausieren. Wer es dann noch zu Fuß die Stufen hinauf bis zu den drei Kreuzen schafft, wird mit einem atemberaubenden Panoramablick auf die Rhön und bei klarer Sicht sogar bis in den Thüringer Wald, zum Vogelsberg, in den Taunus und den Spessart hinein belohnt.

Das Kloster Kreuzberg ist bereits seit dem Mittelalter ein beliebter Wallfahrtsort. Seit jeher werden hier Pilger wie Ausflügler von Franziskanern bewirtet. Heute wie damals sorgen sie für das leibliche und geistige Wohl der Gäste – einst in einfachen Holzhütten, seit dem späten 17. Jahrhundert in den Klostergemäuern, die zwischen 1677 und 1692 errichtet wurden. Legendär ist das viel gerühmte Klosterbier – es wird von den Franziskaner-Mönchen seit 1731 vor Ort gebraut (s. Ausflugstipps).

Auf dem Rückweg gen Bischofsheim bietet auch die romanische Wehranlage Osterburg, die auf einem Basaltkegel thront, einen erhabenen An-

Speziell am Wochenende treffen sich auf der Wasserkuppe jede Menge Biker. Vor Ort gibt's mehrere Lokale, Souvenirläden und ein Hotel.

Bei schönem Wetter hat man von der Wasserkuppe aus eine atemberaubende Aussicht auf die umliegende Landschaft.
Im Bild: Das Fliegerdenkmal erinnert an die im Ersten Weltkrieg gefallenen Feldpiloten.

blick – eine Anfahrt per Bike ist jedoch nur von der anderen Bergseite möglich. Doch der kleine Umweg lohnt sich.

05 Wüstensachsen

Bischofsheim in nördlicher Richtung verlassend, windet sich die schmale Straße in engen Serpentinen entlang des Schwarzbachs die Höhen hinauf. Auf dem Weg über die St2288 kommt man am urigen Jagdschloss Holzberghof vorbei. Im 16. Jahrhundert aus einer Eisenschmelze hervorgegangen, entstand aus dem ältesten Teil des Schlosses das sogenannte Forsthaus. »Schloss Frederikstein am Münzkopf«, so der originale Name des Bauwerks, wurde erst 1910 als Kopie des gleichnamigen dänischen Wasserschlosses als Anbau an das Ensemble drangesetzt. Zwar wurde der Holzberghof 2009 an das Stromnetz angeschlossen, dennoch tafelt man hier auch heute noch im Schein von Petroleumlampen in der gemütlichen Gaststube oder übernachtet bei Kerzenschein.

Kurz hinter dem Holzberghof wechselt man nicht nur auf die L3395, sondern auch gleich das Bundesland. Nun sind wir in Hessen und nicht mehr in Bayern. Der staatlich anerkannte Luftkurort Wüstensachsen liegt am oberen Ende des Ulstertals am Ehrenberg. Im Jahr 1141 erstmals erwähnt, ist der Ort spektakulär von bis zu 900 Meter hohen Bergen umgeben – die bekannte Wasserkuppe liegt westlich des Städtchens.

Raus aus Wüstensachsen geht es auf der B284 weiter in Richtung Obernhausen – noch vor Erreichen des Ortes befindet sich der Einstieg hinauf zur Wasserkuppe.

06 Wasserkuppe

Zwischen Wüstensachsen und Obernhausen erfolgt die Auffahrt über die L3068 zur spektakulären Wasserkuppe, mit 950 Metern der höchste Berg Hessens und der Rhön. Doch nicht nur die Höhe der Wasserkuppe, sondern auch ihre bewegte Geschichte machen den Berg zu einer besonderen Attraktion. Historische Bedeutung erlangte sie vor allem im Zusammenhang mit der Erfindung des Segelfluges – der Berg gilt als Wiege des motorlosen Fluges. Bereits 1911 starteten hier die ersten Hängegleiter ins Tal hinab. Hier findet sich daher auch die älteste Segelflugschule der Welt. Wer Näheres zur Geschichte dieses Flugsports erfahren möchte, sollte unbedingt das Segelflugmuseum besuchen (s. Ausflugstipps). Zur Zeit des Kalten Krieges hatte die Wasserkuppe auch eine strategische Bedeutung – aus dieser Zeit stammt noch das Radom, die letzte von vier einst vorhandenen Radarkuppeln. Kurz unterhalb des Segelflugplatzes entspringt die Fulda, an der Quelle kann man sich vor der erneuten Abfahrt bestens erfrischen. Weiter geht es über Obernhausen auf die B248, die aussichtsreich auf der südlichen Seite der Wasserkuppe immer am schmalen Lauf der hier noch jungen Fulda bis zum malerischen Gersfeld führt.

07 Gersfeld

Erstmals 944 erwähnt, liegt Gersfeld wunderbar eingebettet mitten im Biosphärenreservat Rhön. Hier fließt die Fulda auf ihren ersten Metern mitten durch den Ort. Romantische Fachwerkhäuser aus dem 17. und 18. Jahrhundert sowie die schöne Barockkirche von 1778 verleihen dem Städtchen ein besonderes Flair. Das wunderschöne Barockschloss von 1740 liegt am südlichen Rand des Schlossparks. Hier ist auch das Heimatmuseum untergebracht. Im Schlosspark sind das Obere Schloss, das Mittlere Schloss sowie die prunkvolle Parkvilla im Neobarock zu besichtigen. In nordwestlicher Richtung führt die Route mit munter gezacktem Verlauf über die L3330 bis hin zum nächsten, ebenfalls am Hang der Wasserkuppe gelegenen Ort.

08 Poppenhausen

Am Fuße der Wasserkuppe, in idyllischer Kesseltallage im Biosphärenreservat Rhön liegt der staatlich anerkannte Luftkurort auf 457 Meter Höhe. Gen Norden verlaufend er-

AUSFLUGSZIELE

Schloss Aschach

Das Schloss beherbergt gleich drei Museen: Das Graf-Luxemburg-Museum, das Volkskundemuseum, das das ländliche Leben und Wohnen in der Rhön thematisiert, sowie das Schulmuseum.
Museen Schloss Aschach, Schlossstr. 24, 97708 Bad Bocklet, Tel. 09708/6142, www.museen-schloss-aschach.de

Kloster Kreuzberg

Mit imposanter Wallfahrtskirche, klostereigener Brauerei und Übernachtungsmöglichkeiten bietet sich das Kloster auch für einen längeren Aufenthalt an. Bereits die Anfahrt über Bischofsheim ist grandios.
Kloster Kreuzberg, 97653 Bischofsheim, Tel. 09772/91240, www.kreuzbergbier.de

Segelflugmuseum auf der Wasserkuppe

Vom einfachen Lilienthal-Gleiter bis zum modernen Hochleistungs-Kunststoff-Segelflugzeug, vom freifliegenden Flugmodell aus Holz bis zum ferngesteuerten Kunststoff-Wettbewerbsmodell – die Entwicklungsgeschichte des Segelflugs wird hier lebendig.
Deutsches Segelflugmuseum, Wasserkuppe 2, 36129 Gersfeld (Rhön), Tel. 06654/7737, www.segelflugmuseum.de

Hochrhönstraße

Die Hochrhönstraße verläuft in der Bayerischen Rhön von Bischofsheim an der Rhön bis Fladungen und ist eine wichtige Verkehrsverbindung in der Hochrhön. Befindet man sich auf der Hochrhönstraße, so wird einem ziemlich schnell klar, warum die Rhön auch den Beinamen »Land der offenen Fernen« trägt. In einer Höhe von ca. 800 Metern fährt man hier fast über eine Ebene – mit zahlreichen meist unbewaldeten Weideflächen, auf denen man öfter auch das bekannte Rhönschaf zu sehen bekommt. Beeindruckende Fernblicke über die Rhön und in das Saaletal, das Grabfeld, zu den Gleichbergen und dem benachbarten Thüringer Wald sind inklusive.
www.rhoentourist.de

freut die L3330 den Tourenfahrer mit zahlreichen Kurven, bei Kleinsassen geht es dann weiter auf die nicht minder kurvenintensive L3379. In der Nähe der Milseburg trifft man auf steile Felskletterwände, eine echte Attraktion für jeden Hillclimber. Auf dem Weg nach Hilders führt die Route an Rupsroth vorbei und wechselt anschließend auf die L3176. Ihrem wunderbar beschwingten Verlauf folgend geht es ab Frankenheim Richtung Fladungen weiter –zunächst auf der L1125, auf der man sich kommod durch das Länderdreieck Hessen, Thüringen und Bayern schwingt. Hier am nördlichsten Zipfel Bayerns liegt das faszinierende Gebiet Schwarzes Moor. Es gehört zu den bedeutendsten Hochmooren Mitteleuropas, liegt auf der Wasserscheide zwischen Main und Weser und steht bereits seit 1939 unter Naturschutz. Es beherbergt eine Vielzahl seltener Tier- und Pflanzenarten, die man beim Spaziergang auf dem 2,2 Kilometer langen Holzsteg über das Moor beobachten kann. Die Landschaft mit ihren vielen, schützenden Steinwällen erinnert etwas an Schottland oder Irland. Nimmt man von hier die St2288 über Sennhütte nach Seiferts, wird man mit zahlreichen Serpentinen und herrlichen Panoramen belohnt. Danach führt die Route weiter in

südöstlicher Richtung, hinein nach Fladungen.

09 Fladungen

Eingebettet in die einzigartige Landschaft des Biosphärenreservates Rhön liegt das einstige Ackerbürgerstädtchen Fladungen, die nördlichste Stadt Bayerns. Malerische Fachwerkhäuser, schick und sauber getüncht, mit reichlich geschnitzten Holzbalken verziert und mit Blumen romantisch geschmückt, bestimmen das Bild der schön restaurierten Altstadt. Sehenswert sind die gut erhaltene Stadtmauer mit ihren fünf Wehrtürmen, die schmucke Stadtpfarrkirche mit ihrer prächtigen Rokokoausstattung, das wuchtige Rathaus und all die engen Gässchen und schönen Plätze. Im ehemaligen Amtshaus von 1628 residiert heute das Rhön-Museum. Zu den besonderen Kostbarkeiten Fladungens zählen das Fränkische Freilandmuseum und das »Rhön-Zügle«, die Museumsbahn des Freilandmuseums, die zwischen Fladungen und Mellrichstadt hin- und herfährt.

Entlang der Strecke des Rhön-Zügles geht es anschließend weiter über Heufurt bis nach Nordheim vor der Rhön, um gleich danach ein weiteres geologisches Naturereignis erobern zu können – die Rother Kuppen mit 711 Höhenmetern.

10 Rother Kuppen

Von Stetten über Roth führt die kurvenreiche Kreisstraße NES11 über eine kurze steile Auffahrt bis zu dem Parkplatz, von dem man aus zu Fuß den Aussichtsturm auf dem Gipfel der Rother Kuppen erreicht. Bereits um 1890 wurde der erste Turm hier errichtet. Seit 1960 lädt die angegliederte Turmgaststätte zu einer kulinarischen Pause ein. Das Panorama, das sich von der Aussichtsplattform des Turmes aus bietet, ist überwältigend und jeden Aufstieg wert. Der Blick reicht zur Langen Rhön, der Thüringer Rhön, zum Thüringer Wald und bis nach Ostheim vor der Rhön hinein ins Grabfeld.

Satt gesehen und gut verköstigt schwingt es sich per Krad südlich der Rother Kuppe über Urspringen und Oberelsbach auf reichlichen Kurven talwärts, zunächst wieder mit Kurs auf Bischofsheim an der Rhön. Doch kurz vor dem Ort geht es am Steinberg und Weinberg runter von der

Links: Die Hochrhönstraße in der Nähe von Fladungen.
Unten: Hügelige Landschaft, grün bewaldete Bergkuppen – das ist typisch für die Rhön.

Die Heilbadhistorie von Bad Neustadt an der Saale reicht bis in das Jahr 1853 zurück.

S2289 und zackig rauf auf die B279 in südöstlicher Richtung. Aber nur auf einen kurzen Rutsch, denn dann verfolgt die kurvenaktive Route vom kleinen Örtchen Schönau aus einen spannenden Zickzackkurs über Kollertshof, Windshausen und Steinach. Dazwischen ließe sich auch noch eine Stadtbesichtigung des hübschen Bad Neustadt an der Saale mit seiner pittoresken Altstadt einschieben. Und noch bevor man wieder das große Bad Kissingen erreicht, kommt man auch noch am »kleinsten bayerischen Staatsbad im Bäderland Bayerische Rhön« vorbei: Bad Bocklet verfügt über ein prächtiges Kur- und Bäderhaus, das in einem schmucken Kurpark gelegen ist. Nur wenige wunderbare Kurven später wieder in Bad Kissingen als Ausgangsort der Tour angekommen, lassen sich die Kräder an einem der zahlreichen gemütlichen Cafés abstellen – zum Abkühlen der Motoren und der durch unzählige Kurvenschräglagen strapazierten Reifen.

AUSFLUGSZIELE

Wasserfall Teufelsmühle

Auf dem Wanderweg von Bischofsheim zum Holzberghof liegt etwa auf halber Strecke der kleine, idyllische Wasserfall Teufelsmühle. Wie die Sage erzählt, soll der Wasserfall aus einem Deal heraus entstanden sein, den ein gewitzter Müller gegen den Teufel gewann. Eine anschauliche Informationstafel vor Ort erzählt die vergnügliche Geschichte.

Teufelsmühle Rhön, Hochrhönstraße
97653 Bischofsheim an der Rhön

Fränkisches Freilandmuseum

Das Museum präsentiert auf insgesamt 12 Hektar alte Höfe, eine Kirche, ein Dorfwirtshaus, ein Brauhaus sowie eine alte Mühle. Von hier startet auch eine historische Dampfeisenbahn.

Fränkisches Freilandmuseum Fladungen,
Bahnhofstr. 19,
97650 Fladungen,
Tel. 09778/91230
www.freilandmuseum-fladungen.de

Saisonal treffen sich Motorradfahrer auf ihren Touren durch die Rhön ganz spontan auf der Wasserkuppe, der Rother Kuppe und dem Kreuzberg

Motor Bike Hotel Sturm
Ignaz-Reder-Straße 3, 97638 Mellrichstadt/Rhön, Tel. 09776/81800, www.motorradhotel-rhoen.de

---

Tip Top Stadthotel Geis
An der Stadthalle 6, 97616 Bad Neustadt an der Saale, Tel. 09771/91980, www.stadthotel-geis.de

Wasserkuppe in der Rhön
Wasserkuppenstr./L3068,
36129 Gersfeld/Rhön,
www.wasserkuppe.com

Biker-Treff Rhön/Rhön Stern Hotel
Tanner Str. 27,
36145 Schwarzbach-Hofbieber,
Tel. 06684/244,
www.rhoen-stern-hotel.de

Zum Lüdertal
Fuldaer Str. 13,
36137 Großenlüder-Bimbach,
Tel. 06648/61918,
www.zum-luedertal.de

Landhotel Lothar-Mai-Haus, Hofbieber-Steens
Lothar-Mai-Str. 1,
36145 Hofbieber-Steens,
Tel. 06657/96080,
www.lothar-mai-haus.de

KELLERWALD-EDERSEE

Wenn weithin bekannte deutsche Bergmeisterschaften in einer Region bereits ab den 1960er-Jahren für Furore sorgten, dann ist es offensichtlich, dass formidable Kurven, aufregende Steigungen und Gefällestrecken dafür den Anlass lieferten. Wo diese interessante Region liegt, die dem Motorradfahrer schon beim Hörensagen das Wasser im Munde zusammenlaufen lässt? Nordhessen mit seinen markanten Höhenrücken, von unzähligen Flüssen durchschnitten, bildet mit dem Edersee und dessen direkt am südlichen Ufer beginnenden Nationalpark Kellerwald-Edersee ein beliebtes Urlaubs- und Freizeitgebiet. Auf den Kurvenjäger wartet hier exorbitanter Biker-Spaß, der schon am Langenberg bei Baunatal beginnt. Hier wurden besagte Bergrennen bis in die 1980er-Jahre hinein ausgetragen. Spektakuläre Aussichten wie die vom Hessenturm bei Niedenstein stehen bei dieser Tour ebenso auf dem Programm wie Besichtigungen von historischen Bauwerken. Das majestätische Schloss Waldeck und dessen Museum, hoch über dem Edersee thronend, sollte jeder mal besucht haben.

Wieder zurück in den Tallagen der Eder sollte man den spannenden Anblick nicht verpassen, wenn sich bei niedrigem Wasserstand die Reste der abgetragenen Siedlungen Asel, Berich und Bringhausen und die Aseler Brücke wieder aus dem Wasser erheben. Sehenswert sind auch Städte wie Korbach, Frankenberg, Fritzlar, Bad Zwesten und Bad Wildungen. Highlight Number one sind aber nichtsdestotrotz die unzähligen, fantastisch windungsreichen Bögen und Biegungen, die die Straßen hier formen, und die allesamt darauf warten, genussvoll inhaliert und abgefahren zu werden.

Beim Aufstieg zum 626 Meter hohen Traddelkopf hat man einen wunderschönen Blick auf den Edersee. Besonders romantisch wird es, wenn noch Morgennebel über dem Stausee liegt.

Kurventanz im Kellerwald

Rund um den zweitgrößten Stausee Deutschlands und durch eine dem Alpenvorland ähnliche Landschaft geht es bei dieser Tour, die keine Biker-Wünsche offen lässt.

Blick auf die Altstadt von Bad Wildungen mit dem schönen Schloss Friedrichstein.

ROUTE 19

Routenlänge: 231 km
Zeitbedarf: Ganz-Tagestour, auf Wochenendtour ausdehnbar
Charakteristik: Sportlich zu fahrendes Schräglagen-Paradies
Start und Ziel: Baunatal
Routenverlauf: Baunatal, (Langenberg), Niedenstein, Haddamar, Züschen, Büraberg, Bad Wildungen, Bad Zwesten, Schiffelborn, (Urfttal), Bergfreiheit, Hundsdorf, Frebershausen, Frankenau, Schreufa, Rhadern, Herzhausen (Vöhl), Nieder-Werbe, Hemfurth-Edersee, Waldeck, Naumburg, Niedenstein, Baunatal
Informationen: www.nationalpark-kellerwald-edersee.de

Hier geht's zum GPS-Track

01 Baunatal mit Langenberg

Mitten im Herzen Deutschlands präsentiert sich Baunatal in der reizvollen Landschaft des Habichtswalder Berglands. Entlang der Deutschen Märchenstraße und dem nordhessischen Märchenlandweg kommt man hier dem kulturellen Erbe der Gebrüder Grimm auf die Spur. In Baunatal macht die Deutsche Märchenstraße Station, im Gasthaus Knallhütte wurde Dorothea Viemann geboren, der die Brüder Grimm viele Märchen verdanken. Entlang der Bauna im Stadtpark schlängelt sich ein Skulpturenpfad, der eindrucksvolle Arbeiten zeitgenössischer Bildhauer präsentiert. Bei einem Besuch des Stadtmuseums und der Hessenstube kann man sich über die Vergangenheit Baunatals informieren. Nur etwa 15 Kilometer vom Ort entfernt lockt Kassel mit seinen zahlreichen Sehenswürdigkeiten zu einer ausgiebigen Stadtbesichtigung.

Von Baunatal geht es los auf der L3219 direkt mitten hinein in die Kurvenwelt ehemaliger Bergrennen: Vom südwestlichen Ortsrand bei Großenritte starteten einst die »Langenbergrennen« in ca. 235 Meter Höhe und führten bis zur höchsten Stelle der Straße auf 410 Meter hinauf – auf den Scheitel der Berglandschaft zwischen Laufskopf und Bensberg. Die Bergrennen gingen sogar in die Wertung der Deutschen Meisterschaft ein und wurden von 1965 bis Ende der 1980er-Jahre ausgetragen. Zwei alte Ringwallanlagen bei Langenberg deuten auf eine weit zurückliegende Besiedelung hin. Den kleinen Bergkurs wieder hinabgefahren, geht es nach vergnüglich inhalierten Kurven bereits zum ersten Stopp mit phänomenaler Aussicht.

02 Niedenstein

Bereits am Ortseingang der Kleinstadt Niedenstein im Schwalm-Eder-Kreis lockt der schon von Weitem auszumachende Hessenturm. Von oben kann man sich ein Bild machen, wohin die Weiterreise durch den umliegenden, zauberhaften Naturpark Habichtswald führen soll. In südlicher Richtung findet sich dann im Ortsteil Kirchberg ein weiterer markanter Aussichtsplatz: Hier lockt der 306 Meter hoch gelegene Wartberg mit tollem Panorama über die herrliche Landschaft. Die Gegend wurde bereits früh besiedelt, Fundstücke am Wartberg stammen noch aus der Jungsteinzeit. Die weitere Erkundigung per Motorrad erfolgt in

Im Hallohwald bei Bad Wildungen stehen 200 mächtige Buchen, die knorrig in den Himmel ragen.

südwestlicher Richtung auf dem wundervoll kurvenreichen Weg durch die idyllische Landschaft über Haddamar zum malerisch gelegenen Örtchen Züschen.

03 Züschen

Doch noch bevor Züschen erreicht ist, lockt die Garvensburg als Zwischenstopp. Die burgartige Villa aus den 1890er-Jahren ist umgeben von einem ausgesucht schönen Garten im Stil englischer Landschaftsarchitektur. Heute kann hier sowohl erlesen getafelt als auch übernachtet werden. Weiter führt der Weg gen Wellen über die quirlig verlaufende L3218. Ein kurzer Abstecher nach Büraberg bringt einem die Geschichte des Wallfahrtsortes näher.

04 Büraberg

Von der ehemals hier errichteten Büraburg sind heute nur noch einige Überreste auf dem 275 Meter hohen Berg zu finden. Aber noch heute führt der Bonifatiusweg als Pilgerweg über den Gipfel des Büraberges, der das Ziel jährlicher Oster-Prozessionen und Wallfahrten ist. Der Sehnsuchtsort der Pilger ist die Kapelle St. Brigida, die teilweise noch aus dem 6. Jahrhundert stammt – der älteste Sakralbau nördlich des Limes. Nach Besichtigung führt der Weg munter kurvenreich weiter in Richtung Südwesten, wo das wunderschöne Bad Wildungen auf eine Besichtigung wartet.

05 Bad Wildungen

Bereits im 13. Jahrhundert wurde die Stadtbefestigung errichtet und mit dem Bau der mächtigen Stadtkirche begonnen. Gegenüber der malerischen Fachwerk-Altstadt thront auf einem Bergkegel im Stadtteil Altwildungen das stolze Schloss Friedrichstein. Der imposante Barockbau entstand Anfang des 18. Jahrhunderts. Die Blütezeit des Heilbades begann ab etwa 1880. Fürsten, Adelige und wohlhabende Bürger aus ganz Europa gaben sich hier ein Stelldichein. Prachtvolle Gebäude wie der Fürstenhof, der Quellenhof oder der Kaiserhof, Hotels und Bürgervillen in typischer Bäderarchitektur und bezaubernde Parkanlagen entstanden. Sie prägen bis heute das charmante Gesicht des historischen Kurviertels. Die nordhessische Kurmetropole, eines der bedeutendsten Heilbäder Deutschlands, kann sich zudem rühmen, Europas größten Kurpark zu besitzen. Auch verfügt sie zudem über ein reizvolles, ehemaliges Landesgartenschaugelände und lockt mit namhaften Großveranstaltungen und Musikfestivals viele Besucher an. Im Stadtteil Bergfreiheit, dem Schneewittchendorf und auf Schloss Friedrichstein finden sich Spuren der bekannten Grimm'schen Märchen. Nahezu märchenhaft mutet auch die weitere Wegführung an, die über Braunau und die schwungvoll verlaufenden B485 nach Bad Zwesten führt.

06 Bad Zwesten

Im Jahr 817 erfolgte die erste urkundliche Erwähnung von Zwesten in den Aufzeichnungen des Mönches Eberhard. Im Jahr 1914 wurde die Mineralquelle entdeckt, die später den Namen »Löwensprudel« erhielt. 1922 begann die gewerbliche Nutzung mit der Entwicklung hin zum Kurbetrieb. Sowohl der Kurpark am Kurhaus als auch der am Löwensprudel sind bestens zur Entspannung geeignet. Die Wehrkirche, gegründet im Mittelalter, thront hoch über der Stadt. Durch seine beiden Emporen hat der Innenraum der Kirche einen theaterähnlichen Charakter. Das Schloss Bad Zwesten wurde 1782 als Herrenhaus in zu-

rückhaltend vornehmer Architektur errichtet. Dem Schloss schließt sich ein kleiner Landschaftspark an, das Ensemble befindet sich jedoch in Privatbesitz und ist deshalb bis auf das renovierte Kavaliershaus nicht öffentlich zugänglich. Hier befindet sich ein Hotel mit Wellness-Betrieb. In der näheren Umgebung sind eine weitere Wehrkirche und die Burg in Niederuff sowie das Jagdschloss Oberurff beliebte Ausflugsziele.
Aus dem Ort hinaus folgt die Route Richtung Süden der B3, die ausnahmsweise mal ganz ohne Kurven auskommt, bis es gleich hinterm kleinen Kellerwaldhof westlich weiter und in das waldreiche Gebiet des Urfftals hineingeht.

07 Schiffelborn

Die K61 schlängelt sich vorbei an Schiffelborn und der Burgruine Löwenstein. Ihr weithin sichtbarer Bergfried ragt beeindruckend hoch über das Städtchen hinaus. Die Höhenburg wurde zwar erst 1253 urkundlich erwähnt, war aber bereits 1236 durch ihren Bauherrn Werner II. von Bischoffshausen fertiggestellt. In ihrem Einzugsbereich verlief einst die alte Salzstraße von Kassel nach Frankfurt. Nach Zerstörung im Dreißigjährigen Krieg sind bis heute noch Reste des Wallgrabens erhalten. Der restaurierte Bergfried bietet als Aussichtsturm einen grandiosen Rundumblick auf die Schwalmpforte und den Nationalpark Kellerwald-Edersee. Die Jausenstation Burgruine

Die Kurverwaltung und das Rathaus von Bad Zwesten sind in einem schönen Fachwerkbau untergebracht.

Die hübsche Quernstkapelle liegt mitten im Nationalpark Kellerwald-Edersee und ist ein beliebtes Ausflugsziel.

Löwenstein ist ein beliebter Treff für Motorradfahrer. Hier kann man sich bestens verköstigen. Durch das reizvolle Tal der Urfft geht es über eine zackig verlaufende Straße weiter zum Örtchen Bergfreiheit, das am Ausläufer des Finstertalbaches gelegen ist.

08 Bergfreiheit

Im Jahr 1561 erhielten die im Kupfererzbergwerk harte Arbeiten verrichtenden Bergleute mit der Verkündung der »Bergfreiheit« besondere Rechte und Freiheiten: »Für immer« gewährte man ihnen »Schacht- und Stollenrecht« sowie Freiheit für alle Gewerbetreibende und freie Gerichtsbarkeit. Im Gegensatz zur Landesverfassung durften die »Freiter« Bürgermeister und Rat selbst wählen und errangen noch weitere Vorrechte, die das Leben in der kleinen Gemeinde sehr erleichterten. Die Verleihung der Urkunde geht einher mit der Gründung des kleinen Erzbergbau-Städtchens, das seinen dörflichen Charakter bis heute bewahrt hat. Sehenswert sind auch die geologisch interessanten Steinbrüche und die Edelsteinschleiferei, welche noch immer Schürfrechte besitzt. Der Kellerwaldachat ist der bekannteste Stein der Region und erfreut sich großer Beliebtheit für Schmuckstücke jeder Art.
Heutzutage ist das malerische Bergmannsdorf mit seinen ziegelrot eingedeckten, hübschen Häuschen und seinen knapp 400 Einwohnern auch bekannt als die »Heimat von Schneewittchen«. Über den historischen Zusammenhang mit dem weltbekannten Märchen der Brüder Grimm informiert anschaulich das »Schneewittchenhaus«.
Wünsche erfüllend, liegen die traumhaften Kurven des südlichen Kellerwaldes direkt vor einem: Die L3296 führt in westlicher Richtung verlaufend hinaus aus dem Dorf, zunächst am Lauf der idyllischen Urff entlang und mit einem fantastischen Kurvenballett weiter über Hundsdorf und Frebershausen, bis schließlich Frankenau erreicht ist.

09 Frankenau

Auch noch die letzten schwungvollen Kurven der L3332 auskostend, gelangt man schließlich in die Gemeinde Frankenau, die auf einer Hochebene am Südrand des Nationalparks Kellerwald-Edersee gelegen ist. Frankenau bezeichnet sich daher auch als »Tor zum Nationalpark«. Die Entstehung der Stadt geht bis in die Frankenzeit zurück. Vermutungen sprechen von einer Gründung zwischen 500 und 750 n. Chr. Der eigentliche Ort soll als Grenzfeste gegen die Sachsen gegründet worden sein. Stadtrechte erhielt Frankenau vermutlich im Jahre 1242 von Heinrich Raspe, Landgraf von Thüringen und Römischer König. Die Kirche von Frankenau stammt ursprünglich aus dem Jahr 1850 und wurde im neugotischen Stil errichtet. Die Quernstkapelle zwischen Altenlotheim und Frankenau wurde mitten im Nationalpark Kellerwald-Edersee als moderner Kirchentyp erbaut und gilt als besonderes Ausflugsziel in der Region. Wer einen Einblick in die Arbeit eines Köhlers und die Funktion eines Köhlermeilers bekommen möchte, besichtigt das Modell mit mehreren Informationstafeln auf dem waldhistorischen Lehrpfad nahe der Quernstkapelle.
Aus dem Ort geht es weiter in westlicher Richtung. Die Landstraße führt auf der B253 bis zum südlichsten Punkt der Route bei Frankenberg und Schreufa. Im schmucken Frankenberg kann man das historische Rathaus besichtigen – anschließend geht es über Kurven gen Norden über Schreufa und Sachsenberg auf der L3076 durch die idyllische Landschaft des Naturparks weiter bis nach Rhadern.

10 Rhadern

Die Stadt Lichtenfels mit ihren Stadtteilen Dalwigksthal, Fürstenberg, Goddelsheim, Immighausen, Münden, Neukirchen, Rhadern und Sachsenberg liegt malerisch eingebettet in der Mittelgebirgslandschaft der »Waldeckischen Schweiz«. Vor rund 800 Jahren wurde die Burg Lichtenfels als romanische Höhenburg hoch über der Orke errichtet. Besichtigen kann man das im Privatbesitz befindliche Anwesen jedoch nicht.
Von Rhadern aus geht es in einem galanten Rechtsbogen zunächst auf die K50, um sich dann auf der

AUSFLUGSZIELE

Nationalpark Kellerwald-Edersee

Der Nationalpark Kellerwald-Edersee liegt im Norden des gleichnamigen Naturparks und südlich des Edersees. Er wurde 2004 gegründet und ist damit einer der jüngsten Nationalparks in Deutschland. Auf 57 Quadratkilometern finden sich neben einem ausgedehnten urwaldartigen Buchenwald, der Teil des UNESCO-Weltnaturerbes ist, weitere große Laubbaumbestände. Eichen, Ahorn, Ulmen und Linden wachsen hier ebenso wie zahlreiche seltene Blütenpflanzen. Auf einem Spaziergang über Hänge, durch Wiesentäler und entlang der Bachläufe kann man Arnika, Pfingst- und Heidenelken, Teufelskralle und auch das Breitblättrige Knabenkraut entdecken. Etwas mehr Glück braucht es, um den seltenen und scheuen Schwarzstorch zu Gesicht zu bekommen. Er findet in der Kombination von tiefem Wald und fischreichen Gewässern gute Lebensbedingungen. Diese sind auch für mehr als 800 Käfer- und Schmetterlingsarten ideal.
www.nationalpark-kellerwald-edersee.de

waldreichen Strecke über zahlreiche Serpentinen nun endlich wieder in Richtung Edersee zu orientieren. Ab dem kleinen Ort Fürstenberg wird die Straße zur zauberhaften K51, die sich zuletzt als L3084 mit nochmals herzhaftem Kurvenverlauf auf das Edersee-Ufer bei Herzhausen (Vöhl) windungsreich zubewegt.

Am Ufer des hier beginnenden Edersees lässt sich ein Zwischenstopp einlegen. Als besondere Highlights gelten der Überlauf der Talsperre sowie Edersee-Atlantis im Bereich der Gemeinde Vöhl. Hier tauchen bei Niedrigwasser Ruinen und Fundamente versunkener Dörfer oder sogar eine komplette Brücke aus den Fluten auf. Doch auch wer einfach nur cruisen will, ist hier richtig. Denn der Straßenverlauf entlang des Sees hält ein köstliches Vielfaches an Krümmungen und Biegungen bereit, bis man Hemfurth-Edersee erreicht hat.

11 Hemfurth-Edersee

Bei Hemfurth schließt eine gigantische Staumauer das Edertal ab. Die mächtige Staumauer wurde in der Zeit von 1908 bis 1914 errichtet. Der daraus entstandene Edersee dient bis heute der Stromerzeugung und bildet mit fast 200 Millionen Kubikmeter ein Wasserreservoir für die Oberweser und den Mittellandkanal. Mit seinem Volumen rangiert er damit an dritter Stelle der deutschen Stauseen, mit seiner Länge nimmt er den zweiten Platz ein. Nur der Forggensee im bayerischen Allgäu kann eine noch größere Fläche aufweisen. Der zauberhafte Reiz des Edersees erschließt sich auch bei einer Tour mit einem Ausflugsdampfer. Wanderungen oder Radtouren auf einem gut ausgeschilderten Wegenetz ermöglichen tolle Ausblicke, wie z. B. vom Kanzel-Aussichtspunkt oder von den Klippen am Urwaldsteig Edersee. Auf dem Binnensee sind alle Variationen von Wassersport möglich. Bei hervorragender Wasserqualität laden Strandbäder und herrliche Uferpromenaden zum unbeschwerten Badespaß ein. Die »Welt der Sinne« mit einem Kletterparcours, der Aquapark sowie die Sommerrodelbahn garantieren Kurzweil und Spaß das ganze Jahr hindurch. Bei Führungen mit ausgebildeten Rangern und Scouts kann man Wissenswertes über Fauna und Flora des UNESCO-Weltnaturerbes Kellerwald fernab von jeglichem Trubel kennenlernen. Im Wildpark Edersee zeigen sich auf 85 Hektar viele Tiere in nahezu natürlicher Umgebung. Eine besondere Attraktion ist die Greifvogelschau am Bericher Holz in Edertal.

Noch vor dem großen Showdown am Schloss Waldeck findet sich in Edertal-Hemfurth nur wenige hundert Meter unterhalb der Sperrmauer in einer Flussbiegung der Eder der beliebte Biker-Treffpunkt »Zündstoff am Edersee«. Das an ein amerikanisches Roadhouse erinnernde Gebäude liegt inmitten seines großen Biergartens direkt am Wasser und ist nicht nur aufgrund seines jährlichen Edersee-Meetings international bekannt. Auch sein großartiger Customizer Fred Kodlin macht mit seiner Custom-Schmiede im nicht weit entfernten Borken schon seit über zwei Jahrzehnten von sich reden und sorgt mit seinen sensationellen und preisgekrönten Motorradumbauten weltweit für Furore. Auch ist Fred Kodlin stets an vorderster Front, wenn das Edersee-Meeting (www.edersee-meeting.de) Hof hält. Ab Frühjahr 2019, wenn das »Zündstoff-City Motel« eröffnet, lassen sich an dieser Stelle sogar Übernachtungen einplanen.

12 Schloss Waldeck

Das vielleicht Allerbeste der Tour kommt fast ganz zuletzt und sollte im Roadbook mit einem Prädikatsvermerk eingetragen sein, denn das Wahrzeichen der Ferien- und Erlebnisregion Edersee, das mächtige Schloss Waldeck, lockt schon von Weitem mit seinem majestätischen Anblick. Es thront bereits seit dem 11. Jahrhundert in mehr als 120 Meter Höhe über dem Edertal. Das dem Charakter und der Entstehung nach als trutzige Burg entstandene Schloss präsentiert sich vor der waldreichen Kulisse des Natur- und Nationalparks Kellerwald-Edersee mit erhabenem Anblick. Von hoch droben lässt sich ein herrlicher Blick auf den Edersee

AUSFLUGSZIELE

Schloss Waldeck

120 Meter hoch über Edersee thront das Wahrzeichen der Region, die trutzige Burg Waldeck, einst Stammsitz der Grafen von Waldeck, die hier bis ins 17. Jahrhundert residierten. Heute sind in dem Schloss ein Hotel und verschiedene Restaurants beheimatet. Von der Aussichtsterrasse hat man einen traumhaften Blick auf den Edersee und auf die waldreichen Berge des Nationalparks Kellerwald-Edersee.

Schloss Waldeck,
Schlossstr. 1, 34513 Waldeck, Tel. 05623/5890,
www.schloss-hotel-waldeck.de

Das tolle Haus

Dieses Objekt steht mitsamt seiner Einrichtung komplett auf dem Kopf – es ist das einzige seiner Art in Hessen!

Durch eine Neigung bis zu 7 Prozent sind alle Türen, Fenster und Wände des Hauses schräg, was auch den Gleichgewichtssinn ordentlich in Schieflage bringt – eine einmalige Perspektive aus Kopfstand-Sicht.

Info-Zentrum
Hemfurther Str. 14, 34549 Edertal-Affoldern,
Tel: 05623/99980,
www.das-tolle-haus-am-edersee.de

Für den Bau der 1908 bis 1914 errichteten Edersee-Staumauer wurden etwa 300 000 Kubikmeter Bruchsteinmauerwerk aus Edersee-Grauwacke verarbeitet.

Imposant erhebt sich Schloss Waldeck hoch über dem Edersee.

und die umliegende Landschaft genießen. Das Schloss ist primär ein Vier-Sterne Superior Hotel, beherbergt aber auch neben feudalen Restaurants ein uriges Museum: Die Ausstellung »Hinter Schloss und Riegel« verspricht eine spannende, aber auch teils gruselige Schau mit historisch Wissenswertem aus dem 18. und 19. Jahrhundert, als die Festung noch ein Zuchthaus beherbergte. Doch nicht nur der Anblick von oben ist sensationell, auch die Anfahrt hinauf zur Burg verspricht jede Menge Kurvenspaß. Wer ganz ohne Zweirad, aber mit herrlichen Perspektiven den Berg erobern möchte, kann dies auch mit der Waldecker Bergbahn erleben. Mit ihr schwebt man vom See aus in wenigen himmlischen Minuten hinauf auf den Schlossberg. Wieder auf die Kräder geschwungen, führen die fabelhaften Kurven der B485 zurück nach Edertal an die Südostspitze des Edersees. Von hier geht es – beginnend mit der L3383 – auf der mit er-

AUSFLUGSZIELE

Edersee-Atlantis

Bedingt durch den Bau der Sperrmauer mussten die drei im Edertal liegenden Dörfer Asel, Berich und Bringhausen verlegt werden. Bringhausen wurde abgetragen und in unmittelbarer Nähe – an einer höher gelegenen Stelle oberhalb des neu entstandenen Edersees – wieder aufgebaut. Ähnlich war die Vorgehensweise bei dem Dorf Asel. Auf einem Bergrücken, nördlich des ursprünglichen Ortes, errichtete man den neuen Ortsteil Asel sowie am gegenüberliegenden Ufer des künftigen Sees Asel-Süd. Der Ort Berich wurde von seinen Bewohnern komplett abgetragen und entstand in der Nähe von Bad Arolsen völlig neu. Er nennt sich seitdem »Neu-Berich«.

Auch die Gehöfte Stollmühle, Gut Vornhagen, Bericher Hütte sowie der Niederwerber Hammer mussten dem Projekt weichen, da sie alle im Bereich des künftigen Stausees lagen. Noch heute kann man bei niedrigem Wasserstand im Edersee die Reste der alten Siedlungen, das »Edersee-Atlantis« besichtigen. Aus den Fluten tauchen dann wie im Märchen die Aseler Brücke, Teile der mit Betondecken versehenen alten Friedhöfe sowie Grundmauern der ehemaligen Häuser der versunkenen Orte auf.

Edersee-Staumauer *Randstraße/ L3086, 34549 Edersee*

Jausenstation-Burgruine Löwenstein *Schiffelbornerstr. 43, 34596 Oberurff, Tel. 01512/0400681*

Hotel Sassor
Berliner Str. 17, 35088 Battenberg-Dodenau, Tel. 06452/939939, www.hotel-sassor.de

Berghotel Waidmannsheil *Jahnstr. 7, 35088 Battenberg-Dodenau, Tel. 06452/6086, www.berghotel-waidmannsheil.de*

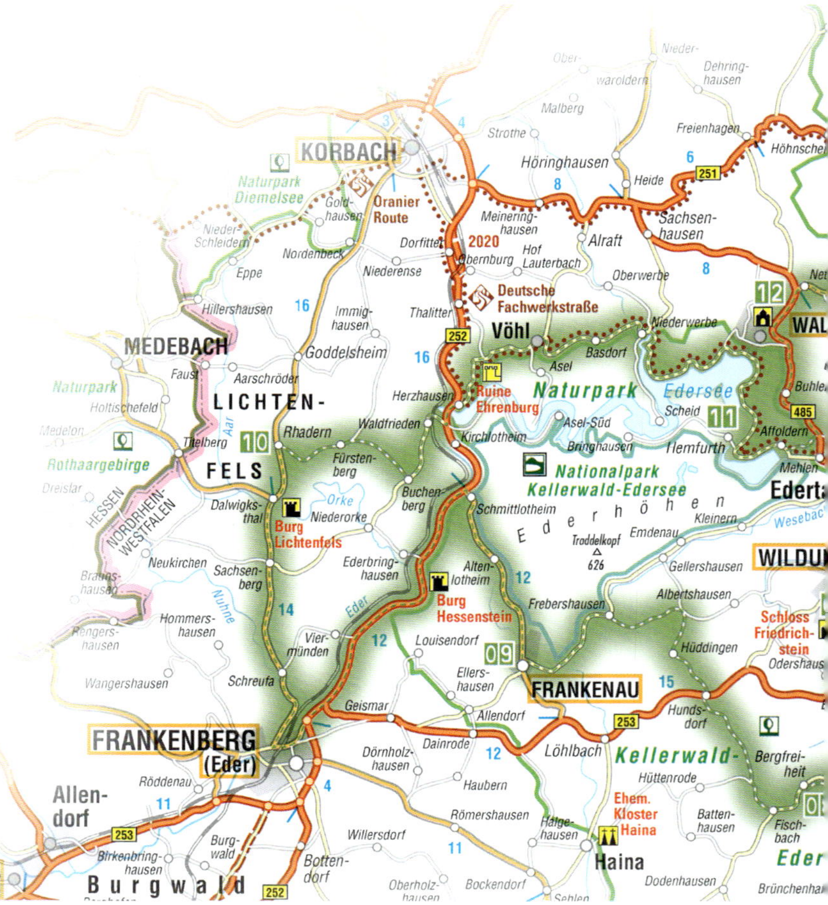

giebigen Kurven ausgestatteten Strecke zunächst nach Naumburg. Dann kommt man im weiteren Verlauf über das schon bekannte Niedenstein und fährt im Auf und Ab am Langenberg zurück gen Baunatal – dem Ausgangspunkt dieser herrlich kurvenreichen Tour.

Die Ederseerandstraße führt entlang des nördlichen Teils des Edersees und ist ideal für entspanntes Cruisen.

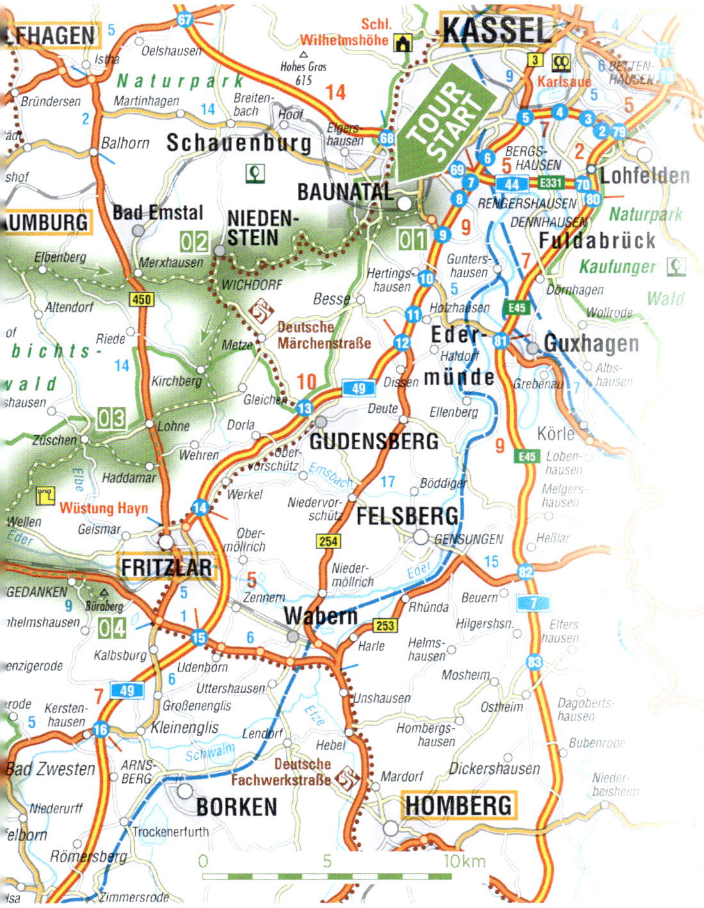

Motorradtreff »Zündstoff«
Am Weiher 1, 34549 Edertal,
Tel. 05623/3399988,
www.zuendstoff-edersee.de

Schloss Waldeck *Schlossstr. 1, 34513 Waldeck, Tel. 04223/46441, www.edersee.com*

Kodlin Customs *Weltbekannter Customizer in Borken: Fred Kodlin, Rudolf-Diesel-Str. 1, 34582 Borken, Tel. 05682/70710, www.kodlin.com*

Nibelungenhelden auf der Spur

Über ein dichtes Netz an kurvenreichen Strecken schlängelt und schwingt es sich durch die mystischen Wälder des Odenwalds. Mit im Gepäck: Nibelungenlegenden und Gipfelritte.

ODENWALD

Das Mittelgebirge zwischen Neckar und Main ist gekennzeichnet durch waldreiche Kuppen, die weiter östlich von einer recht einförmigen Hochfläche abgelöst werden. Im Süden hat der Neckar ein stark mäandrierendes und sehr malerisches Tal aus dem Sandstein gefräst. Im Mittelalter war der Odenwald häufig Zankapfel verschiedener Herrscherfamilien. So trifft man bei der Tour durch das Waldgebiet auf Burgen, historische Orte voller Fachwerkbauten, aber auch auf sagenumwobene Stätten des Nibelungenliedes. An seinem Nordrand in Messel, unweit von Darmstadt, gewähren Fossilien, die man im dortigen Ölschiefer fand, einzigartige Blicke auf Fauna und Flora, wie sie hier vor 50 Millionen Jahren anzutreffen waren. Eine reiche Geschichte hinterließ, über den ganzen Landstrich verstreut, eine Fülle von Burgen, Schlössern und Herrenhäusern.

Zahlreichen Bergpassagen, die oftmals auf eine Höhe von über 500 Metern führen, gehen unerschöpflich viele, kurvenreiche Strecken voran. Allein die Kurven rund um Erbach und Hirschhorn verheißen bereits auf der Karte den Kurvenjägern reichlich Beute – in natura erfüllen sie dann die Träume eines jeden Tourenfahrers. Urige Treffs wie z. B. den am Marbachstausee sollte man in die Tour unbedingt mit einbauen. Und auch die Motorradkultur kommt nicht zu kurz: Im Motorradmuseum in Michelstadt warten viele Zweirad-Pretiosen nur darauf, gesichtet und bewundert zu werden. Auch Gastronomie, Pensionen und Hotels haben sich lange schon auf ihre motorradfahrende Kundschaft eingestellt.

Charakteristisch für die Landschaft des Odenwalds sind seine mit lichtem Mischwald bedeckten Bergkuppen, zwischen denen sich sanfte, weite Talmulden öffnen. Aber auch Hochflächen mit Nadelwald sowie schluchtartige Täler findet man hier reichlich.

Der berühmte 12-Röhren-Brunnen in Beerfelden.

ROUTE 20

Routenlänge: 240 km
Zeitbedarf: Ganz-Tagestour, auf Wochenendtour ausdehnbar
Charakteristik: Dichtes Netz kurvenreicher Strecken
Start und Ziel: Rothenberg
Routenverlauf:
Rothenberg, Beerfelden, Erbach, Michelstadt, Weiten-Gesäß, Zell, Bad König, Nieder-Kinzig, Ober-Kinzig, Breuberg, Lützelbach, Vielbrunn, Amorbach, Kirchzell, Gaimühle, Reisenbach, Katzenbuckel, Neckargerach, Schwanheim (Schönbrunn), Eberbach, Sensbachtal, Beerfelden, Rothenberg
Achtung: Das Sensbachtal ist für Motorradfahrer an Wochenenden und Feiertagen gesperrt!

Informationen:
www.odenwald.de

Hier geht's zum GPS-Track

01 Rothenberg

Erste Hinweise auf eine »Rodungssiedlung« in dieser Gegend stammen aus dem Jahre 748 n. Chr., aber erst ab 1349 lassen sich Urkunden und Zeugnisse über das »Dorf auf dem Odenwald«, das zwischen den Bächen Gammelsbach und Finkenbach liegt, nachweisen. Rodenberg kam zusammen mit Ober-Hainbrunn und Unter-Finkenbach im Jahr 1535 als kaiserliches Lehen an die Herren von Hirschhorn. Heute reicht der Höhenort fast bis an das Neckartal heran. Hier befindet sich eine der waldreichsten Regionen des Odenwaldes mit langen Höhenrücken und tiefen Tälern. Die stille Region gilt als Geheimtipp auch für Wanderer und Radfahrer. Unterwegs passiert man Spuren des Odenwälder Originals »Raubacher Jockel« oder erfrischt sich an alten Brunnen. Auf einem abwechslungsreichen Themenweg erfährt man Interessantes über das Wasser in der Region. Ein industriegeschichtliches Kleinod für Technikfreunde gibt es ebenfalls zu bestaunen: Aufgrund des Buntsandstein-Untergrunds hatten die Rothenberger bis zur Jahrhundertwende mit Wassermangel zu kämpfen. Von 1902 bis in die 1960er-Jahre förderte eine in Deutschland einmalige Pumpstation mit zwei Wassermotoren Wasser vom Tal hinauf nach Rothenberg.
Hier hoch oben auf der Hirschhorner Höhe beginnt die Tour – das fantastische Odenwald-Panorama im Blick und viele spannende Kurven vor den Rädern. Es geht los in nördlicher Richtung auf der L3410 zum ersten Kurventanz durch das waldige Gebiet.

02 Beerfelden

Beerfelden liegt in einer der waldreichsten Regionen im südlichen Odenwald auf der Wasserscheide zwischen Main und Neckar. In ihrem Herzen entspringt die Mümling, deren Quelle im historischen 12-Röhren-Brunnen gefasst ist. Von der Burgruine Freienstein, die oberhalb des Gammelsbachs, eines Nebenflusses des Neckars, liegt, hat man einen schönen Ausblick ins Tal. Für Gruselfreunde ist der dreieckige Beerfelder Galgen hoch auf dem Galgenberg ein lohnenswertes Ziel mit Schaueffekt. Dass hier der rote Buntsandstein vorherrscht, zeigt sich auch am imposanten Himbächel-Viadukt von

Touristisches Highlight von Erbach ist zweifellos das Schloss mit seinen Gräflichen Sammlungen.

1881. Es gilt als Hessens wichtigste Eisenbahnbrücke. Immer der Mümling folgend, windet sich die B45 weiter in nördlicher Richtung. Doch noch bevor es kurvenreich gen Erbach geht, lässt sich auf der B460 ein kurzer Abstecher zur Sperrmauer des Marbach-Stausees im Mossautal einlegen – hier treffen sich nicht nur an Wochenenden gerne Motorradfahrer, um sich über ihre Kräder und Routen auszutauschen. Flächenmäßig gilt der Marbach-Stausee als das größte Stillgewässer des Odenwalds. In West-Ost-Richtung wird er vom Marbach durchflossen, der rund einen Kilometer unterhalb der Marbach-Talsperre in die Mümling mündet. Wieder zurück auf der Route schlängelt sich die Straße direkt in den nächsten Ort hinein.

03 Erbach

Der Marktplatz, das Schloss mit seiner barocken Fassade und dem mittelalterlichen Bergfried, das Rathaus und die Stadtkirche sind Herzstücke der Residenzstadt Erbach. Auch die beiden Museen im Erbacher Schloss verdienen Beachtung: Hier beeindrucken die Gräflichen Sammlungen Schloss Erbach mit der großen Antikensammlung und dem Rittersaal sowie das Deutsche Elfenbeinmuseum, das die Odenwälder Schnitztradition und die Elfenbein- und Mammutkunst zum Thema macht. Ein Museum besonderer Art ist die »Glücksfabrik« mit spannenden Einblicken in die Familiengeschichte und Unternehmensentwicklung der bekannten Designfirma Koziol. Die ältesten Bereiche des Schlosses Erbach stammen aus dem 12. Jahrhundert. Der trutzige Wehrturm, mit mächtigen Buckelquadern errichtet, lässt sich heute noch bestaunen. Der Neubau des eigentlichen Schlosses begann ab 1736 auf den Grundmauern der mittelalterlichen Burg. Das heutige neobarocke Aussehen erhielt das Schloss Erbach 1902. Zum Schlossensemble gehört auch die spätbarocke Orangerie mit Lustgarten: Am Südufer der Mümling wurde auf der einstigen Mühlwiese Ende des 16. Jahrhunderts ein Wandelgarten angelegt. Graf Georg Wilhelm zu Erbach-Erbach ließ diesen in einen typischen Barockgarten umformen. Die sich daran anschließende Orangerie und der gräfliche Marstall – die Schlossmühle – zeugen noch heute von dieser feudalen Vergangenheit. Ein Teilstück der »Nibelungen-Siegfried-Straße« führt auf der B47 über Erbach und Michelstadt und kreuzt die B45. Entlang der Straße wurden ab 2002 eiserne Skulpturen aufgestellt, die Szenen aus dem Nibelungenlied darstellen.

04 Michelstadt

Die Burg Michelstadt ist die Keimzelle der heutigen Stadt Michelstadt. Der auf das Jahr 741 zurückgehende historische Gebäudekomplex, der auch das Amtshaus und das Museum Kainsbacher Mühle beherbergt, ist auf jeden Fall einen Besuch wert. Aus der einstigen Burganlage entstammt wahrscheinlich auch der Diebsturm, dessen Erbauung auf das 13. Jahrhundert geschätzt wird. Das Rathaus von 1484 gilt wegen seiner reichhaltigen Schnitzereien als eines der schönsten ganz Hessens. Die Altstadt mit viel Fachwerk, schmalen Gassen und engen Durchlässen ist ideal für einen kleinen Bummel. Vor den Toren der Stadt kann man im Eulbacher Park, der ursprünglich als Jagd- und Vergnügungsgarten Anfang des 19. Jahrhunderts angelegt wurde, römische Relikte besichtigen.

Motorradfahrer sollten sich das Motorradmuseum Michelstadt direkt am Schlosspark nicht entgehen lassen. Vorwiegend werden hier Oldtimer-Fahrzeuge präsentiert. Das Museum ist auch ein beliebter Biker-Treffpunkt (s. Ausflugstipps).

Wer danach noch mehr wunderschöne Bauwerke besichtigen möchte, kann auch das sehenswerte Schloss Fürstenau in Michelstadt-Steinbach in seine Planung mit einbeziehen. Es zählt zu den schönsten und romantischsten Schlössern in der Region. Zum Schutz seiner Besitzungen erbaute Kurmainz gegen 1250 eine Wasserburg. 1548 bis 1605 wurde das Schloss im Renaissancestil umgebaut. Damals entstanden der beeindruckende Schmuckbogen und die Schlossmühle am Mümlingufer. Heute zählt die gesamte Schlossanlage im Stadtteil Steinbach mit zu den schönsten deutschen Burgen und Schlössern. Die Schlossanlage kann jedoch nur von außen besichtigt werden. Der Kellereihof, eine im Renaissancestil überbaute, frühmittelalterliche Burganlage, beherbergt heute das Odenwald- und Spielzeugmuseum. Noch vor dem Ortsausgang von Michelstadt führt die K92 idyllisch über Weiten-Gesäß und Zell nach Bad König, um der hier stark frequentierten B45 eine Zeitlang auszuweichen.

05 Weiten-Gesäß

Die K92 südwestlich von Michelstadt führt hier über die Sattelhöhe am Weiten-Gesäßer Berg. Im weiteren Verlauf fährt man in schönen Bögen und durch knackige Kurven wieder talwärts, durch das Waldbachtal hindurch und über das kleine Zell in nordwestlicher Richtung. Alsbald ist Bad König erreicht.

06 Bad König

Sanft ansteigende Bergzüge umrahmen die Stadt Bad König im Mümlingtal. Das kleine Schlösser-Ensemble und die historische Kirche lohnen eine Besichtigung. Im Westen der Stadt berührt der schöne Kurpark die Mümling.

07 Ober-Kinzig

Über Nieder-Kinzig schwingt sich die Strecke im Hinterland des Limes hinauf nach Ober-Kinzig. Hier lädt unweit der Gemeinde Höchst auf einer Hochfläche der ehemalige römische Gutshof »Römische Villa Haselburg« zur Erkundung im Archäologischen Park ein. Es ist die bislang größte bekannte und am weitesten durch Grabungen erforschte Anlage dieser Art (s. Ausflugstipps).

08 Breuberg

Die über 850 Jahre alte Burg Breuberg ist das Wahrzeichen der Stadt. Sie gehört zu den größten und besterhaltenen Burganlagen in Deutschland. Hoch über dem Tal der Mümling thronend beherrscht sie das Landschaftsbild. Nach einem zwar anstrengenden, aber lohnenswerten Aufstieg auf den klotzigen Bergfried genießt man einen einzigartigen Ausblick auf den Odenwald. Selbst die sanft schwingenden Linien der Höhenzüge von Taunus und Spessart sind von hier aus zu entdecken. Seit dem 12. Jahrhundert ist die mächtige Festung durchgängig bewohnt. Sie diente als Vogteiburg, Residenz adliger Familien, Landratsamt, Lager für Fremdarbeiter im Zweiten Weltkrieg und sogar als Sitz einer Spielzeugfabrik. Heute befinden sich in der Burg eine beliebte Jugendherberge, eine urige Burgschänke und das sehenswerte Breuberg-Museum. Am Fuße des Breubergs liegt der charmante Stadtteil Neustadt mit liebevoll restaurierten Fachwerkhäusern. Von Neustadt aus führt die L3259 wieder in südlicher Richtung und streift bald darauf die Dörfer Lützel-Wiebelsbach und Lützelbach.

09 Lützelbach

Auf den Höhenzügen des Odenwaldes finden sich an vielen Stellen Überreste des römischen Odenwald-Limes, so auch hier bei Lützelbach. Der Grenzwall verlief hier in

AUSFLUGSZIELE

Motorradmuseum Michelstadt

Schwerpunkt der Sammlung sind Modelle aus den 1950er-Jahren, aber auch Fahrräder und Motorräder aus der Zeit zwischen dem Ersten und Zweiten Weltkrieg haben ihren Weg nach Michelstadt gefunden. Ein besonderer Schwerpunkt ist die Marke Moto Guzzi. Es finden sich aber auch alte Rennmaschinen und jede Menge Deko rund ums Motorrad.

Motorradmuseum Michelstadt, Walter-Rathenau-Allee 17, 64720 Michelstadt, Tel. 06061/73707

Bikepark Beerfelden

2004 wurde der Bikepark Beerfelden eröffnet. Man kann entweder sein Bikerrad mitbringen oder sich eines im Bikeverleih des Parks leihen. Es gibt sieben Strecken, die je etwa einen Kilometer lang sind. Die fünf schwierigeren Freeride- und Downhill-Strecken weisen viele, zum Teil sehr anspruchsvolle Teilstücke auf. Sprünge, Steilabfahrten, Anlieger, Steinfelder – für jeden ist hier etwas dabei. Alle schwierigen Abschnitte können auch umfahren werden. Im Bikepark Beerfelden finden regelmäßig Fahrtechnikkurse der Fahrtechnikschule Ridingstyle statt.

Bikepark Beerfelden, Eberbacher Weg 180, 64743 Beerfelden, Tel. 06068/940499, www.bikepark-beerfelden.de

Die archäologischen Ausgrabungen der Villa Haselburg sind im Rahmen eines Freilichtmuseums zugänglich.

Aufgrund ihres erstklassigen Erhaltungszustands gehört Burg Breuberg zu den eindrucksvollsten Burganlagen in Südhessen.

Burgruine Wildenberg auf dem Wildenberg bei Kirchzell.

Kleines Sträßchen bei Amorbach.

Katholische Pfarrkirche St. Gangolf, das Debon-Haus mit schönem Fachwerk sowie die Mariensäule, Amorbach.

Römische Villa Haselburg
Die Römische Villa Haselburg war ein Gutshof (eine sogenannte Villa rustica) aus der Zeit der Besiedlung des Odenwalds durch die Römer. Die nach archäologischen Ausgrabungen in weiten Teilen sichtbare Anlage ist als Freilichtmuseum gestaltet und frei zugänglich. Sie ist die bislang größte bekannte und am weitesten durch Grabungen erforschte Anlage dieser Art. Das Informationszentrum ist von November bis April geschlossen. Die Villa liegt an der L3106 zwischen Brensbach und Höchst im Odenwald südlich der Ortschaft Hummetroth.
64739 Höchst im Odenwald, Hummetroth, www.haselburg.de

Nord-Süd-Richtung. Die Überreste sind an den Erdwällen und Fundamenten erkennbar. Vom Parkplatz »Am runden Stein« zwischen Lützel-Wiebelsbach und Seckmauern kann man den Odenwald-Limes schön erwandern.
Weiter geht es beschaulich durch üppige Wälder auf der L3349 nach Vielbrunn, das in südlicher Richtung ganz dicht an der hessisch-bayrischen Grenzlinie gelegen ist.

10 Vielbrunn
Vielbrunn liegt inmitten der größten Gemarkung des Odenwaldkreises, in 380 bis 550 Meter Höhe auf einem Buntsandstein-Höhenzug, der sich weit von Nord nach Süd, vom Main bis zum Neckar erstreckt. Den Dreißigjährigen Krieg überdauerten in Vielbrunn nur das Pfarrhaus aus dem Jahr 1570 und die Kirche, deren Inschrift am Turm auf das Jahr 1495 datiert ist. Direkt nach dem Ort geht es auf der L3318 in südöstlicher Richtung hinüber nach Bayern. Zünftig kräuselt sich die Straße weiter durch den menschenleeren Forst, bis der letzte Teil der Strecke auf der B47 mitten in Amorbach mündet.

11 Amorbach
Am östlichen Ausläufer des Odenwalds versteckt sich Amorbach in einem Talkessel. Seinen Namen verdankt die Stadt dem heiligen Amor, der 734 hier ein Benediktinerkloster gründete. Im Laufe seiner Geschichte wechselte das im Grenzgebiet von Bayern, Baden-Württemberg und Hessen liegende Amorbach mehrfach den Landesherrn. Die Barockstadt wird von ihren Bewohnern liebevoll als ein »Schmuckkästchen der Architektur« bezeichnet. Die unter Denkmalschutz stehende Altstadt kann mit allem dienen, was von einem romantischen Städtchen erwartet wird: verwinkelte Gassen mit Kopfsteinpflaster, Fachwerkhäuser, ein historisches Rathaus und sehenswerte Kirchen. Auf einem Rundgang durch die Gässchen lassen sich neben den unterschiedlichsten Fachwerkhäusern – darunter das Alte Rathaus und das einzigartige Templerhaus – auch zwei beeindruckende Barockkirchen aus der Zeit ab 1740 entdecken. Lohnt bereits ein Blick in die St.-Gangolfs-Kirche, so hat die Abteikirche noch einiges mehr zu bieten: Klosterbibliothek und Grüner Saal können besichtigt werden. Magisch angezogen wird man auch von der weithin sichtbaren Gotthardsruine. Dabei handelt es sich um eine dreischiffige Pfeilerbasilika des einstigen Benediktinerinnenklosters. Eine Wanderung den Berg hinauf wird mit dem legendären »7-Täler-Blick« belohnt.

12 Kirchzell
Die landschaftlich schön gelegene Gemeinde im Dreiländereck Hessen, Bayern und Baden-Württemberg punktet mit der romantischen Ruine Wildenberg und dem Waldmuseum Watterbacher Haus. Ausgedehnte Wälder und tief eingeschnittene Täler rund um Kirchzell lassen vor allem Wanderherzen höherschlagen. Der Nibelungensteig führt zu den schönsten Punkten.
Spannend wird die Geschichte auf der Burgruine Wildenberg: Inschriften am Torbogen künden von den Erbauern, den Edelherren von Dürn. Das Epos »Parzifal« soll hier geschrieben worden sein. Heimatliche Waldkunde und Forstgeschichte lassen sich im nahe liegenden Höhendorf Preunschen erforschen. Im Watterbacher Haus, dem ältesten Bauernhaus des Odenwaldes, ist ein Waldmuseum untergebracht. Zur Maiandacht und zum Wendelinustag im Oktober geht's ins stille Breitenbacher Tal. Dort steht nicht nur die stilvolle St. Nikolaus und St. Wendelinus-Kirche, sondern auch der älteste Odenwälder Bildstock. Eher rasant denn besinnlich geht es kurvenreich durch die einsamen Wälder weiter. Die L2317 folgt der Grenze zu Hessen und biegt bei Gaimühle und dem hier beginnenden Sensbachtal dann ab in östliche Richtung, um bei Reisenbach einen kurzen Zwischenstopp am 580 Meter hoch gelegenen Fernsehturm einzulegen. Herrlich ist von hier aus die Fernsicht, die sich weit über die Höhenzüge des Odenwalds erstreckt. Schwungvoll geht es weiter gen Westen an Waldbrunn vorbei und anschließend richtig bergauf: Der Katzenbuckel ist 626 Meter hoch und damit nicht nur der höchste Berg im Odenwald, sondern auch ein erloschener Vulkan. Von seinem 18 Meter hohen, im Jahr 1820 aus Sandstein erbauten Aussichtsturm reicht die imposante Rundumsicht weit über den herrlichen Naturpark Neckartal-Odenwald und über die benachbarten Mittelgebirge. Bei gutem Wetter geht der Blick sogar bis zum Donnersberg, bis in den Taunus hinein. Sogar der etwa 120 Kilometer entfernte Kreuzberg der Rhön kann von hier aus gesichtet werden. In der Nähe liegt in einem ehemaligen Steinbruch der

Grünes Idyll –Neckarschleife bei Neckargerach.

Katzenbuckelsee. Wenige Meter unterhalb des Sees kann man sich in der Turmschenke für die kommenden, spannenden Gefällestrecken mit ihren vielen Windungen stärken.

13 Neckargerach

Hier am Ufer des Neckars, wo die dicken Dampfer an einem vorbeiziehen, befindet man sich bereits in Baden-Württemberg. Der kleine Ort kann mit einem Pfarrhaus und einer Kirche aus dem 19. Jahrhundert sowie der Ruine der Minneburg hoch über dem Neckar aufwarten.

Um von hier aus zum sogenannten Kleinen Odenwald und in Richtung Schwanheim (Schönbrunn) zu kommen, geht es bei Guttenbach über den Neckar und anschließend steil bergauf über die L633 nach Schwanheim. Von hier aus wieder hinab gen Neckartal läuft es auf der L595 recht beschaulich weiter – Richtung Norden und Eberbach – oder man entscheidet sich für ein geschmeidiges Kurven-Intermezzo auf der L590, um am Ende der aufregenden Strecke ebenfalls über den Neckar setzen zu können.

14 Eberbach

Mit Erreichen des Ortes hat man den Katzenbuckel mit einem Kurventanz um den Vulkan einmal fast komplett umrundet. Die Stadt wurde im 13. Jahrhundert am rechten Ufer des Neckars gegründet. Sehenswert ist ihre Altstadt mit der Stadtbefestigung und ihren vier verschiedenen Türmen. Auf dem Ohrsberg, einem 238 Meter hohen Hügel, überragt der Aussichtsturm die Altstadt, die sich von hier oben in allen Einzelheiten betrachten lässt. Östlich der Stadt liegt die romantische Burgruine Eberbach. Der Aufstieg zu ihr lohnt zu jeder Jahreszeit, schon allein wegen des schönen Ausblicks ins Neckartal und auf die Stadt Eberbach. Zum gelungenen Abschluss der Tour fehlt nur noch das bei Motorradfahrern so beliebte Sensbachtal mit seinem gleichnamigen Ort. Von Eberbach aus in nördlicher Richtung startend, geht es dafür auf der L3120 wieder von Baden-Württemberg nach Hessen – zunächst noch einmal an Gaimühle vorbei und dann weiter nach Hebstahl.

15 Sensbachtal

Es ist eines der schönsten Täler des Odenwaldes. Auf der Sensbacher Höhe lohnt der Besuch des Aussichtsberges und des kleinen Waldfriedhofs mit seiner Kapelle. Das Jagdschloss Krähberg ist zwar nur von außen zu besichtigen, aber dennoch ein lohnenswertes Ziel. Nach so vielen schmucken Ruhepunkten locken umso mehr die vor einem liegenden, aufregenden Kurven des Sensbachtales, durch die sich die herrlich gewundene L3120 zieht. Allerdings bestehen hier an Wochenenden teilweise Streckensperrungen. Die Kurven, auf denen es wieder gen Beerfelden und hernach nach Rothenberg als Ausgangspunkt der Tour zurückgeht, laden nochmals zu einem letzten ausgiebigen Kurventanz ein.

AUSFLUGSZIELE

Fürth im Odenwald

Sie ist die nördlichste und höchstgelegene Gemeinde im Odenwälder Weschnitztal. Der staatlich anerkannte Erholungsort liegt in einem der größten Täler des Odenwaldes. Hauptattraktion sind der Bergtierpark und eine große Modellbahnausstellung. Im Bergtierpark warten zwanzig Gebirgstierarten aus fünf Kontinenten auf die Besucher. Darunter tummeln sich imposante Yaks, kuschelige Alpakas und freche Zwergziegen, die auch gefüttert werden dürfen. Die Modellbahnwelt Odenwald ist die größte H0-Schauanlage Süddeutschlands und zeigt über 9000 Meter Gleisstrecken, die durch liebevoll gestaltete Miniatur-Landschaften führen.

Fürth im Odenwald,
Hauptstr. 19, 64658 Fürth im Odenwald,
Tel. 06253/20010, www.gemeinde-fuerth.de

Michelstadt – Motorradmuseum
(s. auch Ausflugsziele)

Staumauer des Marbach-Stausees
nahe Beerfelden als Meetingpoint, an der B460, 64743 Beerfelden-Marbach. Der See liegt an der B45 zwischen Hetzbach und Erbach im Odenwald. Die dort abgehende B460 verläuft entlang des Sees.

Grillhütte *an der B45, 64711 Erbach-Ebersberg, Tel. 06062/1027. Der Biker-Treff liegt im Odenwald an der B45 zwischen Hetzbach und Erbach in unmittelbarer Nähe zu dem bekannten Parkplatztreff am Marbach-Stausee.*

Klotzerkurve
64668 Rimbach-Zotzenbach, Anfahrt: Nahe der B38 zwischen Mörlenbach und Rimbach (in der Nähe von Weinheim)

Zur Waldeslust *Siegfriedstr. 57, 64754 Hesseneck-Kailsbach, Tel. 06276/257. ACHTUNG: Die Krähberg-Strecke (L3108, Hetzbach bis Hesseneck-Kailbach) ist für Motorradfahrer an Wochenenden gesperrt!*

Motorcafe Point, Eddy Edelstahl
ehem. Hill Up, Burgenstr. 5, 69239 Neckarsteinach/Neckarhausen, Tel. 06229/933688

Hirschwirt´s *Schulstr. 3–7, 64757 Rothenberg, Tel. 06275/91300, www.hirschwirts.de*

Land-gut-Hotel Dornröschen
Annelsbacher Tal 43, 64739 Höchst-Annelsbach, Tel. 06163/2842, www.dornroeschen-annelsbach.de

---

Gasthof-Pension Lärmfeuer *Im Oberdorf 40, 64385 Reichelsheim-Rohrbach, Tel. 06164/1254, www.laermfeuer.de*

Wälder, Felsen und weißes Gold

In der Nordspitze Bayerns – entlang der ehemaligen Zonengrenze – taucht man ein in den spannenden Kurvendschungel tiefer Wälder. Dazwischen locken Städte wie Mitterteich, Selb oder Waldsassen.

FICHTELGEBIRGE

»Wohlauf, die Luft geht frisch und rein« schwärmte bereits vor über 150 Jahren der Dichter Victor von Scheffel auf seinen Reisen durch das »Feuchtelgebirge«. Es gilt als eine der wohl eigenartigsten Mittelgebirgslandschaften Deutschlands, steil aufragende Granitfelsen bilden weglose Labyrinthe, verträumte Täler spenden selbst an Hochsommertagen kühlen Schatten. Die vier großen Flüsse Main, Eger, Naab und Saale schicken ihr Wasser aus den Bergen in alle vier Himmelsrichtungen. Schmucke Kleinstädte spiegeln noch immer den Wohlstand wider, der einst durch Erzbergbau und frühe Industrie in das Fichtelgebirge kam.
Die harte Arbeit der Menschen und das raue, fast nordische Klima formten eine eigenartig mystische und einzigartig vielfältige Landschaft. Sowohl der aus dem Fichtenmeer 1055 Meter aufragende Schneeberg als ehemaliges militärisches Sperrgebiet als auch sein mit 1024 Meter kleinerer Bruder Ochsenkopf laden zu herrlichen Touren ein. Der Reichtum an winzigen, nahezu autofreien Landstraßen, die durch und an mittelalterlich anmutenden Dörfern vorbeiführen, scheint grenzenlos – auch wenn man die Grenze nach Tschechien passiert.

Kulturell punkten Städte wie Waldsassen mit den beeindruckenden 7720 Orgelpfeifen in der barocken Stiftsbasilika oder Mitterteich mit dem »Steuerstüberl« im historischen Rathaus. Nicht zu vergessen und vor allem kaum zu übersehen ist in der Region das »Weiße Gold« – zum Beispiel in Hohenberg, wo Karl Magnus Hutschenreuther 1814 die erste Porzellanfabrik gründete. Gleich zum Start der Tour wird man in der Porzellan-Stadt Selb von der größten Kaffeekanne der Welt begrüßt.
Vorsicht: Zerbrechlich sind hier auch die Straßenschilder.

Weiß leuchtet die dreitürmige Wallfahrtskirche auf dem Glasberg bei Waldsassen aus den gelben Rapsfeldern hervor.

ROUTE 21

Routenlänge: 130 km
Zeitbedarf: Ein- bis Zwei-Tagestour
Charakteristik: Einsame und kurvenreiche Waldpassagen im Naturpark Steinwald wechseln sich ab mit schnurgeraden Strecken durch weitläufige Felder und blühende Wiesen.
Start und Ziel: Selb
Routenverlauf: Selb, Marktleuthen, Höchstädt, Weißenstadt, Sparneck, Zell, Bischofsgrün, Warmensteinach, Fichtelberg, Pullenreuth, Friedenfels, Kornthan, Wiesau, Mitterteich, Tirschenreuth, Neualbenreuth, Waldsassen, Cheb, Hohenberg, Selb.

Informationen:
www.tz-fichtelgebirge.de
www.erlebnis-ochsenkopf.de
www.czechtourism.com

Hier geht's zum GPS-Track

In Selb dreht sich alles um Porzellan. Selbst die Brunnen sind aus dem weißen Gold gefertigt.

Blick vom Ochsenkopf auf das Städtchen Bischofsgrün, das malerisch in einer Talsenke liegt.

01 Selb

Selb gilt als Stadt des Porzellans und steht als solche ganz in dessen Zeichen: Standesgemäß grüßt am Ortseingang die größte Kaffeekanne der Welt. Neben dem einzigartigen Porzellangässchen schmücken Porzellanstraßenschilder bedeutende Plätze. So auch das Bankgebäude in der Schillerstraße. Das Besondere ist hier die 1976 angebrachte Porzellanuhr. Täglich um 12 und um 16 Uhr ertönt ihr Glockenspiel. Das in Blautönen gehaltene, geflieste Ornament an der Seite stellt den Selbbach dar, der seinen Ursprung im Krebsbach auf Ascher Gebiet hat. Eines der wohl größten aus Porzellan geschaffenen Kunstwerke ist aber die am Welzel-Haus angebrachte Stadtgeschichte. Überquert man die Ludwigstraße und biegt in die Burgstraße ein, gelangt man auf der Rückseite des Rathauses zur Selbbachbrücke. Hier studiert die aus Wunsiedler Marmor gehauene Skulptur »Der Sinnende« den Lauf der Zeit. Der scheint in der kleinen Industriestadt Marktleuthen, die man über die St2179 in sanften Schwüngen erreicht, keine Rolle zu spielen.

02 Marktleuthen

Der Marktplatz von Marktleuthen wird von der evangelischen Kirche St. Nikolaus dominiert mit Spätrenaissance-Kanzel von 1617 und sehenswerter Kassettendecke aus dem Jahr 1718. Rund einen halben Kilometer südöstlich davon erhebt sich eine licht bewaldete Anhöhe, auf deren Gipfel zwei bizarr übereinandergelagerte Granitfelsen thronen, der Teufelsstein. Der Sage nach diente er im Mittelalter als magischer Ort. Denn dem damals hier entspringenden Augenbrunnen wurden heilende Kräfte nachgesagt.
Vorbei an tiefgrünen Fichtenwäldern führt die St2176 ins beschauliche Dorf Höchstädt, dessen bedeutende Ringmauerreste unterhalb des Rathauses erhalten sind.

Schloss Höchstädt wurde 1589 bis 1603 unter Pfalzgraf Philipp Ludwig von Pfalz-Neuburg als mächtige Vierflügelanlage im Renaissancestil errichtet und hat sich zu einem Kulturzentrum der Gemeinde entwickelt. Vorbei ist es mit dem ruhigen Dorfidyll, wenn Rennen auf der international anerkannten, 1800 Meter langen Moto-Cross-Strecke auf dem KTM-Ring stattfinden. Die ideal präparierte St2176 führt westlich auf der St2180 an Röslau vorbei und auf der Bergstraße nach Weißenstadt.

03 Weißenstadt

Klein, malerisch und verträumt bettet sich Weißenstadt seit 1348 im Herzen des Fichtelgebirges in das Tal der Eger ein. Enge Gassen, romantische Straßenzeilen, die innenarchitektonisch sehenswerte Gottesackerkirche zur Heiligen Dreifaltigkeit, antike Scheunenreihen und die Reste der Steinschleiferei Erhard Ackermanns an der Bayreuther Straße im Kurpark und der Kurpark selbst machen einen Besuch zwischen Altstadt und Weißenstädter See so besonders. In der Kirchenlamitzer Straße liegt das öffentlich zugängliche Drogeriemuseum in Sack's Destille, verbunden ist es mit der Weißenstädter Unterwelt. Im Kristallbergwerk befinden sich 130 unterirdische Depots auf einem Gelände etwas größer als ein Fußballfeld. Die Keller bilden seit 1756, seinerzeit für die Lagerung von Kartoffeln angelegt, ein labyrinthisches System aus Lagerräumen und weit verzweigten Gängen.

Oben führt die Sparnecker Straße, umrahmt von dichten Wäldern, hinauf nach Sparneck am Fuße des

AUSFLUGSZIELE

Porzellanikon

Für einen Besuch im Porzellanikon, das mit 9000 Quadratmetern wohl größte Spezialmuseum für Porzellan, sollte man mindestens zwei Stunden einplanen. Gezeigt wird nicht nur, was seit 300 Jahren in Manufakturen und Industrie produziert wurde, sondern auch wie und unter welchen Bedingungen.

Porzellanikon,
Werner-Schürer-Platz 1,
95100 Selb, Tel. 09287/918000,
www.porzellanikon.org

Motocross-Strecke

Die permanente anspruchsvolle Cross-Strecke des MSC Höchstädt ist ca. 1800 Meter lang und steht auch Gastfahrern für Trainingseinheiten an Samstagen von 13 bis 19 Uhr sowie an Sonn- und Feiertagen von 13 bis 18 Uhr zur Verfügung. Auch wird hier jedes Jahr die MX-Meisterschaft mit internationaler Beteiligung auf dem Granitsand ausgetragen.

Veranstalter: MSC Höchstädt, KTM-Ring,
Tel. 09235/967171,
www.msc-hoechstaedt.de

Der künstlich angelegte Fichtelsee ist ein beliebtes Naherholungsgebiet. Es gibt auch zahlreiche Badeplätze.

»Räuberfelsen« im Naturpark Steinwald bei Friedenfels.

Waldsteinmassivs. Inmitten einer reizvollen Landschaft führt die Kreisstraße über Reinersreuth entlang des Zellbachs nach Zell.

04 Zell

Ganz in der Nähe der Burgruine steht auf dem Waldstein unter mächtigen Fichten der Teufelstisch. Zur Geisterstunde wird es dort lebendig: Auf einem schmalen runden, sich nach oben verdickenden Sockel ruht eine mächtige ovale Platte, die diesem Granitklotz das Aussehen eines Tisches verleiht. Es handelt sich um den sagenumrankten Teufelstisch, auf dem verbannte Kobolde, Dämonen und Poltergeister in der Mitternachtsstunde spuken und sich mit einem eisernen Kartenspiel lärmend die Zeit vertreiben. Abdrücke dieser Karten sollen ebenfalls auf der steinernen Tischplatte zu erkennen sein. Die einer umgestürzten Glocke ähnliche Form des Teufelstisches verführt auch dazu, in seinem Innern eine silberne Glocke zu vermuten. In der irrigen Annahme, dass darunter ein wertvoller Schatz verborgen sei, wollten 1826 frevelnde Schatzsucher den Granitklotz sogar mit Sprengpulver in die Luft jagen, was gerade noch verhindert werden konnte.

Die Weiterfahrt Richtung Bischofsgrün führt steil bergab über Gefrees auf der St2464 kurz nach der Hufeisenkurve ins weite Hochtal von Bischofsgrün.

05 Bischofsgrün

Eingerahmt von den beiden höchsten Erhebungen Nordbayerns, dem Schneeberg (1055 Meter) und dem Ochsenkopf (1024 Meter), ist der heilklimatische Kurort in 680 Meter Höhe am Fuße des Ochsenkopfs vor allem im Winter touristische Anlaufstelle. Seilbahnen auf der Nord- und Südseite führen bequem hinauf zum Gipfel, den der Asenturm krönt. Er gewährt einen wunderbaren Blick über die bekannte HS-71-Ochsenkopf-Sprungschanze, das nächste Etappenziel Warmensteinach mit der St.-Laurentius-Kirche aus dem Jahr 1757 samt Kurpark, wo zum Auftakt der Bayreuther Festspiele im August musikalische und literarische Aufführungen stattfinden, und über den ganzen Naturpark Fichtelgebirge. »Der Granit lässt mich nicht los«, befand schon Geheimrat Goethe, als er den Ochsenkopf bestieg. Bröselig kam ihm der Granit vor allem bei der Stadt Warmensteinach vor, die den grünen Bogen auf der St2181 nach Fichtelberg spannt.

06 Fichtelberg

Durch einen Zufall kam 1886 Oberlehrer Franz Hurtig aus Leipzig auf einer Wanderung nach Fichtelberg und war von dem kleinen Gebirgsdorf und der Landschaft ringsherum begeistert. Zusammen mit Freunden aus dem Ort legte er den Grundstock für den damals neuartigen Erwerbszweig »Sommerfrische«, aus dem sich mit den Jahren ein blühender Fremdenverkehr entwickelte. Nach dem Zweiten Weltkrieg fanden viele Vertriebene aus dem Sudetenland und Schlesien eine neue Heimat in Fichtelberg. Kunstfertige Glasmacher aus Gablonz im Isergebirge begannen sofort in den Nachkriegsjahren böhmische Bleiglaserzeugnisse aller Art zu produzieren. Davon sind allerdings nur noch wenige Kristallglasschleifereien übrig. Erhalten ist dagegen der 1739 begonnene Stauweiher, der in seiner heutigen Größe von 11 Hektar 1986 als Fichtelsee geschaffen wurde. An seinem nördlichen Ufer beginnt das Naturschutzgebiet Seelohe mit typischen Hochmoorvegetationen. Hier befindet sich auch der eisenhaltige Jean-Paul-Brunnen. Von Fichtelberg aus geht der Kurvenspaß über Pullenreuth nach Friedenfels. Dabei passiert man den Wildpark Mehlmeisel und das ehemalige klassizistische Schloss Trevesenhammer (1827), das 1990 zum Nobelhotel umgebaut wurde.

07 Friedenfels

Umgeben von romantischem Waldgebiet liegt Friedenfels am Südhang des Naturparks Steinwald mit gleichnamigem Schloss. Erbaut wurde es nach dem Erbteilungsstreit der beiden Notthafft-Brüder von Friedrich Sittich Notthafft von Weißenstein um 1590. Nach dem Dreißigjährigen Krieg wurde es 1770 umgebaut und in den Jahren danach erweitert. Das

AUSFLUGSZIELE

Bulldogtreffen

An ihrem charakteristischen Klang hört man sie schon von Weitem: die liebevoll gepflegten und prächtig geschmückten alten Ackerschlepper. Ob Lanz, Schlüter, Eicher, John Deere oder andere bekannte Bulldogmarken – auf dem Veranstaltungsgelände in der Nähe des Moorbads in Fleckl trifft man alle, die schon vor 40 Jahren auf den Feldern zu sehen waren.
Bulldogtreffen in Warmensteinach
(in der Nähe des Moorbads in Fleckl),
www.warmensteinach.de

Brauereiführung

Am Südrand des urwüchsigen Naturparks Steinwald liegt die Schlossbrauerei Friedenfels, deren Braumeistern man während einer Führung über die Schulter blicken darf. Der Rundgang erstreckt sich über 100 Stufen und zeigt, warum das reine Quellwasser als hochwertiger Rohstoff für die Friedenfelser Biere gilt, die nach dem Bayerischen Reinheitsgebot von 1516 in 125-jähriger Tradition gebraut werden.
Schlossbrauerei Friedenfels,
Kolpingplatz, 95688 Friedenfels,
Tel. 09683/910, www.friedenfelser.de

Renaissance-Schloss verfügt über einen dreigeschossigen Walmdachbau. Der Stil wurde auch nach dem Brand von 1814 und beim Umbau 1901 samt turmartigem Erkerbau mit Wappen- und Maßwerkfeldern beibehalten. Von hier führt die St2169 ins Mekka der Karpfenliebhaber, nach Kornthan. Das 73-Einwohner-Dorf besteht zur Hälfte aus Wasserflächen und ist seit Jahrhunderten Zentrum der Fischbauern. Zu verdanken hat man das letztlich Friedrich V. von der Pfalz. Denn der brauchte Geld, um sich für die böhmische Königskrone zu bewerben – und verkaufte den 12 Hektar großen Kornthaner Weiher an die ortsansässigen Bauern. Seither wird er von Fischerfamilien bewirtschaftet, die jährlich am zweiten Oktoberwochenende Karpfenkirchweih feiern – und rund 20 000 Besucher jubeln mit. Der fischige Geruch lässt spätestens auf der Friedenfelser Straße nach, wenn man fast in Wiesau angekommen ist.

08 Wiesau

Die Fischerei spielt auch im Oberpfälzer Landkreis Tirschenreuth eine große Rolle. So säumen Angler den Weg an den Wiesauer Waldseen und ein Fischlehrpfad erklärt alles zu den heimischen Blubbertieren. Wahrzeichen von Wiesau ist die Kreuzbergkirche, die erstmals 1500 als Kapelle erwähnt wurde. Bemerkenswert sind die Thematik der von Andrea Josatii geschaffenen Deckengemälde und die Altäre von Johann Carl Stilp. Im Umfeld der Kirche deutet vieles auf die Kreuzverehrung hin: die beiden Treppen mit zwölf sowie 33 Stufen, die Kreuzwegstationen und die sechs Granitfiguren mit der Darstellung des Leidens Christi. Den Naturpark im Rücken, macht man sich auf in die Glas- und Porzellanstadt Mitterteich.

09 Mitterteich

Mitterteich wurde erstmals 1185 unter dem Namen »Dich« in einer päpstlichen Schutzbulle erwähnt. Das Dorf gelangte 1277 in den Besitz des Klosters Waldsassen. 1501 erhielt es Marktrechte, die am 12. August 1516 um die Rechte, Bier auszuschenken und Wochenmärkte abzuhalten, erweitert wurden. Gleichzeitig verlieh Abt Andreas Metzel der Stadt das (mit Unterbrechung) bis heute verwendete Wappen: über einem blauen Wellenbalken ein in Schwarz eingebetteter silberner Pfahl, darin ein linksgewendeter schwarzer Abtstab, unten in Silber nebeneinander drei grüne Blumen. Seit 1932 ist Mitterteich eine Stadt, die mit dem Heimatbrunnen am Johannisplatz und dem

Die Landschaft rund um Wiesau, Mitterteich und Tirschenreuth wird geprägt durch zahlreiche Fischteiche.

Berühmt ist Mitterteich u.a. für sein »Zoigl«, ein untergäriges, ungefiltertes Bier. Im Bild: Pfarrkirche St. Jakob.

Durch blühende Landschaften nähert man sich Tirschenreuth. Im Bild: Alte Steinbrücke.

Sagenbrunnen »Der Schmid von Mitterteich« mit Stadtpfarrkirche St. Jakob (1890) im Hintergrund an früher erinnert. Das historische Rathaus (1731) besitzt ein eigenes »Steuerstüberl« mit Turm und Steuerglocke. Diese läutet auch heute noch alle drei Monate, wenn einstmals die Bürger- und Wassersteuer fällig waren. Und auf dem unteren Marktplatz steht eine Granitsäule mit einem Gnom, dessen linke Hand auf einen Zauberschlüssel deuten soll. Wer diesen findet, kann die Höhle auf dem Teichelberg öffnen und ihre unermesslichen Schätze bergen. Nicht gefunden? Macht nichts, denn auf der B15 geht's beinahe schnurgerade vorbei an gefühlt hundert kleinen Gewässern in die Schmeller-Stadt Tirschenreuth, von der bereits Johann Wolfgang Goethe 1786 auf seiner Reise nach Italien in seinem Tagebuch vermerkte: »Das Tuchmacher-Städtchen liegt gar herrlich schön«.

10 Tirschenreuth

Eingebettet in ein facettenreiches Landschaftsbild wird die Region von Tirschenreuth auch als das »Land der tausend Teiche« bezeichnet. Kein Wunder: Nahezu 4000 Teiche umfasst die »Tirschenreuther Teichpfanne«. Höhepunkt jeder Fischsaison sind die alljährlich stattfindenden »Erlebniswochen Fisch«. Der Markt der regionalen Genüsse, ein Kunsthandwerkermarkt, eine Karpfenolympiade und Infoveranstaltungen rund um Teichwirtschaft und Fischerei inklusive Teichrundfahrten bieten ein tolle Programm für die ganze Familie. Das gesamte Stadtgebiet ist übrigens Teil des nordostbayerischen und westböhmischen Grundgebirges und liegt auf einem Granitplateau, das vor rund 320 Millionen Jahren entstand. Durch Wollsackverwitterung haben sich rundherum mehrere bizarre Granitformationen, wie etwa die Teufelsküche, gebildet. Im Zentrum gibt es sieben Kapellen, u. a. die Fischhofkapelle (1715) im Rokokostil in Form eines Rundturms sowie die Gnadenkapelle am nördlichen Ende des Marktplatzes. Direkt daneben steht mit der Pfarrkirche Mariä Himmelfahrt (13. Jahrhundert) der größte katholische Kirchenbau der Stadt inklusive 46 Meter hohem Kirchturm. Am oberen Marktplatz befindet sich das Rathaus im Renaissancestil, dessen Erker mit Wappen der Kurpfalz und dem Waldsassener Klosterwappen geschmückt ist. Bereits seit 1830 teilen zwei Reihen von Kastanienbäumen den 230 Meter langen Platz. Zwei historische Brücken stehen im Süden der Altstadt. Die bekanntere ist die Fischhofbrücke, die seit der Landesgartenschau 2013 nach 200 Jahren Trockenheit über einen Teich zum Fischhof führt. Sie wurde bis 1750 erbaut und ist der Steinernen Brücke in Regensburg nachempfunden. Die andere ist die Johannisbrücke, die den kleinen Mühlbach überquert. Sie wurde vom Kloster Waldsassen errichtet. Hier ist der Klettnersturm (1330) als letzter Rest der ehemaligen Stadtfestung erhalten. Mit der Fahrt auf der St2174 nähert man sich, in hügeliger Natur um den 939 Meter hohen Tillenberg, der bayerisch-tschechischen Grenze. Davor lädt Neualbenreuth mit seinem Gesundheitszentrum zu einer kleinen Rast ein.

11 Neualbenreuth

Sofort fallen die eindrucksvoll gestalteten Fachwerkhäuser im Egerländer Stil auf, die rund um den Marktplatz stehen. Der Sagenbrun-

Lebkuchenmanufaktur
Mandellebkuchen, Nusslebkuchen und weitere Spezialitäten locken Schleckermäuler in Rosners »Gläserne Lebkuchenmanufaktur«. Sehen und staunen lautet die Devise von Juniorchef Wolfgang Neumann, der die traditionelle Herstellung in sechster Generation leitet. Immerhin ist der Betrieb seit 1757 urkundlich nachweisbar. Seine Erzeugnisse wurden 1988 von Fürstin Gloria von Thurn und Taxis als »die besten Lebkuchen der Welt« bezeichnet.
Lebkuchen Rosner,
Egerer Str. 9, 95652 Waldsassen,
Tel. 09632/916521,
www.lebkuchen-rosner.de

nen vor dem Rathaus, eine Steinskulptur von Günter Mauermann, wird von acht verschiedenen Märchengestalten, darunter die Wahrsagerin Sibylle von Prag (Namensgeberin des örtlichen Heilbads), Zwerge, Berggeister und verschiedene andere Motive aus der regionalen Sagenwelt, geziert. Auch um die Kapelle Alter Herrgott im Egerer Wald südlich von Neualbenreuth hält sich die Erzählung, dass Leutnant Magnus Bartls diese 1676 als Dank dafür erbauen ließ, weil ihn ein weißer Hirsch mit Licht am Geweih nach einem Albtraum aus der Wildnis befreite. In der Nähe befindet sich mit Schloss Hardeck der ehemalige Sommersitz der Äbte des Klosters Waldsassen.

12 Waldsassen

Direkt gegenüber dem böhmischen Eger liegt auf bayerischer Seite die Klosterstadt Waldsassen, beschaulich eingebettet zwischen den bewaldeten Ausläufern des Oberpfälzer Waldes, des Steinwaldes und des südlichen Fichtelgebirges. Das kulturelle Zentrum des sogenannten »Oberpfälzer Stiftlandes« ist geprägt von der barocken Stiftsbasilika (1704). Sie besitzt mit 900 Quadratmetern Deutschlands größte Kirchengruft und eine beeindruckende Orgelanlage mit 103 Registern, 7720 Pfeifen und 82 Glocken. Als Besonderheit sind in der Kirche auch zwölf »Heilige Leiber« in kunstvoll ausgestatteten Reliquienschreinen zu sehen – die wohl größte An-

Tirschenreuth ist Zentrum der gesamten Region und unbedingt einen Besuch wert. Im Bild: Marktplatz mit der Stadtpfarrkirche Mariä Himmelfahrt.

Schnitzkunst auf höchstem Niveau und von ungewöhnlicher Originalität gibt es im barocken Bibliothekssaal des Klosters Waldsassen zu bewundern.

sammlung nördlich der Alpen. Die Basilika bietet Raum für Konzertreihen mit namhaften Künstlern und Dirigenten von Weltrang. Leonhard Bernstein, Sir Colin Davis oder Lord Yehudi Menuhin waren schon unter ihnen. Zu empfehlen ist ein historischer Spaziergang durch die Altstadt, wo sich »Himmel und Erde« mit dem Bibliothekssaal und dem bedeutendsten Rundbau des Barocks, der Dreifaltigkeitskirche Kappel auf dem Glasberg, begegnen. Von hier überquert man auf der B299 die tschechische Grenze und fährt auf der Route 214 weiter nach Cheb.

13 Cheb (dt. Eger)

Bereits von Weitem begrüßt die Burg von Cheb (1125), eine der schönsten mitteleuropäischen Burganlagen mit berühmtem »Schwarzen Turm« und meterdicken Wehrmauern, ihre Besucher. Hinter der mächtigen steinernen Befestigung verbirgt sich ein echtes Unikat: eine äußerst seltene zweistöckige romanisch-gotische Kapelle. Der gesamte historische Stadtkern von Cheb steht heute unter Denkmalschutz und das prächtige erhaltene Fachwerk der Häuser versprüht einen ganz besonderen Charme. Zwei Brunnen werden von der Herkules- und Roland-Statue geziert. Am Marktplatz, dessen Anlage aus dem 13. Jahrhundert stammt, steht neben dem barocken, aus Geldmangel unvollendeten Rathaus, das sogenannte Egerer Stöckl. Dabei handelt es sich um einen Komplex aus elf bizarr ausgeführten Häusern. Südwestlich der Stadt geht's vorbei am Bismarckturm (1909) über die E48 wieder nach Deutschland.

14 Hohenberg

Inmitten einer reizvollen Mittelgebirgslandschaft liegt das alte »Sechsämterstädtchen« Hohenberg an der Eger. Karl Magnus Hutschenreuther gründete hier 1814 die erste Porzellanfabrik und noch heute dreht sich alles um das »Weiße Gold«. So sind zum Beispiel im hier ansässigen Deutschen Porzellanmuseum 450 Vitrinen bestückt und Inszenierungen aus drei Jahrhunderten geben einen umfassenden Einblick in die Kulturgeschichte. Hinzu gesellt sich die Markgrafenburg, immerhin die am besten erhaltene Wehranlage des Fichtelgebirges. Von ihren Türmen aus hat man einen herrlichen Blick weit hinein ins Egerland, an klaren Tagen sogar bis hinüber ins Erzgebirge. Und am Fuß der Burganlage findet sich die Carolinenquelle, ein heilkräftiger Sauerbrunnen, der vor allem für Trinkkuren verwendet wurde. Im nahegelegenen Landschaftsschutzgebiet nistet seit Jahrzehnten der Weißstorch. Auf der Hohenberger Straße geht's zwischen Selber Forst und dem Naturschutzgebiet Häuselloh mit einem sehenswerten Schausteinbruch, Holzkohlenmeiler und naturbelassenem Moor zurück zum Ausgangspunkt, ins schöne Selb.

Seeterrasse Am Fichtelsee
Am Fichtelsee 1, 95686 Fichtelberg,
Tel. 09272/964000,
www.am-fichtelsee.de

Automobilmuseum Fichtelberg
Nagler Weg 9–10, 95686 Fichtelberg,
Tel. 09272/6066,
www.amf-museum.de

Biker-Treff Zur Kornberghütt'n
Forst, 95100 Selb-Spielberg,
Tel. 09287/500322

Sedats Biker-Treff
Mühlgasse 2,
95168 Marktleuthen

Biker-Treff
Andrea Reiter- und Bikerstüberl
Großwendern 106,
95168 Marktleuthen, Tel. 09285/459

Ein Highlight auf der Tour ist Cheb in Tschechien. Die pittoreske Altstadt mit ihren schönen Fachwerkhäusern eignet sich auch für einen längeren Stopp.

Biker-Treff Alte Tankstelle

Ludwig-Zapf-Str. 10,
95213 Münchberg,
Tel. 09251/1495,
www.alte-tankstelle.net

Back-Kaffeehaus Rappl

Max-Reger-Platz 4,
95686 Fichtelberg,
Tel. 09272/343,
www.backwelt-rappl.de

Gasthof und Café Sonneneck

Fleckl 39, 95485 Warmensteinach,
Tel.: 09277/453,
www.sonneneck-fleckl.de

Schewl's Fahrerlager

Hühnleinsweg 443,
95485 Warmensteinach,
Tel. 0170/8411898,
www.tasteofspeed.de

PLANÁ (Plan)

FRÄNKISCHE SCHWEIZ

Die Fränkische Schweiz im Nordwesten Bayerns lockt nicht nur mit ihren zahlreichen regionalen Brauereien. Paradiesische Motorrad-Zeiten verspricht auch der imposante Kurvenreichtum, der in der charakteristischen Berg- und Hügellandschaft des vor 160 Millionen Jahren entstandenen Weißen Jura mit all seinen Kalk- und Dolomitfelsen anzutreffen ist. Die Gebirgslandschaft führte bereits im Mittelalter zu manch spektakulärer Bebauung, wenn z. B. wie bei Tüchersfeld mitten aus dem Fachwerk-Dörfchen nackte Felsen steil in den Himmel ragen und die kleinen Häuschen samt Burg gezwungen sind, sich an die schroffen, kahlen Wände anzuschmiegen. Die höchste Erhebung bildet der Kleine Kulm mit 626 Meter Höhe.

Auch die Dichte an Burgen ist imposant, finden sich doch hier über 170 dieser zumeist hoch auf Felsen thronenden Festungen, wie beispielsweise Burg Greifenstein in Heiligenstadt. Markant für die Region sind ebenso die zahlreichen, sehenswerten Höhlen: Die Sophienhöhle bei Burg Ravenstein im Ahorntal ist eine der schönsten Tropfsteinhöhlen Deutschlands. Nicht zuletzt sind natürlich auch die romantischen Städte einen Besuch wert. Ihnen sollte man sich während der Tour mindestens genauso intensiv widmen wie den unendlich vielen Kurven, die all die schönen Städte und imposanten Sehenswürdigkeiten miteinander verknüpfen. An erster Stelle steht Bamberg, aber auch Orte wie Gößweinstein, Pottenstein, Gräfenberg und Egloffstein versprechen interessante Intermezzi.

Stolze 2300 Quadratkilometer umfasst der Naturpark Fränkische Schweiz und ist damit nicht nur der zweitgrößte in Bayern, sondern auch einer der größten deutschen Naturparks überhaupt. Im Bild: Blick vom Röthelfels ins Alten- und Wiesenttal.

Biker-Eldorado im Frankenland

Traumhafte Straßen, Kurven, Biker-Treffs und Burgen machen Lust, einfach alles mitzunehmen, was der Naturpark Fränkische Schweiz so zu bieten hat.

Die prächtige Schlossanlage von Thurnau stammt aus dem 13. Jahrhundert.

ROUTE 22

Routenlänge: 254 km
Zeitbedarf: Mehr-Tagestour, auf Wochentour ausdehnbar
Charakteristik: Rasante Serpentinen mit allen Arten von Kurvenkombinationen
Start und Ziel: Thurnau
Routenverlauf: Thurnau, Hollfeld, Plankenfels, Waischenfeld, Tüchersfeld, Pottenstein, Betzenstein, Hiltpoltstein, Gräfenberg, Dobenreuth, Egloffstein, Obertrubach, Gößweinstein, Streitberg, Heckenhof, Aufseß, Heiligenstadt, Tiefenellern, Litzendorf, Memmelsdorf, (Abstecher nach Bamberg), Scheßlitz, Freienfels, Stadelhofen, Wallersberg, Weismain, Kasendorf, Thurnau

Informationen:
www.fraenkische-schweiz.com
www.frankentourismus.de

Hier geht's zum GPS-Track

01 Thurnau

Ein romantischer Marktflecken mit langer Vergangenheit, das ist Thurnau. Von über 1000 Jahren bewegter Geschichte erzählt das alte, malerisch gelegene Schloss. Die spätgotische Kirche St. Laurentius und die Bürgerhäuser um den historischen Marktplatz verleihen dem Ort seinen ganz eigenen Charme. Die vielen Töpfereien und das Töpfermuseum zeigen: Thurnau und Töpferhandwerk sind seit Langem eng miteinander verbunden. Um die 300-jährige Limmersdorfer Tanzlinde versammeln sich zu Festen gerne die Tanzwilligen. Seit dem Jahr 2000 findet alljährlich hier am vorletzten April-Wochenende die große Motorrad-Sternfahrt des Landkreises Kulmbach statt. Startpunkt ist der Parkplatz der Brauerei Kulmbach. Zum Programm gehören auch Ausstellungen, Testfahrten und Live-Musik.

Aus Thurnau raus geht es in südöstlicher Richtung. Bereits auf dem Weg gen Hollfeld liegt noch vor Wonsees der Felsengarten Sanspareil mit hübschem Schlosscafé. An den Wacholderhängen bei Wonses geht es beschaulich auf kleinen Landstraßen von hierab hinein ins paradiesische Wiesenttal, eines der schönsten Täler der Fränkischen Schweiz. Bis hin nach Ebermannstadt zieht sich die malerische Wiesent, deren Lauf zunächst auch diese Route folgt. Vorbei an verträumten Dörfern geht es gar kurvenreich immer entlang des idyllischen Flusslaufs, zunächst bis hinein ins hübsche Hollfeld.

02 Hollfeld

Das Jurastädtchen Hollfeld ist seit vielen Jahren Heimat des »Theatersommers Fränkische Schweiz – Landesbühne Oberfranken«. Verschiedene Ensembles zeigen ihre Inszenierungen an imposanten Spielstätten wie den malerischen Burgen und Schlössern in der Nördlichen Fränkischen Schweiz. Entstanden ist der Ort aus einer frühmittelalterlichen Burganlage und wurde im Jahre 1017 zum ersten Mal urkundlich erwähnt. Die historische Altstadt ist fast vollständig erhalten und bietet sehenswerte Details wie die Fischmühle aus dem Jahr 1715, die Museumsscheune oder das Kunstmuseum. Wahrzeichen der Stadt ist der Wehrturm der Kirche St. Gangolf, die am höchsten Punkt der Stadt erbaut wurde. Gleich nebenan liegen die Terrassengärten, in denen heimische Orchideenarten und viele

Geschmückter Brunnen anlässlich des Osterfestes im fränkischen Pottenstein.

andere typische fränkische Pflanzen beheimatet sind. Vorbei an verträumten Dörfern zieht sich die kurvige Landstraße durch diese abgeschiedene Gegend, bis sich die Silhouette von Schloss Plankenfels in der Ferne abzeichnet.

03 Plankenfels

Die Gemeinde liegt an den drei Flüssen Wiesent, Lochau und Truppach. Sie wird von dem markanten Dolomitfelsen »Plankenstein« überragt, dem der Ort seinen Namen verdankt. Entlang der drei Täler locken zahlreiche Wander- und Radwege, aber auch die nahe gelegene Therme in Obernsees. In Plankenfels und Umgebung gibt es zahlreiche Gasthäuser und kleine Brauereien (wie z. B. die im Nachbarort Nankendorf), die nicht nur für gutes Bier, sondern auch für leckere Brotzeiten bekannt sind. Geschwungen wie das Flüsschen Wiesent zieht sich die Straße weiter in südlicher Richtung in das nächste sehenswerte Städtchen hinein.

04 Waischenfeld

Der Luftkurort Waischenfeld, eingebettet im Tal der Wiesent, bezaubert mit malerischen Fachwerkhäusern. Bekannt ist das Örtchen im Herzen der Fränkischen Schweiz auch als Zentrum des Fliegenfischens mit eigenem Fischwasser. In einer ortsansässigen Fliegenfischerschule können auch Besucher eine Erlaubnis zum Fischen einholen. Der weithin sichtbare »Steinerne Beutel« – ein wuchtiger Rundturm des ehemaligen Rüssenbacher Burgguts – ist das Wahrzeichen des Ortes. Früher wie heute kann der Turm nur mithilfe einer Leiter erklommen werden. Er überragt die fast 900-jährige Burganlage, die mittlerweile renoviert wurde und heute unter anderem eine Burgschenke mit Biergarten beherbergt. Mitten in der Stadt befindet sich ein besonderes Kleinod: die Stadtmühle mit einem der größten unterschlächtigen Wasserräder der Fränkischen Schweiz. Die Sophienhöhle als eine der schönsten Tropfsteinhöhlen liegt nur etwa drei Kilometer entfernt.

05 Tüchersfeld

Der kleine Ort Tüchersfeld im Püttlachtal wird von imposanten und bizarr anmutenden Felsnadeln überragt. Es wirkt beinah so, als würden die Felsen aus den Dächern der hübschen Fachwerkhäuser herauswachsen. Hier befindet sich auch der »Judenhof«, in dem heute das Fränkische Schweiz-Museum untergebracht ist – ein regionales Landschaftsmuseum, das auf ca. 800 Quadratmetern Ausstellungsfläche, verteilt auf 43 Räumen, einen umfassenden Überblick über die Fränkische Schweiz vermittelt.
Aus dem Ort hinaus kurvt die B470 in engen Bögen entlang dem Flüsschen Püttlach einem weiteren malerischen Städtchen mit bizarrer Felskulisse entgegen.

06 Pottenstein

Der Luftkurort Pottenstein ist ein romantisches Städtchen – eingebettet zwischen hoch aufragenden Felsen. Dominant ist das Wahrzeichen des Ortes: die über 1000-jährige Burg Pottenstein. Sie beherbergt ein Museum mit vor- und frühgeschichtlichen Objekten, volkskundlichen Sammlungen sowie Autografen. Alte fränkische Traditionen haben bis heute in Pottenstein Bestand. So wird alljährlich zu Ostern der Brunnen in der historischen Altstadt nach altem Brauch mit Girlanden und handbemalten ausgeblasenen Eiern geschmückt. Auch die Kirchweih, eine jahrhundertealte Tradition in Franken, wird immer am

3. bzw. 4. Sonntag im August gefeiert. Wer hier durchfährt, sollte unbedingt auch einen Abstecher zur Teufelshöhle einplanen. Im Rahmen einer 45-minütigen Führung kann man die 1,5 Kilometer lange, beeindruckende Höhle einmal komplett durchwandern. Zurück an der Oberfläche, offenbaren markante Aussichtspunkte rund um Pottenstein herrliche Fernsichten z. B. an der Hohen Leite bei Haßlach, der Hohenmirsberger Platte, der Burgruine Leienfels oder der Pottensteiner Himmelsleiter. Kein Wunder also, dass die gesamte Region wegen ihrer außergewöhnlichen Felsen als eines der größten Klettergebiete Europas gilt. Freizeiteinrichtungen wie das Felsenbad Pottenstein, eines der ersten Naturbäder Deutschlands, oder der

Eines der beliebtesten Fotomotive der Fränkischen Schweiz: das eingezwängte Fränkische Schweiz-Museum in Tüchersfeld.

Von der Burgruine Leienfels hat man eine fantastische Fernsicht.

Fossilklopfplatz an der Hohenmirsberger Platte, machen Erdgeschichte hautnah spürbar. Durch den üppigen Waidacher Forst führt die Route weiter gen Süden bis ins idyllische Betzenstein.

07 Betzenstein

Die kleine Stadt liegt etwas abseits des großen Touristenrummels, beschaulich eingebettet in die Betzensteiner Kuppenalp, flankiert von der typischen Felslandschaft der Fränkischen Schweiz auf der einen und dem ruhigen Veldensteiner Forst auf der anderen Seite. Sie gilt mit ihren nur 850 Einwohnern als eine der kleinsten Städte Bayerns. Die schöne Altstadt lädt zu einem Rundgang durch die schmalen Gassen ein. Im historischen Maasenhaus kann man Interessantes zur Stadt- und Landschaftsgeschichte erfahren. Direkt vom Marktplatz aus führt ein mit roten Punkten markierter Rundweg zur imposanten Klauskirchenhöhle, dem Kraftort Hexentor sowie dem Felsmassiv Großer Wasserstein.
Die Route schlängelt sich von hier ein kurzes Stück weiter gen Süden – dann folgt man der B2 in westlicher Richtung gen Hiltpoltstein.

08 Hiltpoltstein

Hiltpoltstein liegt mitten im Veldensteiner Forst und ist aufgrund seiner auf einem Felsmassiv thronenden Burg, die sich zentral in der historischen Altstadt erhebt, schon von Weitem zu erkennen. Der Ort wirkt damit wie aus einer Rittersage entsprungen. Aufsehen erregend eng ist auch die evangelische Matthäuskirche zwischen Dolomitfelsen und Burg eingezwängt. Interessante Entdeckungen lassen sich vom Ort aus auf dem sieben Kilometer langen Naturlehrpfad machen. Erhebungen bis über 600 Meter finden sich hier ebenfalls: eine Herausforderung für Wanderer und Kletterer, die, oben angekommen, mit herrlichen Ausblicken über die Landschaft belohnt werden. Auch mit dem Motorrad sind diese grandiosen Aussichtspunkte gut zu erreichen.

09 Gräfenberg

Hier ist der südlichste Punkt der Tour erreicht. Der Ort liegt ganz am Rande der Fränkischen Schweiz, innerhalb des Städtedreiecks Bamberg – Bayreuth – Nürnberg. Gräfenberg ist bekannt für seine liebliche Altstadt mit den trutzigen, mittelalterlichen Stadttoren, dem historischen Rathaus mit Nürnberger Erker, dem hübschen Ritter-Wirnt-Brunnen, dem Turmuhrenmuseum und der sehenswerten Pfarrkirche aus dem 13. Jahrhundert. Im Ort laden vier Brauereien und zahlreiche Gasthäuser zum Verweilen ein. Anschließend schwingt es sich auf der schmalen St2236 im Zickzackkurs durch einsame Wälder und vorbei an verschlafen wirkenden, kleinen Dörfern in Richtung Dobenreuth. Bei Kunruth verläuft die Route dann weiter auf der St2242 ostwärts gen Egloffstein.

10 Egloffstein

Inmitten der Auenlandschaft des lieblichen, von lichten Weiden und Birken gesäumten Trubachtales steigt der Ort Egloffstein an den felsigen Hängen hinauf. Die Häuser kleben wie Schwalbennester am Hang, gekrönt von der tausendjährigen Burg der Freiherrn von Egloffstein. Aus vielen Brunnen und Quellen sprudelt kristallklares Bergwasser hervor. Der erste nachweisbare Vertreter des Egloffsteiner Adelsgeschlechts ist 1180 urkundlich erwähnt, die Burg tritt 1358 erstmals urkundlich in Erscheinung. Bis heute befindet sie sich durchgehend im Besitz des Adelsgeschlechts. Der Ort kann sich zur Osterzeit seines traditionell geschmückten Osterbrunnens rühmen, der als der größte der Welt gilt. Auch ein Ausflug zum Wildgehege Hundshaupten bietet sich von hier an (s. Ausflugstipps).

11 Obertrubach

Außergewöhnliche Felsenlandschaften, atemberaubende Natur, alte Mühlen und stolze Burgruinen säumen die Wege im Trubachtal – hier befindet man sich in einer der schönsten Tallandschaften der Fränkischen Schweiz. Das Kletter-Infozentrum Obertrubach informiert über alles Wissenswerte zum Thema Klettern im gesamten Frankenjura.

AUSFLUGSZIELE

Fränkische Schweiz-Museum
Das Museum bei Pottenstein-Tüchersfeld informiert umfassend über die Region.
www.fsmt.de

Safari im Wildpark
Gerade für Kinder ist eine »Safari« zum Wildgehege Hundshaupten eine aufregende Sache. In dem riesigen Freigelände kann man Tiere in ihrer nahezu natürlichen Umgebung beobachten: Rot- und Damwild, stolze Hirsche und niedliche Rehkitze. Nicht zu vergessen das zottelige Wisent, das europäische Ur-Rind.

Dampfbahn Fränkische Schweiz
Die Dampfbahn Fränkische Schweiz ist Frankens erste Museumsbahn und fährt regelmäßig an Sonn- und Feiertagen von Mai bis Oktober auf der Strecke von Ebermannstadt bis Behringersmühle. Gehalten wird in Gasseldorf, Streitberg, Muggendorf, Burggaillenreuth und Gößweinstein.
Dampfbahn Fränkische Schweiz,
91316 Ebermannstadt,
Tel. 09194/725175,
www.dampfbahn.net

Von hier geht es über die St2191 weiter gen Norden – die schöne Natur immer im Blick.

12 Markt Gößweinstein

Der Ort im oberfränkischen Landkreis Forchheim liegt wohl in einer der reizvollsten Landschaften Deutschlands, die bereits König Ludwig I. und Prinzregent Luitpold zum Schwärmen gebracht hat. Schroffe Dolomitfelsen ragen in den Himmel empor und die romantischen Täler nahe des Zusammenflusses von Wiesent, Ailsbach und Püttlach bei Behringersmühle laden zu Spaziergängen ein. Im Herbst verzaubern die Mischwälder mit einer wahren Symphonie an Farben. Bei einer Fahrt mit der historischen Dampfeisenbahn lässt sich die herrliche Landschaft auch mal aus anderer Perspektive genießen (s. Ausflugstipps).
Markt Gößweinstein selbst kann sich einer Reihe imposanter Bauwerken rühmen: Die Basilika wurde vom berühmten Baumeister Balthasar Neumann als opulenter Barockbau errichtet und dient seitdem bis heute Zehntausenden von Pilgern als Sehnsuchtsort für ihre Gebete. Im Wallfahrtsmuseum erfährt man mehr über die Geschichte rund um das Heiligtum. Eine Augenweide ist die Burg Gößweinstein mit all ihren Zinnen und dem Bergfried, der erhaben über der Stadt thront. Von hier und vom Höhenschwimmbad Gößweinstein auf exponierter Lage hat man einen sensationellen Ausblick auf die malerische Umgebung. Die B470 führt anschließend in vielen Biegungen und Bögen romantisch durch das Wiesenttal weiter in nordwestlicher Richtung. Schon bald erwarten den Kradfahrer erneut hoch aufragende Burg- und Felsmassive.

13 Streitberg

Die Orte Muggendorf und Streitberg sind die ältesten Luftkurorte in dieser Region, seit 1972 gehören sie mit weiteren Orten zur neugegründeten Gemeinde Markt Wiesenttal. Auch hier bei Streitberg, im Tal der Wiesent, ist das typische Landschaftsbild der Fränkischen Schweiz vorherrschend. Die wohl bekannteste Sehenswürdigkeit ist die Burgruine Neideck, die als eines der Wahrzeichen der Fränkischen Schweiz auf einem Felsrücken, dem sogenannten »Brett«, seit Jahrhunderten das Landschaftsbild bereichert. »Ich habe nicht eine größere und schönere Ruine gesehen« schreibt Wilhelm Heinrich Wackenroder 1793 in seinen »Herzensergießungen eines kunstliebenden Klosterbruders«. 70 Meter über der Wiesent finden sich auf dem Felsvorsprung der einstige Wohnturm sowie zahlreiche Mauerreste. Auch die Pfeiler der Zugbrücke kann man noch erkennen. Von der ebenfalls auf einem steilen Fels thronenden Ruine Streitburg sind heute noch ein Teil der Wallmauern und das Burgtor mit dem Brandenburg-Kulmbachischen Wappen erhalten, ebenso das Burgverlies und die alten Kellergewölbe, die wahrscheinlich als Gefängnis gedient haben.
Wer statt Burgen lieber Höhlen bevorzugt, findet in der nahe gelegenen Binghöhle eine gut geeignete Besichtigungsmöglichkeit. Bereits seit 1905 gibt die Höhle den Blick auf unzählige Tropfsteine frei. Etwa seit der Zeit um 1900 hat sich für ein 8400 Quadratmeter große Waldstück namens Esbach mit seiner eigentümlichen Anhäufung von Jurafelsen der Name »Druidenhain« eingebürgert. Die auffällige Anordnung der Steine und ihre zum Teil seltsamen Ausformungen lassen an Fabel- und Märchenwesen denken, die hier den Wald bewohnen. Weiter im Norden wartet im Ortsteil Heckenhof bei Aufseß ein traditionsreicher Motorradtreffpunkt auf die Kradfahrer.

14 Aufseß

Die Gemeinde mit der größten Brauereidichte weltweit liegt sowohl an der Burgenstraße als auch an der Fränkischen Bierstraße. Hier warten nicht nur zahlreiche traditionelle Brauerei-Gasthäuser und der dazu passende Brauerei-Wanderweg darauf, dem Bier in jeglicher Form zu huldigen. Der 14 Kilometer lange Weg führt an vier verschiedenen Brauereien vorbei, die das original

Blick auf Gößweinstein mit Burg und der barocken Wallfahrtskirche zur Heiligsten Dreifaltigkeit.

Hochaufragende Felsmassive sind das Markenzeichen der Fränkischen Schweiz.

Den Turm der Ruine von Neideck kann man besteigen. Von oben hat man eine spektakuläre Aussicht.

Sowohl außen wie innen prachtvoll – die Basilika von Gößweinstein.

fränkische Bier herstellen. Im kleinen Ortsteil von Aufseß, im beschaulich auf einer Bergkuppe gelegenen Heckenhof, lockt der wohl bekannteste Biker-Treffpunkt Nordbayerns, der kultige Motorradtreff »Kathi Bräu«. Kathi Meyer hieß die Bäuerin, die sich einst mit ihrem dunkel-würzig gebrauten Bier hier einen Namen machte – bis in die heutige Zeit hat sich diese Tradition fortgesetzt. Während der Tour lässt sich natürlich nicht das Bier verkosten, aber zünftig deftige Mahlzeiten und Vesperplatten in Fränkischer Tradition trösten mehr als genug darüber hinweg. Von Heckenhof aus erreicht man das Pfarrdorf Hochstahl und den schmucken Ort Zochenreuth. Die Orte Ober- und Unteraufseß gruppieren sich malerisch um ihre weit über 800 Jahre alten Schlösser, die noch heute Wohnsitz der Freiherrn von Aufseß sind. Am anmutigen Oberlauf der Aufseß, umgeben von bizarren Felswänden, liegen Neuhaus und Sachsendorf. Einen alten Bergfriedhof aus dem 15. Jahrhundert kann man hoch über Neuhaus an der Stätte der längst vergangenen Meranierburg entdecken. Wieder auf dem Krad richten sich die Räder gen Westen.

15 Heiligenstadt

Die Dörfer der Gemeinde entstanden vor etwa 1000 Jahren als feste Ansiedlungen. Heiligenstadt selbst gilt als Urpfarrei, existierte damit bereits vor Gründung des Bistums Bamberg (1007 n. Chr.). 1690 erwarb der Bamberger Fürstbischof Marquart Schenk v. Stauffenberg die Rittergüter Greifenstein und Burggrub samt Patronat über Heiligenstadt. Die weltlichen Erben, seit 1874 Grafen Schenk v. Stauffenberg, bewohnen noch heute die Burg Greifenstein und das Schlossgut Burggrub.

Das majestätische Schloss Greifenstein präsentiert heute eine umfangreiche Waffensammlung in barocken Räumlichkeiten, die prachtvoll mit dekorativen Stuckdecken und Fußböden voll wertvoller Intarsien ausgestattet sind. Kunstvoll geschnitzte Barock-Türrahmen und antikes Mobiliar prägen den Stil des Schlosses und vermitteln einen guten Eindruck der damaligen Epoche. Hervorzuheben ist auch der Springbrunnen im weitläufigen Innenhof – er wurde aus massiven Dolomitfelsen gefertigt. Von hier oben hat man eine überwältigende Aussicht weit hinaus über die Höhenzüge des Frankenlandes, bei gutem Wetter bis ins Fichtelgebirge.

Der historische Marktplatz in Heiligenstadt ist nicht nur hübsch anzuschauen, sondern auch Ausgangspunkt eines aufschlussreichen Lehrpfades: Von hier aus führt die Rundstrecke durch Felder, Wiesen und Wälder der malerischen Juralandschaft und wieder nach Heiligenstadt zurück. Berühmt ist die Stadt auch wegen des traditionellen Osterbrunnens sowie der gepflegten, historischen Gebäude. Sehenswert sind zudem die prächtige St.-Veit-Michaelskirche sowie die uralten Mühlen Heroldsmühle und Schulmühle gleich in der Nähe. Auf der Weiterfahrt in nordwestlicher Richtung gen Memmelsdorf locken weitere Sehenswürdigkeiten: Funde in der Jungfernhöhle bei Tiefenellern bezeugen eine Besiedelung schon seit der Jungsteinzeit. Litzendorf mit der Johann-Dientzenhofer-Kirche gilt als beliebter Veranstaltungsort für Konzerte mit klassischer Musik. Von Memmelsdorf bietet sich ein Abstecher ins nahe, sehenswerte Bamberg an (s. Ausflugstipps). Ab Memmelsdorf schwenkt dann die Route wieder in nordöstliche Richtung und führt in sanften Biegungen nach Scheßlitz.

16 Scheßlitz

Eingebettet in die anmutige Landschaft unterhalb der Giechburg und der Felsenkapelle Gügl liegt Scheßlitz, ein idealer Ausgangspunkt, um die Schönheiten der Region zu entdecken. Der Ort mit seinem reichen Fachwerk und barocken Gebäuden lädt zu Spaziergängen durch all die hübschen Gassen ein.Über die kurvenreiche B22 geht es zunächst nach Freienfels und von hier aus in einem Schwenk nach Norden über Stadelhofen weiter an den beweideten Wacholderhängen bei Wallersberg vorbei. Bei Kleinziegenfeld windet

AUSFLUGSZIELE

Bamberg

Bamberg am westlichen Rand der Fränkischen Schweiz ist ein Gesamtkunstwerk und stellt eines der größten unversehrt erhaltenen Altstadtensembles Europas dar. Die Stadt fasziniert mit einem überwältigenden Reichtum an original erhaltener Bausubstanz vom Mittelalter bis zum Barock. Dieses authentische Gesamtkunstwerk wirkt einerseits durch herausragende Sehenswürdigkeiten wie Kaiserdom, Alte Hofhaltung, Altes Rathaus und Neue Residenz, andererseits aber auch durch die einmalige Atmosphäre der verwinkelten Gassen, der verborgenen Ecken und überall präsenten Begegnungen mit den Flussläufen der Regnitz. Zum UNESCO-Weltkulturerbe gehören die bischöfliche Bergstadt, die bürgerliche Inselstadt und die einmalige Gärtnerstadt. Die bunte Welt kulinarischer Inspiration und die gemütliche Atmosphäre gewachsener Wirtshauskultur sind in Bamberg traditionell zu Hause. Im Sommer locken die Bierkeller auf den Hügeln der Stadt, im Herbst die ausgezeichneten Bockbiere und zu jeder Jahreszeit die gemütlich-urigen Brauereigaststätten.

www.bamberg.de

Im idyllischen Tal der Aufseß.

Einen Besuch im schönen Bamberg sollte man auf dieser Tour unbedingt mit einplanen. Im Bild: Altes Rathaus an der Regnitz.

Zentrum von Weismain – der schöne Marktplatz.

sich die Straße durch zahlreiche Felsentäler – hier am besten einen Aufstieg auf den aussichtsreichen Kordigast einplanen. Ansonsten folgt man der L2191 weiter gen Norden.

17 Weismain

Das mittelalterliche Weismain liegt reizvoll eingebettet am Rande des nördlichen Frankenjuras, umgeben von grotesk geformten Kalksteinfelsen. Die mächtige Stadtmauer mit Türmen und Toren, die spätgotische Stadtpfarrkirche St. Martin oder das stattliche Rathaus am historischen Marktplatz sind nur einige der Bauwerke, die zum besonderen Reiz des Ortes beitragen. An vielen Häusern finden sich Texttafeln, die Wissenswertes aus der Stadtgeschichte vermitteln. Entlang der Krassach geht es in südlicher Richtung hinaus aus Weismain und ab Neudorf entlang von Feldern und Wiesen und in sanften Bögen durch verträumte Dörfer bis nach Kasendorf.

18 Kasendorf

In jeder Hinsicht kann man Kasendorf als aussichtsreich bezeichnen: Vom 500 Jahre alten Magnusturm, den man über eine Wendeltreppe besteigen kann, schweift der Blick über den Ort ins Tal. Eine grandiose Aussicht lässt sich auch vom 554 Meter hohen Görauer Anger genießen, die bis hin zum Fichtelgebirge und zum Rauhen Kulm reicht. Ein Höhepunkt im Jahr ist das traditionelle Kellerfest am ersten Sonntag im August. Bei Blasmusik, Bier und Bratwürsten lässt es sich zünftig fränkisch schmausen. Nur ein paar Kilometer weiter in östlicher Richtung, und der Ausgangspunkt in Thurnau ist wieder erreicht. Für all diejenigen, die die Kurvenvielfalt der paradiesischen Fränkischen Schweiz noch um die landestypische Variante »Bier« bereichern wollen – jetzt lässt sich alles in Sachen köstlichem Fränkischen Bier und Brauereien samt uriger Gasthäuser auf geruhsamem Wege und ganz »kradfrei« nachholen.

AUSFLUGSZIELE

Museum NordJURA

Das 2004 eröffnete Museum NordJURA befindet sich in den historischen Räumen des Kastenhofs in Weismain, einem in den Jahren 1701 bis 1703 nach Plänen von Leonhard Dientzenhofer errichteten Gebäude. Schwerpunkte der Ausstellung sind die Entstehung der fränkischen Jura-Landschaft, der Dreißigjährige Krieg in Franken, die konfessionelle Zersplitterung sowie die wirtschaftlichen Erwerbszweige in dieser Region (Brauereien, Schäferei, Nutzung des Wassers für Mühlen, Fischerei und Textilhandwerk).

Museum NordJURA im Kastenhof
Am Markt 19,
96260 Weismain,
Tel. 09575/921329

Landgasthof Goldenes Lamm
Hauptstr. 9, 95515 Plankenfels,
Tel. 09204/257,
www.gasthof-goldenes-lamm.de

Gasthof Zur Einkehr Bärnfels-Schulberg 7, 91286 Obertrubach, www.gasthof-zur-einkehr-baernfels.de

Drossenfelder Bräuwerck Marktplatz 2a, 95512 Neudrossenfeld,
Tel. 09203/9736-515,
www.braeuwerck.de

Brauerei Grasser Braugaststätte Huppendorfer Bier, Huppendorf 25, 96167 Königsfeld, Tel. 09207/270,
www.huppendorfer-bier.de

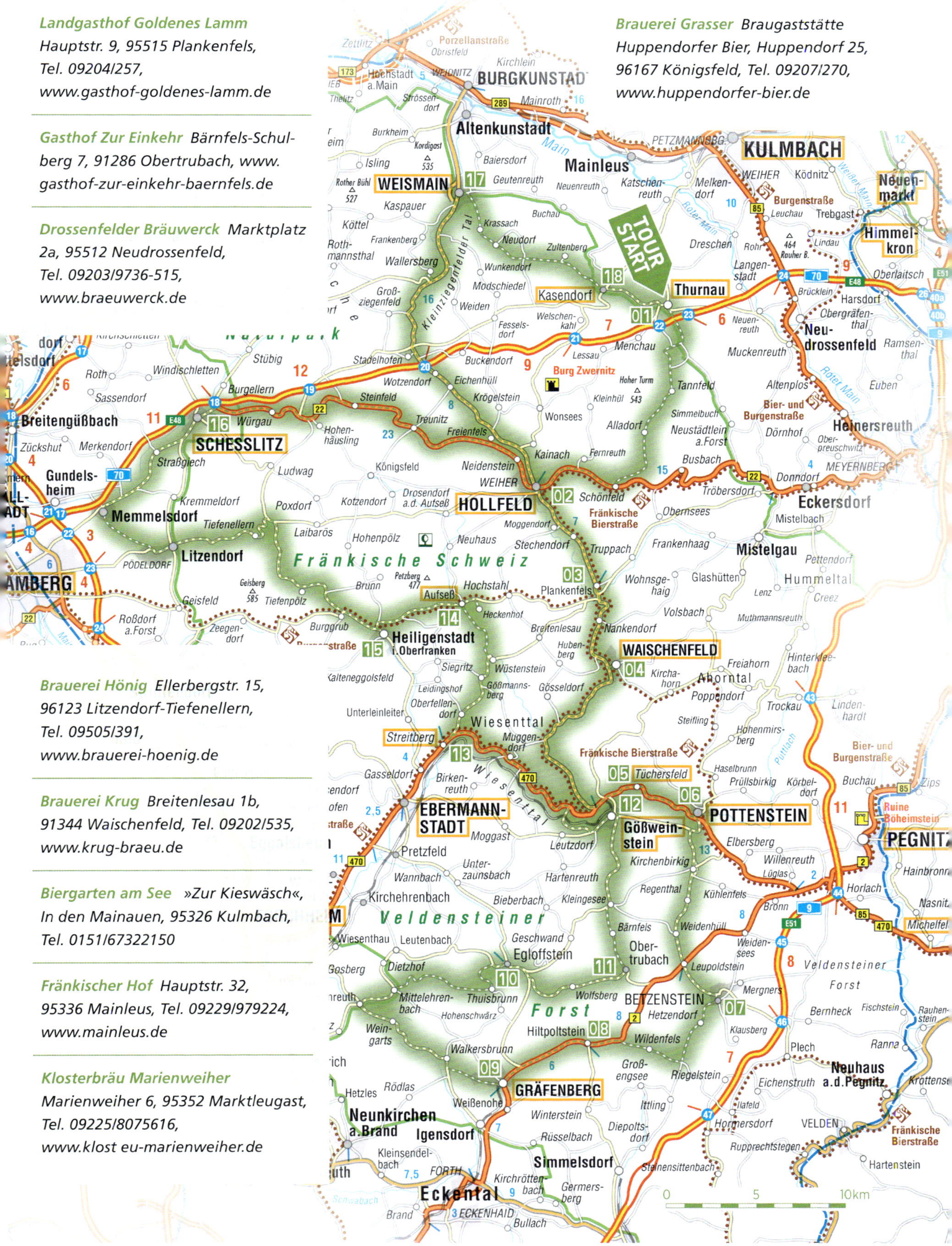

Brauerei Hönig Ellerbergstr. 15,
96123 Litzendorf-Tiefenellern,
Tel. 09505/391,
www.brauerei-hoenig.de

Brauerei Krug Breitenlesau 1b,
91344 Waischenfeld, Tel. 09202/535,
www.krug-braeu.de

Biergarten am See »Zur Kieswäsch«,
In den Mainauen, 95326 Kulmbach,
Tel. 0151/67322150

Fränkischer Hof Hauptstr. 32,
95336 Mainleus, Tel. 09229/979224,
www.mainleus.de

Klosterbräu Marienweiher
Marienweiher 6, 95352 Marktleugast,
Tel. 09225/8075616,
www.klost eu-marienweiher.de

Zwischen Inn & Salzach

Beschauliche Landschaften, verträumte Nebenstrecken, historische Städte – allesamt umarmt von den Flüssen Inn und Salzach. Die nahen Alpen sind malerisch in Sichtweite.

INN & SALZACH

Die Region ist nach ihren alles bestimmenden Flüssen Inn und Salzach benannt. Östlich von München und südlich des Chiemgaus grenzt das Motorrad-freundliche Gebiet ans Alpenvorland und mit der Salzach an Österreich. Die Flusstäler mit ihren urwüchsigen Auen und sanft gewellten Hügeln prägen die beschauliche und zumeist stille Landschaft. Dazwischen reihen sich wie Juwelen am Inn die Klöster Gars und Au sowie die historischen Städte Kraiburg und Neuötting samt traditionsreicher Handelsstadt Mühldorf in klassischer Inn-Salzach-Architektur aneinander. Kulturhungrige zieht es in die pittoresken Altstädte und zu einem ganzen Schwung an prächtigen Sakralbauten und märchenhaft anmutenden Schlössern. Schon früh war die vom Salzhandel geprägte Region auch für ihre Wallfahrten bekannt. Gleich vier weltberühmte Pilgerrouten führen durch ihre Mitte. Berühmtester Wallfahrtsort und das Ziel Tausender Pilger ist natürlich Altötting.

An der Salzach sind es das Zisterzienserkloster Raitenhaslach und die alte Herzogstadt Burghausen mit ihrer denkmalgeschützten Altstadt und der längsten Burg der Welt, die unbedingt angefahren werden sollten. Dazwischen untermalt die unberührte Natur mit glasklaren Seen und sehenswerten Schutzgebieten die naturbelassene Kulisse des östlichen Oberbayerns.
Ein nahezu überquellendes Füllhorn an verträumt gelegenen Nebenstrecken durch diese stille und beschauliche Landschaft wartet nur darauf, entdeckt und abgefahren zu werden. Kulinarisch macht die Region mit kleinen Handwerksbrauereien, urigen Gaststuben bis hin zu renommierten Sterneköchen von sich reden.

Panoramablick auf Burghausen an der Salzach mit Altstadt und Burganlage.

Der breite Strom des Inns umschlingt Wasserburg ganz eng.

ROUTE 23

Routenlänge: 231 km
Zeitbedarf:
Ein- bis Zwei-Tagestour – erweiterbar um das nahe gelegene Alpenvorland oder um den Chiemsee
Charakteristik:
Gemütlich, aber auch flott zu fahrendes Kurvengeschlängel
Start und Ziel: Au am Inn
Routenverlauf:
Au am Inn, Gars, Babensham, Wasserburg, Schnaitsee, Peterskirchen, Engelsberg, Garching, Halsbach, Abstecher nach Tittmoning, Burghausen, Haiming, Marktl, Perach, Neuötting, Altötting, Tüßling, Mühldorf, Töging, Erharting, Pleiskirchen, Neumarkt-Sankt Veit, Ampfing, Waldkraiburg, Kraiburg, Aschau, Au am Inn

Informationen:
www.inn-salzach.com

Hier geht's zum GPS-Track

01 Au am Inn

Bereits bei der Anfahrt gen Au am Inn lädt noch etwas oberhalb des Ortes, beim Weiler Biburg, der grandiose Panoramablick zum Stopp, will man das silbrig glänzende Band des Inns zunächst in Ruhe von hier oben betrachten. Steil fällt das Gelände ab, tief unten im Tal windet sich der Fluss idyllisch durch die wunderschöne Landschaft. Herrlich ist die Sicht bei schönem Wetter, wenn sich in der Ferne das mächtige Alpenpanorama abzeichnet. In weit ausladenden Kurven geht es in harmonischen Schwüngen ins Tal hinunter. Von hier schlängelt sich das Sträßchen dem Klosterort entgegen. Auch vom Stampflberg herab genießt der Betrachter einen herrlichen Blick über das Inntal bis zur Alpenkette. Hier residierten bis Anfang des 13. Jahrhunderts die Grafen von Megling auf ihrer Burg. Sie übten die Vogtei bis zur Säkularisation über die Augustinerchorherrenstifte Au und Gars aus. Seit Mitte des 19. Jahrhunderts ist Au Sitz eines Franziskanerinnenklosters sowie Sitz des Generalrats der Franziskanerinnen. Das Kloster und die Pfarrkirche gelten als kunsthistorische Baudenkmäler erster Güte, die sich zudem völlig harmonisch in die idyllische Landschaft einfügen. Nach einem Besuch des Biergartens im Klosterhof kann man die Fahrt wahrlich geruhsam von hier aus antreten. Nur einige wenige Kilometer weiter lockt der Marktflecken Gars mit seiner historischen Klosteranlage und einer der ältesten Barockkirchen Altbayerns.

02 Gars am Inn

In Jahrtausenden bahnte sich das Schmelzwasser aus den Gletschern der Alpen den kurvigen Weg quer durch Oberbayern. Das Resultat sind die herrlichen Flusstäler. Gars mit seinem Marktplatz auf der Terrasse hoch über dem Inn übt seit Jahrhunderten eine wichtige Versorgungsfunktion für das Umland aus. Im Jahr 1567 verlieh der Erzbischof von Salzburg dem Markt das bis heute geführte Wappen. Gars war bis zur Säkularisation im Jahr 1803 Sitz eines Augustinerchorherrenstiftes. Der Probst des Stiftes war zugleich Archidiakon – vergleichbar mit der Funktion eines Generalvikars – für das Archidiakonat Gars im Erzbistum Salzburg, das sich von Gars bis fast nach Eggenfelden und von Buchbach bis über Marktl hinaus erstreckte. Seit Mitte des 19. Jahrhun-

Magnolientraum in der Altstadt von Wasserburg – hier lässt man sich gerne nieder.

derts ist Gars Sitz eines Redemptoristenklosters, aus dem der im Jahre 1999 seliggesprochene Pater Kaspar Stanggassinger hervorging. Nachdem die früher bestehende Ordenshochschule abgezogen war, wurde hier ein Institut für Lehrerfortbildung eingerichtet. Das Kloster mit der frühbarocken Kirche lohnt ebenso den Besuch wie der romantische Marktplatz.

Die Umgebung des Ortes am Inn wird bestimmt von vielen kleinen Seen, die aus dem Wasserlauf des grünen Inns entstanden sind. Nur wenige hundert Meter aus Gars raus geht es das erste Mal über den Inn, dessen Beiname einst »Der Wilde« lautete. Beeindruckend sind tatsächlich die grauen, mächtig aufschäumenden Wassermassen und das viele Treibgut an den Ufern. Das deutet bereits darauf hin, dass man bei Hochwasser den Fluss und seine unbändige Kraft nicht unterschätzen sollte. Von hier aus windet sich das kleine Nebensträßchen durch idyllische Wiesen und Felder – immer der Innleite entlang – bis nach Babensham. Einsam und lauschig ist es auf dem Weg zur romantischen Innschleife und der von ihr wie innig umarmten Stadt Wasserburg.

03 Wasserburg

Etwa 55 Kilometer östlich der bayerischen Landeshauptstadt München gehört Wasserburg am Inn zum oberbayerischen Landkreis Rosenheim. Herausragend und einzigartig ist die Lage der Altstadt von Wasserburg – sie ist wie eine Halbinsel geformt, fast vollständig umschlossen vom Wasser des Inns und nur über eine schmale Landzunge und eine Brücke zu erreichen. Ihr gegenüber liegt die Innleite, ein bis zu 70 Meter hohes Steilufer, von dem aus man die gesamte mittelalterliche Altstadt überblicken kann. Reste einer Umfriedungsmauer deuten auf eine Bebauung bereits im 9. Jahrhundert hin, Funde aus der Bronzezeit belegen eine noch weit frühere Besiedlung. Urkundlich erwähnt wird der Ort erstmals zwischen 1085 und 1088 in einem Traditionsbuch des Klosters St. Emmeram in Regensburg. Der Wohlstand der Stadt basiert auch hier auf der Innschifffahrt und dem Salzhandel. Mehrere themenbezogene Museen geben Aufschluss über die jahrhundertealte Geschichte von Wasserburg. Der mittelalterliche Stadtkern ist in seiner Gesamtheit fast vollständig erhalten und damit besonders sehenswert. Hervorzuheben ist die Rote Brücke, auf der der Inn ein weiteres Mal überquert wird, mit dem imposanten Brucktor. Von hier aus hat man bereits einen ausgezeichneten Blick auf die pittoresken Altstadtfassaden mit ihren Erkern und der für diese Region so typischen Inn-Salzach-Bauweise. Überragt wird das einzigartige Ensemble vom prächtigen Schloss.

Am besten stellt man sein Bike gleich am zentralen Marktplatz ab. Von hier lassen sich all die historischen Gebäude drumherum bestens erreichen. Das Rathaus mit Doppelgiebeln stammt aus dem 15. Jahrhundert, wurde im 19. Jahrhundert allerdings umgebaut. Des Weiteren beeindrucken das Alte und Neue Mauthaus, die Frauenkirche – als Marktkirche im 14. Jahrhundert errichtet– sowie die Kirchen St. Michael und St. Jakob. Am Marienplatz lässt sich das Kernhaus, ein ehemaliges Patrizierhaus mit Rokoko-Fassade aus dem 18. Jahrhundert, bewundern. In der Bruckgasse ist im ehemaligen Spitalgebäude mit Kirche aus dem 14. Jahrhundert ein Museum eingerichtet. Noch heute gilt Wasserburg als Künstlerstadt. Typisch für die Innstadt sind ihre

saalartigen Plätze mit gewölbten Laubengängen sowie die mit Erkern geschmückten, bemalten Fassaden. Empfehlenswert: einmal per Schiff die Stadt umrunden. Auf der schmalsten Stelle der Landverbindung errichteten die Hallgrafen im 12. Jahrhundert die Burg und Burgkapelle auf einem Höhenrücken. Eine besonders schöne Aussicht mit Blick auf die Altstadt hat man von dem Aussichtsplatz an der Salzburger Straße. Etwas außerhalb gelegen finden sich weitere historische Bauwerke wie die Klosteranlage Attel und das romantische Schloss Weikertsham. Wieder zur Stadt hinaus

Innenansicht der prächtig ausgemalten, 800 Jahre alten Klosterkirche von Raitenhaslach. Die imposante Rokoko-Ausstattung wirkt noch lange nach.

Mächtig erhebt sich Burg Tittmoning über dem gleichnamigen Städtchen.

Kloster Raitenhaslach

Der imposante Klosterbau vor den Toren Burghausens wurde 1146 gegründet und ist das älteste Zisterzienserkloster Oberbayerns. Die Klosteranlage, auch als »Barockjuwel an der Salzachschleife« bezeichnet, bezaubert mit einer wunderbaren Kombination aus Architektur, Spiritualität und Natur. Ein wahres Kleinod ist die barocke Klosterkirche mit romanischem Kern, Rokoko-Ausstattung und Deckenfresken von Johann Zick. Im renovierten Prälatenstock ist das Science & Study Center Raitenhaslach der Technischen Universität München untergebracht. Wechselnde Kunstausstellungen in den Gärten, Klosterführungen und einer der schönsten Klostergasthöfe Bayerns samt Übernachtungsmöglichkeit runden das Angebot ab.

Kloster Raitenhaslach,
Raitenhaslach 9,
84489 Burghausen
Tel. 08677/9650,
www.klostergasthof.com

geht es durch das Brucktor, einem nächsten wunderbar gelegenen Aussichtspunkt entgegen.

04 Schnaitsee

Die Geschichte des auf 652 Metern höchstgelegenen Ortes des Chiemgaus reicht bis ins Jahr 950 zurück. Liebhaber alter Baukunst können die Mariä-Himmelfahrt Kirche von 1431, die spätgotische Kirche St. Anna sowie die schönen Deckengemälde und die Madonna in der Magdalena-Kapelle aus dem 15. Jahrhundert bestaunen. Einfach malerisch ist das Panorama der Alpenkette, das sich hier jenseits des Örtchens wunderbar am Horizont abzeichnet. Mit seinem ersten Windpark Bayerns hat Schnaitsee ein Zeichen für umweltbewusstes Denken gesetzt. Fast fällt es schwer, sich von der tollen Aussicht loszureißen, um sich weiter auf den Weg gen Osten zu machen.

Durch die Orte Peterskirchen und Engelsberg geht es vorbei an stillen Moorseen, Bachläufen, Teichen, idyllischen Streuwiesen und durch üppige Laubwälder. Danach von der schmalen Landstraße auf die B299 in nördliche Richtung abgebogen, trifft man bei Garching auf die Alz, einem der vielen Nebenflüsse des Inns. Nur wenig weiter und die Route führt wieder in südöstlicher Richtung über das Dorf Halsbach. Dieses ist weit über seine Grenzen hinaus bekannt für seine romantisch gelegene »Waldbühne«. Hier werden den Sommer über zahlreiche Aufführungen einer engagierten Laienspielgruppe dargeboten. Mitten im Wald liegt die Anlage mit ihren urigen Holzhütten, die zu einem kurzen Stopp mit Besichtigung einladen. Weiter geht's Richtung österreichische Grenze auf einen Abstecher nach Tittmoning.

05 Tittmoning

Bei Tittmoning bildet die Salzach die Grenze zwischen Deutschland und Österreich. Der Handel mit Salz blühte auch in dieser mittelalterlichen Stadt, wie der Name des Flusses schon vermuten lässt. Mit seiner historischen Altstadt, der imposanten Burganlage, Museen und Mittelalter-Festen macht Tittmoning als Kultur-Kleinod Geschichte facettenreich erlebbar. Beim Spaziergang durch die verwinkelten Gassen der Altstadt mit ihren Brunnen, Toren, Kirchen und einem der schönsten Marktplätze Bayerns entfaltet sich ihr besonderer Charme.

Auf einer geografisch günstigen Anhöhe, direkt am Ponlachgraben, thront über der Stadt die mittelalterliche Burg aus dem Jahr 1234. Ihre strategische Lage auf dem Geländesporn und einem tiefen Halsgraben erschwerte einst die Eroberung. Zusätzlich waren früher beide Burgtore nur über Zugbrücken passierbar. Als Wahrzeichen der Stadt dient sie heutzutage auch als stilvolle Kulisse und Schauplatz für Konzerte, Ausstellungen, Theateraufführungen, Kunsthandwerkermärkte und Mittelalterspektakel mit Ritterkämpfen. Altes Handwerk wird seit 2004 im angegliederten Gerbereimuseum gezeigt. Das Museum Rupertiwinkel beherbergt in 23 Schauräumen bedeutende Sammlungen der Volkskunst und Bayerns größte Sammlung an Schützenscheiben. Die besondere Magie des Wassers entfaltet sich auf romantischen Wegen im Ponlachgraben mit heilkräftiger Quelle und Wallfahrtskirche. An der Salzach laden auch Plättenfahrten, Lehrpfade und Auenwälder zum Entspannen ein. Von der Festung aus geht es jetzt wieder in nordöstlicher Richtung zur nächsten Burg, die mit einer Reihe an Superlativen aufwarten kann – dabei führt die Route beschwingt über die B20, immer an der deutsch-österreichischen Grenze und an der Salzach entlang.

06 Burghausen

Burghausen zählt zu einer der wohl reizvollsten städtebaulichen Anlagen Mitteleuropas. In der mit über einem Kilometer Ausdehnung längsten Burg der Welt lebten vor über 500 Jahren die Wittelsbacher Herzöge. Die spektakuläre Wehranlage wacht hoch über Burghausen, ein Großteil der aus Travertin bestehenden Anlage entstand in der Zeit zwischen 1480 und 1503. Danach widerfuhren ihr eine Reihe von Änderungen und Nutzungs- sowie Besitzerwechsel. Heute ist die Burg mit einer Länge von 1051 Metern die weltlängste Burg und Heimat so manchen Burghausers – etwa 200 Menschen wohnen hier dauerhaft. Drei

Museen und eine Galerie befinden sich auf der Burganlage. Die Festung ist Namensgeber und herausragendes Wahrzeichen der wunderschönen Stadt – eine »Art Stadtkrone und beherrschende Trutzfeste zugleich«, wie ihre Einwohner stolz die Festung beschreiben. Einen Spaziergang durch die sechs Burghöfe, die sich wie eine Perlenkette aneinanderreihen, sollte man daher unbedingt bei einem Besuch einplanen. Von der Burg aus fällt immer wieder der Blick hinunter auf die mittelalterliche Altstadt, die komplett unter Denkmalschutz steht.

Mit ihren pastellfarbigen Häusern, dem Rathaus, dem ehemaligen Regierungsgebäude und dem Tauffkirchen-Palais wirkt Burghausen wie aus dem Mittelalter entsprungen. Die Bürgerhäuser im typischen Inn-Salzach-Stil werden geziert von in die Dachhöhe gezogenen Giebelmauern und reichem Fassadenschmuck. Neben der Stadtpfarrkirche St. Jakob auf dem Stadtplatz findet man in unmittelbarer Nähe auch die Studienkirche St. Josef mit dem ehemaligen Jesuitenkolleg, dem heutigen Kurfürst-Maximilian-Gymnasium, in dem schon Ludwig Thoma die Schulbank drückte. Interessant ist hier auch die »Street of Fame«: Die im Pflaster eingelassenen Tafeln erinnern an die Jazz-Größen, die hier beim jährlichen, international bekannten Jazzfestival schon aufgetreten sind. Im Süden mündet der Stadtplatz in den »Grüben«, die ehemalige Handwerkermeile und heutige Künstlergasse und Fußgängerzone mit zahlreichen kleinen Läden und Straßencafés. Hier lässt man auch sein Motorrad gerne stehen, denn die Burg darf bis heute ausschließlich zu Fuß und nur unmotorisiert betreten werden.

Nur wenige Kilometer von Burghausen entfernt trifft man auf das Zisterzienserkloster Raitenhaslach mit seiner berühmten Klosterkirche sowie auf die Wallfahrtskirche Marienberg, eine der schönsten Rokokokirchen Bayerns (s. Ausflugsziele). Ein kleiner Abstecher über die Brücke – und schon hat man bei der Überquerung der Salzach die österreichische Stadt Braunau erreicht, der Geburtsort Adolf Hitlers. Eine öffentliche Beschäftigung mit der NS-Vergangenheit Braunaus begann zögerlich Ende der 1980er-Jahre, als im April 1989 – zwei Wochen vor dem 100. Geburtstag Hitlers – auf Veranlassung Bürgermeister Gerhard Skibas vor dessen Geburtshaus ein Mahnstein gegen Krieg und Faschismus errichtet wurde. Der Stein stammt aus dem Steinbruch des ehemaligen Konzentrationslagers Mauthausen. Seit dieser Initiative wurden mehrere Projekte ins Leben gerufen, die sich mit der NS-Vergangenheit auseinandersetzen und der Mahnung und dem Gedenken dienen.

Einmal kurz über die tolle Serpentine den Berg erklommen, lässt sich von der Aussichtskanzel der fantastische Blick auf Burghausen genießen.

07 Haiming

Zwischen Burghausen, Marktl und Simbach am Inn liegt die kleine Gemeinde Haiming. Hier beginnt das Naturreservat »Unterer Inn«. Vom Ausgangspunkt in Haiming führt ein drei Kilometer langer Wanderweg an den Innspitz, den Zusammenfluss von Inn und Salzach. Da hier häufig und gerne Biber hausen, muss man mit querliegenden Bäumen auf dem Weg rechnen. Vom Aussichtspunkt aus, einer etwa 100 Quadratmeter großen Freifläche direkt am Innspitz, hat man einen atemberaubenden Blick auf die Landschaft. Hier am östlichsten Punkt der Route angelangt, lässt sich im Natur- und Vogelschutzgebiet die herrlich ursprüngliche Auenlandschaft mitsamt ihrer vielfältigen Flora und Fauna auf speziell dafür angelegten Wanderwegen entdecken. Nicht weit entfernt liegt der nächste Ort, das dörflich anmutende Marktl. Hier geht es erneut über den malerisch verlaufenden Inn.

08 Marktl am Inn

Die kleine Marktgemeinde in Oberbayern liegt idyllisch zwischen Inn und Alz. Die Geschichte des Ortes reicht zurück bis in die Bronze- und Keltenzeit. Viele Funde aus diesen Epochen sind im Heimatmuseum ausgestellt. 2005 wurde in Marktl eine neue Zeitrechnung eingeläutet: Joseph Kardinal Ratzinger, der berühmteste Sohn und Ehrenbürger der Gemeinde, wurde zum ersten deutschen Papst, Benedikt XVI., gewählt. Seit dieser Zeit ist Marktl am Inn weltbekannt. Am Marktplatz ragt als sichtbares Zeichen der christlichen Frohbotschaft die 4,2 Meter hohe bronzene Benediktsäule gen Himmel.

Der Ortsteil Marktlberg, oberhalb des Inns, bietet einen herrlichen Fernblick über die Flusstäler von Inn und Alz. An klaren Tagen kann der Betrachter von hier bis zum Dachsteingebiet sehen. Der Inn spielte für die Marktgemeinde schon immer eine wichtige Rolle: So wurden auf dem Fluss Waren wie Salz oder Holz transportiert. Am steilen Innufer in Bergham zeugt das Kirchlein St. Nikolaus mit seinen romanischen Grundfesten, das dem Patron der Flussschifffahrt geweiht ist, von der immensen Bedeutung dieser Epoche. An Marktl grenzen gleich zwei bedeutende Naturschutzgebiete: die Innleite mit der »Dachlwand« und das Gebiet »Untere Alz«. Die Strecke führt hier am Inn weiter entlang in westlicher Richtung und passiert auf dem Weg nach Neuötting und Altötting das kleine Perach. Erneut wechselt die Route hierfür die Innseite, ein kurzes Stück geht es südwärts weiter.

09 Neuötting

In dem Ort mit seinen schönen Fassaden und italienisch anmutenden Arkaden-Innenhöfen kann man in den Sommermonaten Konzerte unter freiem Himmel genießen. Der historische Stadtplatz mit seinen prächtigen Bürgerhäusern, auf dem regelmäßig auch eine Reihe von verschiedenen Märkten stattfindet ist ein Musterbeispiel für den typischen Inn-Salzach-Stil. 1231 erstmals urkundlich erwähnt, ist Neuötting ein blühendes Städtchen mit schöner Stadtbefestigung. Es liegt am Schnittpunkt zweier wichtiger

Viele pastell-bunte Fassaden schmücken die Altstadt von Burghausen.

Blick auf Burghausen, oben rechts die monumentale Burganlage.

Handelswege, dem Inn und der Straße zwischen Regensburg, Landshut und Salzburg. Interessantes zur Stadtgeschichte findet man unter anderem auch im Stadtmuseum. Nur kurz zum Ort rausgerollt, liegt Altötting für die nächste Besichtigung nahezu in Sichtweite.

10 Altötting

Seit über 1250 Jahren ist Altötting geistliches Zentrum Bayerns, seit über 500 Jahren bedeutendster Marienwallfahrtsort im deutschsprachigen Raum und gehört zu den »Shrines of Europe«, den sechs bedeutendsten Marienwallfahrsorten Europas. Ziel der Pilger aus aller Welt ist die »Schwarze Madonna« in der berühmten Gnadenkapelle am Kapellplatz. Mehr als eine Million Pilger besuchen jährlich die Muttergottes in dem vermutlich bereits um 700 errichteten Oktogon der Gnadenkapelle. Im Inneren des Kirchenbaus sind zudem die kunstvoll verzierten silbernen Urnen mit den Herzen der bayerischen Herzöge, Könige und Kurfürsten aufgestellt. Zu den Besuchermagneten gehören auch die rund 2000 Votiv- und 50 Mirakeltafeln. Ebenso eindrucksvoll ist das historische Monumentalrundgemälde und UNESCO-Denkmal, das Jerusalem-Panorama, das die Kreuzigung Christi thematisiert. In der Schatzkammer entdeckt man unter anderem den Brautkranz von Kaiserin Sisi und das Goldene Rössl aus dem Jahr 1404, ein Marienaltärchen, das als einer der kostbarsten Kunstschätze Europas gilt. Ein zweites wichtiges Pilgerziel ist die Kapuzinerkirche St. Konrad mit dem Reliquienschrein des vor 75 Jahren heilig gesprochenen Pförtnerbruders Konrad von Parzham. Die Stiftspfarrkirche mit ihren charakteristischen Doppeltürmen prägt schon von Weitem das Stadtbild. St. Magdalena als barockes Pendant zur gotischen Stiftskirche verkörpert die monastische Tradition Altöttings. Jesuiten, Redemptoristen und Kapuziner wirkten hier. Die päpstliche Basilika St. Anna ist der größte Kirchenbau Altöttings und bietet an Hochfesten und Wallfahrtshöhepunkten Raum für die vielen Gläubigen. Neben all den eindrucksvollen Kirchen rund um den Kapellplatz ist hier auch das Wallfahrtsmuseum zu finden, in dem man sich über die Geschichte der Wallfahrt in Altötting anschaulich informieren kann. Weiter westwärts geht's raus aus der Pilgerstadt und durch saftig grüne Wiesen und entlang fruchtbarer Äcker im kleinen Bogen nach Tüßling.

11 Tüßling

Am Marktplatz von Tüßling zwischen Rathaus und Kirche ist das Schloss nur wenige Schritte entfernt. Einst war es von einem Wassergraben umschlossen. Das Schloss Tüßling blickt auf eine lange und abwechslungsreiche Vergangenheit zurück. Von 1581 bis 1583 im Auftrag von Johann Veith Graf von Törring erbaut, hat sich das prächtige, vierflügelige Renaissanceschloss seinen Charakter, trotz Brandschäden im Jahr 1712 und barocker Einbauten, weitgehend unverändert bewahrt. In den Sommermonaten wird hier ein abwechslungsreiches Veranstaltungsprogramm mit malerischer Kulisse geboten.

Auf dem Weg weiter westlich nähert sich die Route gen Mühldorf auch wieder dem Inn, der auf der Brückenstraße überquert wird, um in die malerische Altstadt von Mühldorf am Inn zu gelangen.

12 Mühldorf am Inn

Ebenfalls im typischen Inn-Salzach-Stil und mit sehenswerten historischen Arkaden erbaut, gehört der Ort zu den ältesten Städten Bayerns. Mühldorfs Stadtkern spiegelt beeindruckend seine über 1000-jährige Geschichte wider. Erstmals urkundlich erwähnt wurde der Ort im Jahre 935. Über Jahrhunderte hinaus blieb Mühldorf unter Salzburger Oberhoheit und wurde erst 1802 bayerisch. Für die Salzburger Landesherren war die Stadt mit ihrem Flussübergang von erheblicher Bedeutung: Der Inn als Handelsweg begründete vor Jahrhunderten den Wohlstand der Stadt. Das Pflegschloss, die Traidtkästen, das Rathaus am bogenförmigen Stadtplatz, aber auch die Hexenkammer aus dem Jahr 1750 und das Lodronhaus mit seinem Museum zeugen von der bewegten Vergan-

Im Naturschutzgebiet Innspitz fließen Inn und Salzach zusammen.

Marktl am Inn – Bayernidylle pur.

Kapellplatz in Altötting, im Hintergrund das Kapuzinerkloster und die Stiftskirche.

AUSFLUGSZIELE

Waldseilgarten Oberreith

Wunderschön gelegen: in einem Waldstück auf dem Gelände des Wildparks Oberreith befindet sich ein Waldseilgarten. Mit elf Parcours, die sich in Höhe und Anforderung an Kraft, Ausdauer, Geschicklichkeit und Selbstüberwindung unterscheiden, ist für jeden etwas dabei. Der von Parcours zu Parcours steigende Schwierigkeitsgrad erlaubt es jedem Gast, seine individuelle Grenze zu finden. Nach dem Kletterspaß lädt die große Aussichtsterrasse an der Hütte zum Entspannen und Genießen ein. Von hier aus hat man einen tollen Blick über den Waldseilgarten.

Wildfreizeitpark und Waldseilgarten Oberreith, Oberreith 6a, 83567 Unterreit, Tel. 08073684, www.wildpark-oberreith.de

genheit. Das Münchner Tor, früher »Nagelschmiedturm« genannt, ist der älteste Bau der Stadt – er wurde 1218 errichtet. Die Katharinenkirche stammt aus der zweiten Hälfte des 15. Jahrhunderts und wurde 1756 barockisiert. Am Stadtplatz steht auch die Frauenkirche, die 1815 aus der früheren Klosterkirche der Kapuziner entstand. Sehenswert sind zudem das Altöttinger Tor und die Stadtpfarrkirche St. Nikolaus. Traditionsreich wie die einzigartigen Feste in der Altstadt sind auch die Märkte in Mühldorf, von denen einige bereits im frühen Mittelalter stattgefunden haben. Geprägt von reicher Geschichte und Kultur lässt sich auch im liebevoll angelegten Stadtpark oder am idyllischen Innufer Entspannung finden. Interessant für Motorradfahrer ist der jährlich hier stattfindende Weltmeisterschaftslauf im Sandbahnrennen (www.msc-muehldorf.de, s. Ausflugsziele).

Von Mühldorf aus macht die Route einen Schwenk in nordöstlicher Richtung, streift Töging und führt durch die sanfte Hügellandschaft immer höher hinauf über Erharting und Pleiskirchen auf kleinen, wunderbar ruhigen Nebenstrecken zum nördlichsten Punkt der Reise. Hier kommt man auch ganz ohne die weitaus stärker frequentierte B299 aus, die zwar in dieselbe Richtung führt, aber mit längst nicht so vielen harmonischen Kurven ausgestattet ist.

13 Neumarkt-Sankt Veit

Die Geschichte von Neumarkt-Sankt Veit beginnt mit dem Bau des Benediktinerklosters St. Veit im Jahr 1171. Die Mönche kamen aus Salzburg und wurden schnell zur bestimmenden Kraft im oberen Rottal. Der niederbayerische Herzog Heinrich XIII. setzte dem salzburgischen Kloster im August 1269 auf der anderen Seite der Rott einen herzoglichen Markt gegenüber. Heute lädt die liebenswerte Kleinstadt zum beschaulichen Verweilen ein. Durch den Ort fließt die Rott, die im nahegelegenen Wurmsham entspringt. Der Ort bezeichnet sich daher auch als Eingangstor zum Rottal. Man ist nun am nördlichsten Punkt der Route angekommen. Mit dem Fluss geht es wieder zur Stadt heraus und zunächst einige Kilometer an dessen Ufer entlang gen Süden. Ab Reichenrott mäandert die St2091 durch die verträumte Landschaft, vorbei an verschlafen wirkenden Dörfern. Über Amfping erreicht man Waldkraiburg und anschließend Kraiburg am Inn.

14 Waldkraiburg

Sie ist nach Rosenheim die zweitgrößte Stadt Südostoberbayerns. Ihre Historie hingegen ist noch relativ jung: Alles begann 1950, als eine Vertriebenensiedlung auf dem Gelände einer ehemaligen Pulverfabrik entstand. Ob im Stadtmuseum oder in einem der original erhaltenen Gebäude der Pulverfabrik von 1940, überall erlebt man die noch junge Waldkraiburger Stadtgeschichte.

Sandbahnrennen in Mühldorf
1000 Meter ist das Rennoval in Mühldorf lang, der Untergrund ist loser Sand, die Fahrer rasen mit ca. 180 km/h in die Kurve, aber die Fahrzeuge haben keine Bremsen. Bereits 1937 wurden hier Langbahn-Europameisterschaft ausgetragen, ab 1971 wurde der Wettkampf zur Langbahn-Weltmeisterschaft erhoben. Im spektakulären Drift nehmen die wagemutigen Männer die Kurven und kommen ihren Konkurrenten bedrohlich nahe. Oft sind es nur wenige Zentimeter, die sie voneinander trennen. Für die Besucher bedeutet das Spannung und Gänsehaut pur.
Rennbahnstadion Mühldorf
Altöttinger Str. 27, 84453 Mühldorf am Inn,
Tel. 08631/13575,
www.msc-muehldorf.de

Viele der Sudetendeutschen, die hierhin umgesiedelt wurden, arbeiteten einst in der dortigen Glashütte. Von dieser Zeit zeugt auch die Ausstellung im Glasmuseum mit aufwendig geschliffenen und bemalten nordböhmischen Gläsern aus dem 19. und 20. Jahrhundert.

15 Markt Kraiburg

Südwestlich von Mühldorf am Inn gelegen, blickt der Marktflecken Kraiburg auf eine bedeutende Vergangenheit zurück. Entsprechende Funde weisen auf eine Besiedelung bereits in der Bronzezeit hin. Ausgrabungen lassen auf eine römische Zollstation schließen. Erste schriftliche Nachweise gibt es seit dem Jahr 772. Große Bedeutung erlangte Kraiburg im Mittelalter. Mit seiner Burg war es Stammsitz der Kraiburger Grafen – das nach den Wittelsbachern angesehenste Adelsgeschlecht in Bayern. Besonders sehenswert ist der Marktplatz mit seinen schönen alten Häusern im mediterranen Inn-Salzach-Stil. Gleich in der Nähe findet sich neben zahlreichen Einkehrmöglichkeiten auch die imposante Pfarrkirche St. Bartholomäus am Fuße des Schlossbergs. Die Kapelle St. Georg steht heute an der Stelle einer abgetragenen Burg,

Internationales Sandbahnrennen in Mühldorf am Inn.

Vom Schlossberg hoch über Kraiburg hat man einen schönen Blick auf St. Bartholomäus.

Morgenstimmung in Gstadt am Chiemsee mit Blick auf die Fraueninsel. Die herrliche Aussicht auf die Weite des Sees und die Alpenkette ist einer von vielen Gründen, den Ort unbedingt einmal zu besuchen.

die die Kraiburger Grafen im Mittelalter einst auf dem strategisch günstigen Bergkegel erbauten. Der Schlossberg ist Natur- und Landschaftsschutzgebiet und beherbergt eine von bayernweit 50 Stempelstationen der Ökotourismus-Initiative. Von oben hat man eine reizvolle Aussicht über das Inntal. Per pedes geht es zum Schlossberg über den Floriansteig, der gleich hinter der Pfarrkirche beginnt. Der idyllische und geschichtsträchtige Ort, der von seiner Atmosphäre wie ein Südtiroler Städtchen wirkt, lädt noch einmal zu einem längeren Stopp ein, bevor es zurück zum Ausgangspunkt, nach Au am Inn, geht.

AUSFLUGSZIELE

Salzachplätten

Eine Plättenfahrt auf der Salzach zeigt Stadt und Natur von den schönsten Seiten. Kurz bevor die Salzach in den Inn mündet, hat der über 200 Kilometer lange Fluss in der Region Inn-Salzach Fahrt aufgenommen: Genau die richtige Fließgeschwindigkeit für eine beschwingte Plättenfahrt. Die modernen Nachbauten mittelalterlicher Salzkähne bieten Platz für bis zu 53 Personen und bringen Passagiere von Mai bis Oktober von Tittmoning oder Raitenhaslach in rund 90 bzw. 35 Minuten nach Burghausen.

Burghauser Touristik GmbH
Stadtplatz 99, 84489 Burghausen,
Tel. 08677/887140, www.visit-burghausen.com

Abstecher Chiemsee

Dieser See übt eine Anziehungskraft aus, einen Reiz, dem nicht nur Abertausende von Tagesausflüglern aus München und Umgebung Jahr für Jahr erliegen. Sie kommen als Wanderer, Radfahrer, Segler oder einfach nur, um am Ufer still den See zu betrachten. Schon lange vor ihnen hat der Chiemsee Künstler angezogen. Sie malten den See als friedliches Idyll oder als sturmgepeitschtes Binnenmeer, besangen seine Buchen, Birken, Kastanien und tausendjährigen Linden oder zogen sich auf seine Inseln zurück, um in aller Ruhe zu schreiben. Ludwig Ganghofer und Ludwig Thoma haben das getan, Erich Kästner verfasste beim Lindenwirt auf der Fraueninsel sein »Doppeltes Lottchen«. Auch die Frankfurter Schriftstellerin Eva Demski, eine gebürtige Bayerin, ist immer wieder an den Chiemsee gekommen, um seinen Bann zu ergründen: »Vielleicht ist es die Selbstgewissheit und der Eindruck von Unzerstörbarkeit, den das Grün, das Wasser und die Berge auslösen.« Man ist sehr geneigt, ihr recht zu geben.

www.chiemgau-tourismus.de

Motorradfreunde Taufkirchen-Oberneukirchen bei Waldkraiburg, Kirchplatz 7, 84574 Taufkirchen, www.mfto.de

Sandbahnrennen in Mühldorf
www.msc-muehldorf.de

Gasthaus Post Vorderriß
(Nähe B13/B307, direkt an der Isar), Vorderriß 5, 83661 Lenggries, Tel. 08045/277, www.post-vorderriss.de

Schnauferl Wirt 1123er
Unteres Sudelfeld 7, 83735 Bayrischzell/Sudelfeld, Tel. 0178/3365107

Gasthof zur Post Dorfplatz 4, 83122 Törwang, Tel. 08032/8614, www.hotel-post-samerberg.de

Brunner Bräu Spanberg 3, 84307 Eggenfelden, Tel. 08721-/801, www.brunner-braeu.de

Parkplatz Tatzlwurm Tatzelwurm 1, 83080 Oberaudorf, Tel. 08034/30080

Am Chiemsee: Gasthof Kuperschmiede
Trostberger Str. 1, 83339 Chieming/Arlaching, Tel. 08667/330, www.kupferschmiede-chiemsee.de

Der Wildnis auf der Spur

Einsame, kurvenreiche Landstraßen führen durch eine traumhafte, teils urwüchsige Natur. Der Bayerische Wald ist ein wahres Paradies für eine Tour auf zwei Rädern.

BAYERISCHER WALD

Natur pur erlebt man in der größten Waldlandschaft, die es in Mitteleuropa gibt: im Bayerischen Wald. Umringt von einem wunderschönen Panorama macht das Cruisen von Kurven und Kehren gleich doppelt Spaß und beflügelt das Freiheitsgefühl. Ob Schräglage oder gemütliches Fahren, auf den Straßen – rund um den 600 Quadratkilometer großen Bayerischen Wald ist alles geboten. Davon umfasst seit 1997 alleine der Nationalpark stolze 240 Quadratkilometer. Naturkunde wird hier anhand von Wildfreigehegen anschaulich gemacht. Aber auch mindestens einer der 130 Berge will erklommen werden, z. B. der 1453 Meter hohe Rachel.
Zur Belohnung wartet ein atemberaubender Ausblick gemäß Adalbert Stifters »Waldwoge steht hinter Waldwoge, bis eine die letzte ist und den Himmel schneidet«. Sehenswürdigkeiten sind auch der Pfahl, eine 150 Kilometer lange Felsformation, das beeindruckende Granitzentrum in Hauzenberg und das Freilichtmuseum nahe Mauth. Für Übernachtungsmöglichkeiten ist durch zahlreiche Biker-Hotels gesorgt.

Es bleibt also genug Zeit, sich die Vorzüge des Bayerischen Waldes auch per Motorrad anzuschauen. Etwas ganz Besonderes ist das »Elefantentreffen«, das größte Wintertreffen für Biker in Thurmansbang. Einmal erlebt, lässt die Atmosphäre die meisten Gäste jährlich wiederkommen. Weiter nördlich lockt das wald- und wasserreiche Gebiet, ebenso gilt die ganze Region als die burgenreichste Gegend Deutschlands.
Die Tour ist also auch eine Reise zu Romantik und Barock. Über die Ferienstraße »Glasstraße« taucht man zudem ein in die Faszination der Glasherstellung.

Mystisch wirkt der Wald am Dreisesselberg mit seinen skurrilen Felsformationen, die schon Adalbert Stifter inspirierten.

Passau mit der Kirche St. Paul und dem Dom St. Stephan. Gleich daneben fließt die breite Donau.

ROUTE 24

Routenlänge: 599 km, inkl. Abstecher nach Regensburg 629 km
Zeitbedarf: Mehr-Tagestour, auf eine Wochentour ausdehnbar.
Charakteristik: Trifft jeden Fahrgeschmack
Start und Ziel: Deggendorf
Routenverlauf: Deggendorf, Bischofsmais, Regen, Rinchnach, Innernzell, Thurmannsbang, Neukirchen vorm Wald, Tiefenbach, Passau, Kellberg, Thyrnau, Hauzenberg, Untergriesbach, Wegscheid, Breitenberg, Altreichenau, Haidmühle, Mauth, Grafenau, Sankt Oswald, Spiegelau, Frauenau, Zwiesel, Bodenmais, Arrach, Arnbruck, Viechtach, Kötzting, Miltach, Loitzendorf, Roding, Nittenau, Regenstauf, Bernhardswald, Altenthann, Brennberg, Falkenstein, Falkenfels, Straubing, Bogen, Windberg, Perasdorf, Sankt Englmar, Ruhmannsfelden, Grafling, Deggendorf.
Mit Abstecher nach Regensburg, von Regenstauf, Donaustauf, Wörth an der Donau, Wiesenfelden, Steinach, Straubing

Informationen:
www.bayerischer-wald.de

Hier geht's zum GPS-Track

01 Deggendorf

Der Fahrspaß beginnt in Deggendorf. Umgeben vom Naturpark Bayerischer Wald, gehörte die Stadt an der Donau zu den wichtigen wittelsbachischen Stadtgründungen des 13. Jahrhunderts. Typisch ist der lang gestreckte Marktplatz mit dem in der Mitte frei stehenden, spätgotischen Rathaus. 1535 erbaut, ist es eines der Wahrzeichen Deggendorfs. Bemerkenswert sind die am Treppengiebel angebrachten Steinplatten mit bayerischem Wappen sowie dem Stadtwappen aus der Erbauungszeit und die Sohlbänke der Fenster mit faszinierenden Fabeltieren und Fratzenköpfen. Geschichtsträchtig sind auch die beiden durch Ketten verbundenen Steinkugeln, die an der Südfassade hängen. Die Grabkirche mit ihrem schönen Barockturm von Johann Michael Fischer steht ebenfalls auf dem Stadtplatz. Was es mit dem Knödelbrunnen im Altstadtviertel auf sich hat, lässt sich anhand einer Sage erklären. Demnach wurde Deggendorf 1266 vor der Erstürmung durch die Truppen von Ottokar von Böhmen gerettet, weil die Frau des damaligen Bürgermeisters einen feindlichen Späher mithilfe eines gerade zubereiteten Knödels in die Flucht schlug. In Anlehnung daran gibt es noch heute eine Süßspeise namens »Deggendorfer Knödel«. Eingerahmt von den Klöstern Niederalteich und Metten, geht es mit dem Motorrad von Deggendorf aus von ca. 300 Meter Höhe hinauf auf fast 900 Meter zur Rusel – ein kurviges Vergnügen bis nach Bischofsmais.

02 Bischofsmais

Bischofsmais liegt in einer grünen Landschaft, zwischen Bergen, ursprünglichen Wäldern und an munter dahin plätschernden Bächen, die sich wunderbar für eine erfrischende Rast eignen. Vorbei mit der idyllischen Ruhe ist es allerdings jährlich am 10. und 24. August, wenn Fußwallfahrer aus der Windberger Gegend nach einem alten Brauch hierher pilgern. Kaum an einem Tag im Jahr ist in Bischofsmais so viel los wie bei der St.-Hermann-Kirchweihe. Auch die Straßen sind schon einen Tag zuvor aufgrund gesperrt.

03 Regen

Schon von Weitem sind die Mauern der Burgruine Weißenstein hoch

Eien der bedeutendsten Burganlagen Ostbayerns – Burgruine Weißenstein in der Nähe von Regen.

über der Kreisstadt zu sehen. Sie thront auf rund 750 Metern direkt auf dem 150 Kilometer langen Quarzfelsen Pfahl, der sich durch den Bayerischen Wald zieht und in Weißenstein einen seiner höchsten Punkte erreicht. Viele Jahre hatte die Burg einst Angriffen standgehalten. Im Österreichischen Erbfolgekrieg aber wurde sie 1742 nahezu dem Erdboden gleichgemacht. Nur wenige Gebäude, darunter der mächtige Burgturm, haben die Zerstörungswut überstanden. Ritter, Burgfräulein, Bogenschützen, Schwertkämpfer und Gaukler erinnern alle zwei Jahre beim großen Ritterspektakel an das Leben auf der Burg anno dazumal und an die große Schlacht um Weißenstein.

04 Rinchnach

Sehr zentral im Herzen des Bayerischen Waldes in einem weiten Tal, am Zusammenfluss zweier Bäche, liegt der schöne Ferienort Rinchnach im Bayerischen Wald. Sehenswert ist die Barockkirche. Umgeben von ehemaligen Propsteigebäuden, kann man sie auf einem einzigartigen historischen Rundweg im Ortskern näher kennenlernen. Ein wahrer Geheimtipp ist das über 250 Jahre alte Kleinod »Frauenbrünnl« im Rinchnacher Hochwald zwischen Gehmannsberg und Kohlau mit der darüberliegenden Aussichtsplattform. Von hier aus blickt man über Innernzell nach Thurmansbang, wo bei Solla seit 1989 im friedlichen Hexenkessel von Loh das »Elefantentreffen« mit Motorradfahrern aus ganz Europa gefeiert wird. Von hier führen kleine Nebenstraßen durch die Orte Neukirchen vorm Wald und Tiefenbach oder parallel auf der gradlinigen B85 daran vorbei bis nach Passau.

05 Passau

Die »Drei-Flüsse-Stadt« an der Mündung von Inn und Ilz in die Donau blickt auf eine reiche Vergangenheit

AUSFLUGSZIELE

Bärwurzerei Hieke

Im Jahr 1949 gründete Heinrich Hieke gemeinsam mit seiner Frau Maria die Bärwurzerei Hieke in Zwiesel, um nach einer überlieferten, jahrhundertealten Familienrezeptur den echten Hieke Bärwurz herzustellen. Im Laufe der Jahre wurde die Rezeptur verfeinert und verbessert, sodass der echte Hieke Bärwurz mit seinem »grünen Jägerkopf« heute ein Qualitätsbegriff weit über Bayern hinaus ist. Das Areal der Bärwurzerei bietet dem Besucher heute liebevoll gestaltete Außenanlagen mit buntbemalten Fassaden und Kunstobjekten, sowie eine Probierstube zum Verkosten und Kaufen der Bayerwald-Spezialitäten. Danach sollte man sich allerdings nicht mehr aufs Motorrad schwingen, sondern den Sattel gegen ein Bett tauschen.

Bayerwald Bärwurzerei Zwiesel, Frauenauer Str. 80–82, 94227 Zwiesel, Tel. 09922/84330, www.baerwurzerei-hieke.de

zurück: keltische Siedlung, römisches Militärlager, im Mittelalter wohlhabendes Handelszentrum und seit 739 Sitz eines Bischofs, der nicht nur jahrhundertelang dem größten deutschen Bistum vorstand, sondern als Landesherr auch weltliche Macht besaß. Mittelpunkt der Altstadt auf der »Halbinsel« zwischen Donau und Inn ist der Dom (1668–1678) mit der Doppelturmfassade und der größten Domorgel der Welt. Die zahlreichen Passauer Kirchen bieten viele Kunstschätze: die Klosterkirche Niedernburg etwa, die Stiftskirche St. Nikola oder die Wallfahrtskirche Mariahilf. Das Rathaus entstand seit 1393 in mehreren Bauphasen, zuletzt wurde im 19. Jahrhundert der hübsche Turm hinzugefügt. Die Aussicht lohnt den Weg zur Veste Oberhaus über dem nördlichen Donauufer. Die alte Trutzburg der Bischöfe wurde in der Barockzeit zur Schlossfestung ausgebaut. Folgt man den schönen Serpentinen auf die Höhe der bayerischen Berge von der Dom- und Bischofsstadt aus, gelangt man vom Bergdorf Kellberg über den kleinen Kurort Thyrnau bis nach Hauzenberg.

06 Hauzenberg

In Hauzenberg im südöstlichen Bayerischen Wald wird man bereits am Parkplatz des Granitzentrums (www.granitzentrum.de) von echten Steinhauern auf einem Rest der einst für die Befreiungshalle in Kelheim gedachten Monolithe empfangen. Erwartung und Spannung wird auf dem Weg zum Museum durch eine Stahlbeplankung aufgebaut, die nur vereinzelte Einblicke in einen alten Steinbruch bietet. Und dann steht man plötzlich vor dem riesigen Schriftzug »Granit«, eine beliebte Kulisse für Erinnerungsfotos. Beim Öffnen der schweren Stahltür gibt es ein erstes Staunen über die Architektur des Hauses. Granit in allen Bearbeitungen, wohin man schaut. In der Felswand, am Boden, an Decke und Wänden. Im Freibereich mit Felswand und Steinbruchweiher befinden sich Schmiede, Steinhauerhütten und die Kantine, die zum Brotzeitmachen einlädt, ehe es über Untergriesbach weiter geht nach Wegscheid.

07 Wegscheid

Das Wegscheider Land liegt dem Friedrichsberg regelrecht zu Füßen. Mit 930 Metern stellt der kegelförmige Berg die höchste Erhebung des ganzen Landkreises Passau dar. Und nun? Motorrad parken und einem der verschiedenen Wanderwege folgen. Dazwischen lädt eine schöne neuromanische Kirche zum Verweilen ein. Von dort geht es steil bergauf, wo man auf dem Aussichtsturm einen herrlichen Ausblick in die Bayerwaldberge, in den Böhmerwald, ins Mühlviertel und bei Fönwetter sogar bis zur Alpenkette genießt. Für Abkühlung sorgt der mit einer Fläche von 20 Hektar größte künstlich angelegte Badesee des Bayerischen Waldes, der Rannasee. Erfrischt, verleitet die Route auf der B12 über Breitenberg, Altreichenau nach Haidmühle und Mauth zum Gas geben. Keine gute Idee, zumal hier Geschwindigkeitsmessungen zur Tagesordnung gehören.

08 Mauth

Versteckt hinter den Wäldern und Bergen des Nationalparks und dicht an der böhmischen Grenze, hat die Vergangenheit ein Reservat gefunden: das Freilichtmuseum Finsterau bei Mauth (www.freilichtmuseum.de). Aus dem ganzen Bayerischen Wald sind Bauernhäuser, vollständige Höfe, eine Dorfschmiede und ein Straßenwirtshaus hier versammelt. Unter freiem Himmel entfaltet sich also ein begehbares Stück vergangener Wirklichkeit. Hier wird ländliches Bauen, Wohnen und Wirtschaften in den Gebäuden bis ins kleinste Detail aufgezeigt. Wöchentliche Vorführungen stellen zudem das Leben und Handwerk von früher nach. In der urgemütlichen Muse-

AUSFLUGSZIELE

Elefantentreffen

Rund 40 Kilometer nördlich von Passau verwandelt sich die Gemeinde Thurmansbang im niederbayerischen Landkreis Freyung-Grafenau seit mehr als 60 Jahren zum unvergleichlichen Highlight für Motorradfahrer. Und zwar immer dann, wenn Biker aus allen Teilen Europas gemeinsam rund ums Lagerfeuer im verschneiten Talkessel miteinander feiern – ihre Leidenschaft, die Freiheit und das Leben. Infos mit »Warm-Up«-Stopps für spezielle Kaffeepausen gibt's unter **www.bvdm.de**

Pullman City

Die lebende Westernstadt in Eging am See ist ein wahres Muss auf der Fahrt durch den Bayerischen Wald. Denn: Hand aufs Herz, wer hat nicht schon mal davon geträumt, in ein Stück amerikanische Vergangenheit einzutauchen und den »Wilden Westen« unsicher zu machen? Neben einem Fort, einer Westernstadt mit Saloon, Läden und Gefängnis, lässt sich hier auch Gold waschen oder ein Indianerdorf besuchen. »Enjoy the American Way of Life« mit Harleys und Rock 'n' Roll heißt es jährlich vor allem an drei Tagen im Frühsommer beim großen Harley Treffen, wo auch Streetbike, Cruiser, Chopper, Tourer und Bobber willkommen sind.

Pullman City,
Ruberting 30, 4535 Eging am See,
Tel. 08544/97490,
www.pullmancity.de

umsgaststätte »Ehrn«gibt's deftige, heimische Gerichte und Schmalzgebackenes. Vollbepackt mit den schönen Eindrücken fährt es sich ins 20 Kilometer entfernte Grafenau.

09 Grafenau

Die Stadt am »Goldsteig«, mit rund 660 Kilometern der längste und vielseitigste Fernwanderweg Deutschlands, liegt im Mittelgebirge auf einer Höhe zwischen 600 und 700 Metern unmittelbar am Nationalpark. Entlang des östlichen und südlichen Stadtrands fließt die Kleine Ohe, ein Quellfluss der Ilz. Sie speist den 1976 künstlich angelegten Grafenauer Kurparksee im Erholungspark. Der Stadtplatz steigt nach Norden stark an. Hier befindet sich das neugotische, mit einem Treppengiebel versehene, ehemalige Rathaus aus dem Jahr 1845, jetzt Nationalparkverwaltung. Am oberen Ende steht die Pfarrkirche Mariä Himmelfahrt. Durch das Stadtgebiet führt als einzige Bundesstraße die B533 nach Sankt Oswald. Für einen Abstecher empfiehlt sich die faszinierende Rundwanderung über den Filzwald und das Klosterfilz, die beide tief hinein in die bizarre Welt des Hochmoores führen. Bei schönem Wetter sonnen sich dort kleine Eidechsen und auch ansonsten mutet hier alles sehr märchenhaft an.

Ausblick vom Siebensteinkopf auf Finsterau bei Mauth.

Romantische Winterlandschaft bei Grafenau.

Das Elefantentreffen in Thurmansbang findet jedes Jahr mitten im Winter statt.

10 Spiegelau

Direkt am Fuße des Großen Rachels liegend, zählt Spiegelau als »Tor« zum Nationalpark. Ein besonderes Erlebnis verspricht die wildromantische Steinklamm mit zauberhaftem Naturschauspiel, wenn sich Bäche ihren Weg über moosbewachsene Steine bahnen und einzelne Sonnenstrahlen durch schattenspendende hochgewachsene Bäume blinzeln. Was sich hoch oben vom 1453 Meter hohen Rachel aus erahnen lässt, sollte man unten von Nahem betrachten: die 700 Jahre alte Kunst des Glashandwerks. Nicht umsonst gilt Spiegelau als zentraler Ort auf der rund 250 Kilometer langen »Glasstraße«, die durch den Oberpfälzer und Bayerischen Wald führt. Eine ideale Gelegenheit für eine kleine Tour zu Fuß auf dem histori-

Zwiesel ist bekannt für seine Glasindustrie und Kristallmanufakturen.

Dunkel brauen sich Gewitterwolken über dem Ort Spiegelau zusammen.

schen Glashüttenweg mit Etappenort am Gläsernen Steig, Waldspielgelände, Naturerlebnis- und Meditationspfad sowie Glasgalerien, die mit der Vielfalt der Glaskunst und der Liebe zum Detail beeindrucken.

11 Frauenau

Auch im alten Glasmacherort Frauenau dominiert die Faszination Glas. Hier entführen diverse Glashütten, -schleifereien und Hinterglasmalereien in eine Fantasiewelt und zeigen die unglaublich vielen Ausdrucksmöglichkeiten. Besonders schöne Stücke der Glasbläser sind im Glasmuseum ausgestellt. Schmale Pfade führen von dort bergaufwärts zu den Bayerwald Almen, den sogenannten Schachten, die ab dem 16. Jahrhundert durch Brandrodung entstanden, sowie zu den Filzen, wie die Hochmoore auf 1000 Meter Höhe genannt werden.

12 Zwiesel

Die Glasmetropole Zwiesel am Zusammenfluss von Großem und Kleinem Regen verdankt die Existenz seiner Glashütten dem Waldreichtum und den Quarzvorkommen des Hinterlands. Kostbarkeiten dieser 500 Jahre alten Glaskultur lassen sich u. a. anhand der berühmten »Schachtenbach-Gläser« im Waldmuseum bestaunen. Auch das Theresienthaler Museum zeigt alte Gläser aus über 150 Jahren Produktion, die an den russischen Zaren und an König Ludwig I. geliefert wurden. Die kunstvolle Herstellung aktueller Produkte kann man in Glashütten und -bläsereien besichtigen. Glas ist in Zwiesel überall: Sogar eine speziell aus 131 angefertigten gläsernen Kacheln gebaute Kapelle steht seit 2003 an der Angerstraße etwas abseits vom Stadtzentrum. Nicht zu vergessen: die höchste Kristallpyramide der Welt, die als Hommage an den Start der Maschinenfertigung vor fast 50 Jahren errichtet wurde. Acht Meter hoch, besteht sie aus 93 665 Kristallgläsern und wiegt über elf Tonnen. Geschützt wird das dauerhafte Wahrzeichen der Stadt Zwiesel seit 2007 durch eine fast zehn Meter hohe Pyramide, ebenfalls aus Glas. Empfehlenswert ist ein Besuch bei Nacht, wenn die gestapelten Gläser durch aufwendige Illuminierung in faszinierendem Licht schimmern.

13 Bodenmais

Kein Trip durch den Bayerischen Wald, ohne eine Tour zum Arber mit kleinen und großen Kurven auf gepflegtem Asphalt und einer tollen Aussicht auf die schwimmenden Inseln im Kleinen Arbersee. Folgt man der Beschilderung Richtung Bodenmais, lädt im Süden des mit 1456 Metern höchsten Bergs das »Bergwerk im Silberberg« zu einem Besuch und bietet einen Einblick in die Arbeit der Knappen. Denn der älteste Bergwerksort im Wald lebte in früheren Zeiten vom Abbau des Erzes am Silberberg. Seit 1939 stehen große Teile des Arbergebiets unter Naturschutz.

Der »König des Bayerischen Waldes« befindet sich samt umliegenden Waldgebieten im Besitz der Fürsten von Hohenzollern. Neben dem Großen Arber gehört zur Berggruppe mit imposanter Seewand auch der Kleine Arber mit 1384 Metern Höhe. Unterhalb des Gipfels befindet sich der Kleine Arbersee. Immer ansteigend führt die Straße zum Großen Arbersee mit beliebtem Biker-Treff. Selbst wer wenig Zeit auf seiner Tour mitbringt, sollte einen kleinen Zwischenstopp einlegen und das besondere Naturerlebnis genießen – inklusive Plausch unter Gleichgesinnten. Ums Erlebnis geht's auch in der Arber-Region Arrach mit dem Natur-Art-Park. In Arrach links nach Viechtach abbiegen und weiter Richtung Bergsattel »Eck«– hier schmiegt sich eine Kurve an die andere. Auf 838 Meter überquert man schließlich den Europäischen Fernwanderweg E6, der von der Ostsee über die Wachau an die Adria führt. Vorbei geht's an Arnbruck, dem Glasdorf mit wunderbarem Glasgarten, nach Viechtach.

AUSFLUGSZIELE

Motorradmuseum Rosenberger

In Jandelsbrunn/Linden unweit von Hauzenberg befindet sich das Motorradmuseum Rosenberger. Durch ihren Vater mit dem Motorrad-Virus infiziert, sammelt Frau Rosenberger zusammen mit ihrem Mann seit 42 Jahren alte Motorräder und weiß bei der Führung durchs Museum Geschichten zu erzählen. So hat sie bei einem Veteranenrennen als einzige Frau unter beinahe 60 Männern den 9. Platz belegt. Von den 100 Veteranen sind sage und schreibe 99 in fahrtüchtigem Zustand.

Motorradmuseum Rosenberger, Linden 1, 94118 Jandelsbrunn, Tel. 08581/4694

JOSKA Kristall Erlebniswelten

In Bodenmais lassen sich Glaskünstler über die Schulter schauen und zeigen den Weg des Glases von der feurig-flüssigen Masse bis zum kostbaren Endprodukt. Wie viel Arbeit in jedem Produkt steckt, darf man beim Glasbläser am Schmelzofen oder beim Glasmaler selbst herausfinden. Vor allem im Winter verzaubert das Glasparadies seine Besucher mit einem Schauspiel an bunten Skulpturen im Schnee. Durch die Lichtbrechung in viele Farben verschiebt sich die Perspektive und lässt die Kristallgärten inmitten der herrlichen Natur des Bayerischen Waldes funkeln.

JOSKA Erlebniswelten, Am Moosbach 1, 94249 Bodenmais, www.joska.com

14 Viechtach

Das Regental zwischen Teisnach und Viechtach wird nicht umsonst »Bayerisch Kanada« genannt. Denn genau hier zeigt sich der Fluss Schwarzer Regen von seiner schönsten Seite. An einer Talschleife des Schwarzen Regens reizvoll gelegen, zeichnet sich Viechtach auch durch das milde Frühjahrs- und Herbstklima aus. Immer einen Ausflug wert ist Bayerns Geotop mit seinen bizarren weißen Quarzfelsen mitten in herrlicher Landschaft. Danach geht es weiter in Richtung Kötzting zum Höllensteinsee. Ein Speichersee, der der Stromerzeugung dient, und auf einer Länge von 5,6 Kilometern viele Freizeitmöglichkeiten bietet.

Nahe Kötzting lässt es sich auf der schmalen Straße über den kleinen Bergrücken mit der Wallfahrtskirche Weißenregen cruisen. Ab Steinbühl sollte man am besten die Pfingstreiterstraße nutzen, um nichts von der schönen Bilderbuchlandschaft zu verpassen.

15 Kötzting

Jung, frisch und unglaublich entspannend präsentiert sich Bayerns jüngstes Thermalheilbad Bad Kötzting. Dabei wird Tradition hier großgeschrieben. Wo man gerade mit dem Motorrad gemütlich durchs Städtchen fährt, findet jährlich der Pfingstritt am Pfingstmontag statt, eine Reiterwallfahrt nach Steinbühl mit über 900 festlich geschmückten Pferden und Reitern in alten Bauerntrachten. Über die Westumgehung gelangt man nach neun Kilometern nach Miltach. Kurz am Rastplatz in Altrandsberg mit dem Wetterschutzpavillon und den Infotafeln anhalten, um den traumhaften Blick auf das Schloss Altrandsberg zu erhaschen. Dort befindet sich auch das Weltkunstmuseum, in dem Replikate von Kunstwerken aus allen Epochen untergebracht sind, sowie die Rauminstallation »Das letzte Abendmahl« des Miltacher Künstlers Andreas Pregler. Auf geruhsamem Weg geht es über Loitzendorf, dessen Umgebung von landwirtschaftlicher Nutzung geprägt ist, nach Roding.

16 Roding

Sehenswert in Roding sind die frühromanische Taufkapelle mit angebauter Annakapelle, in beiden wurden Fresken des 12. und 17. Jahrhundert freigelegt. Am alten Rathaus erwartet die Besucher ein historischer Pranger. Jährlich im September wird Roding zur Porsche-City. Dann nämlich parken rund 1000 Fahrzeuge beim Oldtimertreffen am Rodinger Esper. Auf verkehrsarmen Nebenstraßen geht es über Nittenau durch die idyllischen Regentalauen nach Regenstauf. Markt Regenstauf kann auf eine über 1000-jährige Geschichte zurückblicken. Der Fluss Regen und der heutige Schlossberg als ehemaliger Burgberg gaben dem Markt seinen Namen: Burgberg am Regen. Auf der derzeit im schlechtem Zustand befindlichen St2150 geht's über Bernhardswald mit Schloss Kürn nach Altenthann, das

sich optisch in den letzten Jahren durch die Ausweisung von Bauland und Investitionen in die Infrastruktur von einem landwirtschaftlich geprägten Ort zu einer Wohngemeinde verändert hat. Schließlich erreicht man Brennberg.

17 Brennberg

Auf geht's ins wild-romantische Höllbachtal, wo sich der Höllbach seinen Weg zwischen den massiven Gesteinsbrocken und Waldschluchten durchs idyllische Wiesental sucht. Wie von Teufelshand zusammengetragen, liegen teils Steinriesen auf Steinriesen. Wenn an manchen Tagen, vor allem im Sommer, nur noch ein spärliches Rinnsal die Hölle durchläuft, hängt das damit zusammen, dass oberhalb des Naturschutzgebietes der größte Teil des Wassers zur Stromgewinnung abgeleitet wird. Dennoch sind im Höllbach und drumherum eine Vielzahl an Lebensräume erhalten. Am Ufer des Höllbachtals entlang gelangt man schließlich zur Burgruine Brennberg. Die Gemeinde Brennberg liegt etwa im Mittelpunkt des Städtedreiecks Regensburg, Cham und Straubing. Zwischen Donau und Regen liegt auch der Falkensteiner Vorwald. Einen herrlichen Ausblick hat man von der Burg, die den Ort überragt und ein Museum beherbergt. Alljährlich im Sommer finden im Innenhof neben den Burghofspielen zahlreiche kulturelle Veranstaltungen und Feste statt. Der Schlosspark um die Burg ist der zweitgrößte Natur- und Felsenpark Bayerns. In den Ortsteilen Arrach und Marienstein gibt es schöne Barockkirchen zu besichtigen, ehe es nach Falkenfels geht. Das liegt eingebettet in eine reizvolle Landschaft, etwa 15 Kilometer von Straubing entfernt. Das Wahrzeichen, der Burgturm mit Zinnenkranz, grüßt schon von Weitem.

18 Straubing

Wie in Niederbayern oft üblich, wird der langgestreckte Stadtplatz mit dem markanten gotischen Stadtturm umrahmt von hochgiebeligen Bürgerhäusern. Stolzestes Bauwerk ist die spätgotische St.-Jakobs-Kirche mit ihrer bemerkenswerten Ausstattung. Mit der Ursulinenkirche haben die Brüder Asam ein intimes Barockjuwel geschaffen. Attraktion des Gäubodenmuseums ist der 1950 gefundene Römerschatz mit Prunkmasken und Waffen. Auf dem Friedhof steht die romanische Peterskirche aus dem 12. Jahrhundert. Zwei Friedhofskapellen lohnen eine Besichtigung: die Totenkapelle (1486) mit originellem Totentanz-Freskenzyklus (1763) und die Grabstätte der Baderstochter Agnes Bernauer, die der Bayernherzog 1435 in der

Urtümliche Felsbrocken liegen in der »Hölle« im Höllenbachtal verstreut.

Ruhig fließt der Regen bei Regenstauf dahin. Der Fluss ist ideal zum Paddeln.

Donau ertränken ließ, weil sich sein Sohn heimlich mit ihr vermählt hatte. Hat man die Gemeinden Bogen, Windberg und Perasdorf mit dem Gipfel des Schopf als höchsten Geländepunkt passiert, befindet man sich in Sankt Englmar, das als Freizeitparadies bekannt ist.

19 Sankt Englmar

Das Kind in sich entdecken, heißt es im Erlebnispark Sankt Englmar bei freiem Eintritt. Der Wasserspielplatz mit Megarutsche sorgt vor allem bei heißen Temperaturen für Abkühlung, ehe es zum Beispiel in den Streichelzoo geht. Bei der Einstiegsleiter zum Ziegenfreigelände wohnen Hasen und Hängebauchschweine, in direkter Nachbarschaft zu den Ziegen finden sich Esel und Kühe. Fotos machen ist hier, wie auch auf den vier Holz-Plattformen im riesigen Aussichtsturm mit 20 Meter Höhe, ausdrücklich erlaubt. Von hier hat man einen guten Blick auf die Rodelbahnen, die man für die Talfahrt nutzen kann. Auf der längsten Achterbahn Bayerns mit einer Strecke von 755 Metern und einem Höhenunterschied von 27 Metern saust »da voglwuide Sepp« den Egidi-Buckel hinunter und wieder herauf. Dieses Gefühl bringt auch das Bungee-Trampolin. Fest im Gurt gesichert, geht's bis zu sechs Meter hoch hinaus. Eine gute Gelegenheit, um Richtung Ruhmannsfelden und Grafling zu blicken. Das Graflinger Tal, der Vorgarten des Bayerischen Waldes, mit der familienfreundlichen Gemeinde Grafling liegt eingebettet zwischen vielen bewaldeten Höhenrücken und Bergen. Schönheiten wie den Ulrichsberg mit Kapelle oder die spätbarocke Pfarrkirche St. Andreas sollte man abseits vom Massentourismus zu Fuß erkunden. Noch mal tief durchatmen und die Erholung vom Alltag mit zum Ausgangspunkt nach Deggendorf nehmen.

Abstecher nach Regensburg

20 Regensburg

Keltensiedlung, Römerlager, frühmittelalterlicher Herzogssitz, Bischofssitz und Donauhafen, karolingische Königspfalz, dann Hauptstadt des ostfränkischen Reiches … so weit das erste Jahrtausend Ortsge-

Blick vom Kreuzfelsen am Dreitannenriegel bei Grafling

Über den »Eisernen Steg« gelangt man direkt in die Altstadt von Regensburg.

schichte, in dem Regensburg seine strategische, politische und zivilisatorische Bedeutung erlangte. Die wirtschaftliche kam im 11. bis 14. Jahrhundert dazu: Handelsbeziehungen in alle Welt machten das Bürgertum reich. 1245 wurde Regensburg Reichsstadt. Der mittelalterliche Stadtkern, seit 2006 UNESCO-Weltkulturerbe, ist ein städtebauliches Gesamtkunstwerk mit malerischen Winkeln, repräsentativen Plätzen und einer einzigartigen Silhouette. Aus der vielgestaltigen Dachlandschaft ragen einzelne Kirchtürme heraus sowie die beiden Spitzen des Doms. Als klassische gotische Kathedrale mit figurenreicher Fassade und mittelalterlichen Buntglasfenstern ist diese einzigartig östlich des Rheins. Besonders sehenswert sind die romanische Allerheiligenkapelle mit Fresken des 12. Jahrhunderts, das Diözesanmuseum in der frühgotischen Ulrichskirche, die Alte Kapelle (10. Jahrhundert) mit der verspielten Rokoko-Ausstattung und das Histo-

Arberschutzhaus *Talstation Arber 1, 94252 Bayerisch Eisenstein, Tel. 09925/94140, www.arberschutzhaus.de*

Hotel – Pension Hubertus
Riedelsteinstr. 9, 93471 Arnbruck, Tel. 09945/676

Bikerhotel Waldfrieden
Waldschmidtstr. 10, 94518 Spiegelau, www.hotelwaldfrieden.de

Gasthaus-Pension Stoaberger Hof
Haag 26, 94154 Neukirchen v. W., Tel. 08505/2148, www.stoaberger-hof.de

Elefantentreffen in Thurmansbang *www.bvdm.de*

Zum Kramerwirt *Grün 1, 94379 Grün bei St. Englmar, Tel. 09965/591, www.kramerwirt-gruen.de*

Biker-Treff Arberseehaus
Arberseestr. 42, 94252 Bayerisch Eisenstein, Tel. 09925/902003

rische Museum im ehemaligen Minoritenkloster. Mittelalterlichen Bürgerstolz verkörpern imposante Patrizierhäuser, etwa das bemalte Goliathhaus oder das Alte Rathaus mit dem Reichssaal, in dem seit 1663 der Immerwährende Reichstag stattfand. Das antike Regensburg symbolisiert die Porta Praetoria (179 n. Chr.), Teil der Befestigung des römischen Stützpunkts und neben der Porta Nigra in Trier das einzige erhaltene Römertor nördlich der Alpen. Über die Donau führt die Steinerne Brücke (12. Jahrhundert), im Mittelalter ein technisches Wunder und Symbol für Regensburgs überragende Bedeutung als Handelsstadt. Ein städtebaulicher Komplex für sich ist das im 8. Jahrhundert gegründete Kloster St. Emmeram, das nach der Auflösung 1806 von den Fürsten zu Thurn und Taxis zum Schloss um- und ausgebaut wurde. Die einstige Klosterkirche St. Emmeram beeindruckt mit ihrer spätbarocken Ausstattung der Brüder Asam.

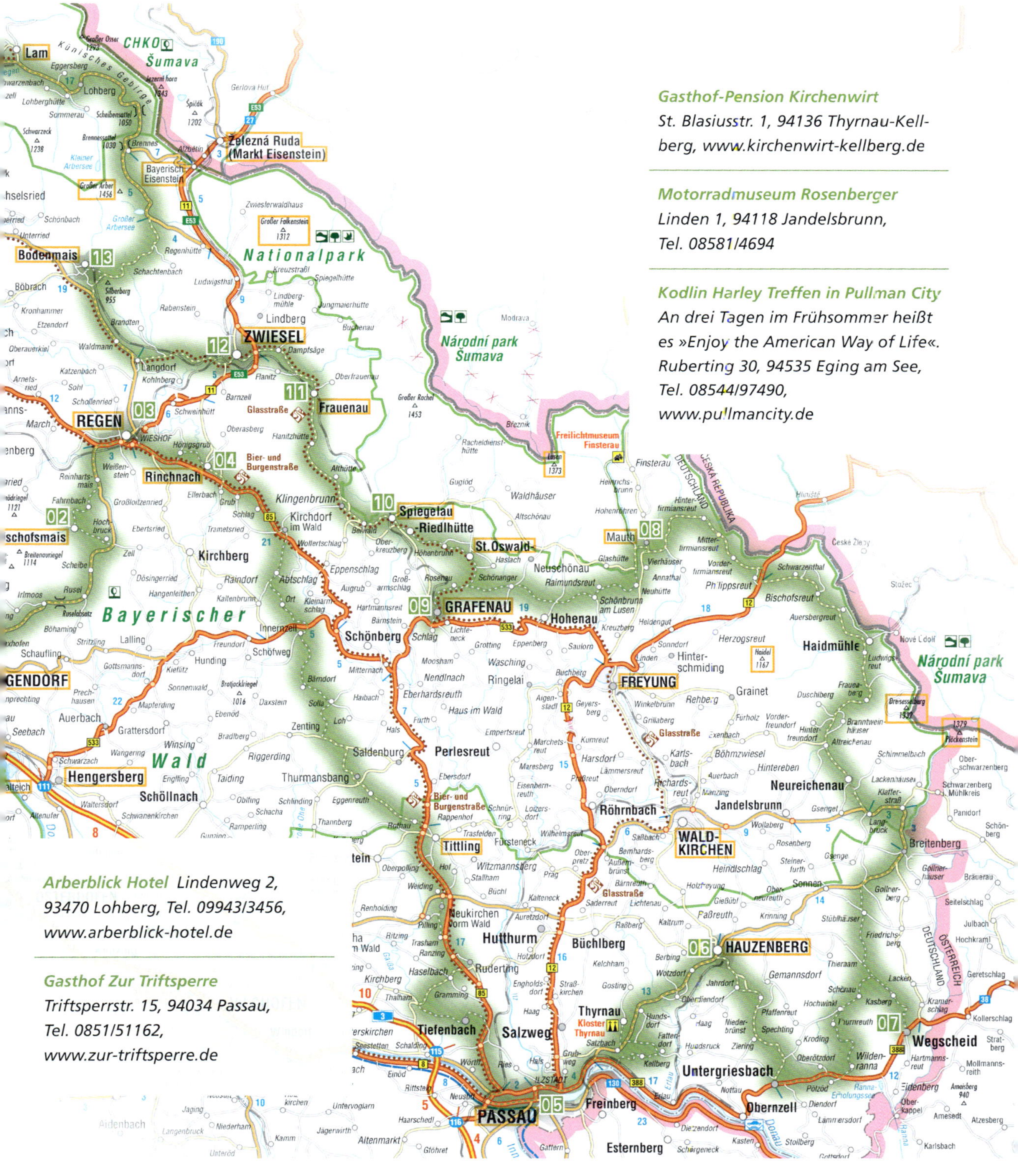

Gasthof-Pension Kirchenwirt
St. Blasiusstr. 1, 94136 Thyrnau-Kellberg, www.kirchenwirt-kellberg.de

Motorradmuseum Rosenberger
Linden 1, 94118 Jandelsbrunn, Tel. 08581/4694

Kodlin Harley Treffen in Pullman City
An drei Tagen im Frühsommer heißt es »Enjoy the American Way of Life«. Ruberting 30, 94535 Eging am See, Tel. 08544/97490, www.pullmancity.de

Arberblick Hotel *Lindenweg 2, 93470 Lohberg, Tel. 09943/3456, www.arberblick-hotel.de*

Gasthof Zur Triftsperre
Triftsperrstr. 15, 94034 Passau, Tel. 0851/51162, www.zur-triftsperre.de

SPESSART

Da der Spessart erst spät besiedelt wurde, galt die im 18. Jahrhundert menschenleere Gegend als Heimat der berühmt-berüchtigten Spessarträuber. Bis heute liegt etwas von jener Räuberromantik über den Bergwäldern. Auf der anderen Seite zeugen aber auch prächtige Burgen und Schlösser von einer glanzvollen Vergangenheit. So zum Beispiel die majestätisch über Wertheim thronende gleichnamige Burg, Henneburg auf dem Kühlberg oder das verträumte Wasserschloss Mespelbrunn, das 1958 als Filmkulisse für »Das Wirtshaus im Spessart« mit Liselotte Pulver in der Hauptrolle diente. »Mein bayerisches Nizza« betitelte einst König Ludwig I. Aschaffenburg und meinte damit wohl den Blick aufs Pompejanum – dem weltweit einmaligen Nachbau einer römischen Villa in Pompeji. Einmal tief durchatmen heißt es im begehbaren Gradierwerk von Bad Orb. Denn hier rieselt gesundheitsfördernde Sole von den Wänden.

Motorradrouten durch den Spessart vereinen scharfe Kurven, steile Abhänge und bisweilen Schotterstraßen mit grandiosen Ausblicken. Ob riskantere Strecken durch den südlichen Spessart oder sanfte Kurvenlinien im Mainspessart – hier ist für jeden Geschmack etwas dabei. Ein beliebter, malerisch gelegener Treffpunkt ist das Waldhaus am Engländer. Er markiert einen Knotenpunkt, an dem mehrere Routen zusammenlaufen. Vorsicht ist jederzeit geboten, denn die herrliche Waldlandschaft beheimatet Rehe, Hirsche und Wildschweine, die gerne mal die Straßen überqueren. Das Gefühl, dass sich Fuchs und Hase in den teils verschlafenen Dörfern gute Nacht sagen, täuscht. So ist der Naturpark Spessart mit einer Fläche von 2440 Quadratkilometern Touristenmagnet schlechthin und über die hessische Route 66, die A66, bestens zu erreichen.

Der verschwiegene Spessart ist eines der größten Laubwaldgebiete Deutschlands und Heimat für Mufflons, Waschbären und Luchse.

Im Wald da sind die Räuber

Romantische Sträßchen entführen in dichte Laubwälder und hübsche Fachwerkstädtchen. Mit im Gepäck – viele Geschichten, die sich um die sagenumwobene Landschaft des Spessarts ranken.

Zwei Bischofsfiguren an der St- Martins-Kirche haben Bad Orb mit seinen Fachwerkhäusern im Blick.

ROUTE 25

Routenlänge: 350 km
Zeitbedarf: Ein- bis Zwei-Tagestour
Charakteristik: Kurven- und waldreiches Geläuf, das sogar Markenhersteller zur Vorstellung ihrer neuesten Motorradmodelle nutzen.
Start und Ziel: Bad Soden-Salmünster
Routenverlauf: Bad Soden-Salmünster, Bad Orb, Flörsbach, Wiesen, Frammersbach, Partenstein, Heigenbrücken, Rothenbuch, Hafenlohr, Wertheim, Reicholzheim, Nassig, Schollbrunn, Rohrbrunn, Altenbuch, Stadtprozelten, Mönchberg, Röllbach, Großheubach, Klingenberg, Eschau, Geißhöhe, Heimbuchenthal, Haibach, Aschaffenburg, Bad Soden-Salmünster.
Mit kurzem Abstecher von Burgjoß nach Aura, Burgsinn, Obersinn, Sterbfritz, Sinntal, Sinntal-Jossa und zurück nach Burgjoß

Informationen:
www.spessart-tourismus.de

Hier geht's zum GPS-Track

01 Bad Soden-Salmünster

Bad Soden-Salmünster ist mit ihrer Mischung aus Tradition und Moderne eine Stadt mit vielen Gesichtern. In den verwinkelten Gassen der historischen Altstadt gibt es viel zu entdecken. Da wäre das 1703 erbaute, ehemalige barocke Rathaus, die neugotische St.-Laurentius-Kirche mit zahlreichen Holzschnitzarbeiten des Bildhauers Sebastian Herbst sowie das 2007 restaurierte Brunnenhäuschen des 1907 erbohrten Pacificus-Sprudels unterhalb der heutigen Klinik St. Marien.
Vom Wahrzeichen Bad Sodens, der Burgruine Stolzenberg (1252) mit Aussichtsturm, hat man nicht nur einen herrlichen Panoramablick vom Spessart bis zur Rhön, sondern auch gleich in der Nähe die Sodener Auen mit frei zugänglichem Kurpark, der mit schicken Wasserlichtspielen vor allem im Sommer zur Kulturkulisse wird. Ebenso die Arena in der Salz. Eine beschauliche Atmosphäre versprüht auch die Altstadt Salmünsters mit ihren urigen Wohnhäusern, hübschen Geschäften und dem sogenannten »Amtshof«, dem Huttenschloss Salmünster am nördlichen Stadtmauereck. Geprägt wird die Ortsansicht auch durch das weithin sichtbare Franziskanerkloster mit der barocken Pfarrkirche St.-Peter-und-Paul, die alle drei Jahre Schauplatz der Passionsfestspiele von Salmünster ist. In Richtung L3178 im südlichen Stadtmauereck den Adelssitz Schleifrashof und den Waldweiher passiert, kreuzt die L3179 schwungvoll den Weg, der direkt nach Bad Orb führt.

02 Bad Orb

Im 19. Jahrhundert noch Teil des Salinengeländes, ist die heute weitläufige, über 100 Jahre alte Parkanlage mit farbenfrohen Blumenbeeten, alten Baumbeständen und dem plätschernden Orbbach als Rückzugssort bekannt. Während im altertümlichen Teil das Gradierwerk und die Alte Lesehalle mit Raum-Inhalatorium für Erholung sorgen, geht es auf dem Barfußpfad, im Lehrkräutergarten und in den Kneipp-Anlagen aktiv zur Sache.
Für mehr Grün lockt als kleiner Abstecher, in sanften Schwüngen über die L3199 von Burgjoß aus, der östliche Teil des Naturparks Spessart. Seinen Namen (früher: Spechts-Hardt) verdankt er dem Schwarz-

Fast schon zu kitschig: Sonnenuntergang an der Kinzigtalsperre bei Bad Soden-Salmünster.

specht, der hier noch heute heimisch ist. Verschwunden sind dagegen die Spessart-Räuber, die früher im Wald ihr Unwesen trieben.

Überraschend sanft, aber auch launisch geht es im Zickzackkurs von Aura über die St2304 nach Burgsinn und von dort geradewegs Richtung Obersinn. In hügeliger Waldlandschaft cruist man vorbei an Sterbfritz ins Sinntal, nach Sinntal-Jossa und wieder zurück über Burgjoß nach Bad Orb, wo die Kreisstraße 890 auf die rechts und links von Wald umgebene L2905 nach Flörsbach führt. Hier schlängelt sich der Flörsbach durch die saftigen Auen und es ist so ruhig, dass man nur das Rauschen der Bäume hört.

03 Flörsbachtal

Als wilde Gemeinde im Spessart ist Flörsbachtal bekannt. Es besteht aus vier kleineren Dörfern, die in den Jahren 1972 und 1974 zu einer größeren Gemeinde zusammengeschlossen wurden: Flörsbach, Lohrhaupten mit der ältesten Kirche des Spessarts, Kempfenbrunn und Mosborn mit nur 69 Einwohnern und einer einzigen Straße, die sich jedoch als Sackgasse entpuppt.

Auf der Fahrt Richtung St2905, die in den Norden des Naturparks Spessart führt, ist Vorsicht geboten. Denn während Hasen über die Gräser hoppeln und Greifvögel über den Hügeln ihre Kreise ziehen, überqueren gerne mal Rehe, Hirsche und Wildschweine die Straßen. Durchatmen heißt es in der Gemeinde Wiesen, die im Norden und Osten jeweils an das Bundesland Hessen grenzt. Sehenswert sind im Ortskern das Schloss der Mainzer Kurfürsten (1597) mit Rundturm und die benachbarte barocke Pfarrkirche St. Jakobus von 1724. Auf der Hauptstraße geht es vorbei an einer kleinen Privatbrauerei von 1888, die das wieseneigene Bier herstellt, auf die kurvenreiche St2305 nach Frammersbach.

04 Frammersbach

Wenn der Wind sanft die Hügel herabweht, riecht es nach Moos und Heu. Denn mitten im Naturpark liegt die einst bedeutende Glasmachersiedlung Frammersbach am Fuße der zweithöchsten Erhebung des Spessarts, der Hermannskoppe mit 567 Meter Höhe. Ein beschilderter Ortsrundgang führt zu 16 markanten Stationen wie den Marktplatz mit imposantem Blick zur Kirche mit Kirchberg. Auch das frühere Rathaus, das 1717 als Kurmainzisches Dienstgebäude gebaut wurde, und die Wehrmauer mit Kulissenturm lernt man kennen, bevor man sich auf der B276 zum schmucken Dorf Partenstein aufmacht. Mit dichten Mischwäldern bestückte Berge und die sonnenüberfluteten Aubach- und Lohrbachtäler prägen den Charakter des herrlichen Landstrichs rund um die St2317, die ins Herz des Naturparks Spessart über Heigenbrücken nach Rothenbuch führt

05 Rothenbuch

Erstmals 1318 urkundlich erwähnt, ist das romantische Spessartdörfchen Rothenbuch im Zuge der aufsteigenden Glashüttenindustrie gewachsen. Einige, meist herrschaftliche Gebäude (vor allem aus dem 16. Jahrhundert) sind noch vorhanden. So ist das ehemalige Zeughaus aus dem Jahre 1566 heute das Gasthaus »Zum Löwen« und die zum Schloss gehörige Zehntscheune (1576), in der die Rothenbucher einst ihre Steuern in Form von Naturalien abliefern mussten, das Staatliche Forstamt. Das Mainzer Wappen, dessen sechsspeichiges Rad in das Gemeindewappen von Rothenbuch Eingang gefunden hat, ziert dessen Giebelwand. Von hier fällt der Blick über das bezaubernde Hafenlohrtal, das eine alte Wassermühle einrahmt. Quer durch die bis zu 800 Jahre alten Eichenwälder windet sich die St2299 entlang des Mains von der 1814 erbauten Pfarrkirche St. Jakobus der Ältere in Hafenlohr aus abwärts nach Wertheim.

06 Wertheim

Dass Wertheim zwischen Main und Tauber mehr zu bieten hat, als das Outlet-Shopping-Center Wertheim-Village, zeigt sich am historischen Marktplatz mit seinen engen Gassen, die an fränkischen Fachwerkhäusern vorbeiführen. Die hochaufragende spätgotische Stiftskirche (14. Jahrhundert) und die Marienkapelle (15. Jahrhundert) mit ihren bunten Fenstern zählen zu den Schätzen Wertheims. Eingerahmt von Spessart und Odenwald überragt die Wertheimer Burg das romantische Frankenland. Früher Sitz der Grafen von Wertheim, ist die staufische Burganlage aus dem 12. Jahrhundert, die im Dreißigjährigen Krieg stark beschossen wurde, heute eine der schönsten Burgruinen Deutschlands und ein wahrer Besuchermagnet. Enge Steintreppen führen hoch hinauf.

Das beliebte Ausflugsziel verlässt man auf der Mühlenstraße, die in wunderbaren Kurven in reizvoller Landschaft sechs Kilometer südlich nach Reichholzheim führt. Zwei aufeinanderfolgende Spitzkehren sorgen auf der Alte Heerstraße für Fahrspaß über Nassig durchs Tal des Haslochbachs, das sechs Mühlen aufzuweisen hat, wovon die Schreckemühle noch immer in Betrieb ist. Anschließend geht es hinauf in die Gemeinde Schollbrunn. Von dort führt die Hochstraße in die viel zitierte spukende Gegend.

07 Rohrbrunn

Wer eine Ortschaft im herkömmlichen Sinne erwartet, liegt falsch. Denn Rohrbrunn im Hochspessart besteht nur aus der Autobahn-Rastanlage. Das Besondere: Zusammen mit der Anschlussstelle zur A3 genießt sie bundesweite Bekanntheit, denn hier soll jenes Wirtshaus im Spessart – mit Liselotte Pulver in der Hauptrolle 1958 überaus erfolgreich verfilmt – gestanden haben, das Wilhelm Hauff in seiner Erzählung als Vorlage diente. Die moderne Geschichtsforschung geht aber davon aus, dass die Poststation in Hessenthal, unweit von Mespelbrunn, das Wirtshaus gewesen sein müsste. Hier machte Hauff bei seiner Reise nach Frankfurt 1826 Halt.

So oder so lässt sich von der Autobahn aus das mit Sicherheit von Prinzregent Luitpold von Bayern errichtete Jagdschloss Luitpoldshöhe erblicken, bevor es auf der St2317 bei Marienhain auf der AB15 durch das Rauschen der Bäume geht. Vorbei an auf Hängen weidenden Rindern der MIL35 passiert man das Kriegerdenkmal von Altenbuch, dessen Dorfstraße auf die St2315 nach Stadtprozelten führt.

08 Stadtprozelten

Die Henneburg auf dem Kühlberg zählt zu den besterhaltenen Burgen in Deutschland. Weil sie früher Burg Prozelten hieß, heißt die Stadt zu ihren Füßen folgerichtig: Stadtprozelten. Der Deutsche Orden war es, der die Burg aus dem 12. Jahrhundert 300 Jahre später zu einer Festung in Anlehnung an die Kreuzfahrerburgen ausbaute und so dem damaligen Bollwerk am Main seinen besonde-

AUSFLUGSZIELE

Brüder-Grimm-Stadt

Beliebtes Ausflugsziel von Bad Soden-Salmünster aus Richtung Steinau an der Straße ist der ca. 2,4 Kilometer lange Kinzig-Stausee. Hierher haben es die letzten zehn Kilometer vor der Märchenstadt mit brachialen Kurven in sich. Einen Besuch lohnt das Brüder-Grimm-Haus, das als Museum dient. Von 1791 bis 1798 lebten dort die berühmten Märchenonkel. Eine Ausstellung im Steinauer Schloss lädt zudem in die Märchenwelt der Brüder Jacob und Wilhelm Grimm ein.

Brüder-Grimm-Haus, Brüder-Grimm-Str. 80, 36396 Steinau, Tel. 06663/7605, www.brueder-grimm-haus.de

Gradierwerk Bad Orb

Mitten im Kurpark steht eines der Wahrzeichen von Bad Orb: das Gradierwerk. Mit einer Länge von 155 Metern, einer Breite von 12 Metern und einer Höhe von 18 Metern stellt das riesige Freiluft-Inhalatorium seit 1806 nicht nur eine Sehenswürdigkeit dar, es besitzt auch eine gesundheitsfördernde Wirkung. Das Beste: Von Frühlingsanfang bis Ende Oktober rieselt täglich die Bad Orber Sole über die Schwarzdornwände und kann von den Besuchern kostenfrei genutzt werden.

Gradierwerk, Im Kurpark, 63619 Bad Orb, Tel. 06052/830, www.bad-orb.info

Glasmuseum

Die Entwicklung vom Luxusglas der Antike zum heute unentbehrlichen Wertstoff wird im Glas-ABC mit 35 integrierten Spiel- und Anfass-Stationen vermittelt.

Glasmuseum Wertheim e.V., Mühlenstr. 24, 97877 Wertheim, Tel. 09341/6866, www.glasmuseum-wertheim.de

Burg Wertheim ist eine der ältesten Burgruinen Baden-Württembergs.

In erster Flusslinie in Wertheim – direkt an der Tauber reihen sich zahlreiche Häuschen am Ufer entlang.

Blick von der Henneburg auf dem Kühlberg auf das am Main liegende Stadtprozelten.

Fachwerkidyll in Klingenberg.

Einen fantastischen Ausblick weit über den Spessart hat man vom Kapellenberg bei Heimbuchenthal. Hier steht die Kapelle »Herrin der Berge« unter einem mächtigen Kastanienbaum.

ren Charakter gab. Historie begegnet einem in dieser kleinen Stadt auf Schritt und Tritt. Alleine durch das Rathaus, das 1520 erbaut und 1621 um den Treppenturm erweitert wurde, fühlt man sich in eine andere Zeit versetzt. Der Erker sitzt auf zwei toskanischen Säulen. Auf der St2315 bleibend, begleitet der Main linkerhand eine Teilstrecke nach Mönchberg, das über die Mönchberger Straße mit Hufeisenkurve, umgeben von mächtigen Eichen- und Buchenwäldern, am Waldschlösschen erreicht ist. In südlicher Richtung führt die St2441 durch die Örtchen Röllbach und Großheubach bis zur Rotweinstadt Klingenberg.

09 Klingenberg

Auffällig sind der Hohberg (Richtung Erlenbach) und der Schlossberg (Richtung Großheubach), zwei Weinberge oberhalb von Klingenberg mit terrassenförmigen Steillagen, an denen unter anderem der bekannte Klingenberger Rotwein angebaut wird. Oberhalb der Altstadt liegt die mittelalterliche Clingenburg. Ab 1177 saßen hier die Herren von Clingenburg, danach residierten die mainzischen Amtmänner bis zur Mitte des 16. Jahrhunderts, bis sie schließlich verfiel. Im 20. Jahrhundert wurde die Burgruine mit Restaurant und Aussichtsplattform touristisch angelegt. So auch der Rosengarten im französischen Stil mit Teehäuschen (1799) im Klingenberger Stadtschloss, ein Renaissancebau von 1560. Das wohl schönste Fachwerkhaus ist aber das Alte Rathaus (1561) mit Krüppelwalmdach und Mittelerker. Zwischen Altstadt und Burg ist noch heute die Stadtmauer sichtbar. Ebenfalls unversehrt ist das südliche von drei Stadttoren, der Brunntorturm mit Arrestzelle im Obergeschoss und einem Zwiebelturm, an dem man über die Bergwerkstraße vorbeifährt.

Kurve um Kurve geht es anschließend nach Eschau, einem Ferienort im malerischen Elsavatal. Entlang des Dammbachs führt die Wintersbacher Straße in die Taubendelle – mit vier aufeinanderfolgenden Spitzkehren einfach ein Traum. Von der Geißhöhe zwischen Wintersbach und Wildensee geht es nördlich durch das Tal des Dammbachs nach Heimbuchenthal.

10 Heimbuchenthal

Mit rund 60.000 Übernachtungen im Jahr ist das beschauliche Heimbuchenthal tatsächlich der beliebteste Urlaubsort im Spessart. Hier befindet sich der Besucher auf dem insgesamt 12,5 Kilometer langen Europäischen Kulturweg zwischen »Himmel & Hölle«: Der Weg zur Kapelle »Herrin der Berge« führt geradewegs in den »Himmel«, abwärts geht es dann auf dem Weg entlang des Bachs Elsava in die »Hölle« zum Höllhammer, einem Ensemble des ehemaligen Eisenhammers.
Auf der Hauptstraße gelangt man im abgelegenen Seitental des Elsavatals zum Wasserschloss Mespelbrunn. Über 600 Jahre alt, wird es seit den 1950er-Jahren mit dem Film »Das Wirtshaus im Spessart« assoziiert. Das im Renaissancestil erbaute Schloss lockt jährlich an die 100 000 Besucher. Auf der Würzburger Straße geht es durchs bewaldete Haibach direkt am sehenswerten

Versteckt in einem verschwiegenen Spessart-Tal liegt das Wasserschloss Mespelbrunn. Es wurde u. a. als Drehort des 50er-Jahre-Films »Das Wirtshaus im Spessart« bekannt.

Park Schöntal vorbei bis Aschaffenburg erreicht ist.

11 Aschaffenburg

»Mein bayerisches Nizza« betitelte einst König Ludwig I. von Bayern die Stadt Aschaffenburg. Damit meinte er wohl den Blick aufs Pompejanum als weltweit einmaligen Nachbau einer römischen Villa in Pompeji mit mediterran anmutender Gartenpartie samt Feigen, Mandelbäumen und Araukarien. Oder vielleicht doch das Schloss Johannisburg aus rotem Buntsandstein aus dem 17. Jahrhundert? Einmalig sind die Schlosskirche mit Renaissance-Altar, Kanzel und Portalskulpturen von Hans Juncker, die fürstlichen Wohnräume sowie der abwechslungsreiche Park mit reizvollem Laubengang über der mittelalterlichen Stadtmauer, klassizistischem Frühstückstempel und einem Teil des ehemaligen Stadtgrabens. Heute ist Aschaffenburg eine moderne Industrie- und Arbeiterstadt, besitzt aber viele kleine Schätze. So hat beispielsweise um die Kleine Metzgergasse mitten in der Stadt ein reizvolles Fachwerkviertel überlebt. Auf der hessischen Route 66, gemeint ist die A66, geht's zurück nach Bad Soden-Salmünster.

AUSFLUGSZIELE

Romantische Straße

Vom Main zu den Alpen – seit 2018 ist die bekannte Romantische Straße um eine malerische Stadt reicher: Wertheim. Der Routenverlauf führt nun von Würzburg über Holzkirchen, den Weinort Wertheim-Dertingen, Wertheim-Urphar mit seiner schönen Wehrkirche, Wertheim-Eichel, Wertheim mit einer der ältesten Steinburgruinen, Bronnbach mit dem ehemaligen Zisterzienserkloster, Gamburg, das liebliche Taubertal entlang über Rothenburg ob der Tauber bis nach Füssen.

www.romantischestrasse.de

Schloss Mespelbrunn

Als 1412 Erzbischof Johann von Mainz dem Ritter Hamann Echter den Platz zum Espelborn schenkte, war der Spessart ein wilder, unerschlossener Wald. Hussiten nutzten ihn für Plünderungszüge. Echters gleichnamiger Sohn schützte 1427 deshalb das unbefestigte Weiherhaus mit Mauern und Türmen, die folgenden Generationen verwandelten es in ein verträumtes Renaissance-Schloss. Bekannt wurde es als Drehort des Films »Das Wirthaus im Spessart« mit Liselotte Pulver.

Schloss Mespelbrunn (für Besucher zugänglich), 63875 Mespelbrunn, Tel. 06092/269, www.schloss-mespelbrunn.de

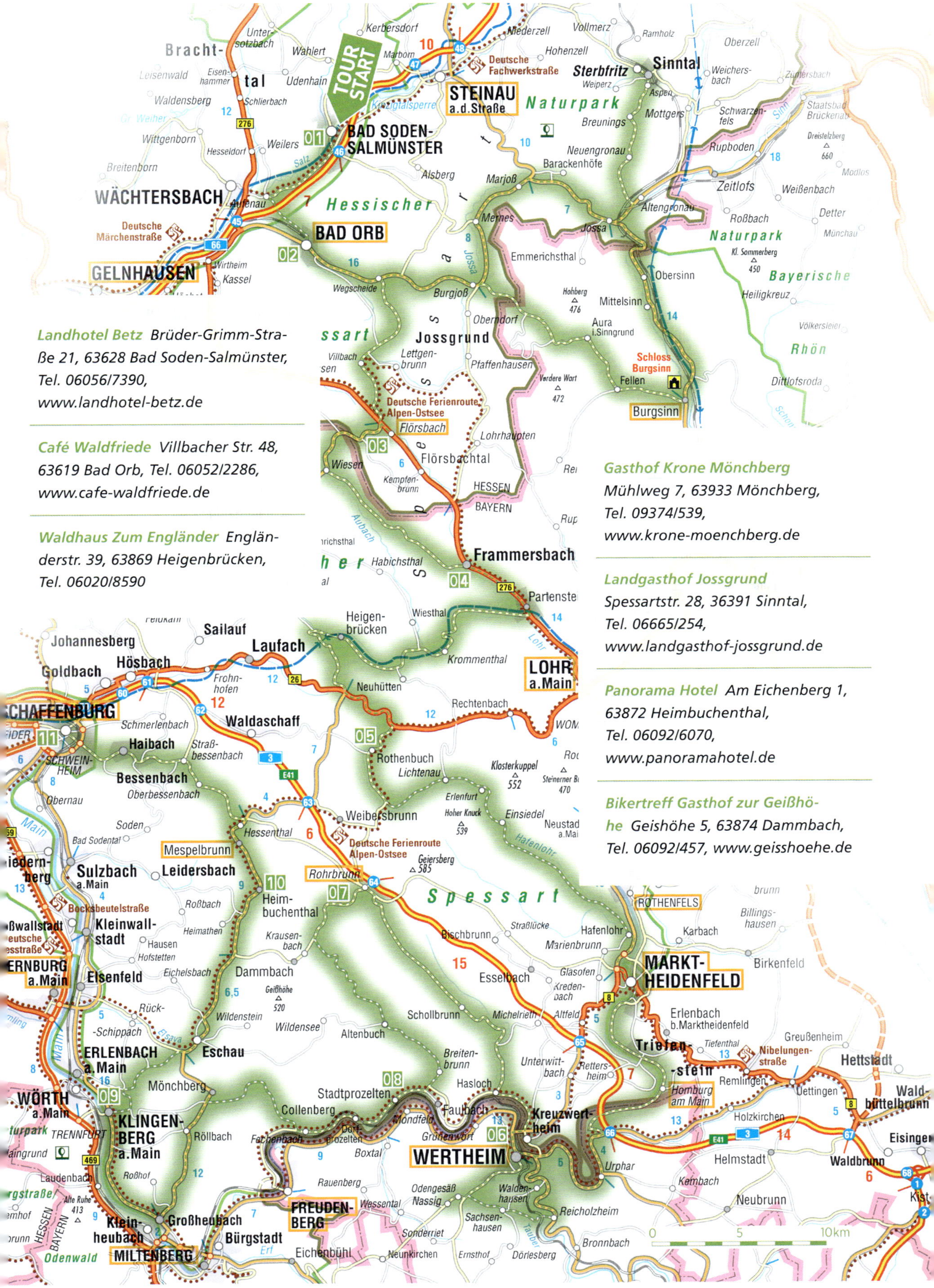

Landhotel Betz Brüder-Grimm-Straße 21, 63628 Bad Soden-Salmünster, Tel. 06056/7390, www.landhotel-betz.de

Café Waldfriede Villbacher Str. 48, 63619 Bad Orb, Tel. 06052/2286, www.cafe-waldfriede.de

Waldhaus Zum Engländer Engländerstr. 39, 63869 Heigenbrücken, Tel. 06020/8590

Gasthof Krone Mönchberg
Mühlweg 7, 63933 Mönchberg, Tel. 09374/539, www.krone-moenchberg.de

Landgasthof Jossgrund
Spessartstr. 28, 36391 Sinntal, Tel. 06665/254, www.landgasthof-jossgrund.de

Panorama Hotel Am Eichenberg 1, 63872 Heimbuchenthal, Tel. 06092/6070, www.panoramahotel.de

Bikertreff Gasthof zur Geißhöhe Geishöhe 5, 63874 Dammbach, Tel. 06092/457, www.geisshoehe.de

Von Schlössern, Römern und flotten Kurven

Inbegriff des Allgäus sind die märchenhaften Schlösser von Ludwig II. Neuschwanstein und Linderhof werden aber nicht die einzigen Sehenswürdigkeiten auf dieser schwungvollen Tour bleiben.

ALLGÄU

Wo die Romantische Straße, die Via Claudia Augusta und die Deutsche Alpenstraße aufeinandertreffen, liegt das kleine, historische Füssen mit 2000 Jahre alter, lebendiger Geschichte vor grandioser Alpenkulisse. Vor ihren Toren befinden sich die Träume zweier Könige: die Schlösser Neuschwanstein und Hohenschwangau. Das Allgäu auf seine prunkvollen Königsschlösser zu reduzieren, wäre aber schlichtweg falsch. Der Tourismus boomt schließlich nicht nur deshalb. Vor allem die Kurstadt Bad Wörishofen, die man auf ruhigen schmalen Nebenwegen erreicht, lockt mit dem Erbe des weltberühmten Pfarrers Sebastian Kneipp. Seinem Konterfei kann man sich entziehen, wenn man eine gemütliche Runde über blumige Wiesenbuckel nach Irsee wedelt, wo »Himmel und Höll« im gleichnamigen Kloster aufeinandertreffen. Von hier ist das flotte Kurvenschwingen gewürzt mit kulturellen Highlights wie der St.-Blasius-Kapelle in Kaufbeuren oder dem ehemaligen Fürstbischöflichen Schloss in Marktoberdorf, das von einer zwei Kilometer langen Lindenallee mit 620 Bäumen gesäumt ist.

Immer wieder eröffnen sich herrliche Ausblicke über die bäuerlich geprägte Landschaft. Die lässt einen fast vergessen, dass man nicht in Italien ist. So zum Beispiel bei Denklingen, wenn man entlang der Via Claudia Augusta fährt. Auch die schöne Stadt Kempten versprüht mediterranes Flair. Womöglich ist das auf die alten Römer zurückzuführen, die hier vor über 2000 Jahren ihre Landstadt »Cambodunum« errichteten. Und natürlich erreicht man auf zwei Rädern zwischen Kurven und Hügeln auch die »Riviera des Allgäus« – die langgezogene Uferpromenade des Hopfensees.

Am schönsten ist der Blick auf das Märchenschloss Neuschwanstein, wenn man sich ihm bei einer Wanderung auf dem in Füssen beginnenden Alpenrosenweg nähert. Erreicht man es, hat man einen sensationellen Blick auf den Alpsee.

ROUTE 26

Routenlänge: 360 km
Zeitbedarf: Mehr-Tagestour, mit allen Sehenswürdigkeiten, Stadtbesichtigungen und Abstechern durchaus auf 1 bis 2 Wochen ausdehnbar.
Charakteristik: Sanftes Kurvenschwingen bis zu aufregendem Kurvenwedeln – grandiose Panoramen, Traumpässe sowie eine Menge kultureller Highlights sind inklusive.
Start und Ziel: Kempten
Routenverlauf: Kempten, Durach, Oy-Mittelberg, Görisried, Wald, Leuterschach, Markt-Oberdorf, Rettenbach, Bidingen, Osterzell, Kaufbeuren, Irsee, Eggerthal, Ronsberg, Markt-Rettenbach, Lauchdorf, Bad Wörishofen, Waal, Denklingen, Altenstadt, Burggen, Bernbeuren, Stötten, Roßhaupten, Seeg, Hopfen am See, Füssen, Weißensee, Pfronten, Nesselwang, Durach, Kempten
Informtionen: www.allgaeu.de

Hier geht's zum GPS-Track

Zentrum von Kempten ist der schöne Rathausplatz. Das Rathaus (rechts) wurde 1474 errichtet.

01 Kempten im Allgäu

Mitten im Herzen des Allgäus liegt die 2000 Jahre alte, sehenswerte Stadt Kempten. Der romantische Rathausplatz mit seinem im Sommer fast schon mediterranen Flair erinnert daran, dass der Süden nicht weit ist. Vielleicht ist das auf die alten Römer zurückzuführen, die hier vor über 2000 Jahren »Cambodunum« erbauten. Die Erwähnung durch den griechischen Geografen Strabon um 20 n. Chr. ist das älteste schriftliche Zeugnis für eine deutsche Stadt überhaupt. Für eingefleischte Antikforscher gibt es im heutigen Archäologischen Park auf dem Lindenberg am anderen Ufer der Iller allerhand Überreste aus dieser Epoche zu untersuchen. Beim Bummel durch die Altstadt Kemptens verraten zudem Stationen wie die altehrwürdige Residenz samt Hofgarten und Orangerie oder die ehemalige Klosterkirche St. Lorenz, eine Basilica minor, die ihren Ehrentitel 1960 von Papst Paul VI. erhielt, einiges über die lange und spannende Stadtgeschichte. Führungen werden u. a. im Duftgarten der Burghalde, eine im Stadtzentrum gelegene Erhebung, auf der sich die Ruinenreste der gleichnamigen Burg befinden, angeboten. Ein neueres stadtbildprägendes Gebäude ist der 13-stöckige Allgäu Tower mit seiner spiegelnden Glasfassade. Vom obersten Stockwerk bietet sich ein Blick weit über die Stadtgrenzen hinaus. Zu den technischen Sehenswürdigkeiten gehören die zwei Oberen Illerbrücken (1906), die neben der alten König-Ludwig-Brücke (1851) stehen. Beide gelten als die größten Stampfbetonbrücken der Welt. Anders die St.-Mang-Brücke, auf der die Skulptur der Heiligen Magnus und Lorenz am rechten Ufer sitzt. Sie führt in der Altstadt über die Iller und schließlich auf der B309 durch die vier Kilometer südlich gelegene Gemeinde Durach. Vorbei geht's am Ortskern mit der barocken Kirche, dem historischen Pfarrhof mit seiner vermutlich ca. 700 Jahre alten Linde und dem 180 Jahre alten, neu renovierten Rathaus nach Oy-Mittelberg. Ein Stück weit wird man vom Grün der Kastanienbäume begleitet. Auf ruhigen Straßen fährt es sich gemächlich entlang des Baches Durach, der dem Ort seinen Namen gab.

02 Oy-Mittelberg

Die Lage des Kneipp- und Luftkurorts Oy-Mittelberg ist wie gemalt: Im Süden grüßen der Säuling, der Grün-

Jedes Jahr im Herbst ist der Viehscheid im Allgäu ein großes Spektakel.

ten und die Zugspitze. Der Grüntensee und der Rottachsee sowie viele kleine Moorweiher liegen verstreut zwischen den schmucken Ansiedlungen. Sehenswert ist die Kirche in Maria Rain, die älteste und wohl schönste Wallfahrtskirche im Allgäu, die Erzgruben-Erlebniswelt, das Allgäuer Bergbauernmuseum, die größte Wanderbank Deutschlands oder die Kirche St. Michael aus dem 8. Jahrhundert (mit 1036 Metern die höchstgelegene Pfarrkirche) samt Michaelsglocke (1522) am Turm (12. Jahrhundert).

Im Ortsteil Haslach findet übrigens traditionell jedes Jahr im September ein Viehscheid statt, bei dem rund 100 Rinder mit Glockengeläut und Hufschlag von den Bergwiesen zurückkehren. Zahlreiche Besucher feiern das zusammen mit den Bauern im Rahmen eines großen Volksfests. Natürlich nicht nur hier. So werden in rund 32 Allgäuer Orten Festzelte aufgestellt. Am Festabend beginnt dann der letzte offizielle Teil des Viehscheids. Nach alter Tradition werden die besten Hirten mit großen Ehrenschellen ausgezeichnet. Unabhängig davon kredenzen Heuwirte am Wegesrand Käse-Köstlichkeiten und hört man genau hin, so sind weit über alle Dächer hinweg die lauten Rufe der Alphörner zu vernehmen.

Die Hauptstraße führt in gemütlichen Kurven in nordöstlicher Richtung durch die Orte Görisried, Wald und Leuterschach bis das schöne Marktoberdorf erreicht ist.

03 Marktoberdorf

Schon 1453 erhielt der beschauliche Ort seine Marktrechte, seit 1803 gehört er ganz zu Bayern. Geprägt wird Marktoberdorf von einigen sehenswerten historischen Bauwerken, wie der Stadtpfarrkirche oder dem ehemaligen Sommer- und Jagdschloss der Fürstbischöfe von Augsburg mit zwei Kilometer langer Lindenallee aus dem 18. Jahrhundert. Sie erzählt mit 620 Linden noch heute vom Wirken des letzten Augsburger Fürstbischofs Clemens Wenzeslaus. Von der Luitpoldhöhe hat man einen schönen Blick auf die Allgäuer Alpenkette, den bereits Prinzregent Luitpold von Bayern genossen haben soll.

Landschaftlich reizvoll geht's auf der B16 nach Rettenbach am Auerberg und von da auf der gut ausgebauten Hauptstraße entlang des plätschernden Hühnerbachs vorbei am Kalvarienberg mit Grabkapelle (1730) nach Bidingen.

04 Bidingen

Die letzte Eiszeit hat kraftvoll am malerischen Landstrich von Bidingen mitgewirkt, denn vom Auerberg her wurde der Lechgletscher hineingeschoben. Die dadurch entstandenen Ablagerungen bilden den heutigen Moränenhügel. Vom damaligen See, der sich dazwischen gebildet hatte, sind heute noch der Bischofsee, der Korbsee und der Dachsee als Reste übrig geblieben. Unvorstellbar, aber wahr sind die zahlreichen Hexenverbrennungen, die hier bis 1592 stattfanden. Auf dem kurzen Weg nach Osterzell passiert man auf der Bidinger Straße die kleine Kapelle St. Anna, ehe man dynamisch auf der Hauptstraße westlich Richtung Kaufbeuren durch die beschaulichen Bauerndörfer Stöttwang, Thalhofen und Mauerstetten fährt.

05 Kaufbeuren

Die Staufergründung (nach 1191) und einstige Reichsstadt (1286–1803) erlebte ihre glanzvollsten Zeiten, als Kaiser Maximilian I. hier häufig zu Gast war. Nach ihm ist der markanteste Straßenzug der historischen Altstadt mit ihren hübschen Gassen und prachtvollen Bürgerhausfassaden, mittelalterlichen Türmen und Mauern benannt. Die Alt-

Alljährlich im Juli feiern in Kaufbeuren über 1600 Kinder das älteste historische Kinderfest Bayerns.

Imposant erheben sich die weißen Türme der Kloserkirche von Irsee in der blühenden Voralpenlandschaft.

stadt birgt zudem das Crescentiakloster, ein Ort der Ruhe und Besinnung. Laut wird es dagegen jährlich im Juli, wenn beim Tänzelfest Ausnahmezustand herrscht. Die Häuser der Altstadt sind dann hübsch geschmückt, es gibt zahlreiche prächtige Festumzüge. Auch zur Weihnachtszeit leuchten die Straßen, und der Neptunbrunnen (1753) in der Nähe des Rathauses (1881) in der Kaiser-Max-Straße verwandelt sich dann in den größten echten Adventskranz der Welt. Kunsthistorisch bedeutsam und wichtigstes Baudenkmal ist die gotische St.-Blasius-Kirche. Eiskalt ist es rund um den Flügelaltar (1518) und rund um die fünf Bildtafeln, die Geschichten von Aposteln und Heiligen mit Gruselfaktor erzählen. Kaufbeurens Wahrzeichen ist der mit 33 Meter Höhe weithin sichtbare Fünfknopfturm (1420), der seinen Namen von den fünf Turmknöpfen hat, die die Hauptspitze und die vier Scharwachttürmchen bekrönen. Eine Besonderheit ist der 1917 eingebaute Schild in der Ostfassade, der als Kriegswahrzeichen in der Art eines Wehrmanns in Eisen mit 5387 Nägeln beschlagen ist. Er zeigt in Wappenform die Flaggen der im Ersten Weltkrieg verbündeten Mittelmächte: Osmanisches Reich, Bulgarien, Deutsches Reich und Österreich-Ungarn. Die 165 großen Nägel stehen sinnbildlich für die bis 1917 gefallenen Kaufbeurer Söhne. Im Inneren führen 87 Stufen zur Türmerstube im fünften Stock. Auch Teile der angrenzenden Stadtmauer, die um 1200 gebaut, 1420 erhöht und mit einem überdachten Wehrgang versehen wurde, sind begehbar. Den Schlüssel dazu erhält man in der Touristeninformation. Über den jüngsten Kaufbeurer Stadtteil Neugablonz, der von der Schmuckindustrie geprägt ist, wedelt es sich auf der B16 zwischen der Wertach rechterhand und kleineren Gewässern wie Eybach und Weihergraben auf der linken Seite hoch bis Pforzen und schließlich westlich nach Irsee.

06 Irsee

Wer einen Blick in den Himmel werfen will, muss erst mal durch die Höll. So ist es auf jeden Fall in Irsee. Denn Höll nennen die Dorfbewohner die finsteren Wälder rund um ihr Kloster samt Kirche mit zwei hochragenden, weißen Türmen. Heute ist das Kloster ein Tagungs-, Bildungs- und Kulturzentrum. Früher galt es als Zentrum für Musik und Naturwissenschaften weit über die Grenzen von Schwaben hinaus. Man könnte fast behaupten, dass es im Benediktinerkloster mehr Violinen, Pauken und Trompeten gab als Mönche. Im lichtdurchfluteten Treppenhaus grüßen aus dem Westen die christlichen Tugenden von der Decke, im Süden stürzt Luzifer gerade in den Abgrund, der griechische Gott der Zeit, Chronos, hebt wissend die Sense. Zu ihm blickten die Mönche auf, die bis 1802 im Kloster Gott und die Welt studierten. Dann aber wurde die Anlage vom Königreich Bayern im Zuge der Säkularisation beschlagnahmt und zu einer modernen »Irrenanstalt« umgestaltet, wie es sie in Bayern bis dato kaum gab. Mit einer Arbeitstherapie sollte der Unordnung im Kopf eine äußere Ordnung entgegengestellt werden. Bis zu 300 Patienten halfen hier im Garten, hackten Holz und rupften das Federvieh. Sie galten als unheilbar. Noch heute erinnert ein Gedenkstein auf der grünen Wiese des Klosterfriedhofs an die ehemaligen Bewohner in der Zeit des Nationalsozialismus.
Die Grenzen zwischen damals und heute verschwimmen im Brauereimuseum der Irseer Klosterbrauerei. Von hier aus hat man auch einen direkten Blick in das Sudhaus, läuft an den Gärbottichen vorbei und steigt hinab in das kühle Kellergewölbe, in dem der Kloster-Urtrunk langsam und stetig reift. Über die Eggenthaler Straße schwingt man die Reifen durch die Allgäuer Buckelwelt über den gleichnamigen Ort, der von der Landwirtschaft lebt. Milchkühe sieht man nicht nur grasen, man hört und riecht sie auch. Über die Wolfers Steige führt der Weg mit schönen Kehren ins Voralpengebiet des östlichen Günztals.

AUSFLUGSZIELE

Römerbad

Die am Ortsrand gelegene Ausgrabungsstätte Römerbad ist Teil eines Mitte des 2. Jahrhunderts n. Chr. unter Kaiser Hadrian errichteten Gutshofs. Über den außergewöhnlich gut erhaltenen Mauerresten des römischen Badehauses wurde ein rundum verglaster Schutzbau errichtet. Er dient gleichzeitig als Ausstellungsraum von archäologischen Fundstücken wie Kuhglocken und Mühlespiel.
Verein Römerbad Kohlhunden e.V., Carl-Orff-Ring 17, 87616 Marktoberdorf, Tel. 08342/400845, www.roemerbad-marktoberdorf.de

Katzbrui-Mühle

Ein ganz besonderes Flair weht durch die 350 Jahre alte Gaststube der Katzbrui-Mühle. Kopf einziehen beim Betreten nicht vergessen, sonst stößt man sich ebensolchen an den niedrigen Türrahmen. Direkt neben der urigen Gaststube befindet sich die noch immer funktionstüchtige Getreidemühle. Für Gerste, Weizen, Hafer und Dinkel wurde 1866 bei der Modernisierung jeweils ein eigenes Mahlwerk installiert. Auf Wunsch erklärt der Wirt die Anlage.
Katzbrui-Mühle, 87742 Apfeltrach-Köngetried, Tel. 08269/575, www.katzbrui-muehle.de

07 Ronsberg

Die Geschichte von Ronsberg beginnt mit dem Bau einer Stammburg durch die Herren von Ursin um das Jahr 1130. Die Burg wurde auf dem »Berg des Ruom« errichtet, stürzte aber nach fast 500 Jahren 1612 ein. Das Areal verwandelte man 1787 schließlich zum Begräbnisplatz mit Friedhofskapelle. 1857 wurde die erste Pfarrkirche eingeweiht, für den Nachfolgebau (Kirche Mariä Himmelfahrt) im Ortszentrum erfolgte am 15. August 1960 die Grundsteinlegung. Daneben befindet sich die Kapelle des heiligen Leonhard. In dem 1700-Seelen-Ort verbrachte tatsächlich Fußballnationalspieler Mario Götze seine Kindheit, bevor seine Eltern mit dem damals 6-Jährigen nach Dortmund zogen. Auf der Hauptstraße geht es geradeaus Richtung Norden, vorbei an der Kirche St. Jakobus, einer Station auf dem Bayerisch-Schwäbischen Jakobsweg in Markt-Rettenbach, und auf der Ortsstraße über Unteregg und Warmisried und Lauchdorf auf die gut asphaltierte B16 in den Kneippkurort Bad Wörishofen.

08 Bad Wörishofen

Weltberühmt wurde der Kurort durch den 1881 dorthin übergesiedelten Pfarrer Sebastian Kneipp. Bei der Bekämpfung seines eigenen Lungenleidens stieß er auf die Heilkraft des Wassers und konnte so zahllosen Kranken Linderung verschaffen. Überall im Ort wird man an die heilbringende Tätigkeit von Kneipp erinnert, etwa im Kurpark, wo der Pionier durch ein Denkmal samt Wasserspielen geehrt wird. Das 1718 gegründete Dominikanerkloster gilt als Geburtsstätte der Physiotherapie und beherbergt ein Kneipp-Museum. In der Pfarrkirche St. Justina wurde dem Seelsorger und Heiler ein Deckengemälde gewidmet. Licht, Luft, Wasser, Ruhe und Bewegung: Im Museum lernt man diese fünf Säulen der Kneipp-Lehre kennen und kann rund 2000 Objekte bestaunen. Hier befindet sich auch die größte Therme Deutschlands mit ausgefallener Glaskuppe und Südsee-Feeling unter 15 Meter hohen Palmen.

Der Kurpark mit seinen 8000 Rosenstöcken und mehr als 500 Sorten ist ebenfalls einen Besuch wert, bevor man auf dem Bike ein gutes Stück auf der A96 nach Buchloe und über die B12 ins acht Kilometer entfernte Waal am Rand der herrlichen Allgäuer Landschaft braust. Einen stattlichen Walmdachbau mit Ecktürmen besitzt das herrschaftliche Schloss Waal (16. Jahrhundert), das um 1800 Franz Ludwig Reichsgraf Schenk von Castell gehörte. Heute ist es Wohnsitz des fürstlichen Hauses von der Leyen, in dessen Westteil sich noch Reste einer im Städtekrieg 1397 von den Augsburgern zerstörten mittelalterlichen Burg finden. Die Achstraße führt durch den Ortsteil Waalhaupten mit der Kirche St. Michael. Ihre Wandmalereien stammen aus dem frühen 16. Jahrhundert. Im nördlichen Chorwinkel steht der mit einem Satteldach gedeckte Glockenturm, dessen obere Stockwerke durch Kleeblattbogenfriese gegliedert sind. Das Glockengeschoss wird auf allen vier Seiten von einem rundbogigen Zwillingsfenster durchbrochen. In Lengenfeld auf die Stockstraße gebogen, erreicht man über Leeder schließlich Denklingen im schönen Fuchstal und am idyllischen Lechrain. Ein paar steil ansteigende Kurven heben das Motorrad aus diesem zu Eiszeiten und vom Ur-Lech geformten Talbecken.

09 Denklingen

Die sanfte, hügelige, von Bächen zergliederte Landschaft Denklingens lässt einen glatt vergessen, dass man nicht in Italien ist. Entlang der Via Claudia Augusta, die dem Fernhandel von Augsburg nach Verona und Venedig diente, lässt sich die frühe Geschichte der einst wichtigsten Römerstraße zumindest erahnen. Das Museum Abodiacum und Lorenzberg verschafft mit Zeittafeln Klarheit über das Wirken der Römer in der Zeit von 14 v. Chr. bis 390 n. Chr. Auch der 3,5 Kilometer lange Weg durch den Denklinger Forst verspricht mit dem Erklimmen des Römerturms und der Besichtigung des Hexenhauses samt Hügelgräbern mehr Wissenswertes. Die spätgotischen Fassungsreste der Kirche St. Stephanus, auch Osteraufkirche genannt, erblickt man im Vorbeifahren an der Via Salina in Richtung Kreszentiakapelle, die im Ortsteil Dienhausen als beliebtes Ausflugsziel steht. Kurz vorm Dienhauser Weiher, einem künstlich angelegten, 4,4 Hektar großen Teich im Dienhauser Tal, führt die Osterzeller Straße durch Oberzell, Ödwang und Tremmelschwang. Zwischen grünen Wiesen erreicht man über die Schwabsoiener Straße flott Altenstadt mit der sehenswerten Basilika St.-Michael mit Resten mittelalterlicher Wandmalerei und mehreren Zeugnissen romanischer Skulptur sowie dem Taufbecken. Auch der nächste bäuerliche Ort Burggen nahe des Lechs ist interessant.

AUSFLUGSZIELE

Skyline Park

Einer der größten Freizeitparks in Bayern ist der Skyline Park. Seine noch junge Geschichte beginnt 1998 mit dem Kauf des ehemaligen »Freizeitparks Kirchdorf«. Bereits die erste Saison zog mit Achterbahn, Riesenrad und Metroliner Skyline Express gleich 120 000 Besucher an.

Skyline Park, Skyline-Park-Str. 1, 86871 Rammingen, Tel. 08245/96690, www.skylinepark.de

Die schöne Innenstadt von Bad Wörishofen lohnt auf jeden Fall einen Besuch.

Kurven, Berge, Hügel und prächtige Natur – das Allgäu ist ein Muss für jeden Bike-Fan.

10 Burggen

Burggen kann mit den Ortsteilen Tannenberg und Haslach auf eine lange Geschichte zurückblicken. Eine Lanzenspitze aus Bronze, die um 1000 v. Chr. nahe der Rossau verloren wurde, ist der älteste archäologische Nachweis menschlicher Anwesenheit. Gräberfunde bezeugen eine Besiedelung um das Jahr 550. Um früher dreht sich auch alles beim jährlichen Heimatfest »Roßtag« jeden zweiten Sonntag im September. Dann allerdings stehen rund 300 Pferderassen und verschiedene kulturhistorische Gerätschaften aus Landwirtschaft und Gewerbe im Mittelpunkt. Sozusagen als lebendes Museum. Die Füssener Straße navigiert fahrtechnisch recht harmlos, landschaftlich auf Höhe des Haslacher Sees aber ganz zauberhaft durch Bernbeuren. Von dort erreicht man über die Mühlenstraße oder auch über die Auerbergstraße Stötten am Auerberg. Welche von beiden Strecken man wählt, nimmt sich nicht viel – beide Wege führen idyllisch an blühenden Wiesen und Feldern vorbei.

11 Stötten am Auerberg

Der Auerberg ist ein Vorposten der Ammergauer und Allgäuer Berge. Der geschichtsträchtige Hügel wurde bereits im 1. Jahrhundert n. Chr. von den Römern besiedelt. Noch heute kann man diese Zeugnisse betrachten. Dazu muss man nicht mal absteigen, auf dem Motorrad geht es bis hinauf. Auf dem Gipfel des sanften Grasrückens thront die St.-Georgs-Kirche. Der gewölbte Chor wurde bereits Ende des 15. Jahrhunderts erbaut. Eine enge und steile Holztreppe führt abenteuerlich durch den Kirchturm hoch zu einer Aussichtsplattform, von der man einen herrlichen Ausblick zu den Alpen genießen kann. Über das Örtchen Roßhaupten am Forggensee lenkt die B16 hinab in südlicher Richtung und windet sich auf der Seeger Straße über Seeg im Westen. Das Örtchen gibt als erstes Honigdorf Deutschlands Einblicke in das Wunderwerk Biene, deren Erzeugnisse, Lebensräume und Gefahren sowie über den Beruf des Imkers. Immerhin sind hier 55 Züchter mit rund 600 tatkräftigen Bienenvölkern aktiv. Mit dem Summen der schwarz-gelben Pelzträger im Ohr geht's in verwegenen Schwüngen durch die hügelige Landschaft nach Hopfen am See.

12 Hopfen am See

Der Hopfensee gehört mit seiner Fläche von zwei Quadratkilometern zum Stadtgebiet Füssen, grenzt mit seinem Westufer jedoch an die Ge-

meinde Hopferau. Das recht flache Gewässer zählt zu den bekanntesten der Füssener Seenplatte, touristisch perfekt erschlossen ist hauptsächlich sein Nordostufer mit dem Kurort Hopfen am See. Seiner langgezogenen Uferpromenade mit zahlreichen Lokalen hat der Ort den Beinamen »Riviera des Allgäus« zu verdanken. Völlig zu Recht, denn gerade im Sommer herrscht hier südländische Atmosphäre. Auf einem Hügel über dem Ort liegt die Ruine der Burg Hopfen. Ihre Ursprünge sind unklar. Möglicherweise ist sie mit jener »festen Burg« gleichzusetzen, in die sich der Augsburger Gegenbischof Wigolt 1078 während des Investiturstreites zurückzog. Von der hochmittelalterlichen Höhenanlage sind noch einige Mauerreste erhalten, die von der Stadt Füssen unter der fachlichen Anleitung eines Archäologen aufwendig saniert wurden. Nicht aber wegen der Ruine wird der Gipfel oft besucht, sondern wegen der Aussicht über den ruhenden See. Wem das Panorama bekannt vorkommt, irrt nicht: Ein Foto des Hopfensees wurde von Microsoft für Windows 7 als Hintergrundbild verwendet und findet sich auf vielen Desktops von Computern.

Von Hopfen am See geht es dynamisch über die Riedener Straße und ein Stückchen auf der B16 entlang des Forggensees, der als Sprungbrett auf dem Abstecher nach Füssen dient.

13 Füssen

Wo das sanfte Allgäuer Hügelland auf die wildromantische Bergwelt der Kalkalpen trifft, und das grüne Wasser des Lech in den Forggensee stürzt, bringt die einstige Sommerresidenz der Augsburger Bischöfe noch heute ihre Besucher ins Schwärmen. Vom Massentourismus, der das benachbarte Schloss Neuschwanstein sowie das gegenüberliegende Schloss Hohenschwangau heimsucht, ist in Füssen eher wenig zu spüren. Die wenigsten der 1,5 Millionen Besucher aus aller Welt, die sich jährlich zu König Ludwigs Märchenschloss kutschieren lassen, verweilen länger in der Gegend. Dabei entgeht ihnen viel. Denn Füssen, überragt vom Hohen Schloss mit seinen farbenprächtigen Illusionsmalereien, bietet nahezu alles für einen perfekten Aufenthalt: eine schmucke Altstadt mit kleinen Läden und Bürgerhäusern in mittelalterlichen Gassen, Restaurants und Cafés,

Der Hopfensee ist einer der wärmsten Seen Süddeutschlands und lädt zum Baden, Segeln, Surfen, Angeln und Bootfahren ein.

Dreistufige Terrassenanlage im Schlosspark von Linderhof. Ganz oben thront der Venustempel.

Naturgenuss auf Schritt und Tritt begegnet man in Pfronten. Und da sich im Pfrontener Tal vieles um Bergwiesen und ums Gras dreht, hat der Ort sogar eine eigene Bergwiesenkönigin.

Ein Traum von Schloss: Neuschwanstein wurde ab 1869 für den bayerischen König Ludwig II. als idealisierte Vorstellung einer Ritterburg aus der Zeit des Mittelalters errichtet.

AUSFLUGSZIELE

Schloss Neuschwanstein
Sieben Wochen nach dem Tod König Ludwigs II. wurde Neuschwanstein im Jahr 1886 dem Publikum geöffnet. Der menschenscheue König hatte die Burg erbaut, um sich aus der Öffentlichkeit zurückzuziehen – jetzt wird sein Refugium von rund 1,5 Millionen Menschen jährlich besichtigt. Wie kein anderer Bau zeugt Neuschwanstein von den Idealen und Sehnsüchten Ludwigs II. Alleine die idyllische Lage ist einmalig.
Schloss Neuschwanstein,
Neuschwansteinstr. 20, 87645 Schwangau,
www.neuschwanstein.de

Schlosspark Linderhof
Ein Rundgang durch den Schlosspark führt zu einer Vielzahl von Zierbauten. Die für Ludwig II. typischen Gegensätze von Traumwelt und Modernität treffen vor allem in der Venusgrotte aufeinander, einer künstlichen Tropfsteinhöhle mit See und Wasserfall, deren Beleuchtung von 24 damals höchst modernen Dynamos betrieben wurde.
Schloss Linderhof,
Linderhof 12, 82488 Ettal,
Tel. 08822/92030,
www.linderhof.de

barocke Kirchen und Klöster, ein großes Musiktheater, Wellnesseinrichtungen im Stadtteil Bad Faulenbach, das ein anerkanntes Kneipp-, Moor- und Mineralienheilbad ist, mehrere schöne Badeseen und ein traumhaftes Umland. So auch der rund fünf Kilometer entfernte hübsche Weißensee. Das Gewässer ist wahrscheinlich eine Toteisform: Nachdem große Eisbrocken am Ende der letzten Eiszeit unter Sand begraben wurden, tauten sie im Untergrund auf, und in den zurückbleibenden Kuhlen sammelte sich das Wasser. Wer seine Biker-Boots gegen Wanderschuhe tauschen möchte, hat hier eine schöne Gelegenheit: Wanderwege führen durch die intakte Natur rund um den Weißensee. An heißen Sommertagen lässt es sich vom südlichen Rundweg durch den Wald zum Alatsee und über die Saloberalpe auf den Zirmgrat spazieren. Am westlichen Ende des Gebirgszugs steht auf dem Falkenstein die höchstgelegene Burgruine Deutschlands. Vorbei am Weißensee geht's auf der bewaldeten B310 und der Vilstalstraße nach Pfronten.

14 Pfronten

Über zweitausend Jahre hat das sehenswerte Städtchen Pfronten bereits auf dem Buckel. Entstanden am Grund eines eiszeitlichen Gletschersees, ist die Geschichte der Landgemeinde geprägt von bäuerlich hartem Leben und einer günstigen Lage am Rande wichtiger Handelswege über den Reschenpass. So kam es, dass die Pfrontner Fuhrleute ihre Waren sogar bis hinunter nach Venedig lieferten. Heutzutage lebt das Städtchen vom Tourismus und bietet dem Reisenden auf zwei Rädern alles, was das Herz begehrt. Einen ca. einstündigen Abstecher zu einem echten Königsschloss beispielsweise. Vom »echten« Barock kommend, sieht man den Unterschied zum übersteigerten Prunk des Barockimitats, das sich König Ludwig II. mit Schloss Linderhof errichten ließ (1869–1886). Das Anwesen ist französisch geprägt und orientiert sich an der Form des kleinen, meist in einem Park gelegenen »Lustschlosses«, wie es im 18. Jahrhundert in

Nesselwang liegt eingebettet in eine märchenhafte Gegend, die durch ihre sanften Hügel, bunten Blumenwiesen und tiefblauen Seen besticht.

Frankreich entstand. Der weite Garten mit imposanter Terrassenanlage vereint alle Elemente der Architektur. Berühmt ist hier die Venusgrotte – Reminiszenz an die »Venusgrotte« aus Richard Wagners »Tannhäuser«. Davon beeindruckt, geht es auf der B309 weiter nach Nesselwang.

15 Nesselwang

Lang vor unserer Zeitrechnung erkannten die Römer, wie schön es sich rund um Nesselwang leben lässt. Mit der legendären Heerstraße Via Claudia von Verona nach Augsburg kam ordentlich Leben in die Region, Wandermönche versuchten später hier die Alemannen zu zähmen. Von all dem und noch mehr kann das Städtchen Nesselwang heute noch viele Geschichten erzählen. Zum Beispiel im Heimathaus oder auch im Skimuseum – war der Ort doch immer schon Heimat zahlreicher erfolgreicher Skisportler. Der als »Aussichtsterrasse des Allgäus« bekannte Ort pflegt liebevoll seine Traditionen. Das wird beispielsweise beim Viehscheid, bei den Heimatabenden und beim traditionellen Marktfest sichtbar. Auf halber Berghöhe steht die barocke Wallfahrtskirche Maria Trost, die über einen wunderschönen Kreuzweg zu erreichen ist. Immer am 3. Sonntag im Mai findet hier die Trachtenwallfahrt des Allgäuer Gauverbandes nach Maria Trost statt. In vier Museen und Ausstellungen wird über Geschichte und Alltag in den letzten Jahrhunderten informiert. So zeigt beispielsweise das Brauereimuseum das alte Zunfthandwerk der Brauer und Mälzer. Mit der Alpspitzbahn kann man von Nesselwang aus zahlreiche Panoramawege erreichen. Die B309 führt schließlich über Durach zurück zum Ausgangsort Kempten.

Klosterbräu-Hotel Irsee 87660 Irsee,
Tel. 08341/432200, www.irsee.com

Hotel Goldener Hirsch
Kaiser-Max-Str. 39-41,
87600 Kaufbeuren, Tel. 08341/43030,
www.goldener-hirsch-kaufbeuren.de

Hartenthaler Hof Hartental 2,
86825 Bad Wörishofen,
Tel. 08247/39000,
www.landhotel-hartenthal.de

Gasthof auf dem Auerberg
Auerberg 2, 86975 Bernbeuren,
Tel. 08860/235, www.auerberghotel.de

New Lobby Klostersteige 15,
87435 Kempten, Tel. 0831/5204453,
www.die-lobby.com

Kaffeebar Kirschbaum Spitaltor 2,
87600 Kaufbeuren, Tel. 08341/2824

IM NECKARTAL

Der Neckar als zwölftgrößter Fluss Deutschlands entspringt im Schwenninger Moos bei Villingen-Schwenningen auf etwa 700 Meter Höhe und mündet bei Mannheim in den Rhein. Landschaftlich reizvoll liegen dazwischen so sehenswerte Städte wie Heidelberg, Hirschhorn, Bad Wimpfen, Eberbach und Neckargemünd. Imposante Burgen und Schlösser lassen sich in Horneck, Zwingenberg, Ehrenfels, Guttenberg, Hornberg und in der Vierburgenstadt Neckarsteinach entdecken. Neben Baden-Württemberg fließt der viertgrößte Zufluss des Rheins auch ein kleines Stück durch Hessen. Das Neckartal ist geprägt von Wald, Wiesen, felsigen Steilwänden, rotem Sandstein, Burgen und der Weinwirtschaft. Bei Heidelberg beeindrucken die bis zu 400 Meter über den Fluss aufragenden, dicht bewaldeten Steilhänge. Mit zahlreichen Rad- und Wanderwegen, der Burgenstraße, der Neckar-Schifffahrt und der württembergischen Weinstraße spricht die Region um den Neckar ihre Gäste auf vielfältige Weise an. Für Motorradfahrer besonders verlockend sind der Kurvenreichtum und die Vielfalt der Straßen, die sich durch die engen Schluchten am Unterlauf des Neckars winden und anschließend durch die sanfte Hügellandschaft im Kraichgau führen. Wunderschöne Fachwerkstädtchen, gastfreundliche Winzer, urige Besenwirtschaften und eine Vielzahl von Museen, Kirchen, Schlössern und Burgen laden ein, die Wein- und Kulturlandschaft des Kraichgaus – das »Land der 1000 Hügel« – zwischen Neckar und Oberrheinischer Tiefebene zu entdecken. Dabei ist das Klima so mild, dass man hier auch von der »Badischen Toskana« redet. Technisch Interessierte haben im Technik Museum Sinsheim ihre wahre Freude. Besonders sportliche Naturen gönnen sich zudem einen Abstecher zur Rennstrecke Hockenheimring, um dem Kurventanz die Krone aufzusetzen.

Die historische Karl-Theodor-Brücke führt über den Neckar in die Altstadt von Heidelberg.

Altstadtschwärmerei am Neckar

Die Entdeckungstour entlang des Neckars wird gekrönt von wunderschönen Altstädten, Burgen und Schlössern sowie dem Technikmuseum in Sinsheim.

Blick vom Heidelberger Schloss auf die Altstadt von Heidelberg und das Neckarufer.

Ein wahres Fachwerkidyll und das direkt am Fluss gelegen – Neckargemünd.

ROUTE 27

Routenlänge: 275 km
Zeitbedarf: Zwei-/Drei-Tagestour, auf Wochentour ausdehnbar
Charakteristik: Gemütlich, aber auch flott zu fahrendes Kurvengeschlängel
Start: Heidelberg
Ziel: Heidelberg
Routenverlauf: Heidelberg, Neckargemünd, Neckarsteinach-Neckarhausen, Hirschhorn, Schönbrunn, Haag, Waldwimmersbach, Hüffenhardt, Bad Wimpfen, Massenbachhausen, Brackenheim, Kleingartach, Eppingen, Mühlbach, Ruine Ravensburg, Gündelbach, Maulbronn, Bretten, Gondelsheim, Gochsheim, Kraichtal, Odenheim, Östringen, Angelbachtal, Hoffenheim, Zuzenhausen, Meckesheim, Gaiberg, Heidelberg
Informationen: www.der-neckar.de

Hier geht's zum GPS-Track

01 Heidelberg

Wo der Neckar den Odenwald verlässt und in die Rheinebene eintritt, liegt sehr reizvoll Heidelberg – einst stolze Residenz der Pfälzer Kurfürsten, mit der ältesten Universität Deutschlands, gegründet 1386. Schriftlich erwähnt wird die Stadt bereits 1196. Erste Baumaßnahmen an der ehemaligen Burg, dem heutigen Schloss Heidelberg, dürften in der Mitte des 13. Jahrhunderts stattgefunden haben. In den folgenden Jahrhunderten wurde die Burg zum Schloss und Wahrzeichen der Stadt. Im Pfälzer Erbfolgekrieg um das Erbe der berühmten Liselotte von der Pfalz wurde die Stadt Ende des 17. Jahrhunderts von den Franzosen fast völlig zerstört. Heute ist das ehemalige Schloss eine der größten und berühmtesten Ruinen Deutschlands, die sich rund 80 Meter über dem Neckar malerisch am Nordhang des Königstuhl erhebt. Einige Teile der Anlage sind wiederhergestellt worden, etwa der grandiose Ottheinrichbau (1556–1566) im Renaissancestil sowie der herrliche Hortus Palatinus, ein in Terrassen angelegter Renaissancegarten. Das Schloss bildet auch eine Station der historischen Bergbahn, erbaut 1890. Mit ihr geht es hinauf zum Königstuhl, einem traumhaften Panorama entgegen. Neben dem Schloss ist die Alte Brücke eines der Wahrzeichen der Stadt. Der offizielle Name ist Karl-Theodor-Brücke. Bereits 1284 wird sie erstmalig urkundlich erwähnt und gehört somit zu Deutschlands ältesten Brückenbauten. Zu den historischen Bauten gehört auch das »Haus zum Ritter« von 1592, in dem man heute stilvoll übernachten und speisen kann. Die wechselhafte Geschichte Heidelbergs präsentiert mit exquisiten Sammlungen das Kurpfälzische Museum. Im Wesentlichen eine Schöpfung des 18. und 19. Jahrhunderts ist das weltbekannte Stadtbild Heidelbergs – besonders schön vom Philosophenweg am Sonnenhang des Heiligenbergs aus zu sehen. Ein weiteres imposantes Bauwerk ist das Karlstor, ein Triumphbogen zu Ehren von Kurfürst Karl Theodor. Er steht am östlichen Ende der Stadt und wurde zwischen 1775 und 1781 errichtet. Die Heilig-

geistkirche, in der die Messe zur Gründung der Universität 1386 abgehalten wurde, steht auf den Überresten einer romanischen Basilika und wurde im frühen 14. Jahrhundert fertiggestellt. Von den gern genommenen Biker-Parkplätzen an der Alten Neckarbrücke aus lässt sich das Ensemble ausgiebig betrachten. Danach geht es gen Westen raus aus der Stadt. Die B37 folgt hier in malerischen Kurven stromaufwärts dem Flusslauf des Neckars.

02 Neckargemünd

Das romantische Städtchen Neckargemünd ist die schöne Nachbarstadt Heidelbergs, nur zehn Kilometer liegt sie von ihr entfernt. Die Gemeinde verteilt sich auf drei Höhenzüge an der Mündung des Flüsschens Elsenz in den Neckar. Im Jahr 988 wurde die Stadt erstmals urkundlich erwähnt, als ehemals »Freie Reichsstadt« blickt sie auf eine lange Vergangenheit zurück. Das historische Stadtbild wird geprägt durch zahlreiche gepflegte Fachwerkhäuser wie z. B. das Schilderhäuschen von 1569 oder das ehemalige Gasthaus »Zum Lamm« von 1507. Die Burg Reichenstein hoch über der Stadt wurde bereits im 13. Jahrhundert durch die Staufer erbaut und 1292 erstmalig urkundlich erwähnt. Heute hat man von den Burgresten einen tollen Blick auf den Neckar. Die mittelalterliche Burgfeste Dilsburg stammt aus dem 12. Jahrhundert. Sie war, hoch über dem Neckartal gelegen, einst von strategisch wichtiger Bedeutung und blieb aufgrund der uneinnehmbaren Lage unzerstört. Von der Burg schweifen die Blicke weit über das Neckartal bis hin zu den Bergen des Odenwaldes.

Die Straße schwingt weiter gen Westen und nach nur wenigen Kilometern wechselt man mit dem Neckar im Blickfeld auf der B45 das Bundesland. Nun ist man nicht mehr in Baden-Württemberg, sondern in Hessen, und zwar auf der touristisch angelegten Burgenstraße.

03 Neckarsteinach-Neckarhausen

Der Name der Stadt, die schon seit 1377 Stadtrechte besitzt, entstand durch die Mündung des Odenwaldbaches Steinach in den Neckar. Sie ist die südlichste Gemeinde Hessens und liegt im Kreis Bergstraße im schönsten Teil des unteren Neckartales. Ihr auffälligstes Merkmal sind die vier mittelalterlichen Burgen, die sich wie ein Kranz rund um die Neckarschleife erheben. Besonders schön ist die fünf Kilometer lange, befestigte Uferpromenade mit dem Nibelungengarten und Ruheanlagen. Von hier kann man bei einem Rundgang durch die wunderschöne Altstadt zahlreiche historische Bauwerke besichtigen. Angefangen beim Treidlerbrunnen, lassen sich bis zum Rathaus aus dem Jahr 1840 zahlreiche weitere Brunnen, der Schönauer Hof aus dem 15. Jahrhundert und die spätgotische Kirche von 1483 entdecken. Ebenso sehenswert sind die Reste der Stadtmauer und die ehemaligen Stadttore aus dem 14. Jahrhundert. Die Burgen kann man von der Uferpromenade aus zu Fuß erreichen, es gibt eigens dafür ausgeschilderte Wanderwege.

Historischer Ausgangspunkt der Burgengruppe ist die über der Altstadt gelegene und mit der Neckarsteinacher Stadtmauer verbundene Vorderburg. Um 1200 wurde die Mittelburg in topographisch eher ungünstiger Lage westlich der Vorderburg erbaut. Gegen 1220/1230 errichtete man als dritte Burg die Hinterburg. Als letzte der vier Burgen entstand 1335 im Steilhang über dem Neckar Burg Schadeck, die dank ihrer pittoresken Lage seit jeher »Schwalbennest« genannt wird.

Nur wenige Kilometer in westlicher Richtung und immer am rechten

Ufer des Neckars entlang passiert man das zu Füßen eines Steilhangs gelegene Neckarhausen – einen Stadtteil von Neckarsteinach. Hernach kurvt man dann gediegen auf die wunderschöne Stadt Hirschhorn zu und macht sich bereit zur nächsten Altstadt-Schwärmerei.

04 Hirschhorn

Hirschhorn liegt auf hessischem Gebiet. Es wird auch als die »Perle des Neckartals« bezeichnet. Hier ist die Vergangenheit überall in romantischer Weise sichtbar. Selbst der Verlauf des Neckars scheint sich dieser Schwärmerei anzuschließen. Er umfließt das Städtchen in einer engen Doppelschleife und unterstreicht damit auch landschaftlich die Besonderheit dieses so schmucken

Altstadt von Hirschhorn.

Blick von den Arkaden der Kaiserpfalz in Bad Wimpfen auf die Flussschleife des Neckars.

AUSFLUGSZIELE

Hockenheimring

Etwa 25 Kilometer von Heidelberg entfernt liegt der frühere Kurpfalzring in der westlichen Schwetzinger Hardt. Die permanente Rennstrecke für alle Arten von Motorsport wurde 1932 eröffnet, das Eröffnungsrennen für Motorräder verfolgten einst 60 000 Zuschauer. Bis 2018 wurde der Kurs auch für Formel-1-Rennen genutzt. Heute finden hier neben Autorennen auch eine Reihe von offiziellen Motorradrennen sowie zahlreiche Test- und Trainingsveranstaltungen statt. Das traditionelle »1000-km-Hockenheimring«-Rennen wird bereits seit über 30 Jahren jährlich am Ostersamstag als Langstreckenrennen ausgetragen.

Hockenheim-Ring,
Am Motodrom, 68766 Hockenheim,
Tel. 06205/9500,
www.hockenheim-ring.de

Stadtbilds. Umgeben von trutzigem Mauerwerk schmiegen sich die alten Fachwerkhäuser der Stadt an Burg und Kloster, bilden eine Altstadt-Idylle, in der die Zeit stehen geblieben zu sein scheint. Die Burganlage, welche auf einem Felssporn erbaut wurde, ist ein Nachlass der Herren von Hirschhorn, einem bedeutenden deutschen Rittergeschlecht. Bis hier herauf lässt sich die Schlossanlage sogar mit dem Motorrad anfahren, um hoch über dem Neckar auf der Aussichtsterrasse Speis, Trank und ein herrliches Panorama zu genießen. Auf halber Höhe zwischen Burg und Stadt liegt das ehemalige Karmeliterkloster mit seiner sehenswerten gotischen Kirche. An der Landspitze der Neckarschleife befindet sich der Ortsteil Ersheim, erstmals in einer Urkunde des Klosters Lorsch 773 erwähnt, mit der wohl ältesten Kirche des unteren Neckartales. In Igelsbach verläuft die badisch-hessische Grenze mitten durch den kleinen Ort und das schon seit dem 16. Jahrhundert. Beeindruckend ist hier zudem die Schleusenanlage mit Stauwehr. Die beste Aussicht auf Hirschhorn hat man übrigens von der gegenüberliegenden Neckar-Seite. Dort hat schon Alt-Bundespräsident Theodor Heuss auf einem Schemel gesessen und Hirschhorn in Kohle auf Papier verewigt.

Nun muss die Route eine Weile ohne Neckar auskommen. Denn von hier geht es auf kurvenreichem Asphalt in südlicher Richtung raus ins lauschige Hinterland. Man passiert die Ortschaften Schönbrunn und Haag, dann fährt es sich im windungsreichen Verlauf ab Waldwimmersbach erneut gen Westen. Sobald Hüffenhardt durchquert ist, wendet man sich in südwestliche Richtung. Zwischen Hüffenhardt und Bad Wimpfen liegen rechts vom Neckar die Burg Hornberg und das Schloss Horneck, links davon könnten Burg Guttenberg und die Burgruine Ehrenfels mit ins Roadbook aufgenommen werden. Mitten durch geschlängelt gelangt man auf der mit Kurven reichlich gespickten B27 schließlich nach Bad Wimpfen.

05 Bad Wimpfen

Das charmante Städtchen mit der größten Kaiserpfalz nördlich der Alpen fasziniert seine Besucher bereits durch seine landschaftlich schöne Lage. Ebenso malerisch ist die Silhouette der romantischen Altstadt, die als Gesamtensemble unter Denkmalschutz steht. Zu ihren herausragenden Baudenkmälern zählen die mittelalterliche Kaiserpfalz mit Rotem und Blauem Turm. Der Blaue Turm aus dem 13. Jahrhundert, das imposante Wahrzeichen der Stadt, besticht schon von Weitem. Er war der westliche Bergfried der staufischen Bergpfalz und ist rund 32 Meter hoch. Wer die 167 Stufen emporsteigt, wird mit einem überwältigenden Blick über die mittelalterliche Altstadt und das Neckartal belohnt. Der Rote Turm ist der östliche Bergfried der staufischen Kaiserpfalz. Seit 2006 präsentiert er sich mit vielen Exponaten als Wehrturm aus der Zeit des Mittelalters. Weitere historische Bauwerke sind das Steinhaus aus dem 12. Jahrhundert, die Pfalzkapelle und die romanisch-gotische Ritterstiftskirche St. Peter mit großartigem Figurenschmuck im Chor und an der Fassade. Auch die Arkaden des Staufischen Palais zeugen von vergangenen Zeiten. Im Historischen Museum, dem Reichsstädtischen Museum und im Kirchenhistorischen Museum gibt es Interessantes über die bewegte Geschichte des heutigen Soleheilbades Bad Wimpfen zu erfahren. Im Zickzackkurs geht es anschließend über Massenbachhausen und Gemmingen durch die idyllisch von Weinbergen und wunderschönen Streuobstwiesen geprägte, herrliche Landschaft des Kraichgaus.

06 Brackenheim

Nur rund neun Kilometer vom Neckarufer und Lauffen entfernt liegt Brackenheim, die größte Weinbaugemeinde Württembergs. Aus dieser Region kommt der »Haberschlachter Heuchelberg«, einer der bekanntesten Rotweine von Baden-Württemberg. Der erste Bundespräsident der Republik, Theodor Heuss, stammte aus Brackenheim. Ihm zu Ehren wurde auch das Museum der Stadt benannt. Die Region um Brackenheim wurde bereits vor 5000 Jahren besiedelt. Von den damaligen Befestigungsanlagen sind noch Reste erhalten. Das Stadtschloss in der südlichen Altstadt entstand unter Herzog Christoph von 1556 bis 1559. Die Grundfesten der Kirche datieren aus der Zeit um 1200. Das Rathaus im Rokokostil stammt aus dem Jahr 1776. Im Ortsteil Neipperg steht die Stammburg der Grafen von Neipperg. Sie stammt aus dem 12. Jahrhundert. Noch heute zeugen die zwei Türme der Oberen und Unteren Burg von der Baukunst im Mittelalter. Für Weinfreunde interessant sind die drei Weingärtnergenossenschaften und 14 privaten Weingüter, die teils besichtigt werden können.

Ab Kleingartach, zwischen den Regionen Heuchelberg und Stromberg, erwartet den Kradfahrer ein herrliches Kurven-Eldorado durch schöne schattige Wälder, über den Ottilienberg hinweg bis nach Eppingen hinein.

07 Eppingen

Erste Siedlungsspuren von Eppingen reichen bis in die Jungsteinzeit zurück. Bereits 985 wird die Ortschaft urkundlich erwähnt, im 12. Jahrhundert erfolgt die Erhebung zur Stadt. Seit 1803 gehört Eppingen zum Land Baden. Aus der bewegten Geschichte stammen rund 240 historische Bauten – der Slogan der Stadt lautet deshalb auch »Fachwerkstatt mit Pfiff«. Besonders sehenswert sind das ehemalige Rathaus von 1824, das Erkerhaus von 1601 sowie das Kaufmannshaus von 1552. Das Baumann'sche Haus wurde 1582 fertiggestellt und gilt als das schönste Bürgerhaus zwischen Schwarz- und Odenwald. Gegenüber liegt das Bäckerhaus. Es wurde 1412 errichtet und ist das älteste bisher bekannte Fachwerkhaus im Kraichgau. Der Grundstein für die Kirche wurde 1435 gesetzt. Konnte man bis vor Kurzem sein Krad noch auf dem Marktplatz von Eppingen abstellen, ist das heute nicht mehr möglich. Das Parken findet eher abseits des Zentrums statt. Da bietet sich der nächste Zwischenstopp besser an der Burg Ravensburg bei Sulzfeld an, die südlich von Eppingen liegt und über Mühlbach erreichbar ist. Verwunschen verlaufen die kleinen Landstraßen, die nun in südöstlicher Richtung durch die Felder und Weinberge hindurch mit zunehmender Kurvenvielfalt bis nach Gündelbach und Maulbronn führen. Nun ist man am südlichsten Punkt der Route angelangt.

08 Maulbronn

Die im 12. Jahrhundert gegründete Zisterzienserabtei liegt in der Ortsmitte der Kleinstadt. Das Kloster ist die in ihrer einzigartigen Ursprünglichkeit am vollständigsten erhaltene mittelalterliche Anlage nördlich der Alpen. Seit 1993 zählt es zum UNESCO-Weltkulturerbe. In der Zeit nach 1556 wurden hier in der evangelischen Klosterschule berühmte Schüler wie Johannes Kepler, Friedrich Hölderlin und Hermann Hesse unterrichtet. Obwohl erst 1886 zur Stadt erhoben, wirkt Maulbronn aufgrund seiner Ringmauer wie ein mittelalterliches Städtchen. Das Kloster ist frei zugänglich und lädt mit seinen Restaurants, einem Hotel und mehreren Läden zum längeren Verweilen ein. Gut ausgeruht geht es über die B35 schwungvoll weiter ins nahe gelegene Bretten.

09 Bretten

Auf mehr als 1250 Jahre Stadtgeschichte kann Bretten zurückblicken. Seit der ersten urkundlichen Erwähnung 767 hat sich die Große Kreisstadt vom kleinen Städtchen zum wichtigen Mittelzentrum entwickelt. Spuren der geschichtsträchtigen Vergangenheit finden sich noch heute in Form von zahlreichen Bauwerken und Sehenswürdigkeiten, wie den Türmen der ehemaligen Stadtbefestigung oder dem Alten Rathaus am historischen Marktplatz, das in seinen Ursprüngen aus dem Jahr 1689 stammt. Sehenswert sind auch das Amts- und das Gerberhaus, die Kreuzkirche sowie die Stiftskirche. Der Schweizer Hof, ein prächtiger Fachwerkbau aus dem Jahr 1707, symbolisiert den damaligen Reichtum des hier ansässigen Nonnenklosters Frauenalb. Schon die mächtigen und weitläufigen Kellergewölbe unter dem Gebäude, in dem sich einst der Brettener Zehnthof befand, lohnen eine Besichtigung. Museen wie das Geburtshaus des Reformators Philipp Melanchthon, das Museum im Schweizer Hof oder das Gerberhaus lassen sich gut in

AUSFLUGSZIELE

Technik Museum Sinsheim

Direkt an der Autobahn A6, Ausfahrt Sinsheim Süd, gelegen, ist das Museum bestens zu erreichen. Schon von Weitem sichtbar ist es durch zahlreiche Flugzeuge auf dem Museumsdach. Highlight hier: das Überschallflugzeug Tupolew TU114 sowie die Concorde. In den Dauerausstellungen gibt es über 300 Oldtimer-Autos und 200 Motorräder aller Generationen zu bestaunen. Außerdem warten die größte permanente Formel-1-Ausstellung Europas, Sportwagen, ein Raketenauto, riesige Dampflokomotiven, uralte Landmaschinen und Aufsehen erregende Militärfahrzeuge auf ihr Publikum. Zudem lockt in einem weiteren Gebäudeein modernes IMAX-3D-Kino mit exklusiven Dokumentationen und aktuellen Hollywood-Blockbustern mit neuester Filmtechnik. Unterschiedliche Themen-Restaurants laden auch gastronomisch zum Verweilen ein. Das Gelände umfasst eine Fläche von über 50 000 Quadratmetern, für den Besuch sollte man sich daher einen ganzen Tag Zeit nehmen. Dem Museum direkt angeschlossen ist auch ein Hotel.

Technik Museum Sinsheim,
Eberhard-Layher-Str. 1,
74889 Sinsheim, Tel.07261/92990,
www.sinsheim.technik-museum.de

eine Stadtbesichtigung einbinden. Obstplantagen und fruchtbare Weide- und Ackerflächen bestimmen von nun an das Bild der Landschaft, durch die es ins benachbarte Gondelsheim geht.

10 Gondelsheim

Seit seiner Gründung hat die Landwirtschaft Gondelsheim entscheidend geprägt. Im Mittelalter entstanden deshalb auch solch ausgedehnte Güter wie der Bonartshäuser Hof oder der Erdbeerhof, die noch heute existieren. Das Kloster Herrenalb ist erstmalig 1257 als Eigengut urkundlich erwähnt, es sah über die Jahrhunderte viele Besitzer kommen und gehen. Auch das Gondelsheimer Schloss aus dem 19. Jahrhundert ist heute noch in seiner ursprünglichen Form erhalten. Beschaulich kurvt es sich durch die idyllische Landschaft in nordöstlicher Richtung weiter.

11 Gochsheim

Die Burg von Gochsheim wurde zwischen 1520 und 1580 zum Schloss ausgebaut. Das Museum im Schloss liefert viele Informationen zur Geschichte Kraichtals und des Kraichgaus. Bestaunen kann man hier auch die weltgrößte Bügeleisensammlung. Sehenswert sind das barocke Rathaus von 1773, die St.-Martins-Kirche aus dem 14. Jahrhundert und viele historische Fachwerkhäuser.

Kleines Sträßchen im Kraichgau, der berühmten Weinregion in Baden-Württemberg. Im Hintergrund die Ravensburg.

Das Kloster Maulbronn gilt als die am vollständigsten erhaltene mittelalterliche Klosteranlage nördlich der Alpen.

Historischer Brunnen am Marktplatz von Bretten.

Idyllische Ruhe am Wasserschloss Eichtersheim im Angelbachtal.

Mitten im Herzen der Ortschaft befindet sich das Bäckereimuseum. Durch die Kraichbach- und Weiherbachaue kurvt es sich munter gen Norden weiter.

12 Kraichtal

Die zwischen den Orten gelegenen Felder, Weinberge, Wälder und Streuobstwiesen formen eine geschlossene, herrliche Garten- und Kulturlandschaft. Hier wird die ganze Vielfalt des Kraichgaus erlebbar. Rund zwei Drittel der 80 Quadratkilometer großen Gemarkung des Kraichtals stehen unter Landschafts- oder Naturschutz. Eingebettet in diese liebliche Landschaft liegt die Stadt Kraichtal. Sehenswert ist die Ruine des Wasserschlosses, die auf der 1359 errichteten Wasserburg basiert. Recht zackig, aber landschaftlich idyllisch verläuft der Kurs weiter gen Norden.

13 Odenheim-Östringen

In landschaftlich reizvoller Lage zwischen Weinbergen und Wäldern liegen die beiden Orte im Landkreis Karlsruhe am Rande des westlichen Kraichgaus. Fünf Weingüter und zwei Winzergenossenschaften samt riesigen Rebflächen gehören zum Ort – seit 2014 führt die Badische Weinstraße durch Eichelberg, Tiefenbach, Odenheim und Östringen.

14 Angelbachtal

Über den Schindelberg geht es ins Angelbachtal. Die gleichlautende Gemeinde ist ein Zusammenschluss der Orte Eichtersheim und Michelfeld. Während Michelfeld ein heute noch erhaltenes und in Privathand befindliches Schloss vorweisen kann, das durch die Herren von Gemmingen-Hornberg im Jahre 1753 erbaut wurde, entstand nach 1700 in Eichtersheim der schöne, barocke Ortskern. Das Schloss Eichtersheim, errichtet im 16. Jahrhundert, ist von einem Schlossteich umgeben, über den eine wunderschöne Sandsteinbrücke führt. Das Wasserschloss liegt inmitten eines historischen Schlossparks mit uraltem Baumbestand und botanischen Raritäten. Im weiteren Verlauf der Route geht es ab Hoffenheim wieder gemütlich auf die B45, stark bewaldet zur rechten, mit Feldern und Wiesen zur linken Seite. Dazwischen ließe sich noch ein Abstecher zum sehenswerten Technik Museum Sinsheim einplanen, von Angelbachtal aus über die B39 ist es in weniger als einer halben Stunde Fahrzeit erreichbar (s. Ausflugsziele).

15 Zuzenhausen

Die trapezförmig angelegte mächtige Burg von Zuzenhausen wurde im Dreißigjährigen Krieg komplett zerstört. Die Ruine diente den Einwohnern Zuzenhausens anschließend lange Jahre als Steinbruch. Um die Mitte des 19. Jahrhunderts war nur noch der Wohnturm erhalten. Heute ist die Burgruine stark einsturzgefährdet und kann nicht betreten werden. Dagegen wird das barocke Schloss Agnestal westlich des Ortes an der Straße nach Horrenberg heutzutage als Diskothek genutzt. Weiter über die B45 führt die Route über Meckesheim und Gaiberg zurück nach Heidelberg.

AUSFLUGSZIELE

Zweirad-Museum

Über 400 Exponate aus der Fahrrad- und Motorradgeschichte kann man hier auf über 2000 Quaratmetern bewundern – die größte historische Sammlung von Zweirädern in Deutschland. Vervollständigt wird die Sammlung durch Weltrekordmaschinen, Rocketbikes und Weltmeistermotorräder von diversen Rennfahrerlegenden.

Zweirad-Museum Neckarsulm,
Urbanstr. 11, 74172 Neckarsulm,
Tel. 07132/35271, www.zweirad-museum.de

Motorsport Museum
Am Hockenheimring,
68754 Hockenheim, Tel. 06205/6005,
www.hockenheimring.de

Werners Kneipe Stifterstr. 2,
74747 Ravenstein-Oberwittstadt,
Tel. 06297/747,
www.werner-kneipe.de

Zum Alten Marstall
(unterhalb der Burg Guttenberg),
Heinsheimertstr. 4, 74855 Haßmersheim-Neckarmühlbach,
Tel. 06266/928401

Motor-Museum Öhringen
Stettiner Str. 22, 74612 Öhringen,
Tel. 07941/8027,
www.motormuseum-oehringen.de

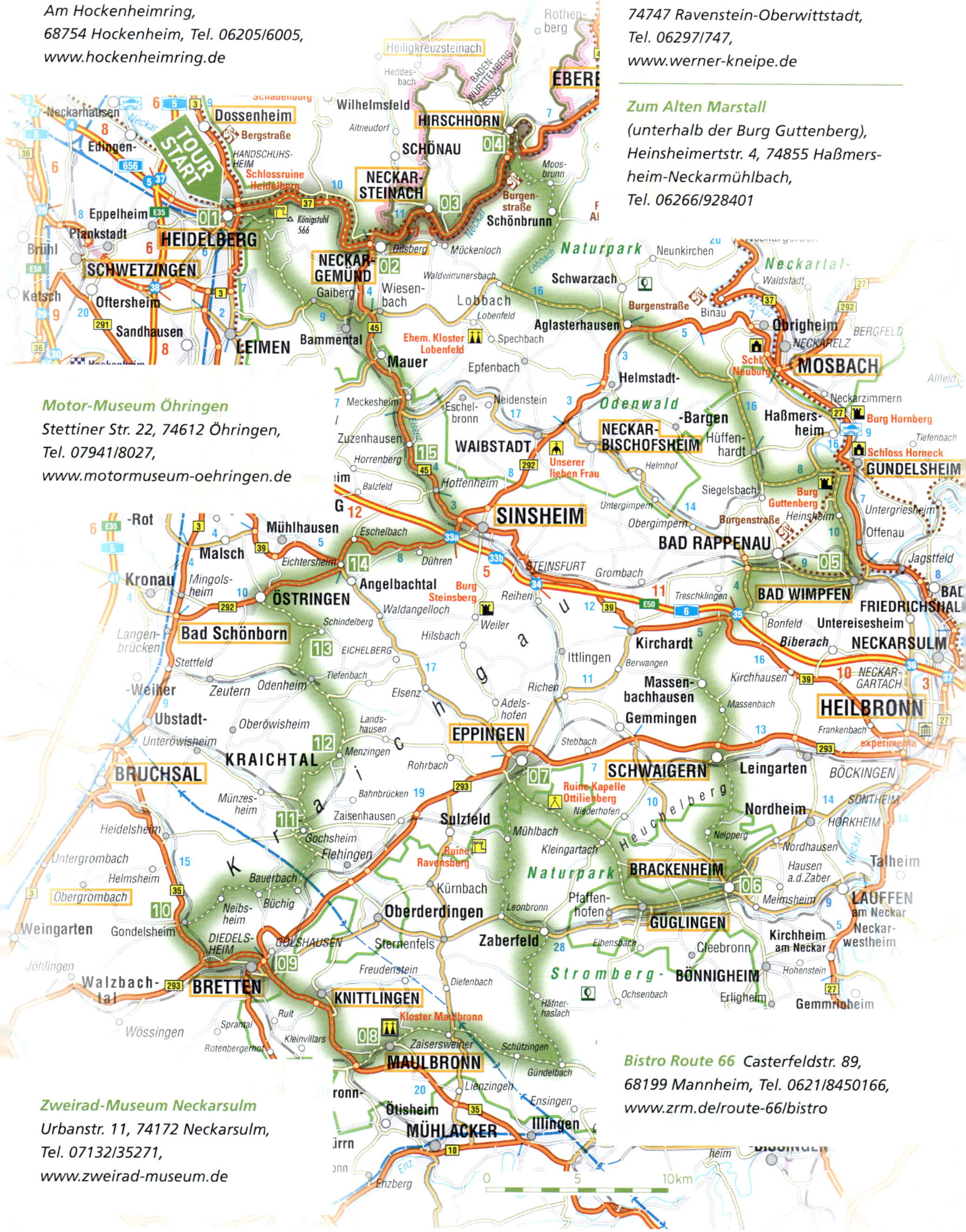

Bistro Route 66 Casterfeldstr. 89,
68199 Mannheim, Tel. 0621/8450166,
www.zrm.de/route-66/bistro

Zweirad-Museum Neckarsulm
Urbanstr. 11, 74172 Neckarsulm,
Tel. 07132/35271,
www.zweirad-museum.de

SCHWÄBISCHE ALB

Ihre Wacholderflächen erinnern an die Lüneburger Heide, ihre schroffen Steilhänge an den Schwarzwald, und dünn besiedelte Hochebenen machen sie zu einem Paradies für alle, die den Massentourismus wenig schätzen: Die Schwäbische Alb hat von vielem etwas und ist doch einzigartig. An ihrem Nordrand erhebt sie sich bis auf 1000 Meter Höhe. Im Süden fallen ihre Wälder sanft nach Oberschwaben ab, während der Südwesten mit wilden Donautälern und einer hohen Dichte an Burgen und Schlössern den perfekten Rahmen für Outdoor-Abenteuer bildet. So zum Beispiel die gut erhaltene Burg Hohenzollern, die ganzjährig geöffnet hat. Berühmte Tropfsteinhöhlen haben neben zahlreichen Flüssen und Seen das Juragebirge zum offiziellen Geopark gemacht: Die Schönste im »Jurassic Park« Schwäbische Alb ist die Nebelhöhle. Sie befindet sich in der Nähe von Lichtenstein. Besucher müssen 141 Stufen hinter sich bringen, bevor sie den Eingang erreichen.

An der L440 zwischen Tieringen und Weilstetten finden regelmäßig größere Motorradtreffen statt. Kein Wunder, schließlich ist der Lochenpass mit seinen Haarnadelkurven, die sich über sieben Kilometer erstrecken, nicht weit. Trotz Textilindustrie, die mit Hugo Boss am Stammsitz in Metzingen Einzug gehalten hat, ist das typische »Produkt« der waldreichen Gegend ein Vierbeiner: das Schaf. Große Herden ziehen über die Wacholderheiden. Wenn man Glück hat, trifft man unterwegs einen Schäfer: breiter Hut und langer Stock, Besitzer der klügsten Hunde der Welt und Erzähler hochinteressanter Geschichten.

Blick vom Eichfelsen auf das Donautal in der Schwäbischen Alb. Gekrönt wird der Anblick vom faszinierend am Abgrund stehenden Schloss Werenwag.

Die Alb ruft!

Fernab von Stress und Hektik schwingt es sich auf griffigen und verkehrsarmen Landstraßen durch die wunderschöne Landschaft der Schwäbische Alb. Dazwischen laden viele sehenswerte Städtchen zu einer Besichtigung ein.

Die Ruine Honberg prägt mit ihren beiden charakteristischen Türmen das Stadtbild von Tuttlingen.

Schloss Sigmaringen thront auf einem die Donau einengenden, lang gestreckten Kalkfelsen.

ROUTE 28

Routenlänge: ca. 352 km
Zeitbedarf: Zwei- bis Drei-Tagestour
Charakteristik: Ein Augenschmaus in fantastischen Landschaften, verbunden mit zahllosen Top-Kurven, die das Herz schneller schlagen lassen.
Start und Ziel: Tuttlingen
Routenverlauf: Tuttlingen, Kolbingen, Beuron-Hausen, Sigmaringen, Veringenstadt, Gammertingen, Mariaberg, Trochtelfingen, Engstingen, Hohenstein, Pfronstetten, Zwiefalten, Hayingen, Münsingen, Bad Urach, Sankt Johann, Eningen unter Achalm, Reutlingen, Pfullingen, Lichtenstein (Schloss), Genkingen, Gönningen, Mössingen, Hechingen, Burg Hohenzollern, Balingen, Tieringen, Nusplingen, Dürbheim, Tuttlingen

Informationen:
www.schwaebischealb.de
www.tourismus-bw.de
www.die-junge-donau.de

Hier geht's zum GPS-Track

01 Tuttlingen

Genau hier, zwischen romantischem Karstgebirge und der wilden jungen Donau, liegt das charmante und moderne Tuttlingen als idealer Ausgangspunkt zum Kurvenschwingen auf traumhaften Strecken. Die Stadt begeistert mit einem Fluss ohne Wasser im Viertel Möhringen. Direkt am Donauradweg verbirgt sich nämlich das einzigartige geologische Naturphänomen Donauversickerung: Im Sommer kann man dort trockenen Fußes im Flussbett spazieren und wunderschöne Versteinerungen finden. Das Stadtbild ist, verglichen mit den Nachbarorten, ungewöhnlich: Anstelle verwinkelter Gassen durchzieht ein schachbrettartiges Netz von Straßen den Stadtkern – die Folge des Stadtbrands von 1803. Für den Wiederaufbau nahmen sich die Baumeister klassizistische Stadtplanungen zum Vorbild. 2003 wurde das Ufer, an dem sich das Gerberviertel befand, zum schmucken und blühenden Donaupark aufgewertet.

Nach dem Stadtbummel von der Tuttlinger Straße links auf die L443 abbiegen, um das schöne Kolbingen über den Kolbinger Steig auf der Hochfläche des Großen Heubergs zu erreichen.

02 Kolbingen

Der Alois-Deufel-Platz, der Place de L'Huisserie, die Erlöser-Jesus-Christus-Kirche und die restaurierte Barockkirche Sankt Xystus mit ihrem großen Vorplatz bilden Kolbingens gestalterische Einheit. Vor allem das renovierte Rathaus mit dem daneben stehenden Dorfgemeinschaftshaus ist Schmuckstück und Blickfang zugleich. Eine Besonderheit ist hier die einzig begehbare Tropfsteinhöhe der Süd-West-Alb. Anschließend cruist man gemütlich dahin – vorbei an Schloss Werenwag, das hoch über der Donau thront, und durch das 300-Seelen-Dorf Hausen. Auf der gegenüberliegenden Seite beherrscht Burg Wildenstein das Durchbruchstal, das stromabwärts von Beuron ins idyllische Sigmaringen führt.

03 Sigmaringen

Die alte Residenzstadt der Hohenzollern liegt am landschaftlich reizvollen Übergang zwischen Schwäbi-

scher Alb und Bodensee-Region. Wie die romantische Kulisse eines Märchenfilms erhebt sich Schloss Sigmaringen, Stammsitz der Fürsten von Hohenzollern, auf einem Felssporn über den Ufern der Oberen Donau. Sein Ursprung ist eine 1077 errichtete Burg, die bis 1908 zu einem Schloss ausgebaut wurde. In diesen fast 900 Jahren hat man faszinierende und prunkvolle Sammlungen an Kunstwerken und Alltagsgegenständen zusammengetragen, die heute besichtigt werden können. Die Rüstkammer beispielsweise ist mit mehr als 3000 Ausstellungsstücken Europas größte Waffensammlung. Andere Hinterlassenschaften der Hohenzollern sind der Prinzengarten, der Rest eines einst größeren Parks im englischen Stil und das Hoftheater, das heute als Kino genutzt wird.
Einen letzten Blick auf Stadt und Schloss vom Aussichtsfelsen, dann führt der Weg zunächst hinauf durch einen Wald. Der Nägelesfelsen gestattet eine erste fantastische Sicht in die Flussaue der Lauchert, bevor es hinunter ins weite, kurvenreiche Felsental geht. Immer wieder werden der Lauchert und die Bahngleise überschritten. Von Zeit zu Zeit streift der Weg hübsche Dörfer und interessante Bauwerke, wie die älteste Kirche Hohenzollerns mit ihren grünen Kirchtürmen in Veringendorf. Fresken von 1330 zieren das Innere der Kirche. Kurz vor Veringenstadt fühlt man sich beinahe wie in Afrika: Auf einer Farm werden Strauße gehalten.

04 Gammertingen und Mariaberg

Doch nicht das ferne Afrika ist das nächste Etappenziel, sondern Gammertingen mit seiner historischen Altstadt samt Stadtmühl im malerischen Laucherttal und dem knapp vier Kilometer nördlich liegenden Mariaberg.
Dessen Wurzeln liegen weit zurück im 13. Jahrhundert, als, von einer Adelsfamilie gestiftet, dort neben einer nahe gelegenen Burg zunächst ein Dominikanerinnenkloster errichtet wurde. Gute und schlechte Zeiten der Geschichte prägten das spätere Benediktinerkloster Mariaberg. Im 19. Jahrhundert allerdings begann mit der Einrichtung für die Betreuung behinderter Menschen die positive Neuentwicklung. Heute ist das Kloster Mariaberg samt ehemaliger Klosterkirche zentraler Entwicklungspunkt des diakonischen Vereins Mariaberg e.V. Weiter geht es auf der Ferienstraße »Hohenzollern«, die abseits von der Autobahn auf der verkehrsarmen B313 nach Trochtelfingen führt.

05 Trochtelfingen

Trochtelfingen liegt auf der »Kuppenalb« an der Hohenzollernstraße. Zahlreiche historische Bauten und der mittelalterlich strukturierte Stadtgrundriss zeugen von einer reichen geschichtlichen Vergangenheit. Die historische Kernstadt lädt nicht nur an Markttagen, wie dem überregional bekannten Martin-Markt in charmanter Fachwerkkulisse, zum Bummeln ein. Nicht zu vergessen: die leckere Gastronomie im Reich von Spätzle, Alblamm und Maultaschen.
Im Anschluss führen viele Wege nach Engstingen. Direkt über die B13 oder K6736 empfiehlt es sich, für den richtigen Kurvenspaß nach rechts in Richtung Haid abzubiegen. Hier schlängelt sich der Weg bis zur Rechtskurve nach »Finstere Birken«, wo weitere enge Kehren warten. Über Meidelstetten erreicht man schließlich Engstingen.

06 Engstingen

Es grüßt ein Schild mit weißem, aufsteigendem Steinbock auf schwarzem Hintergrund – das Wappen der Gemeinde Engstingen auf der Albhochfläche zwischen Reutlingen und Zwiefalten. Hier wurde um 1580 in der Ortsmitte von Kleinengstingen eine Mineralquelle entdeckt. Sie speist einen Sauerbrunnen, dessen

Giebeln in hellem Grün und Gelb freundlich schimmern. Einer Reise in die Vergangenheit kommt der Besuch des Automuseums gleich. 150 prächtige Oldtimer gibt es hier zu bewundern. Jeden 3. Oktober findet auf dem großen Parkplatz vor dem Museum das Roller- und Kleinwagentreffen statt (www.automuseum-engstingen.de).

Über die Nachbargemeinde Hohenstein geht's zwischen Oberstetten und Zwiefalten auf der B312 nach Pfronstetten auf der weiten Hochfläche der Zwiefalter Alb. Umgeben von Wäldern und kargen Wacholderheiden lockt der 1,5 Kilometer lange »Phänopfad«. Zusammen mit dem Schäferweg ergibt sich ein schöner Rundweg vom Wanderparkplatz Lehrtal an der K6747 aus.

07 Zwiefalten

Inmitten von Wäldern liegt am Fuß der Schwäbischen Alb im Tal der Aach der ehemalige Klosterort Zwiefalten. Das Grün der Wiesen und die klaren Bäche bilden eine malerische Kulisse für das herrliche und gewaltige Barockmünster, das den ganzen Ort überragt. Das doppeltürmige Marienmünster (1739–1765), das nach Plänen des Münchner Baumeisters Johann Michael Fischer erbaut, verschwenderisch ausgemalt wurde und mit herrlichem Stuck und berühmter Orgel ausgestattet ist, zählt zu den schönsten Kirchen im Rokoko-Stil an der Oberschwäbischen Barockstraße. In den Sommermonaten ist das Münster Zwiefalten Schauplatz einer kleinen Reihe ausgesuchter Konzerte. In der Umgebung lohnt das Barockschloss Mochental (1734), einstmals Propstei des Klosters, mit schöner Schlosskapelle und Hubertussaal. Von hier geht's über die kurvenreiche Zwiefalter Steige durch die typische Handwerkerstadt Hayingen vorbei an vie-

Das Innere des Münsters von Zwiefalten besticht durch einzigartige Deckenmalereien.

Kuppenlandschaft bei Bad Urach.

Bierkrugmuseum
Die Bierkrugsammlung von Lambert Schmid fand 1999 im Gästehaus an der Seckach ein schönes Zuhause. Über tausend Exponate zeigen die ehemalige Brauereivielfalt der Heimat. Die ältesten Krüge stammen aus dem Jahr 1885 – in dieser Zeit waren Steinkrüge mit dem Eichmaß 0,8 Liter üblich.
Albquell Bräuhaus, Lindenplatz 6, 72818 Trochtelfingen, Tel. 07124/733, www.albquell-brauhaus.de

Historische Dampflok
Der Verein Schwäbische Alb-Bahn bietet sonntags historische Ausflugsfahrten mit einer Dampflok von 1928 zwischen Engstingen und Münsingen an. Auf einer 43 Kilometer langen Strecke geht es vorbei an urtypischen Landschaften wie Streuobstwiesen und Wacholderheiden, durch das romantische Schmiechtal mitten in das Biosphärengebiet.
www.alb-bahn.com

len Fachwerkhäusern nach Münsingen – die Stadt im Herzen des Biosphärengebiets Schwäbische Alb.

08 Münsingen
Blühende Streuobstwiesen, von Schafen gepflegte Wacholderheiden und sattgrüne Buchenwälder prägen die Kulturlandschaft, die weltweit einmalig ist und die es für künftige Generationen zu bewahren gilt. Deshalb hat die UNESCO im Jahre 2009 eine Fläche, fast so groß wie Berlin, zum Biosphärengebiet Schwäbische Alb ausgewiesen. Das einzige seiner Art bisher in Baden-Württemberg. Es lohnt sich also, das Motorrad zu parken und das Reservat zu erkunden, denn es warten begehbare und sogar mit dem Boot befahrbare Schauhöhlen, der ehemalige Truppenübungsplatz Münsingen, wo sich seltene natürliche Lebensräume für Tiere und Pflanzen erhalten haben, Albbüffel-Herden sowie Araberhengste des Gestüts Marbach. Die Münsinger Alb mit ihren zahlreichen Kuppen und dem Großen Lautertal mit seinen vielen Burgen bietet eine abwechslungsreiche Landschaft, in der man über die Seeburger Steige nach Bad Urach braust.

09 Bad Urach
Der Kurort im Herzen der mittleren Alb bezaubert durch die herrliche Lage und malerische Altstadt. Um den kleinen Marktplatz mit dem spätgotischen Brunnen gruppieren sich schmucke Fachwerkhäuser. Besonders eindrucksvoll ist das Rathaus aus dem 16. Jahrhundert. Eine Besichtigung verdienen auch die spätgotische Stiftskirche mit prachtvoller Kanzel und das spätmittelalterliche Residenzschloss (www.schloss-urach.de). Oftmals als Perle der Schwäbischen Alb bezeichnet, bietet sich Bad Urach auch als Ausgangspunkt für eine Wandertour auf den fünf Premiumwanderwegen »Grafensteige« an. Sie führen zu den Naturschönheiten rund um Bad Urach wie den Gütersteiner Wasserfall, die Wolfsschlucht, die fantastischen Aussichtsfelsen entlang der Albkante und den Uracher Wasserfall, der 37 Meter frei in die Tiefe stürzt, aufschlägt und weitere 50 Meter über steil abfallendes moosbewachsenes Gestein fließt. Die meist schmalen Pfade bringen die Wanderer durch raschelnde Hangbuchenwälder hinauf auf die Albhochfläche. Auch der nächste Ort Sankt Johann ist für seine 138 abwechslungsreichen Wanderstrecken bekannt und beliebt.

10 Sankt Johann
Kurve um Kurve geht es rund ca. zehn Minuten lang in den Ortsteil Bleichstetten von Sankt Johann. Das Kleinod mit 770 Einwohnern schmiegt sich malerisch in die Landschaft ein. Der Ortskern mit seinem Rathaus, dem Backhaus und der Heimatstube ist ebenso sehenswert wie das historische Schulgebäude, in dem nicht nur die Gemeindebücherei untergebracht, sondern auch noch ein echter Schatz zu finden ist. Denn das Uhrwerk der Turmuhr gibt es in dieser Bauweise nur dreimal auf der Welt: in einer Kirche in Serbien, im Big Ben in London und eben hier, im beschaulichen Bleichstetten. Das wird nun in Richtung Eningen verlassen, ein Ort, der zwischen der Achalm und dem Albtrauf liegt und sich über eine Höhe von 419 Metern bei der Straßenmeisterei bis 791 Metern beim Wolfsfelsen auf der Albhochfläche erstreckt. Ein hügeliges Fahrvergnügen, ehe man Reutlingen erreicht.

11 Reutlingen
Scheinbare Gegensätze formen Reutlingens einzigartigen Charakter: Hier liegt mittelalterliche Fachwerkromantik in freundschaftlicher Nachbarschaft zu moderner Architektur, lebhafte Shoppingmeilen münden in lauschigen Gässchen – und fast ebenso schnell gelangt man von der Innenstadt hinauf auf die 707 Meter hohe Achalm, die einen herrlichen Blick auf die Stadt gewährt. Reutlingens Vergangenheit als Freie Reichsstadt ist noch an vielen Stellen gegenwärtig. So zeugt das markante Tübinger Tor von der einst mächtigen Befestigungsanlage. Das Wahrzeichen der Stadt ist die Marienkirche: Die zwischen 1247 und 1343 erbaute Kirche ist eines der bedeutendsten Bauwerke der Hochgotik in Schwaben und wurde 1988 zum Nationalen Kulturdenkmal erklärt. Trotz des Großbrands, der 1726 zwei Drittel der Stadt zerstörte, sind noch viele eindrucksvolle Gebäude aus dem Mittelalter erhalten. Einen Blick in die Historie erhält man beim Gang durch die Spreuerhofstraße, die mit

31 Zentimetern an der schmalsten Stelle im Guinnessbuch der Weltrekorde steht. Seine einzigartige Lage macht Reutlingen auch zum Ausgangsort für einen Ausflug zum romantischen Schloss Lichtenstein.

12 Pfullingen

Erst geht es aber nach Pfullingen mit seinem weithin sichtbaren Wahrzeichen, dem Schönbergturm. Sein Spitzname, die »Pfullinger Unterhos« wurde mit der größten Unterhose der Welt zu seinem 100. Geburtstag im Jahr 2006 Realität, als ihn die Bewohner mit einer echten Stoffunterhose bekleideten. Der erhoffte Eintrag ins Guinnessbuch der Rekorde blieb allerdings aus. Doch auch ohne Schlüpfer lohnt ein Besuch des Turms. Ebenso der des Pfullinger Schlössle, ein um 1450 gebautes Fachwerkgebäude. An der Verbindungsstraße der B312 zwischen Sonnenbühl-Genkingen und Lichtenstein-Traifelberg thront Schloss Lichtenstein – der kleine Schlenker lohnt sich.

13 Schloss Lichtenstein

Man spricht oft auch vom württembergischen Märchenschloss, und seine Existenz ist tatsächlich einer literarischen Fantasie zu verdanken. Zwar gab es auf dem 817 Meter steilen Felsen schon ab dem Jahr 1390 eine Burg, die jedoch verfiel im Zuge des Dreißigjährigen Kriegs. Als Herzog Wilhelm von Urach den 1842 erschienenen Roman »Lichtenstein« von Wilhelm Hauff las, war er davon so beeindruckt, dass er die Ruine als eine romantische Ritterburg wiederauferstehen ließ. Auch die prachtvolle neogotische Innenausstattung entspricht den Vorstellungen, die man gemeinhin im 19. Jahrhundert von ritterlicher Hofhaltung hatte. Waffenhalle, Schlosskapelle, Trinkstube sowie weitere prachtvoll ausgestattete Räume im ersten Obergeschoss kann man in einer etwa 30-minütigen Führung besichtigen. Bei den anderen Stockwerken handelt es sich um den Privatbesitz von Wilhelm Albert von Urach. Kleiner Tipp: Nur 15 Gehminuten entfernt befinden sich die Reste der im Jahre 1377 zerstörten und nicht wieder aufgebauten Burg Alt-Lichtenstein. Ganz in der Nähe liegt auch die Nebelhöhle im Ortsteil Genkingen.

14 Genkingen

Vom Wanderparkplatz Kalkofen führt eine kleine Verbindungsstraße nach Unterhausen. Hier geht es zu Fuß auf dem markierten Weg weiter, ehe 141 Stufen tief hinunter in eine der schönsten Tropfsteinhöhlen der Schwäbischen Alb führen. Die typische Karsthöhle entsteht durch das Lösen des Kalks. Die prachtvollen Tropfsteine wachsen, indem der im Wasser gelöste Kalk wieder fest wird. Ihren Namen erhielt die bereits seit 1486 bekannte Nebelhöhle durch das Nebelloch, das mittels Strickleitern den einzigen Zugang zur Höhle darstellte. Erst 1921 wurde ein weiterer Höhlenabschnitt entdeckt. Von der Höhle führt die Burgstraße L230 über Gönningen und Mössingen mit langgezogenen Rechts- und Linkskombinationen,

umgeben von steil ansteigenden Felswänden, nach Hechingen.

15 Hechingen

Seit dem 13. Jahrhundert ist Hechingen Residenzstadt der Grafen und späteren Fürsten von Hohenzollern und auch heute noch das beschauliche Zentrum der Zollernalb. Ein Besuch des Römischen Freilichtmuseums in Hechingen-Stein gehört ebenso zu den touristischen Highlights wie die Burg Hohenzollern. Bevor man hier zu Fuß hinaufwandert, geht es an der L440 mit sechs schönen Kehren 300 Höhenmeter auf den Lochenpass – perfektes Sportler-Terrain. Man muss nicht rasen wie verrückt, um eine gute Figur zu machen und das Knie an den Asphalt zu bekommen. Wichtig ist nur, bei den Linkskurven lange genug mit dem Einlenken zu warten und die Kurven am Eingang zu hinterschneiden. Am Kurvenscheitel kommen nämlich gerne mal etwas zu sportlich ambitionierte Autofahrer entgegen, die über den Mittelstrich hinausdrängen. Die letzte Kurve erfüllt dann alle Anforderungen, um es als Applauskurve in die Herzen der Landstraßenfeger zu schaffen: guter Asphalt, schöner Radius, perfekte Übersicht und ein angrenzender Parkplatz.

16 Burg Hohenzollern

Hoch oben auf einem Vorberg der Schwäbischen Alb thront Burg Hohenzollern wie in einem Bilderbuch. Am besten das Bike abstellen und die letzten 50 Höhenmeter emporsteigen und durch den imposanten Torbogen eine andere Welt betreten. Jeder, der hier oben steht, wird Kaiser Wilhelm II. beipflichten, der 1886 bei einem Besuch sagte: »Die Aussicht ist wahrlich eine Reise wert.« Aber auch die prachtvolle Anlage sowie das Burgmuseum mit Schatzkammer sind ein Erlebnis. Denn neben der preußischen Königskrone erinnern zahlreiche Stücke an Friedrich den Großen und die unvergessene Königin Luise. Ein besonderes Naturschauspiel bietet sich an zwei Tagen im August, wenn eine Menge an Meteoren aus dem Sternbild des Perseus das dunkle Firmament erhellt. Die exponierte Lage des Zollerbergs und das historische Ambiente der Burg ist auf 855 Meter Höhe einfach der beste Ort für Sternschnuppengucker. Die Zufahrtsstraße K7110 steil hinunter, geht's weiter nach Balingen.

17 Balingen

Die 10 000-jährige Geschichte der Wägetechnik Balingens wird in einem eigenen Museum für Waage und Gewicht gezeigt. Die Hinwendung der Stadt zum Handel wird auch in der Fußgängerzone deutlich, die sich als entspannte Shopping-

Schloss Lichtenstein – ein Märchenschloss wie aus dem Bilderbuch.

Die historische Wehranlage der Burg Hohenzollern liegt imposant eingebettet in der malerischen Landschaft.

Hügel, Kuppen, Kurven und Täler reihen sich in der Schwäbischen Alb wie Perlen aneinander und lassen Bikers Herzen höher schlagen.

meile präsentiert. Ein malerisches Schlösschen ist das Zollernschloss, in dem zwischen 1403 und 1752 die württembergischen Obervogte residierten. Nach seinem weitgehenden Abriss im Jahr 1935 ist es heute nach historischem Vorbild rekonstruiert. Nur der Wasserturm, der einzige der vier Ecktürme, ist an der Südostecke der einstigen Stadtbefestigung noch vollständig erhalten.
Auf der kurvenreichen L440 geht's anschließend weiter nach Tieringen, das sich als höchster Ort des Schlichemtals auf knapp 99 Meter Höhe harmonisch in die Landschaft einfügt. Keine Sorge, der kaputte Straßenbelag von Tieringen nach Nusplingen, zwischen den von Oberheim und Hossingen kommenden Anschlüssen, wurde jüngst erneuert und es gibt gute Auslaufzonen. Trotzdem sollte man den Rollsplit nicht unterschätzen. Folgt man nun der L443, erreicht man bergab, vorbei am schattenspendenden Wäldchen Galgenwiesen, schließlich Dürbheim.

18 Dürbheim

Am Ursprung des oberen Faulenbachtals liegt der traditionsreiche Ort Dürbheim, der bereits im Jahre 786 erstmals erwähnt wurde. Im Osten ist er von den Wäldern des Alb-Rands umgeben, im Westen grenzt er an das Dürbheimer Moos, ein naturgeschütztes, urwüchsiges Moorland mit seltener Flora und Fauna und Paradies für die heimische Vogelwelt. Neubaugebiete ziehen sich halbkreisförmig um den älteren Ortskern der industrialisierten Gemeinde. Mittelpunkt ist die katholische Pfarrkirche St.-Petrus-und-Paulus, die 1763 erbaut wurde.
Von Dürbheim aus sind alle Richtungen bequem zu erreichen. So zum Beispiel zurück nach Tuttlingen, dem Ausgangspunkt der Tour.

AUSFLUGSZIELE

Phänopfad

Der etwas andere Pfad wartet mit Mitmachstationen und Phänomenen auf, die zum Staunen bringen. Am Ende des Themenwegs führt ein geschotterter Waldweg das Lehrtal hinauf. Links abgebogen, krümmt der Schäferweg steil nach oben.
Wanderparkplatz Lehrtal zwischen Aichstetten und Aichelau, www.schaeferei-fauser.de

Lochenpass

Der Lochenpass ist die wohl beliebteste Motorradstrecke auf der Schwäbischen Alb. Rund sieben Kilometer lang, beherbergt sie viele Kurven – und ist leider auch berüchtigter Unfallschwerpunkt. Deshalb liegt das Tempolimit bei 80. Die Zufahrt ist am Wochenende nicht freigegeben, immer wieder ist auch die Rede davon, den Lochenpass ganz für Motorradfahrer zu sperren. Schuld daran sind Biker, die die Straße mit einer Rennstrecke verwechseln. Dabei bringt der Lochenpass mit seinen Haarnadelkurven, die es in sich haben, auch so Spaß.
Bikertreff Lochenpass,
An der L440 / Lochenpaßstraße,
72336 Balingen-Weilstetten

Naturtheater

Idyllische Natur, ein engagiertes Team und eine inzwischen über 60-jährige Theater-Story – das sind die drei Essentials des Naturtheaters Hayingen. Der schwäbische Mundartdichter Thaddäus Troll befand schon vor mehr als 30 Jahren, dass die urwüchsigen Volkstheater in Süddeutschland fast ausgestorben wären, eine Ausnahme sei auf der Schwäbischen Alb in Hayingen zu finden.
Naturtheater,
Kirchstr. 8, 72534 Hayingen,
Tel. 07386/286,
www.naturtheater-hayingen.de

Café Restaurant Burg Hohenzollern
72379 Burg Hohenzollern,
Tel. 07471/2345,
www.burg-hohenzollern.com

Camping Wagenburg
Kirchstr. 24,
88631 Beuron/Hausen im Tal,
Tel. 07579/559,
www.camping-wagenburg.de

Gaststätte Donautal Touristik
88631 Beuron-Hausen im Tal,
Tel. 07579/1583,
www.donautal-touristik.de

Biker Biergarten Bootshaus an der Lauter Fürstenbergstr. 2, 72525 Bichishausen, Tel. 07383/408

Parkplatz-Treff Lochenstein
An der L440 / Lochenpaßstraße,
72336 Balingen-Weilstetten

Motorradhotel Kreuz Gammertingen
Marktstr. 6, 72501 Gammertingen,
Tel. 07574/93290,
www.hotel-kreuz-gammertingen.de

Maultaschenwirt
Nebelhöhle,
72820 Sonnenbühl-Genkingen,
Tel. 07128/2253,
www.maultaschen-wirt.de

Rund um Nagold, Neckar & Neubulach

Jede Menge Natur und Historie bietet die Schwarzwälder Warm-up-Runde im Tal des Neckars, wo das Mittelalter noch heute zum Greifen nah erscheint.

SCHWARZWALD – TEIL I

Wer sie kennt, weiß um ihre Wirkung: Ursprünglich und kontrastreich ist die Landschaft im Schwarzwald. Doch sie hat weit mehr zu bieten als Postkarten-Klischees, wenn man den waldreichen Norden durchquert. Enge Gassen, Fachwerk und spitze Giebel prägen beispielsweise die schwäbische Universitätsstadt Tübingen. Auch links und rechts der Nagold grüßen zwischen Freudenstadt und Altensteig pittoreske Städte, mittelalterliche Burgen und Schlösser. Kulturelle Highlights sind Brauchtumsfeste wie der Wildberger Schäferlauf oder das Flößerfest auf der Nagold. Das 45 Kilometer große Nagoldtal lässt sich über die 500 Meter lange Nagolder Brücke mit ihren 17 Rundbögen und auf abwechslungsreichen Wegen mit sanften Schwüngen und Haarnadelkurven erkunden.

Das Café zum Seeheiner an der Nagoldtalsperre, abseits der Hauptverkehrsstraße an der L362 bei Erzgrube, wartet als beliebter Biker-Treff – mit Wendeterrasse im Außenbereich, die sich in 15 Minuten um 360 Grad dreht. Richtig romantisch wird es in der alten Festungsstadt Horb mit den Ritterspielen. Bis Horb reicht auch der weitgehend unverbaute Lauf des Neckars, der von Rottweil kommt und bis 150 Meter tief in die Muschelkalkplatten eingegraben fließt, um dann vom Schwarzwald weg nach Osten zu schwenken. Eine ganze Weile begleitet also der Fluss die kurvenreiche Panoramastraße. Vorbei an Sulz, führen felsenreiche Seitentälchen auf die Hochflächen hinauf. Einen Fotostopp sollte man unbedingt auch am Wasserschloss Glatt einplanen – inklusive Verschnaufpause im historischen Café, stilecht bei einem Stück Schwarzwälder Kirschtorte.

Blick vom Aussichtspunkt »Gähnender Stein« auf die Stadt Sulz am Neckar.

Die historische Altstadt von Neubulach wirkt bei Abenddämmerung besonders romantisch.

Bunte Häuserfassaden reihen sich in Tübingen direkt am Ufer des Neckars entlang.

ROUTE 29

Routenlänge: ca. 227 km
Zeitbedarf: Tagestour
Charakteristik: Über kurvenreiche Nebenstrecken lässt es sich hier schon mal Warmfahren für das bereits in der Nähe lockende Biker-Eldorado Schwarzwald.
Start und Ziel: Neubulach
Routenverlauf: Neubulach, Bad Teinach, Holzbronn, Gültlingen, Wildberg, Rotfelden, Mindersbach, Nagold, Bondorf, Tübingen, Rottenburg am Neckar, Starzach, Horb am Neckar, Empfingen, Wasserschloss Glatt, Sulz am Neckar, Hopfau, Bettenhausen, Leinstetten, Neuneck, Glatten, Dietersweiler, Freudenstadt, Wittlensweiler, Grüntal, Musbach, Erzgrube, Altensteig, Berneck, Gaugenwald, Oberkollwangen, Neubulach

Informationen:
www.schwarzwald-tourismus.info, www.touren-schwarzwald.info
www.schwarzwald-motorradtouren.com

Hier geht's zum GPS-Track

01 Neubulach

»Glück auf« heißt es in der einstigen mittelalterlichen Bergbaustadt. In Neubulach wurden seit dem Mittelalter Silber und Kupfererz abgebaut. Das Besucherbergwerk Hella-Glück-Stollen erinnert seit 1969 an die jahrhundertelange Tradition. Im Zentrum Neubulachs steht das Calwer Tor als wohl bekanntestes Wahrzeichen. Vom Turmzimmer, das 1907 auf Anregung des Ehrenbürgers Julius Heuß als Lesezimmer eingerichtet und 2004 renoviert wurde, hat man eine Fernsicht bis zur Schwäbischen Alb. Auch eröffnet sich ein wunderbarer Blick auf das 1604 erbaute Alte Rathaus, die ehemalige Burg mit romantischem Eingangstor, die Marienkirche mit dem Doppelportal an der Westwand und den Diebsturm mit »Bennes-Törle«, dessen Name auf seine Verwendung als Gefängnis für Obstdiebe zurückgeht.

Parallel zum Dürrbach schlängelt sich die L348, die einmal nach links abgebogen auf der L347 über das für den Schwarzwald typische Teinachtal mit seinen bewaldeten Berghängen und engem Talgrund führt. Sein Kernort Bad Teinach ist schon seit dem Mittelalter für seine Heilquellen bekannt. Vorbei an Streuobstwiesen geht es nach Holzbronn.

02 Holzbronn

Von 1907 bis 1908 nach Plänen des Architekten Heinrich Dolmetsch errichtet, sind Elemente des Jugendstils in den Bau der Bernhardskirche eingeflossen. Der pagodenartige Turm wird von den Holzbronnern liebevoll »gelbe Rübe« genannt. Während der Renovierung entdeckte man im Jahr 2006 beim Entfernen des Laminats einen Terrazzoboden von 1907. Im Nordwesten von Holzbronn fließt die Xanderklinge teilweise als Sturzbach mit großem Gefälle hinab ins Tal. Messerscharf schneidet sich die Schlucht in den Buntsandstein, erzeugt abenteuerliche Abbruchkanten und Baumwurzelformationen. Damit gehört sie zu den reizvollsten Naturphänomenen im Nordschwarzwald. Über drei Meter hohe Wasserfälle und zehn Meter hohe Felswände sind hier zu entdecken, ehe es in sanften Kurven auf der Gültinger Straße durch den verschlafenen Ort Gültlingen und weiter auf der L357 geht. Einmal links auf die B463 gefahren, führen

Kurve um Kurve beinahe im Zickzack in die Schäferlaufstadt Wildberg.

03 Wildberg

Romantisch an einem von der Nagold umflossenen Berghang liegt Wildberg. Die Schlossanlage und weitere Baudenkmäler aus dem Mittelalter können auf dem heimatgeschichtlichen Lehrpfad erkundet werden. Alle zwei Jahre im Juli zieht der »Wildberger Schäferlauf«, das älteste historische Heimatfest im Nordschwarzwald, jede Menge Gäste an. Auch der Schäferaktionstag und die Wildberger Markttage in der historischen Klosteranlage Reuthin haben sich in der Stadt etabliert. Hier befindet sich heute das städtische Heimatmuseum Wildberg, das die Kulturgeschichte, aber auch die Landwirtschaft zeigt. Schließlich spielt die Schäferei eine große Rolle. Sie wurde bei der Verleihung des Weiderechts erstmals im Jahr 1298 urkundlich erwähnt.

Nun geht es über die B463 weiter bis zur Hufeisenkurve »Am Bettenberg« auf der Nagolder Straße. Kurz nach dem Parkplatz führt die K4352 nach Rotfelden. Durchhalten wird belohnt, denn nach einer eher unspektakulären Strecke folgt eine Top-Kurve, der Reifen verzahnt sich mit dem Asphalt. Noch ein Blick auf das Gelände des ehemaligen Kamelhofs im heutigen Freizeitpark Rotfelden geworfen, dann ist man auch schon in Richtung Mindersbach unterwegs.

AUSFLUGSZIELE

Heilstollen

Im langgezogenen Stollen des mittelalterlichen Silberbergwerkes »Hella-Glück« befindet sich seit 1972 ein Heilstollen. Auf völlig natürliche Weise wird hier alle fünfzehn Minuten die Luft komplett ausgetauscht.
Anmeldung: Teinachtal Touristik Neubulach, Marktplatz 3, 75387 Neubulach, Tel. 07053/969510

Burgruine Waldeck

Der Waldecker Schlossberg trägt die Überreste einer Burg, die zu den besterhaltenen Ruinen im Nördlichen Schwarzwald zählt. Ihre Reste eines kompakten Baus, bestehend aus einem Wohngebäude und dem Bergfried, liegen seit 1284 auf dem 410 Meter hohen Felssporn westlich über dem Nagoldtal. In den letzten 30 Jahren wurde die Burgruine vom Heimat- und Kulturverein Waldeck liebevoll saniert. Heute gilt sie als eine der schönsten und besterhaltenen Ruinen der weiteren Umgebung
Burgruine Waldeck, 75365 Calw

Freizeitpark Rotfelden

Auf dem Gelände des ehemaligen Kamelhofs in Rotfelden hat 2017 der Freizeitpark seine Tore geöffnet. Hier sorgen eine Fußballgolf-Anlage mit 72 Par-Bahn und ein idyllisch gelegenes Spielgelände mit Barfuß-Park und Kletter-Parcours für große Augen bei Kindern und Erwachsenen. Danach wartet eine kleine Verschnaufpause im Biergarten mit herrlicher Aussicht. Auch eine längere Rast ist möglich, denn es gibt Übernachtungsmöglichkeiten.
Freizeitpark Rotfelden, Kamelweg 1, 72224 Ebhausen, Tel. 0173/5950860, www.freizeitpark-rotfelden.de

Das Wasserschloss in Glatt – eines der ältesten Renaissance-Schlösser Süddeutschlands.

Horb am Neckar ist für seine schöne Stadtsilhouette bekannt.

04 Mindersbach

Die kleine Ortschaft hat sich aus mehreren Hofgütern entwickelt. Viele Muschelkalksteine auf den Feldern und einige kleine Steinbrüche brachten den Mindersbachern den Namen »Stoakrettler« ein. Wer Zeit hat, sollte diese für einen kleinen Spaziergang auf die Mindersbacher Höhe nutzen und die herrliche Aussicht genießen. In über 500 Meter Höhe ist es immer etwas kälter als in Nagold, dafür scheint die Sonne länger als unten im Nagoldtal, das man auf der schön kurvigen Weinstraße und schließlich über die B463 erreicht bzw. über die S-förmige B28 mit ihrer beeindruckenden zweispurigen Straßenbrücke.

05 Nagold

Der Nagolder Viadukt führt die Umgehungsstraße von Nagold im Zuge der B28 in einem 500 Meter langen Bogen über das Tal der Waldach. Die Brücke besteht aus 17 Rundbögen und gilt inzwischen als Wahrzeichen der Stadt. Baubeginn war im Jahr 1938, sie wurde aber erst nach dem Zweiten Weltkrieg, 1954, fertiggestellt. Nagold selbst lässt sich wohl am besten so beschreiben: städtisches Flair vor historischer Kulisse mit prächtigen Fachwerkhäusern in schmalen Gassen, umgeben von abwechslungsreicher Natur. Überbleibsel der Landesgartenschau 2012 sind z. B. die Forstkugel, die in den Abendstunden bunt leuchtet, oder der Platanenkubus als langfristig angelegtes baubotanisch-städtebauliches Experiment an der Schillerstraße. Einen weiten Rundumblick von oben gewährt die Burgruine Hohennagold, die auf keltischen Spuren zu Beginn des 11. Jahrhunderts als Herrschaftssitz der Nagolder Gaugrafen entstand. Eindrucksvoll ist der Kern der dreieckigen Anlage mit der zweieinhalb Meter dicken Schildmauer, dem Flankierungsturm und dem Bergfried.

Beim Verlassen von Nagold geht es am südlichen Ostrand vorbei am Vollmaringer Schloss, das vermutlich im 13. Jahrhundert ritterschaftlicher Sitz war. Über die L361 führt die K1052 über Mötzingen direkt hinein nach Bondorf, über das Örtchen Reusten und anschließend nach Tübingen.

06 Tübingen

Ebenso wie Nagold prägen romantische Passagen, Fachwerk und spitze Giebel die wunderschöne Altstadt von Tübingen. Die altehrwürdige Universitätsstadt, die genau im geografischen Zentrum Baden-Württembergs liegt, ist, gemessen am Durchschnittsalter seiner Bewohner, die jüngste des Landes: Unter den 85 000 Einwohnern leben 20 000 Studenten. Als die Hochschule im Jahr 1477 gegründet wurde, war sie das erste planmäßig ausgewiesene Universitätsareal des Kontinents. Weltberühmt sind auch die Stadtansichten vom Rathaus auf den Marktplatz und die Neckarfront mit dem Hölderlinturm, in dem der Dichter Friedrich Hölderlin von 1807 bis 1843 lebte. Den schönsten Blick auf den liebevoll restaurierten mittelalterlichen Stadtkern und die Umgebung gewährt das Schloss Hohentübingen, bevor auf der L371 drei scharfe Rechtskurven warten.

07 Rottenburg am Neckar

Bereits die Kelten und Römer fühlten sich in Rottenburg am Neckar wohl und gründeten hier ihre Siedlungen. Die steinernen Zeitzeugen, vor allem die aus dem Mittelalter, sind noch heute sichtbar und bereichern einen Bummel über die weiten Plätze und entlang der Neckarpromenade in der idyllischen Römer- und Bischofsstadt. Zu ihren Hauptsehenswürdigkeiten zählen der gotische Dom St. Martin, das bischöfliche Palais (um 1650), das Städtische Römer- und das Diözesanmuseum. An der prächtigen Wallfahrtskirche im Weggental vorbei, die aufgrund ihrer dargestellten Weihnachtsgeschichte Rottenburg überregional zum Ruf der »Krippenstadt« verholfen hat, schlängelt sich die L370 entlang des Neckars, umringt von Gärten und Streublumenwiesen und begrenzt von Hügelketten und Weinbergen, über Starzach nach Horb am Neckar.

08 Horb am Neckar

Über dem Neckar auf einer natürlichen Hochebene erwartet Horb seine Besucher mit einer gut erhaltenen Altstadt, mit Burg und Burggarten, der majestätisch thronenden Stiftskirche sowie einem hübschen Marktplatz mit dem berühmten Horber Bilderbuch. Einer Stadtsilhouette, die zu den schönsten Deutschlands zählt. Das »Tor zum Schwarzwald« besitzt ungeahnt viele geschichtenreiche Sehenswürdigkeiten, vor allem rund um den Marktbrunnen mit dem »Geßlerschem Haus« sowie dem Schurken- und dem Luziferturm. Die alljährlichen Ritterspiele locken Tausende Touristen hierher.

Dazwischen vielleicht eine kleine Pause bei den zahlreich vorhandenen Einkehrmöglichkeiten, bevor es auf der B32 kurz nach der Hufeisenkurve auf der L459 und dann auf einer eher unspektakulären Strecke in die Gemeinde Empfingen geht. Auf der L410 führt die Route vorbei an der neuromanischen Pfarrkirche St. Georg sowie dem Dorfschmiedemuseum und über die L410 ab Neckarhausen auf der K5508 zum schönen Wasserschloss Glatt.

09 Wasserschloss Glatt

Am östlichen Rand des Schwarzwalds liegt Glatt. Das Ortszentrum bildet der imposante Schlosskomplex, der Besucher von weither anzieht. Kein Wunder, handelt es sich schließlich um eines der ältesten Renaissance-Schlösser Süddeutschlands. Erstmals wurde es im 13. Jahrhundert erwähnt. Seit umfassenden Sanierungsmaßnahmen 2001 ist das Wasserschloss als Kultur- und Museumszentrum geöffnet. Es beherbergt gleich vier verschiedene Museen: Neben dem Schlossmuseum findet sich hier das Adelsmuseum (mit Rüstkammer), das Bauernmuseum und die Galerie Schloss Glatt. Und im Café in den epochalen Räumen der Wehranlage fühlt man sich bei einem Stück Schwarzwälder Kirschtorte beinahe selbst herrschaftlich.

Thron gegen Motorrad getauscht, führt die Keltenstraße über Hof Lindeneck nach Sulz am Neckar.

10 Sulz am Neckar

Sulz kann in seiner Geschichte weit bis in die vorchristliche Zeit zurückblicken. Erste sichtbare Besiedlungsspuren sind die aus der Keltenzeit stammenden Grabhügel sowie eine Viereckschanze, die sich westlich der Stadt befinden. Die Römerzeit des Ortes kann man im Museum »Römerkeller« nacherleben. Ein weiteres Denkmal ist die Burgruine Albeck aus der Zeit der Grafen von Sulz und der Grafen Geroldsecker. Aus der Zeit der Saline ist noch die Steinerne Waldhornbrücke zu sehen. Auch das heutige Rathaus, einst Oberamtsgericht, die Reste der Stadtmauer aus dem 13. Jahrhundert und der Narrenbrunnen mit seinen Figuren Optimist und Pessimist sind einen Besuch wert.

Über die Örtchen Hopfau und Bettenhausen windet sich die Straße hinauf bis Leinstetten. Im weiteren Verlauf klettert die L409 in verwegenen Schwüngen vorbei an Streuobstwiesen und Schloss Neuneck (1260) und passiert auf der K4745 die Gemeinde Dietersweiler, die in malerischer Lage auf der L460 nach Freudenstadt führt.

11 Freudenstadt

Herzog Friedrich I. von Württemberg gab 1599 den Befehl, eine »Planstadt der Renaissance« nach dem streng geometrischen Vorbild eines Mühlespiels zu errichten. Im Mittelpunkt sollte sein Residenzschloss stehen, reich verziert mit Arkaden und Eckgebäuden. 1601 wurde der Grundstein von Freudenstadt gelegt, doch bereits 1608 starb Herzog Friedrich und mit ihm der unvollendete Traum einer großen Residenzstadt. Und obwohl das bereits Gebaute in einem großen Brand im Jahr 1632 nahezu vollständig vernichtet wurde, ist das heutige Freudenstadt immer noch eine der städtebaulichen Perlen des Nordschwarzwalds. Es überzeugt mit dem größten Marktplatz, malerischen Arkaden und einer ungewöhnlichen Stadtkirche (1601–1608), die über zwei im Winkel aneinandergebaute Schiffe verfügt. Darin besonders sehenswert sind der Taufstein (um 1100) und das Lesepult (um 1150). Weiter geht's durch die Gemeinden Wittlensweiler und Grüntal, bis auf der L409 nach Unter- und Obermusbach die Kälberbronner Straße links auf der K4775 erreicht ist. Sie führt in die zur Gemeinde Seewald gehörende, beschauliche Altstadt von Erzgrube.

12 Erzgrube

Der kleine Teilort Seewald-Erzgrube grenzt an die Vorsperre der Nagoldtalsperre. Ihre malerische Lage inmitten eines rund 650 Hektar großen Landschaftsschutzgebiets macht sie zu einem beliebten Naherholungsort. 1970 fertiggestellt, dient die gewaltige Sperre dem Hochwasserschutz. Am Infopavillon gibt es einen Aussichtsturm, der einen fantastischen Blick über den See mit Windsurfern und die von Wasservögeln belebten Schilf- und Röhricht-Bestände bietet. Sobald die abgekühlten Füße getrocknet sind, wartet Altensteig, das an der Westroute der Deutschen Fachwerkstraße liegt.

13 Altensteig

Das »Tor zum Naturpark Schwarzwald Mitte/Nord«, wie Altensteig gerne genannt wird, besitzt eine Vielzahl an bauhistorischen Mittelpunkten. So erwarten den Besucher zum Beispiel das Altensteiger Schloss oder die Wirtschaft »Bäck-Schwarz« aus dem Jahr 1459 – eines der ältesten Häuser in der mehr als sehenswerten Altstadt.

Ein Stückchen die B28 entlang, führt die Neue Straße links nach Berneck, das zuerst lediglich aus zwei Häuserzeilen bestand, die entlang der Kirchgasse in südlicher Richtung verlaufen. Am südöstlichen Ende des Felssporns begrenzt die evangelische

Großflächiger Springbrunnen auf dem Marktplatz von Freudenstadt.

An der Nagoldtalsperre lässt sich bestens eine Erholungspause einlegen. In den Sommermonaten kann man hier schön schwimmen.

Schon von Weitem besticht Altensteig durch seine hübsche Silhouette mit Altem Schloss und der weiß getünchten Stadtkirche.

Immer wieder laden auf der Strecke Ruheoasen zu einer Pause ein.

Kirche den ursprünglichen Kern. Folgt man dem Lauf des Bruderbachs etwa zwei Kilometer aufwärts, stößt man auf den Ortsteil Bruderhaus – eine idyllisch gelegene Häusergruppe zwischen Berneck und Gaugenwald auf einer noch erhaltenen Rodungsinsel inmitten weiter Wälder. Von hier aus lohnt sich auch noch ein Abstecher: Die Zwerenberger Straße führt zum Hof »Roßrücken«, einem alten, längst verschwundenen Maierhof der Freiherren von Gültlingen, dessen Lage an der Rodungsinsel erahnt werden kann. Nun geht's über Oberkollwangen durchs Teinachtal zum Ausgangsort Neubulach zurück.

Ursprünglich fuhren die Tübinger Neckarfischer mit Stocherkähnen. Heute ist das Stocherkahnfahren seit Langem ein fester Bestandteil der studentischen Kultur Tübingens. In Tübingen gibt es 130 Stocherkähne, die auf dem Neckar zugelassen sind. Die meisten gehören Studentenverbindungen.

AUSFLUGSZIELE

Stocherkahnfahrt

Ein Muss für jeden Besucher Tübingens ist eine Stocherkahnfahrt auf dem Neckar. Von dort bieten sich reizvolle Blicke auf die historische Neckarfront oder den Hölderlinturm. Wer sich traut, kann auch versuchen, selbst zu »stochern«. Aber Vorsicht! Manch ungeübter Besucher hat auf diesem Wege schon Bekanntschaft mit dem Neckarwasser geschlossen. Der bekannteste Stocherkahn-Anlegeplatz in Tübingen ist der Hölderlinturm.

Neckar-Parkhaus, Wöhrdstr. 11,
72072 Tübingen, Tel. 07071/304827,
www.stocherkahn-viaverde.de

Wurmlinger Kapelle

In der Vergangenheit Rottenburgs kann der Besucher auch auf einem der zahlreichen Wanderwege schwelgen, z. B. zur romantischen Weilerburg oder zur gern besuchten Wurmlinger Kapelle St. Remigius. 1680 als Saalbau errichtet, ist sie in ihrer idyllischen Berglage ein Wahrzeichen der Region.

Kapellenweg,
72108 Rottenburg am Neckar
(ab Wanderparkplatz Kapellenweg Rottenburg-Wurmlingen)

Gasthaus Krabba-Nescht mit Schwarzwaldbrennerei und Whisky-Keller Im Klösterle 33, 75365 Calw-Holzbronn, Tel. 07053/ 967180, www.krabba-nescht.de

Bikertreff Gasthof und Café zum Seeheiner Seestr. 81, 72297 Seewald-Erzgrube, Tel. 07448/92770, www.seeheiner.de

---

Hotel Gasthof Rössle Poltringerstr. 14/1, 72108 Rottenburg, Tel. 07073/7590, www.roessle-rottenburg.de

---

Hotel-Gasthof Schiff Marktplatz 21, 72160 Horb am Neckar, Tel. 07451/2163, www.hotel-gasthof-schiff.de

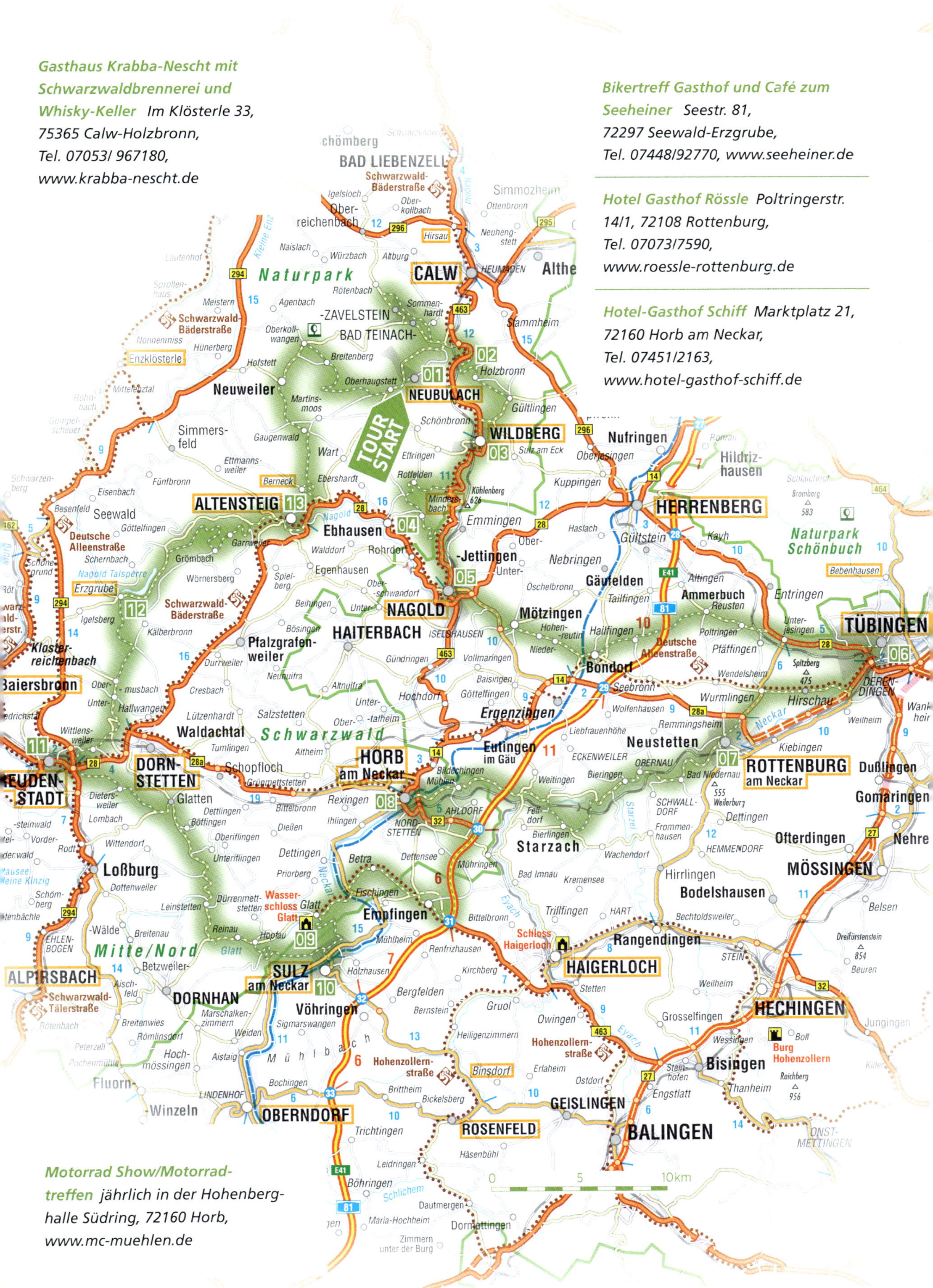

Motorrad Show/Motorradtreffen jährlich in der Hohenberghalle Südring, 72160 Horb, www.mc-muehlen.de

Von Kurvenkönigen und Kuckucksuhren

Nicht nur die berühmten dichten Wälder sind das Markenzeichen dieser beliebten Bikerregion im Schwarzwald, auch romantische Schluchten und quirlige Uferpromenaden begleiten den Biker beim Auf und Ab durch Deutschlands Motorradrevier Nummer 1.

SCHWARZWALD – TEIL II

Dass der Schwarzwald mehr als Bollenhut, Kuckucksuhr, Schwarzwälder Kirschtorte oder Schinken zu bieten hat, zeigt sich alleine beim Durchqueren der kurvenreichen Berg- und Tallandschaft. So unterschiedlich wie die Natur ist auch das Fahrvergnügen auf den Hoch- und Panoramastraßen, durch die Schluchten und in den Tälern Im Süden schlängelt sich beispielsweise das Albtal fast 30 Kilometer am Hochrhein hinauf zur Domstadt St. Blasien. Ein Muss für sportliche Kurvenfreaks ist natürlich die Fahrt auf den Hausberg von Freiburg – den Schauinsland. Das von 1923 bis 1984 ausgetragene ADAC-Schauinsland-Rennen hat die ehemalige Bergrennstrecke berühmt gemacht. Auf nur zwölf Kilometern sind 173 Kehren zu meistern, ehe an der 800 Meter höher gelegenen Bergstation am Gipfel das Motorrad ausrollt. Doch Achtung: Seit 1984 ist die Schauinslandstraße vom 1. April bis 1. November an Wochenenden und Feiertagen für Biker gesperrt.
Zu des Schwarzwalds ursprünglicher Natur gesellen sich traditionelles Brauchtum und ein Heilklima, von dem Besucher und zahlreiche Kurorte profitieren. Frische Luft macht hungrig und – zugegeben – zu einer echten Schwarzwald-Vesper gehört der original Schwarzwälder Schinken, der über heimischen Hölzern geräuchert wird, einfach dazu.

Man muss nicht immer weit reisen, um echte Abenteuer zu erleben: Vom Belchen über die Weinberge des Markgräflerlandes mit der Fauststadt Staufen geht es bei dieser Tour über Todtmoos im waldreichen Wehratal bis hin zum großen Natursee Titisee. Startpunkt für das Fahrvergnügen mit allen denkbaren Schräglagenerlebnissen ist der Schluchsee.

Mehrere Wanderwege führen über den 1053 Meter hohen Schliffkopf. Von oben bietet sich eine überwältigende Aussicht.

Der Schluchsee ist der größte See des Schwarzwalds. Da hoch gelegen, ist sein Wasser selbst im Hochsommer meist kühl.

ROUTE 30

Routenlänge: 345 km, mit Abstecher nach Freiburg ca. 420 km
Zeitbedarf: Mehrtagestour, mit Aufenthalten auch über eine Woche
Charakteristik: Straßen, wie gemacht für Bergrennen à la »Schauinsland« bei Horben, aber auch zum Luftholen bieten die romantischen Berg- und Talstrecken reichlich Gelegenheit.
Start und Ziel: Schluchsee
Routenverlauf: Schluchsee, Bonndorf, Wutach, Döggingen, Löffingen, Schwärzenbach, Titisee-Neustadt, Fahl, Brandenberg, Todtnau, Präg, Ehrsberg, Schönau, Obermünstertal, Münstertal, Münsterhalden, Tegernau, Zell im Wiesental, Wehr, Todtmoos, Herrischried, Rickenbach, Görwihl, Immeneich, Sankt Blasien, Rothaus, Grafenhausen, Ühlingen-Birkendorf, Bonndorf
Informationen: www.schwarzwald-tourismus.info

Hier geht's zum GPS-Track

01 Schluchsee

Gemütlich startet die Tour am größten See im Schwarzwald, dem Schluchsee. Malerisch in dichte Wälder eingebettet, liegt er mit einer Länge von 7,5 Kilometern, aufgestaut von der immerhin höchstgelegenen Talsperre Deutschlands, auf gut 930 Meter Höhe. An seinem Ufer befindet sich die gleichnamige Ortschaft. Hier tummeln sich im Sommer zahlreiche Wasserliebhaber. Aber auch Motorradfahrer lieben das Gebiet. Schließlich führt die erstklassige Bergstrecke mit gut ausgebauten Kehren, die übrigens auch für Anfänger problemlos zu schaffen sind, auf der K6592 zwischen Wiesen und Forst in die »Löwenstadt« Bonndorf.

02 Bonndorf

Weithin bekannt ist Bonndorf vor allem für sein Schloss aus dem Jahre 1592, in dem sich 15 Narrenstuben befinden. Hier ist sozusagen ganzjährig »Fasnet« – ein wahres Paradies für jeden echten Karnevalsfan. Über 400 Fasnetfiguren und originalgetreue Miniaturen, kunstvoll handgeschnitzte Holzmasken, historische Exponate und vieles mehr gibt's zu bestaunen. Unterhalb des Schlosses befindet sich ein berühmter japanischer Garten, in dem ausschließlich in Japan beheimatete Pflanzen angesiedelt sind – eine wohl einmalige Parkanlage mit Pavillon, Teehaus und Teich, mit Schildkröteninsel und einem Meditationsgarten. Mit der inneren Ruhe im Gepäck geht's auf der Landstraße 171 wildromantisch über weite Wiesen und ausgedehnte Kornfelder durch das abenteuerliche »Tor der Wutachschlucht«. Der imposante Canyon, die schäumende Wutach und ihre Nebenflüsse bilden eine überwältigende Urlandschaft, die unter Naturschutz steht und mehr als 1200 Pflanzenarten beheimatet. Begleitet von 500 Schmetterlingen, die durch das Tal der wilden Ach flattern, fährt man an plätschernden Wasserfällen und hochaufragenden Felsen vorbei. Über die Dörfer Lembach, Münchingen und Ewattingen gelangt man auf schönen Haarnadelkurven hinauf nach Döggingen. Von hier führt die Freiburger Straße in einer Schlaufe auf die B31 westlich nach Löffingen. Dabei durchquert man die

In Titisee-Neustadt lockt eine schöne Uferpromenade, auch Boote können geliehen werden.

1000 Meter lange, zweispurige Tunnelverbindung mit anschließender Gauchachtalbrücke.

03 Löffingen

Im historischen Marktstädtchen über der Wutachschlucht verbindet sich die offene, hügelige Landschaft der Baar mit dem Hochschwarzwald. Der Stadtkern in Form eines unregelmäßigen Ovals wird von einer einzigen Achse, der einstigen Fernhandelsstraße, in leichtem Bogen durchkreuzt. Diese Hauptachse weitet sich im Zentrum zum Marktplatz mit dem Rathaus in seiner Mitte. Zwei Nebenstraßen mit eng gereihten, traufständigen Häuserzeilen, einst vorwiegend Ackerbürgerhäuser, umrunden das Zentrum. Drei Tore verschlossen bis zum 19. Jahrhundert Löffingen. Im Nordwesten zur Vorstadt hin das Obere Tor, das Untere Tor im Süden westlich der Kirche. Das Maienländer Tor (ursprünglich 1580 erbaut und nach dem Brand von 1921 neu errichtet) an der westlichen Ortsausfahrt, das nur dem lokalen Verkehr dienen musste, ist erhalten. Von hier geht's auf der K4992 in wunderbaren Schlangenlinien, umgeben von dichten Wäldern und idyllischen Tälern, nach Schwärzenbach, dem auf über 1000 Metern höchstgelegenen Ortsteil von Titisee-Neustadt. Bei guter Fernsicht auf das Gebirgspanorama erscheinen der Feldberg (1500 m) und der Hochfirst (1200 m) ganz nah, ebenso die Schweizer Alpen. Beim Blick über Neustadt, das man nach rasanter Fahrt auf der Landstraße 172 erreicht, begeistert das kristallklare Wasser des Titisees. In Neustadt selbst machen die ehemalige Postmeisterei »Adler Post« (1575), das Kapuzinerklösterle (17. Jahrhundert) und das Rathaus (1817) auf sich aufmerksam. Verzückt ist man vom Neustädter Münster (1901) – seine weiß verputzte Silhouette aus rotem Buntsandstein wirkt stadtbildprägend. Nicht zuletzt durch den 68 Meter hohen Turm, der andere Gebäude der Stadt überragt.

Über die fahrtechnisch eher unspektakuläre Titiseestraße oder mit einem kleinen Umweg auf der Gutachtalbrücke der B31 östlich von Titisee-Neustadt, erreicht man selbigen Ort. Die Brücke von 1981 überspannt in 97 Metern Höhe das Gutachtal mit dem Bach Gutach, der Landstraße 156 sowie der Höllentalbahn und sorgt für Nervenkitzel über der grünen Oase.

04 Titisee-Neustadt

Der größte natürliche See des Schwarzwalds, der aus einem Gletscher entstand, liegt mit einer Fläche von 1,3 Quadratkilometern zauberhaft eingebettet zwischen den Waldhängen von Feldberg und Hochfirst. Am Ufer findet sich der gleichnamige Ortsteil des Heilbads und Wintersportzentrums Titisee-Neustadt. Die Herkunft seines Namens ist bis heute ungeklärt, manche glauben, er sei nach dem römischen Feldherrn Titus, der hier einstmals sein Lager aufgeschlagen hatte, benannt.

Einen atemberaubenden Blick über den Titisee und die Umgebung hat man vom 25 Meter hohen Hochfirstturm, der in Stahlfachwerkbauweise 1890 auf dem Hausberg von Titisee-Neustadt errichtet wurde. Auch von der größten Naturskisprungschanze Deutschlands, der frei zugänglichen Hochfirstschanze, sieht man das klassische Schwarzwald-Postkartenmotiv. Damit hier Weltcup-Springen durchgeführt werden können, wurde 2003 das

Dom von St. Trudpert im Münstertal mit mächtigem Kuppelbau.

Blick auf die Altstadt von Freiburg mit dem berühmten Münsterturm.

Öhlermühle – eine der bemerkenswertesten historischen Mühlen.

Öhlermühle

Die instandgesetzte Ohlermühle (1772) befindet sich in der Schildwende, einem kleinen Seitental von Titisee-Neustadt. Sie wird von August Fürderer oberschlägig betrieben, besitzt ein Mahlwerk mit Steingang und Walzenstuhl sowie alle Voraussetzungen, um neben Korn zu mahlen auch Öl zu pressen. Jährlich am Pfingstmontag wird sie für Besucher in Betrieb gesetzt.

Öhlermühle, Schildwende 18,
79822 Titisee-Neustadt,
Tel. 07651/5483

Wutachschlucht

Die Wutach und ihre Nebenflüsse bilden eine überwältigende Urlandschaft mit romantischen Schluchten und urwüchsigen Wäldern. Nicht umsonst wird sie der größte Canyon Deutschlands genannt. Während einer Wanderung auf dem Schluchtensteig durch die bis 170 Meter tiefe Schlucht geht's vorbei an rauschenden Wasserfällen, zerklüfteten Tälern und abenteuerlichen Wildflüssen. Eine der schönsten Etappen liegt zwischen Wutachmühle (bei Ewattingen) und Schattenmühle (bei Boll).

Wutachschlucht,
Tel. 07709/929690 (Gemeinde Wutach),
www.wutachschlucht.de

Kloster St. Trudpert

Um das Jahr 800 entstand zu Ehren des heiligen Trudpert an dessen Todesstätte das erste rechtsrheinische Benediktinerkloster St. Trudpert. Fast tausend Jahre lang, bis zur Säkularisation im Jahre 1806, war es stets Mittelpunkt des Münstertals. Heute leben hier die Schwestern vom Heiligen Josef. Einzelführungen durch die beeindruckende Anlage finden von April bis Oktober statt. Die barocke Pfarrkirche ist für Besichtigungen täglich geöffnet.

Kloster St. Trudpert,
St. Trudpert 6,
79244 Münstertal,
Tel. 07636/78020,
www.kloster-st-trudpert.de

Profil der Schanze verändert und der K-Punkt auf 125 Meter verlegt. Den aktuellen Rekord hält Domen Prevc mit 148 Metern. Er erzielte diese Weite in der Qualifikation für den Weltcup am 11. März 2016.

In flotter Fahrt geht es auf der eigentlich fast zu gut ausgebauten B317 Richtung Todtnau zum Feldberg, einem weiteren Schwarzwald-Tourismusmagneten, dessen Gipfel man aber nur mittels Seilbahn oder zu Fuß erreicht. Da lockt vielleicht fast mehr die Weiterfahrt durch Brandenberg nach Todtnau.

05 Todtnau

Vom lieblichen Wiesental bis zum Südhang des subalpin geprägten Feldbergmassivs (1493 m) erstreckt sich die Bergwelt Todtnau auf einer Höhe zwischen 600 und 1386 Metern. Nach der Gedächtniskapelle auf der Bergerhöh, dem Fahler Wasserfall als kleinem Bruder des Todtnauer Wasserfalls und dem charmanten Gewölbekeller im Rathaus Todtnau gibt es eigentlich nur eine Entscheidung: Südlich Richtung Utzenfeld, das man auf der B317 schnell erreicht. Oder doch nach Norden zum Schauinsland, dem Freiburger Hausberg, mit süchtig machenden Kurven auf toller Bergstrecke? Bekannt ist die Strecke auf dem ehemaligen Holzabfuhrweg, der heutigen L124 (Schauinslandstraße) von Horben zur Schauinsland-Passhöhe, durch das ADAC-Schauinsland-Rennen, das zwischen 1925 und 1984 durchgeführt wurde. 780 Höhenmeter mussten hier auf zwölf Kilometer Streckenlänge überwunden werden. Bis heute gilt die Bergrennstrecke als längste und kurvenreichste Deutschlands. Doch Achtung: Seit 1984 ist die geniale Schauinsland-Bergstrecke vom 1. April bis 1. November an Wochenenden und Feiertagen für Motorräder gesperrt! Man kann alternativ über Kirchzarten Richtung Todtnau fahren, um über Notschrei zum Schauinsland zu kommen.

Nach den erlebnisreichen Schräglagentänzen lädt die Universitätsstadt Freiburg in herrlicher Lage zwischen Kaiserstuhl und Schwarzwald und mit viel Geschichte in alten Mauern zum Stadtbummel ein. Baudenkmal ist das Münster Unserer Lieben Frau (1200–1513), ein Meisterwerk der deutschen Gotik mit seinem berühmtem, 116 Meter hohen Turm und figurenreicher Fassade. Die prächtigsten Bauten am Münsterplatz sind das rote historische Kaufhaus (1532) und das barocke Wentzingerhaus (18. Jahrhundert). Rund um den belebten Rathausplatz gilt es, das spätgotische Alte Rathaus, das Neue Rathaus (um 1900) mit dem Glockenspiel und das malerische rote Haus zum Walfisch (1516) zu bewundern.

06 Utzenfeld/Präg/Ehrsberg

Von Utzenfeld schlängelt sich die L149 vorbei am Gletscherkessel Präg, einem steilwandigen Talkessel im Verlauf des Präbachtals. Das knickt in Präg scharf um rund 100 Grad nach rechts ab. Der ohnehin stark ausgeprägte eiszeitliche, u-förmige Schatz des Tals mit Wasserfällen hat hier seinen Höhepunkt. Präg selbst liegt auf einer Kames-Terrasse. Die drei kleinen Präger Seen und zahlreiche große Findlinge sind Zeugen der Vergletscherung. Auf der

Auf den 1414 Meter hohen Belchen führen zahlreiche Wanderwege.

L151 gefällt der Verlauf in südlicher Richtung mit weiten und kleinen Schlingen im Wechsel und ordentlichem Tempo bis zur beschaulichen Gemeinde Häg-Ehrsberg im Angenbachtal, einem Seitental der Wiese (rechter Nebenfluss des Rheins). Am Eingang befinden sich die beiden ehemaligen Textilfabriken, auf die das eigentliche Dorf folgt, das sich der Landstraße entlang weiter in die Höhe zieht. Hier gelangt man nach einigen Kilometern zur Zinken Häger Mühle. Dort zweigt die Kreisstraße 6302 nach Norden ab, die bergauf zunächst Häg erreicht. Am südlichen Ortseingang liegt die katholische Pfarrkirche St. Michael (1888). Etwa ab der Ortsmitte, wo Schule und Rathaus stehen, verzweigt sich die Straße und mit ihr auch die Gemeinde. Eine Siedlungsachse folgt der Kreisstraße bergauf in Richtung Ehrsberg. Spannungsvolles Schweben in Schräglage ist auf der B317 angesagt bis Schönau im Schwarzwald.

07 Schönau

Am Fuße des Belchen liegt das 2500 Einwohner zählende »Städtle« – Heimat von Jogi Löw, der seit 2014 Ehrenbürger ist. Der Belchen ist mit 1414 Metern zwar nicht der höchste Berg im Südschwarzwald, er gilt aber als der schönste Aussichtsberg. Seine markante Form, die man vor allem bei der Anfahrt vom Münstertal oder vom Kleinen Wiesental her zu sehen bekommt, erklimmt man mit der Blechenbahn. Der Gipfel selbst ist seit 2001 nämlich autofrei. Im Tal sind vor allem das »Münster des Wiesentals«, die Kirche Mariä Himmelfahrt (12. Jahrhundert) mit dem 90 Meter hohen Glockenturm sowie das Heimatmuseum Klösterle interessant. Letzteres befindet sich mitten in einem Bauernhaus aus dem 18. Jahr-

AUSFLUGSZIELE

Alte Schmiede Mambach

Mindestens seit 1719 gibt es die Schmiede in Mambach, die über Generationen als Huf- und Wagenschmiede betrieben wurde. Nach einem verheerenden Dorfbrand hat man sie 1871 wieder aufgebaut und erweitert. Der Betrieb wurde zwar 1985 eingestellt, aber das gesamte Inventar ist noch vorhanden. Jeden ersten Sonntag im Monat hat die Schmiede von 11–14 Uhr für Besucher geöffnet, inzwischen finden hier auch Trauungen statt.

Alte Schmiede Mambach,
Ortsstr. 18,
79669 Zell im Wiesental,
Tel. 07623/61525,
www.schmiede-mambach.de

Freilichtmuseum Klausenhof

Lange Zeit war der Klausenhof (1424) unbewohnt, konnte aber vor dem Verfall gerettet werden. Seitdem zeigt er sich den Besuchern so, als hätten ihn die letzten Bewohner gerade erst verlassen. Wohn- und Wirtschaftsteil befinden sich unter einem Dach, das mit Stroh bedeckt ist. Angegliedert ist die Lindauer Säge (1595), die bis 1950 in Betrieb war und auch heute noch funktioniert.

Freilichtmuseum Klausenhof,
Lindenweg 1,
79737 Großherrischwand,
Tel. 07764/6162,
www.museum.de/museen/
freilichtmuseum-klausenhof

Der Klausenhof stammt aus dem Jahre 1424 und ist eines der ältesten Häuser des Schwarzwaldes.

Das Wiesental war einst eine der am frühesten industrialisierten Gegenden des ehemaligen Großherzogtums Baden.

hundert. Es zeigt das Leben, wie es einst in Schönau war, aber auch der Silberbergbau wird dokumentiert und die imposante frühere Turmuhr der Schönauer Kirche ausgestellt.

Von hier führt die L123 über Weiden oder auch die L142 Richtung Aitern nach Obermünstertal – zwei ganz fantastische Strecken mit gutem Grip. Von Obermünstertal geht's vorbei an der Ruine der Burg Scharfenstein und dem Kloster St. Trudpert, das den Mittelpunkt des Münstertals bildet.

08 Münstertal

Die Talgemeinde im »Tal der hundert Täler« versammelt gut 5000 Einwohner in insgesamt 65 Dörfern, Weilern, Zinken, Höfen und Häusern. Hervorgegangen aus der ehemaligen Stadt Münster zu Füßen des Benediktinerklosters St. Trudpert (9. Jahrhundert), bestimmen heute weit verstreute Siedlungskerne das Bild. Wie es früher war, zeigt das Museum im Rathaus ebenso wie die Sammlung im Schwarzwaldhaus (1902), in dem die gleichnamige ARD-Serie gedreht wurde.

Das Besucherbergwerk Teufelsgrund berichtet von der Bergbautradition. Im Mittelalter wurde hier Silber abgebaut, was der damaligen Stadt Münster großen Reichtum bescherte. Mit dem wieder ausgebauten historischen Schindlerstollen machte man die Anlage begehbar. Und schon bald nach der Eröffnung stellte sich heraus, dass Asthmatiker durch die besonders reine Luft eine deutliche Linderung spürten. Deshalb wurde eine spezielle »Asthma Therapiestation« im Schaubergwerk errichtet. Auf der L123 lockt das ca. sieben Minuten entfernte Staufen im Breisgau auf einen kleinen Abstecher. Für alle anderen geht's direkt von Münstertal in südlicher Richtung über Mulden nach Münsterhalden. Man verpasst dann aber die historischen Giebelhäuser, die Staufen ein malerisches Stadtbild verleihen. Es wird von Weinbergen umrahmt, die unter der staufischen Burgruine noch wie in alter Zeit in Parzellen angelegt sind. Zu besonderer Berühmtheit ist das »Gasthaus zum Löwen« gelangt: Hier soll der Alchimist und Magier Doctor Faustus bei einem chemischen Experiment 1539 zu Tode gekommen sein.

09 Münsterhalden

An der Landstraße 130 haben Unbekannte zwischen den Ortsteilen Rotenbuck und Münsterhalden auf einem Felsen in der Nacht zum 1. Mai 2016 eine lebensgroße

Hirschskulptur inmitten der saftigen Bergwiesen aufgestellt. Ansonsten begleiten Wälder im eingebetteten Seitental die Fahrt bis zur Schnitzerstube: Seit 1950 entstanden hier kontinuierlich einzigartige Unikate wie Rehgehörne, Schädel oder Märchenfiguren am und im ehemaligen Bauernhaus, das selbst in unzähligen Stunden durch Holzschnitzarbeiten zu einem wahrhaften Märchenhaus umgewandelt wurde. Heute hat es als Museum auf Anfrage geöffnet. Rund um das Haus befindet sich ein Park mit frei laufenden Zwergziegen, Heidschnucken und einigem Federvieh. Auch ein kleines Wasserrad plätschert friedlich durch den Park am laufenden Gebirgsbach dahin.

Die ersten zwei Haarnadelkurven auf der L130 bejubelt, wartet nach dem Nonnenmattweiher eine weitere Spitzkehre auf Höhe Neuenweg, die auf der L139 in eleganten Schwüngen ins enge Tal von Tegernau führt. Hier geht's vorbei an der mittelalterlichen Liebfrauenkirche (heute Laurentiuskirche), von der noch der typische Markgräfler Turm erhalten ist. Auf der Landstraße 140 folgt eine herrliche Bergstrecke steil hoch zum Adelsberg, bevor die Straße in genauso kühnen Schwüngen ins Tal abfällt und man schließlich Zell im Wiesental erreicht.

10 Zell im Wiesental

Das Zeller Bergland liegt reizvoll beiderseits des Wiesentals. Kurz nach dem ehemaligen Krankenhaus wird über die Wiesebrücke die eigentliche Kernstadt am rechten Wiesenufer und den dahinterliegenden Hängen erreicht. Hier kreuzen sich die beiden Zeller Hauptstraßen. In nächster Umgebung sind das Rathaus und die Constanze-Mozart-Gasse mit dem Zeller Fastnachtsbrunnen zu sehen. Nördlich an diese schließt sich die Kirche St. Fridolin mit eingemeißelter Jahreszahl 1545 im Torbogen an. Weiter westlich befindet sich ein kleiner Park mit dem Schwanenweiher und der evangelischen Kirche St.-Peter, die einen 35,8 Meter hohen Turm mit Spitzhelm und Kupferdeckung aufweist. Auf halber Turmhöhe wurde ein umlaufender Balkon befestigt, von dem früher an hohen

Die Burg Staufen stammt wahrscheinlich aus dem frühen 12. Jahrhundert und wurde von den Herren von Staufen errichtet.

Zu einer Erholunspause nach vielen Kurven lädt der schöne Marktplatz in Wehr ein.

Festtagen Posaunenklänge erschallten. Die Kirchturmuhr existiert seit 1893. Alle zwei Jahre verwandelt sich der am Waldrand etwas abseits gelegene Festplatz übrigens anlässlich des »Germane Fescht« in ein germanisches Dorf. Auf der gut ausgebauten B317 geht es nach Schopfheim, ab da auf der B518 nach Wehr.

11 Wehr

Wehr, die Heimatstadt der weltbekannten Geigerin Anne-Sophie Mutter, liegt nördlich des Hochrheins am Austritt der Wehra, der hier durch wildromantische Felsenschluchten herunterrauscht – alleine das ist schon ein Erlebnis. Interessant ist neben der Kultur, die in der Altstadt lebendig wird, besonders die ca. 15 Kilometer lange, enge und tiefe Wehratalschlucht, die viele Motorradfreunde anzieht. Die Stadt besitzt zwei Burgruinen in ihrer unmittelbaren Umgebung: Die Ruine der Burg Bärenfels, die vermutlich im 12. Jahrhundert errichtet wurde, liegt nordöstlich über der Stadt Wehr. Von hier oben bietet sich den heutigen »Burgeroberern« ein herrlicher Ausblick über den Dinkelberg bis hinein ins Wiesental. Östlich über dem Stadtzentrum sind die Baureste der mittelalterlichen Burg Werrach ein beliebtes Ausflugsziel. Nicht zu vergessen: das schönauische Alte Schloss (1574) mit hübschem Glockenspiel und geometrisch angelegtem Schlossgarten.

Geschichtsträchtig ist auch der nächste Stopp. Die mit vielen kleinen Rechts-Links-Schwüngen gesäumte L148 führt auf 700 Metern Höhe ins obere Wehratal nach Todtmoos, wo allerorts noch die Ursprünglichkeit und Lebensfreude, die man seit jeher den Schwarzwäldern nachsagt, zu spüren ist. Im Winter ist Todtmoos zudem berühmt für seine Internationalen Schlittenhunderennen.

12 Todtmoos

Steil und waldreich ist das Wehratal. Das Heimatmuseum zeigt Entstehung, Arbeit und Leben von Todtmoos in einem 250 Jahre alten schindelgedeckten Gebäude. Zu spannenden Geschichten unter Tage entführt das Schaubergwerk »Hoffnungsstollen«. Bis 1835 wurden hier Erze abgebaut, 1937 wurde die Grube wegen zu geringer Erzvorkommen aufgegeben. Oben zieren zahlreiche typische Schwarzwaldhäuser den Ort. Das wohl eindrucksvollste Bauwerk ist die barocke Wallfahrtskirche Unserer Lieben Frau auf dem Schönbühl (1632), zu der noch heute zahlreiche Pilger kommen. Der Pfarrhof Todtmoos in der Nachbarschaft ist ebenfalls ein imposantes Gebäude, das vom Architekten Johann Michael Beer von Bleichten 1733 errichtet wurde. Schließlich war es die Sommerresidenz der Äbte des Klosters St. Blasien und ist entsprechend prunkvoll ausgestattet. Weniger pompös, dafür aber umso charmanter zeigt sich das Freilichtmuseum Klausenhof (1424) in Herrischried, das man über die L151 im Süden des Schwarzwalds erreicht. Dort angekommen, fühlt man sich mit Strohdach und angrenzendem Sägewerk versetzt in eine frühere Zeit. Zurück in die Zukunft geht's weiter nach Rickenbach.

13 Rickenbach

Das Markenzeichen des Hotzenwaldes ist der Wechsel von blühenden, saftigen Wiesen und Waldgebieten. Mit der katholischen Pfarrkirche St. Gordian und Epimach besitzt Rickenbach ein Juwel. Der Glaskünstler Emil Wachter hat hier ein modernes Chorbild sowie durch einmalige Farbbrillanz bestechende Glasfenster geschaffen. Der Murgtalpfad begleitet auf 20 Kilometern im Rahmen von 55 Stationen den Lauf der Murg auf etwa 1000 Meter Höhe – von der Quelle bei Wehrhalden bis zur Mündung in den Rhein bei Murg (290 m). Die Burgruine Wielladingen, der Solfelsen mit seinem Pelzkappenstein, die Wallmauer (Schanz), eine mittelalterliche Befestigungsanlage, und die historischen Wuhre sind ebenso sehenswert.

Zunächst eher gemächlich verlässt man auf der L155 den südlichen Schwarzwald, um sich kurz vor Görwihl mit seinen Albtalwasserfällen von einer Windung zur nächsten überraschen zu lassen. Ein kleiner Vorgeschmack auf die kommende Strecke nach Albtal-Immeneich, die sich mit herrlichen Kehren entlang der Alb nach Norden schlängelt. Von hier geht es ins lebendige Städtchen Sankt Blasien mit seinem berühmten Klosterbau.

14 Sankt Blasien

Bedeutendste Sehenswürdigkeit des gepflegten Kurorts am Rand des Feldbergmassivs ist der frühklassizistische Dom (1768–1783) der einstigen Fürstabtei Sankt Blasien, einer der größten Kirchenkuppelbauten Europas. Die 36 Meter hohe, leuchtend weiße Innenkuppel ruht auf 20 korinthischen Säulen. Die Kirchenuhr im Glockenturm des Doms wurde früher mit der senkrechten Achterschleife reguliert. Wie das funktioniert, demonstriert heute nur noch die 1780 vom Klostermaler Joseph Anton Morath geschaffene Sonnenuhr am östlichen Amtsgebäude des Kurgartens. Sie zeigt nicht nur die Uhrzeit, sondern auch den jeweiligen Monat. Chronos, der Zeitgott, ist auf ihr zu erkennen, in seiner Rechten das Zeitband, in seiner Linken den Zeigerstab. An dessen Ende befindet sich eine Lochscheibe, auf die die Achterschleife trifft und dabei die entsprechende Datumsstelle überquert – dann ist in Sankt Blasien 12 Uhr Mittag. Nach einer kleinen er-

Blumengeschmückte Hausfassade in Todtmoos.

Das Kloster zu Sankt Blasien ist eine ehemalige Benediktinerabtei. Heute beherbergt das geschichtsträchtige Gebäude ein Internat für Jungen und Mädchen.

Kleine Höllbachwasserfälle, nahe Görwihl im Hotzenwald.

Parkplatz an der Schluchsee Staumauer
An der Talsperre/B500 Richtung St. Blasien, 79859 Schluchsee

Kiosk Wutachmühle
An der L171,
79879 Wutach-Ewattingen,
Tel. 07709/919705

Pension Tannenheim
Faulenfürster Str. 7,
79859 Schluchsee,
Tel. 07656/427,
www.pension-tannenheim.de

Restaurant Bergsee
Seestr. 33, 79822 Titisee-Neustadt,
Tel. 07651/8196,
www.bergsee-titisee.de

Biker-Brunch in Andy's Pfeffermühle
Lindenstr. 6, 79674 Todtnau,
Tel. 07671/427,
www.motorraderlebnis-schwarzwald.de

Hotel Belchen-Multen
Untermulten 3,
79677 Aitern, Tel. 07673/209,
www.belchen-multen.de

Brauereigasthof Rothaus *Rothaus 2, 79865 Grafenhausen-Rothaus,*
Tel. 07748/5229600,
www.brauereigasthof-rothaus.de

Gasthaus Holzschlägermatte
Schauinslandstr. 359,
79100 Freiburg im Breisgau,
Tel. 07602/9209140,
www.holzschlaegermatte.de

Hotel Gasthof zum Hirschen
Schwarzwaldstr. 28,
79777 Birkendorf, Tel. 07743/349,
www.hirschen-birkendorf.de

frischenden Runde im Kneipp-Tretbecken (1993) des Hofgartens geht es zum wiederholten Male schön kurvig und aussichtsreich weiter. Diesmal auf der B500 hoch nach Rothaus, das vor allem für sein Kultbier »Tannenzäpfle« bekannt ist. Schnurgerade führt der Weg nach Grafenhausen und im Anschluss schwungvoll nach Ühlingen-Birkendorf an den Südhang des Hochschwarzwalds. Mit seinen vier Tälern, der Schwarza im Westen über die Mettma und die Schücht bis hin zur Steina im Osten, liegt es in nahezu direkter Nachbarschaft zur Schweiz. Die L159 führt wieder nach Bonndorf und von dort zurück zum Schluchsee.

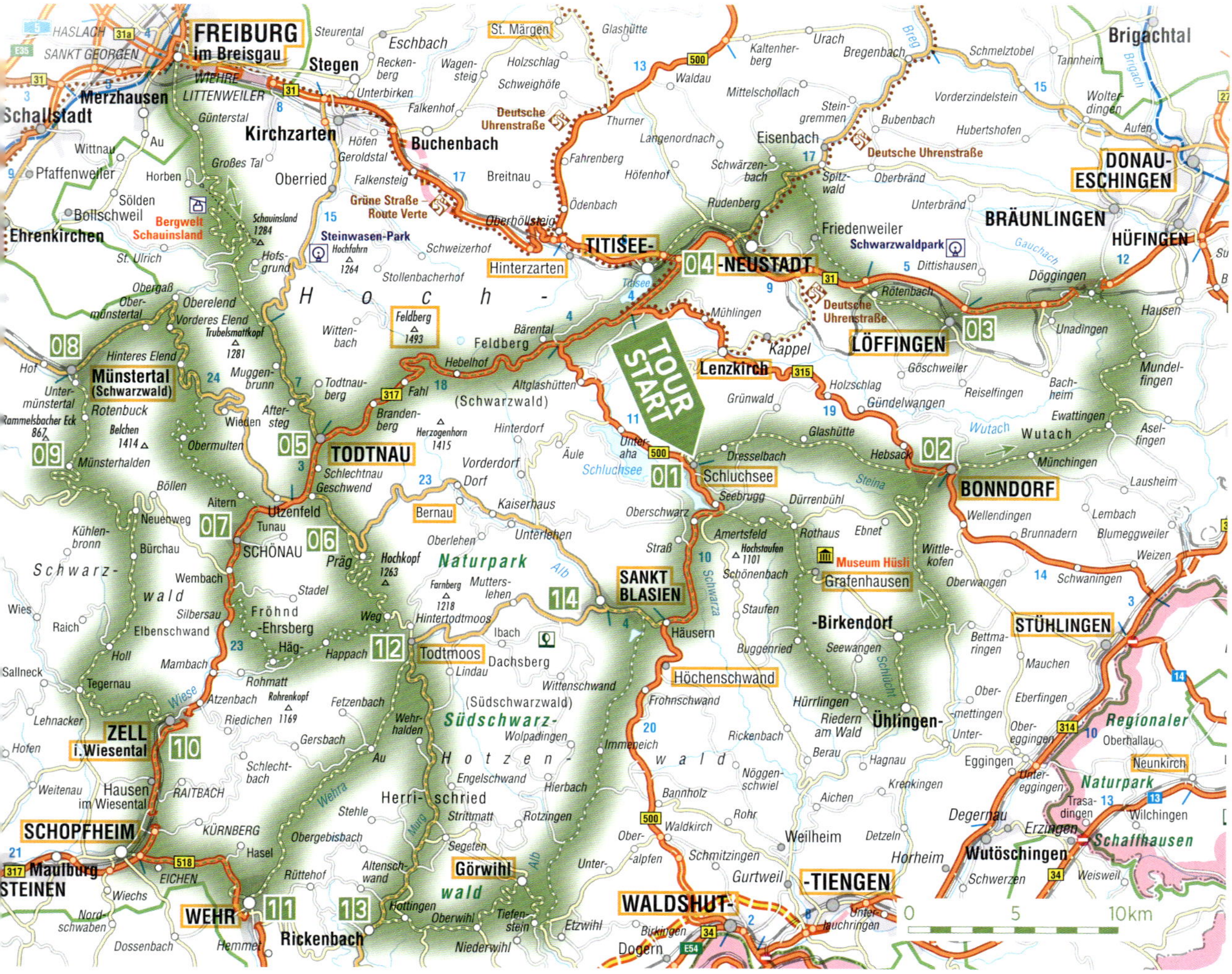

REGISTER

BILDNACHWEIS/IMPRESSUM

Cover: Vorderseite: Getty Images/Alexander Kirch; Buchrücken: Look/Jan Greune; Rückseite: Getty Images/Tatjana Djuvbanova

S. 2/3 G/Ulf Boettcher, S. 004/005 G/Jan Greune, S. 6/7 Look/age, S. 10/11 M/Alamy, S. 12 M/Klaus/Werner Friedrich, S. 13 Look/Heinz Wohner, S. 14 Look/Heinz Wohner, S. 14 M/Stefan Ziese, S. 17 M/Hans Blossey, S. 17 M/Hans Blossey, S. 17 M/Stefan Ziese, S. 18 M/Stefan Ziese, S. 20/21 M/Hans Blossey, S. 22 M/Movementway, S. 23 M/Chris Seba, S. 24 M/Hartmut Schmidt , S. 24 M/Movementway, S. 26 M/Stefan Ziese, S. 26/27 M/Alamy, S. 30/31 M/Ralf/Udo Thiele, S. 32/33 C/Tom Szlukovenyi, S. 33 M/Rainer Waldkirch, S. 035 M/Hans Blossey, S. 035 H. & D. Zielske, S. 36 M/Dieter Heinemann, S. 38/39 M/Walter Bibikow, S. 42/43 H. & D. Zielske, S. 44/45 M/Hans/Peter Merten, S. 45 G/Keren Su, S. 46 Look/Arthur F. Selbach, S. 46 M/Hans Blossey, S. 48/49 M/Raimund Linke, S. 50 G/Steiner Steiner, S. 50 H. & D. Zielske, S. 50 M/Dieter Heinemann, S. 52 G/Ubo Pakes, S. 54/55 M/Ernst Wrba, S. 56 M/Andreas Pulwey, S. 56/57 M/Ernst Wrba, S. 58 M/Radius Images, S. 58 M/Radius Images, S. 60 M/hi-fografik , S. 60 A/Ch.L.Bages, S. 63 M/J.W.Alker, S. 63 M/Hoffmann Photography, S. 64 M/United Archives, S. 64 M/Ernst Wrba, S. 66/67 M/Imagebroker, S. 68/69 M/Udo Siebig, S. 69 Look/Sabine Lubenow, S. 70 M/Kurt Möbus, S. 70 M/Friedel Gierth, S. 72 M/Alamy, S. 72/73 M/Manfred Mehlig, S. 74 M/Birgit Gierth, S. 74 C/Raimund Kutter, S. 76 H. & D. Zielske, S. 78/79 M/United Archives, S. 80/81 M/Willi Rolfes, S. 81 M/Barbara Boensch, S. 83 M/Alamy, S. 83 M/Alamy, S. 84 M/Alamy, S. 84/85 M/Gregor Lengler, S. 86 M/Gregor Lengler, S. 86 Look/Brigitte Merz, S. 87 M/Iain Masterton, S. 88 M/Dieter Schinner, S. 90/91 M/Chris Seba, S. 92 M/Alamy, S. 92/93 M/Manfred Mehlig, S. 94 H. & D. Zielske, S. 94 M/Heinz/Dieter Falkenstein, S. 96/97 M/United Archives, S. 97 M/Chris Seba, S. 98 M/Chris Seba, S. 100/101 M/Michael Narten, S. 102/103 H. & D. Zielske, S. 103 M/Frank Sommariva, S. 104 M/Novarc, S. 104 M/Manfred Mehlig, S. 106 M/Ralf Gerard, S. 106 M/Lisa und Wilfried Bahnmüller, S. 107 Look/Karl Johaentges, S. 109 M/Johannes Pistorius, S. 109 M/Patrice von Collani, S. 112/113 M/Manfred Mehlig, S. 114 M/United Archives, S. 114/115 M/Alamy, S. 116 M/Alamy, S. 116 M/Alamy, S. 118 M/Torsten Krüger, S. 118 M/Alamy, S. 119 M/Alamy, S. 120 M/United Archives, S. 120 M/Fritz Mader, S. 122/123 M/Alfred Buellesbach, S. 124/125 M/Hans P. Szyszka, S. 125 M/Stefan Huwiler, S. 126 M/Andreas Vitting, S. 126 M/Achim Keiper, S. 128 C/Hans P. Szyszka, S. 128 M/Patrick Pleul, S. 130 Look/Brigitte Merz, S. 132/133 H. & D. Zielske, S. 134/135 M/Hans Blossey, S. 135 M/Karl F. Schöfmann, S. 136 H. & D. Zielske, S. 136 A/Julie g Woodhouse, S. 138 Look/Ulf Böttcher , S. 138 M/Andreas Vitting, S. 140 M/Alamy, S. 140 M/Alamy, S. 142 M/Manfred Mehlig, S. 144/145 M/Martin Siepmann, S. 146/147 M/Detlev van Ravenswaay, S. 147 M/Martin Zwick, S. 149 M/Martin Siepmann, S. 149 M/Hans P. Szyszka, S. 149 M/Andreas Vitting, S. 150 M/Torsten Krüger, S. 150 Look/Rainer Martini, S. 152/153 Look/Heinz Wohner, S. 154 M/Manfred Mehlig, S. 156/157 Look/Heinz Wohner, S. 158/159 Look/Heinz Wohner, S. 159 C/Fridmar Damm, S. 160 M/Chris Seba, S. 160 M/Klaus/Gerhard Dumrath, S. 162 M/Andreas Vitting, S. 162/163 H. & D. Zielske, S. 165 M/Dave Derbis, S. 165 M/Horst Engler, S. 166 M/Andreas Vitting, S. 168/169 M/Werner Dieterich, S. 170/171 M/Ullrich Gnoth, S. 171 M/Peter Enzinger, S. 172 M/Torsten Becker, S. 172 M/Ernst Wrba, S. 175 M/Gabriele Hanke, S. 175 M/Harald Lange, S. 176 M/Torsten Becker, S. 178/179 M/Jochen Schlenker, S. 180/181 M/Harald Schön, S. 181 H. & D. Zielske, S. 182 M/Alamy, S. 182 M/Torsten Becker, S. 183 M/Alamy, S. 185 M/Alamy, S. 185 M/United Archives, S. 187 M/Volker Preusser, S. 188/189 M/Novarc, S. 190 M/Hiroshi Higuchi, S. 190/191 Look/Thomas Staniewicz, S. 192 H. & D. Zielske, S. 192 H. & D. Zielske, S. 194 M/Hans P. Szyszka, S. 194 M/Andreas Vitting, S. 195 M/Hwo, S. 197 M/Andreas Vitting, S. 197 M/Andreas Vitting, S. 200/201 M/Raimund Linke, S. 202/203 M/Siepmann, S. 203 M/BAO, S. 204 M/Alamy, S. 204 M/Hans Pfleger, S. 206 G/Raimund Linke, S. 206/207 M/Radius Images, S. 208 M/Friedel Gierth, S. 210/211 M/Chris Seba, S. 212/213 M/Manfred Mehlig, S. 213 M/Klaus Rein, S. 214 M/Andreas Vitting, S. 214 M/Chris Seba, S. 217 M/Marcus Siebert, S. 217 M/Barbara Boensch, S. 219 M/Raimund Linke, S. 220/221 G/Raimund Linke, S. 222/223 M/Bernd Wittelsbach, S. 223 M/Christian Bäck , S. 225 M/J.W.Alker, S. 225 M/United Archives, S. 226 M/Ernst Wrba, S. 226 M/Ernst Wrba, S. 226 M/Raimund Linke, S. 228 M/Ernst Wrba, S. 230/231 M/Siepmann, S. 232 M/Werner Otto, S. 232/233 M/Martin Siepmann, S. 234 M/Martin Siepmann, S. 234 M/Martin Siepmann, S. 236 M/Siepmann, S. 237 M/Siepmann, S. 237 M/Martin Siepmann, S. 238/239 M/Volker Preusser, S. 239 H. & D. Zielske, S. 241 M/Harald Nachtmann, S. 242/243 M/Martin Siepmann, S. 244/245 M/BAO, S. 245 Look/Andreas Strauß, S. 246 M/Martin Siepmann, S. 246 M/Hans P. Szyszka, S. 248 M/Knöll , S. 248 G/Heinz Wohner, S. 248 G/Martin Siepmann, S. 249 M/Udo Siebig, S. 251 M/Klaus Neuner, S. 251 M/Imagebroker, S. 252 M/Jacek Kaminski, S. 254/255 M/Udo Siebig, S. 256/257 G/Helmut Reichelt, S. 257 M/Christian Bäck, S. 258 M/Wolfgang Weinhäupl, S. 258 M/Roha/Fotothek Fürmann, S. 261 M/Horst Sollinger, S. 261 M/Hans Mitterer, S. 263 M/Dr. Wilfried Bahnmüller, S. 263 M/Siepmann, S. 263 M/Martin Moxter, S. 264 M/Heiner Heine, S. 264/265 M/Bahnmueller, S. 266 Look/Florian Werner, S. 268/269 G/Fotofeeling, S. 270/271 C/Grand Tour Collection, S. 271 M/Otto Stadler, S. 273 M/Martin Siepmann, S. 273 M/Raimund Linke, S. 273 M/Alamy, S. 274 M/Volker Preusser, S. 274 M/Jeff O'Brien, S. 276 M/Alamy, S. 276/277 M/Volker Preusser, S. 278/279 C/Harald Nachtmann, S. 279 M/Dr. Wilfried Bahnmüller, S. 282/283 M/Raimund Linke, S. 284/285 M/BAO, S. 285 M/Alamy, S. 287 M/Martin Siepmann, S. 287 M/Martin Siepmann, S. 288 M/Knöll , S. 288 M/Martin Siepmann, S. 289 M/United Archives, S. 290 M/Udo Siebig, S. 292/293 G/Achim Thomae, S. 294/295 M/Markus Lange, S. 295 G/Miguel Villagran, S. 296 M/Katja Kreder, S. 296 M/Katja Kreder, S. 299 M/Ralf Gerard, S. 299 M/Uta und Horst Kolley, S. 300/301 M/Stefan Arendt, S. 302 M/Martin Siepmann, S. 302 M/Uta und Horst Kolley, S. 303 M/Günter Gräfenhain, S. 304 M/Katja Kreder, S. 306/307 M/Werner Dieterich, S. 308 M/Markus Lange, S. 308/309 M/Robert Knöll, S. 310 M/Ernst Wrba, S. 310 M/Fritz Mader, S. 313 M/Udo Siebig, S. 313 Look/Sabine Lubenow, S. 313 M/Roland T. Frank, S. 314 M/Friedel Gierth, S. 316/317 M/Jochen Schlenker, S. 318 M/Markus Keller, S. 318/319 Look/Daniel Schoenen, S. 320 H. & D. Zielske, S. 320 M/Michael Schellinger, S. 322 Look/Günther Bayerl, S. 322/323 Look/Heinz Wohner, S. 324 G/Thomas Winz, S. 326/327 M/Knöll , S. 328 M/Nick Wendt, S. 328/329 M/Udo Siebig, S. 330 M/Martin Moxter, S. 330 M/Markus Lange, S. 332 M/Holger Spiering, S. 332 M/Markus Lange, S. 332 M/Knöll , S. 333 M/Michael Runkel, S. 334 M/Jochen Tack, S. 336/337 M/Imagebroker, S. 338/339 G/Dobromir Varbanov , S. 339 G/Thomas Heitz , S. 340 Look/Brigitte Merz, S. 340 Look/Brigitte Merz, S. 340 M/Christina Czybik, S. 342 M/Rene Mattes, S. 343 M/Daniel Schoenen, S. 343 M/Markus Lange, S. 344 M/Volker Preusser, S. 344/345 M/Maria Breuer, S. 347 M/Markus Lange, S. 347 M/Manfred Mehlig, S. 347 M/Markus Lange

St.-Cajetan-Str. 41
81669 München
Telefon +49.89.45 80 20-0
Fax +49.89.45 80 20-21
www.kunth-verlag.de
info@kunth-verlag.de

Redaktion: Stefanie Schuhmacher
Gestaltung: Melanie Beutel
Texte: Sabine Welte, Stephanie Fischer

Printed in Slovakia